U0945259

海丝之路：

祖先的足迹与文明的和鸣

陈支平　主编

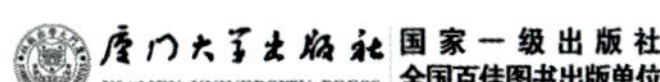

图书在版编目(CIP)数据

海丝之路:祖先的足迹与文明的和鸣.第三辑/陈支平主编.—厦门:厦门大学出版社,2019.9

ISBN 978-7-5615-7317-4

Ⅰ.①海… Ⅱ.①陈… Ⅲ.①海上运输—丝绸之路—中国—文集 Ⅳ.①K203-53

中国版本图书馆CIP数据核字(2019)第201586号

出 版 人 郑文礼
责任编辑 薛鹏志 章木良
封面设计 李嘉彬
技术编辑 朱 楷

出版发行 厦门大学出版社
社 址 厦门市软件园二期望海路39号
邮政编码 361008
总 机 0592-2181111 0592-2181406(传真)
营销中心 0592-2184458 0592-2181365
网 址 http://www.xmupress.com
邮 箱 xmup@xmupress.com
印 刷 厦门集大印刷厂

开本 720 mm×1 000 mm 1/16
印张 22
插页 2
字数 350千字
印数 1～1 400册
版次 2019年9月第1版
印次 2019年9月第1次印刷
定价 76.00元

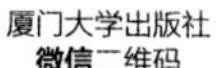

厦门大学出版社
微信二维码

厦门大学出版社
微博二维码

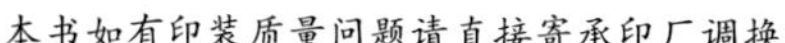

本书如有印装质量问题请直接寄承印厂调换

序 言

陈支平

“以海为田”，是数千年以来中国沿海地区，特别是福建沿海地区人民赖以繁衍生息的重要生活方式之一。“以海为田”的生活方式，造就了闻名世界的中国海上丝绸之路。

中国海上丝绸之路的发展历程是曲折艰难的，同时也是灿烂辉煌的。祖先的足迹追逐着大海的波涛而“梯航万国”，它既充满着泪水，又充满着欢乐。泪水与欢乐的交织，促成了不同地域间文明的和鸣。中国海上丝绸之路的形成与发展，不仅仅是经济活动的向外延伸，同时也是不同区域间社会与文化的相互碰撞与交融。

中国海上丝绸之路基本上是以中国的东南沿海地区为核心而逐渐向海外扩展的。在古代社会生产力和生产方式比较落后的状态下，无论是中国的东南沿海地区，还是世界上其他具有航海传统的地区，如地中海地区等，其从事海洋活动的能力和范围，都受到一定的限制。从中国的上古时期以迄宋元时期，中国海上丝绸之路的活动内涵及其范围，更多的是局限在东南亚地区一带，并且直接或间接地抵达波斯湾中东区域。特别是到了南宋与元朝时期，中国海上丝绸之路，是以连接着中国与东南亚各地及阿拉伯世界为显著特征的。尽管如此，宋元时期的中国海上丝绸之路，基本上还是局限在亚洲的地域之内。

但是到了15世纪之后，即明代中期开始，世界格局产生了前所未有的激烈变化。处于资本主义原始积累阶段的欧洲人，开始向世界的东方进发，“大航海时代”已经形成。这就使得15世纪之后的中国社会，被拉进一个前所未有的“世界史”的国际格局之中。从比较世界史的立场来观察，明初中国国力的鼎盛时期，正是欧洲“黑暗”的中世纪。西方透露出资本主义的曙光，和明中叶以降中国社会经济与文化思潮的新旧交替的冲动几乎同时。随着欧洲资本主义原始积累的步步推进，早期殖民主义者跨越大海，来到了亚洲的沿海，并试图打开中国的社会经济大门，谋取原始积累上的最大利润。差不多在同样的时期，伴随着明代中期社会经济，特别是商品市场经济的发展，中国的商人们也开始突破传统经济格局和官方朝贡贸易的限制，犯禁走出国门，投身到海上贸易的浪潮之中。15—17世纪，固然是西方殖民主义者向世界各地扩展的时期，从而逐渐推进了“世界史”的涵盖空间；但是其时东方的明代社会，中国的商民们同样以积极进取应对的姿态，把自己的活动范围向海外延伸进展。这种双向碰撞交融的历史进程，无疑在另一个源头促进了“世界史”大概念的形成与发展。因此可以说，15—17世纪的中国社会及其海上丝绸之路，同样是推进“世界史”格局形成的一个重要组成部分。

当15—17世纪中国社会经济激烈变动及其与早期西方殖民主义势力的碰撞过程中，东西方之间的文化交流也不可避免地发生了前所未有的态势。虽然说，中国的文化对外传播，可以追溯到汉唐时期；但是那个时期的中国文化对外传播，主要局限在亚洲的相邻国家，对于欧洲等西方国家的影响，极其间接且相对薄弱。到了明代中后期，情景就不一样了。双方不仅在贸易经济上产生了直接并且带有一定对抗性的交往，而且由于西方大批耶稣会士的东来，在文化领域也产生了直接的交往。这批西方耶稣会士们敏锐地意识到中国传统文化的博大精深，很少有人用轻视的眼光来对待中国文化。由于有了这种较为平等的文化比较心态，明代后期来华的耶稣会士们，在一部分中国上层知识分子的协助下，开始较为系统地从事向欧洲译介中国古代文化经典的工作。入华耶稣会士先驱利玛窦所撰《中国札记》以丰富的资料，向西方“开启了一个新世界，显示了一个新的民族”。在这种较为平等心态的中西文化交流与文化传播中，中国的文化在西方受到了应有的尊重。西方知识分子对于中国传统文化的尊重与推崇，至18世纪欧洲启蒙运动的兴起而达到高潮。然而到了18世纪之后，由于欧洲中心论的确立，中国文化在西方世界的影响力大大下降。

此外，15—17世纪中国沿海商民突破传统经济格局和官方朝贡贸易的限制，犯禁走出国门，投身到海上贸易的浪潮之中。随着这种碰撞交融的深化，中国的对外移民也形成了一种常态的趋向。这种带有家族、乡族连带关系的海外移民，必然促使他们在海外新的聚居地，较多地保留着祖家的生活方式。于是，家族聚居、乡族聚居的延续，民间宗教信仰的传承，风尚习俗与方言的保存，文化教育与艺能娱乐偏好的追求，都随着一代又一代移民的言传身教，艰难存继，而维系着顽强的生命力。

明清以来这种由民间传播于海外的一般民众生活方式及其文化传播，逐渐在海外形成了富有中国特色的文化象征。因此，我们在回顾以儒家经典为核心的意识形态文化在明代后期向西方传播的同时，绝不能忽视明代中后期以来一般民众生活方式即民间文化对外传播的文化作用及其意义。而这两种不同途径的文化传播方式，在一定程度上促进了中外文化的相互交流、渗透与和鸣。

当我们今天回顾中国海上丝绸之路光辉历程的时候，切不可忘记我们的祖先在汹涌的波涛之间所走过的艰辛历程，也不可忘记中国海上丝绸之路上不同地区、不同国家间在社会经济往来与文化交往中的相互排斥、相互抵制和相互吸收的种种曲折历程。正因为如此，我们作为中国海上丝绸之路核心区——福建省的学者们，有责任、有义务对于中国海上丝绸之路的不同历史发展阶段、不同的涵盖空间、不同的内容实质、不同的文化思考，进行多视野、多层次的考察研究，并且从中提炼出中国海上丝绸之路发展历史的经验和教训；而切不可人云亦云，把中国海上丝绸之路的学术研究变成一个时髦的口号，连连高呼！

从这样的思路出发，我们联络了国内外的一批有着共同志向的热心于研究中国海上丝绸之路的学者们，每年不定期地举办中国海上丝绸之路及海洋文明的学术研讨会，针对各自最新的研究心得，在研讨会上相互交流、相互切磋，以期有所进步，有所提升，从而能够为我们国家当前的“一带一路”倡议提供某些历史文化方面的借鉴。

本次所结集出版的论文，就是2017年11月在台湾基隆市举办的中国海洋文化研讨会上发布的。研讨会由台湾海洋大学海洋文化研究所、厦门大学国学研究院、闽南师范大学闽南文化研究院联合举办。我们把这次会议的论文结集作为《海丝之路：祖先的足迹与文明的和鸣》第三辑予以出版。

目　录

明代海上丝绸之路发展模式的历史反思

陈支平
厦门大学国学研究院

明代是中国封建社会晚期发展的重要转折时期，也是世界历史发生突变的重要时期。15、16世纪是西方所谓的“大航海时期”，把世界的东方和西方更为直接地碰撞联系在一起，从而形成了真正意义上的“世界史”国际性格局。而在中国，传统的大一统中央集权体制进一步得到延续和强化；与此同时，社会经济的进步更多地体现在商品经济和市场经济的发展层面上。面对着西方商人与殖民主义者的东来，古老的中国政治体制与民间社会，被迫衍生出相应的对应之道。这些对应之道，构成了明代海上丝绸之路的主要发展模式。今天我们重新思索明代海上丝绸之路主要发展模式的发展历程，对于构建全新的“一带一路”宏图，具有一定的借鉴意义。

一、对于明代朝贡体系的历史反思

明代的朝贡体系是最受近现代以来人们所诟病的外交政治体系。朝贡体系无疑是明代对外即国与国之间关系的外交基石，近现代以来，人们诟病这一外交体系的主要着眼点大致有两个方面。第一，明代政府以朝贡体系的外交方式，把自身树立为“天朝上国”或“宗主国”的地位，把来往的其他国家，作为“附属国”的地位来处理。第二，在明代朝贡体系之下的外交，是一种在经济上得不偿失的活动；外国的来朝贡品，经济价值有限，而明朝帝国赏赐品的经济价值，大大超出贡品的经济价值。

中国进入近现代时期，由于西方列强的侵略以及自身的迟滞发展，已经陷入落后挨打的“半封建半殖民地”的社会，在许多西方人和日本人的眼里，中国是一个可以随意宰割的无能国度。在这种观念的影响下，西方人和日本人探讨中国近现代以前，特别是明代的朝贡外交体系时，就不能不带有某种蔑视的、先入为主的逻辑思考，从而嘲笑明代的朝贡外交体系，是一种自不量力的、自以为是“宗主国”的虚幻政策。与此同时，在20世纪中国学术界普遍热衷向西方学习的文化氛围中，中国的相当一部分学者，也就自然而然地接受了这种带有某些蔑视性和嘲笑式的学术观点。因此，近现代以来国内外学者对于明朝朝贡体系的批评，存在着明显的殖民主义语境。与此形成鲜明对照的是，同时期英国的所谓“日不落帝国”及其后的美国“霸权主义”，则很少受到世人的蔑视与嘲笑。

至于明代朝贡体系之下的外交是一种在经济上得不偿失的论点，在很大程度上是受到20世纪四五十年代以来关于中国封建社会内部是否已经出现资本主义萌芽问题大讨论的影响。由于受到西方的影响，当时中国的学者们，大多希望自己比较落后的祖国，能够像西方的先进国家一样，走上成为资本主义社会的有历史发展规律可循的道路。而发展资本主义社会的前提，是首先要有商品经济、市场经济以及对外贸易的高度发展。在这样的学术背景下，20世纪五六十年代，中国的历史学界，在探讨明清时期的商品经济、市场经济以及海外贸易等领域，取得了重大的成绩。人们因此发觉到，西方国家在资本原始积累的过程中，对外关系和对外贸易，当然还包括海外掠夺，对于这些国家的资本主义经济发展和社会变革，起到了至关重要的助力作用，反观中国传统的对外朝贡体系下的经济贸易，得不偿失，未能给中国资本主义萌芽的产生和发展，提供丝毫的帮助。这样一来，明代的朝贡贸易体系就不能不成为人们不断指责的对象。然而，这种从纯经济的角度来评判明代的朝贡体系，实际上是严重混淆了明朝的国际外交关系与对外贸易的应有界限。毋庸讳言，明代的朝贡外交体系，是继承了中国两千年来“华夷之辨”的传统文化价值观而形成的，这种朝贡外交体系，显然带有某种程度的政治虚幻观念成分。然而，我们评判一个国家或一个朝代的外交政策及其运作体系，并不能仅仅着眼于它的某些虚幻观念和经济上的得不偿失,就武断地给予负面的历史判断。如果我们要比较客观和全面地评判明代的国家对外关系,就应该从确立这一体系的核心宗旨及其实施的实际情况,并且参照世界上其他国家对外关系的历史事实,来进行比较综合性的分析,才能得出切合明代历史真相的结论。

明代对外朝贡体系的确立,是建立在国与国、地区与地区之间和平共处的核心宗旨之上的。这一点我们只要回顾一下明朝开创者朱元璋及其儿子明成祖朱棣关于对外关系的一系列谕旨,就不难看出。朱元璋明确指出:"四方诸夷,皆限山隔海,僻在一隅,得其地不足以供给,得其民不足以使令。若其自不揣量,来扰我边,则彼为不祥。彼既不为中国患,而我兴兵轻伐,亦不祥也。吾恐后世子孙,倚中国富强,贪一时战功,无故兴兵,致伤人命,切记不可。"[①]洪武元年(1368),朱元璋颁诏于安南,宣称:"昔帝王之治天下,凡日月所照,无有远近,一视同仁,故中国尊安,四方得所,非有意于臣服之也。"从这个前提出发,中国对外关系总的方针,就是要"与远迩相安于无事,以共享太平之福"[②]。永乐七年(1409)三月,明成祖朱棣命郑和下西洋,"敕谕四方海外诸番王及头目人等……祇顺天道,恪守朕言,循理安分,勿得违越;不可欺寡,不可凌弱,庶几共享太平之福"。[③] 在这种对外关系的总方针之下,明初政府开列了朝鲜、日本、大小琉球、安南、真腊、暹罗、占城、苏门答腊、西洋、爪哇、彭亨、百花、三佛齐、渤泥,以及琐里、西洋琐里、览邦、淡巴、须文达那诸国,皆为不征诸夷国。[④]

在与周边各国的具体交往过程中,朱元璋本着中国自古以来的政策,主张厚往薄来。在一次与琐里的交往中,他说道:"西洋诸国素称远蕃,涉海而来,难计岁月。其朝贡无论疏数,厚往薄来可也。"[⑤]明初所奉行的这一系列对外政策和措施,充分体现了明朝政府在处理国际关系史所秉持的不用武

① 《皇明祖训》,《四库全书存目丛书》史部二六四,济南:齐鲁书社,1996年,第167～168页。

② 《明太祖实录》卷二七,台北:"中央研究院"历史语言研究所,1962年,第750～751页。

③ 郑鹤声、郑一钧:《郑和下西洋资料汇编》上册,济南:齐鲁书社,1980年,第99页。

④ 参见郑一钧:《论郑和下西洋》,北京:海洋出版社,2005年,第9页。

⑤ 《明史》卷三二五,《外国六·琐里》,北京:中华书局,1974年,第8424页。

力、努力寻求与周边国家和平共处之道的基本宗旨。

在国与国之间和平共处的核心宗旨之下，明朝与周边邻近的一些国家，如朝鲜、越南、琉球等，形成了某些宗主国与附属国的关系，这也是不争的事实。而这种宗主国与附属国关系的形成，更多的是继承以往历朝的历史因素。我们纵观世界中世纪以来的其他地域的宗主国与附属国的关系时，就可了解到：世界各地及不同时期的宗主国与附属国的关系，基本上是通过三种途径形成的。一是通过武力的征服而强迫形成的；二是通过宗教的关系或是大众民意及议会的途径形成的；三是由于历史文化的传承，自然而然的和平共处途径所形成的。显然，在这三种宗主国与附属国关系的形成中，第三种是最经得起历史的检验和值得后世肯定的。明代建立起来的以和平共处为核心宗旨的宗主国与周边附属国的关系，正是这样一种经得起历史的检验和值得后世肯定的对外关系。正因为如此，尽管在这些附属国中，不时也会发生内乱的极端事件，但是整个明代，这些附属国的政权更替，无不以得到明朝中央政府的册封为荣，即使是叛乱的一方，也都想方设法希望得到明朝中央政府的认可。可以说，对于这些附属国的内乱，明朝中央政府基本上是充分尊重其本国的实际情况，从道义的层面上对正统的一方加以支持，从而稳定了附属国的国内情势，维护了地域间的和平局面。而当附属国遭遇外患陷入国家危机的时候，也首先向明朝求援。其中最典型的例子，就是明代万历年间朝鲜遭受日本军阀丰臣秀吉侵略时，明朝政府应朝鲜王朝的求援，派出大量军队，帮助朝鲜王朝一道抵抗日本军队的进攻，最终把日本军队赶下大海，维护了朝鲜王朝的领土完整和国家尊严。尤其值得一提的是，在这场规模不小的抗倭战争中，明朝政府不仅派出军队参战，而且所有的抗倭战争经费，都是由明朝政府的财政规制中支出的，“糜饷数百万”①。作为宗主国，明朝对于附属国朝鲜的战争支持，完全是无偿的。

明代的对外朝贡体系，对于外国的来贡者，优渥款待，赏赐良多。而这些朝贡者，来自东亚、南亚甚至中东的不同国家与地区，其所带来的所谓贡品，更多是作为一种求得明朝中央政府接待的见面礼，可谓是“域外方物”而已。作为受贡者明朝政府，对于各国的所谓贡品，并没有具体的物品规定。

① 《明史》卷三二二，《外国三・日本传》，北京：中华书局，1974年，第8358页。

因此，明朝朝贡体系中的外国贡品，是不能与欧洲中世纪以来的宗主国与附属国之间的定期、定额的贡赋混为一谈的。明朝朝贡体系中的所谓贡品，是随意性的，猎奇的成分居多，缺乏实际经济价值。因此，如果单纯地从经济效益的层面进行思考，当然是有些得不偿失的。但是这种所谓经济上的“得不偿失”，实际上被我们近现代的学者们无端夸大了。明朝政府在接待来贡使者时，固然实行着“厚往薄来”的原则，但是无论是“来”，还是“往”，其数量都是比较有限的，是有一定规制的，基本上仅限于礼尚往来的层面之上。迄今为止，除了郑和下西洋时期这种对外交往给国家财政造成一定的压力之外，我们还看不到明代正常的朝贡往来中的“厚往薄来”，对于明朝政府的财政有产生过如何不良的影响。即使有，也是相当轻微的，因为这种的所谓“厚往”，仅仅只是礼物和人员接待费用而已。明朝政府对于一般来贡国国王的赏赐，基本上是按照本朝“准公侯大臣”的规格施行的。[①] 如果把这种“得不偿失”与万历年间援朝抗倭战争的军费相比，那只能是九牛一毛。万历年间在朝鲜的抗倭战争，从根本上说，是为了维护地区的和平与稳定，而不是为了维持朝贡体系。

从更深的层面来思考，我们判断一个国家或一个时期的对外政策是否正确，并不能仅仅以经济效益作为衡量得失的主要标准。国与国之间的外交关系与经济贸易关系，固然有其必然的联系，但是又是不能完全等同起来的，国际关系与贸易往来必须有所区分，不能混为一体。在 15、16 世纪以前，欧洲国家的所谓“大航海时代”尚未来临的时候，在世界的东方，明朝可以说是这一广大区域中最大、最核心的国家。作为这一广阔区域的大国，对于维护这一区域的和平稳定是具有国际责任的。假如这样的一个核心国家，凭借着自身的经济、军事优势，四处滥用武力，使用强权征服其他国家，那么它就是不负责任的大国，区域的和平与稳定也是不可能长久存在的。从这样的国际关系理念出发，明朝历代政府所奉行的安抚周边国家、厚往薄来，以和平共处为核心宗旨的对外朝贡体系，正是体现了明朝作为东亚广阔区域核心大国的一种责任担当。事实上，纵观世界历史上所有曾经或现在依然是区域核心大国的国家，它们在与周边弱小国家的和平相处过程中，由

---

① 郑一钧:《论郑和下西洋》,北京:海洋出版社,2005 年,第 13 页。

于肩负着国际关系与维护地域局势稳定的义务和责任，在经济上必须承担比其他周边弱小国家更多的负担，几乎是一种必然的现象。换句话说，核心大国所应承担的政治经济责任，同样是另外一种的“得不偿失”。但是这种“得不偿失”，是作为一个区域大国在承担区域和平稳定责任时所必备的重要前提。而且，明朝作为东亚区域最大、最核心的大国，在勇于承当国际义务与责任的同时，而被周边的国家视为“宗主国”或“中国”，明朝政府因而自视为“天朝上国”，也是十分顺理成章的事情。如果我们时至今日依然目光短浅地纠缠在所谓朝贡体系贸易中的“得不偿失”的偏颇命题，那么显然就大大低估了明朝历代政府所奉行的和平共处的国际关系准则。这种国际关系准则，虽然带有某些“核心”与“周边”的“华夷之别”的虚幻成分在内，但是在中国的历史延续性，以及其久远的历史意义，至今依然值得我们欣赏和思考。

二、关于明代朝野应对“大航海时代”的历史反思

明初政府所确立的以和平共处为宗旨的对外朝贡体系，在当时取得了良好的效果，明朝与大部分周边国家和地区都建立了礼尚往来的友好关系。至明成祖朱棣时期，史称“威德遐被，四方宾服，受朝命而入贡者殆三十国，幅员之广，远迈汉唐。成功骏烈，卓乎盛矣！”①但是也有少数例外的国家，即东邻的日本，窥视明朝富庶的物产财富，不断在沿海一带袭扰抢掠。明朝建立之初，“高皇帝即位，方国珍、张士诚相继诛服，诸豪亡命，往往纠岛人入寇山东滨海州县。……复寇山东，转掠温、台、明州旁海民，遂寇福建沿海郡”②。

日本对于明朝沿海地区的袭扰，在很大程度上直接导致了明朝政府采取了一种同样也是具有长远历史传统的对应政策，即在对外实行优渥宽待、厚往薄来的政策的同时，在与此相联系的内政方面，则实行了比较严格的禁

① 《明史》卷七，《成祖本纪》，北京：中华书局，1974 年，第 105 页。

② 《明史》卷三二二，《外国三 · 日本传》，北京：中华书局，1974 年，第 8341～8342 页。

止“交通外夷”的政策。这也就是我们通常所说的明朝海禁。其实,明朝海禁并不是一般意义上的闭关或禁止海外贸易,而是指在一段时间之内禁止私人出海贸易谋生,不许私人船只出海。一些著作中习惯指称明太祖朱元璋下令“片板不许下海”。查阅文献,并没有发现朱元璋说过这样的话,所谓“片板不许下海”是后人在追述明朝海禁时使用的概括语。[①] 在明代前期的海禁中,主要是针对日本国的挑衅和袭扰,以及所谓“海盗”的袭扰。政府的主要思考点,在于确保社会环境和政治统治的稳定。

明代前期的这种为了防倭、防海盗而形成的海禁,对于这一时期的海外贸易来讲,影响并不是很大。这一方面是因为在15世纪以前,世界东方包括中国在内的各个国家和地区,基本上还是一个比较传统的自给自足的社会,商业以及海外贸易在人们的日常生活中所占的比重相当微弱。另一方面,由于地方官吏及军队的腐败谋利和玩忽职守,沿海的防倭和禁止交通外番之令,成具文者居多,很难遏制东南沿海一带居民的偷漏出海交易。规模有限的、以交易域外方物为主的海上贸易活动,基本上还是得以继续进行下去。

但是到了15世纪之后,世界局势发生了重大变化,处于资本主义原始积累阶段的欧洲人,开始向世界的东方进发,“大航海时代”已经形成。这就使得15世纪之后的明朝社会,被拉入一个前所未有的“世界史”的国际格局之中。[②] 从比较世界史的立场来观察,明初中国国力的鼎盛时期,正是欧洲“黑暗”的中世纪。西方透露出资本主义的曙光,和明中叶以降中国社会经济与文化思潮的新旧交替的冲动几乎同时。随着欧洲资本主义原始积累的步步推进,早期殖民主义者跨越大海,来到了亚洲的沿海,试图打开中国的社会经济大门,谋取原始积累上的最大利润。差不多在同样的时期,伴随着明代中期社会经济特别是商品市场经济的发展,中国的商人们也开始萌动着突破传统经济格局和官方朝贡贸易的限制,犯禁走出国门,投身到海上贸易的浪潮之中。

---

① 毛佩琦:《明代海洋观的变迁》,中国航海日组委会办公室、上海海事大学编:《中国航海文化论坛》第一辑,北京:海洋出版社,2011年,第257页。

② 陈支平:《从世界发展史的视野重新认识明代历史》,《学术月刊》2010年第6期。

16世纪初叶，西方葡萄牙人、西班牙人相继东航，他们各以满剌加、吕宋为根据地，逐渐伸张势力于中国的沿海。这些欧洲人的东来，刺激了东南沿海地主商人的海上贸易活动。于是嘉靖、万历时期，民间私人海上贸易活动，冲破封建政府的重重阻碍，取代朝贡贸易而迅速兴起。中国沿海海商的足迹几乎遍及东南亚各国，其中尤以日本、吕宋、暹罗、满剌加等地为当时转口贸易的重要据点。他们把内地的各种商品，大宗者有生丝、丝织品、瓷器、白糖、果品、鹿皮以及各种日用珍玩等，运销海外，而换取大量白银以及胡椒、苏木、香料等回国出售。由于当时的欧洲商人已经染指东南亚各国及我国沿海地区，因此这一时期的海外贸易活动，实际上也是一场东西方争夺东南亚贸易权的竞争。明朝的沿海商人，以积极进取应对的姿态，扩展势力于海外各地。研究明代后期东南亚海上贸易的学者们普遍认为，17世纪前后，中国的商船曾经遍布于南海各地，从事各项贸易，执东西洋各国海上贸易的牛耳。

万历时期，即15世纪末16世纪初，欧洲陷入经济萧条，大西洋贸易衰退，以转贩中国商品为主的太平洋贸易发展为世界市场中最活跃的部分。中国商品大量进入世界市场，在一定程度上缓和了世界市场贵金属相对过剩与生活必需品严重短缺的不平衡状态；由嗜好中国精美商品而掀起的“中国热”，刺激和影响了欧洲工业生产技艺的革新，促进了经济的发展。中国商品为17世纪西方资本主义的兴起做出了不可磨灭的贡献。

明代中后期不仅是中国的商人们积极进取应对“东西方碰撞交融”的时期，而且随着这种碰撞交融的深化，中国的对外移民也形成了一种常态的趋向。唐宋时期，虽然说中国的沿海居民，也有迁移海外者，但是一是其数量有限而非常态，二是尚不能在迁移的地方形成具有一定规模的华侨聚居地。而具有真正意义上的海外移民并且形成华侨群体的年代，是始于明代。这种情况在福建民间的许多族谱中多有反映，譬如泉州安海的《颜氏族谱》中记载，该族族人颜嗣祥、颜嗣良、颜森器、颜森礼、颜侃等五人，都是在成化、正德、嘉靖年间经商于暹罗并侨寓其地而死的。《陈氏族谱》中记载该族族人陈朝汉等人于正德、嘉靖年间经商于真腊而客居未归。再如同安县汀溪的黄姓家族，成化年间有人去了南洋，繁衍族人甚众。永春县陈氏家族则于嘉靖年间经商于吕宋而定居于其地。类似的例子很多，几乎举不胜举。[①]到明代后期，福建、广东一带迁移国外的华侨，已经逐渐向世界各地拓展。印度尼西亚的巴达维亚城是荷兰东印度公司的所在地，1619 年前华侨人数不足 400 人，不到十年间，即至 1627 年，该城的华侨人数已达 3500 人，其中大多数是福建漳州、泉州二府的移民。又据有关记载，从明代中后期始，中国的丝绸、瓷器等商品已由中外商人贩运到墨西哥的拉美地区，一些广东商民便已在墨西哥的阿卡普尔科等地从事造船业或其他行业的生产经营活动。[②]

15—17 世纪，固然是西方殖民主义者向世界各地扩展的时期，从而也逐渐推进了“世界史”的涵盖空间。但是其时东方的明代社会，中国的商人们以积极进取应对的姿态，同样也把自己的活动范围向海外延伸进展。这种双向碰撞交融的历史进程，无疑在另一个源头促进了“世界史”大概念的形成与发展。因此可以说，15—17 世纪的中国明代社会，同样是推进“世界史”格局形成的一个重要组成部分。

明代时期中国对“东西方碰撞交融”的积极应对并不仅限于基层商人的层面，在文化知识的层面，同样呈现出比较开放与包容的态势。伴随着世界地理大发现和新航路的开通，西方思想文化及科学技术也日渐向外传播。以欧洲耶稣会士为代表的西方知识文化阶层，与中国的传统知识分子和士大夫同样发生了碰撞与交融。嘉靖、万历时期社会经济的发展，海外贸易所引起的传统商品扩大再生产和改革工艺的要求，迫切期待着科学技术的创新和总结。欧洲耶稣会士传来的西方科技，如天文、历算、火器铸造技术、机械原理、水利、建筑、地图测绘等，又以其新奇和实际应用刺激了讲究实学的士大夫的求知欲望。在这双重因素的交互推动下，出现了一股追求科技知识的新潮，产生了一次小型的科学革命。这些著作介绍的，虽然还不是西方当时最先进的科学技术，但在一定意义上填补了中国科学技术的空白。明代中后期中国传统知识分子及士大夫对于西方思想文化科技的积极回应交

① 参见王日根、陈支平：《福建商帮》，香港：中华书局，1995 年，第 117～119 页。

② 黄国信、黄启臣、黄海妍：《货殖华洋的粤商》，杭州：浙江人民出版社，1997 年，第 144 页。

流，充分说明了这一时代中国对于世界进程的贡献，并不仅仅限于商业经济的层面，已经拓展到了更高的文化层次。同样的，这一时期来华的欧洲耶稣会士也开始尝试把中国的典籍翻译介绍到欧洲，形成了中西文化交流的一个高潮。

即使是一贯秉持禁海政策的明朝政府，随着明代中后期中外贸易和交往的迅速增强，到了隆庆、万历年间，也不得不在一定程度上放弛海禁，部分地开放沿海地区的通海贸易。其中最著名的，就是于隆庆元年(1567)，在福建漳州月港公开征收贩洋税饷，"准贩东西二洋"[①]。当然，由于传统政治的僵化和凝重性，明朝政府的这一政策转变显得十分迟缓，但毕竟也在世界东西方的相互碰撞中，开始了艰难的醒悟。海上贸易的不断发展，正是世界"大航海时代"来临而促使中国通海思潮不断发展的基础。[②] 我们从明代中后期朝野不同阶层对于世界新格局转变所遭遇的"大航海时代"的应对不同态势中可以看出，中国的基层民众，尤其是东南沿海的民众，远不是我们以往在讨论自然经济形态下的那种固守土地、安土重迁的，可以比附于欧洲封建制下的农奴般的农民，一旦有了适合的社会环境和经济氛围，他们完全可以跟随世界潮流的变化，成为中国社会经济乃至世界经济发展的重要力量。中国的知识分子阶层也是如此，一旦有了适合的社会环境和文化氛围，他们同样也会与时俱进，革新自己的思想，而不是像以往人们所认知的那样，抱残守缺、一成不变。对于封建王朝而言，我们也必须予以实事求是的分析。明朝虽然也是中国传统意义上的封建王朝，但是由于生产力的长期积累、明代中后期社会经济特别是商品市场经济的发展，其社会经济内部结构中已经萌发出某些新的冲动，从而推进了民间海上私人贸易的繁荣与海外市场的开拓。这一系列在社会经济上的变化，不能不对明朝的政治控制产生某种触动。因此从政治社会环境看，我们应当承认当时确实存在某种相对宽松、多元的，在一定程度上可以包容不同思想文化思考与实践的氛围。入清之后，这种社会环境基本消失了。中国的社会经济与文化观念，就在这种保

---

① 张燮：《东西洋考》卷七，《税饷考》，第2页，见《钦定四库全书》史部十一。

② 参见毛佩琦：《明代海洋观的变迁》，中国航海日组委会办公室、上海海事大学编：《中国航海文化论坛》第一辑，北京：海洋出版社，2011年，第262～265页。

守的社会环境的潜移默化中，拉大了与西方国家的差距。

三、明代政治与经济各行其道：文化缺失的反思

学界在讨论明代中国海上丝绸之路的时候，基本上把关注点集中在明朝朝贡体系即政治外交的领域，以及海上贸易的经济领域这两个方面。虽然到了明代中后期，明朝政府对于民间贩海行为有所宽容、弛禁，但是政府以防倭、防盗为核心的海洋政策，并没有做出根本的改变。因此，明代朝贡体系的政治外交，与民间的贩运东西洋，不仅各行其道，而且民间的贩海行为还不时地受到政府的压制。这二者之间，始终不能形成强有力的合力，共同作用于海上丝绸之路。

由于受到政府禁海政策的压制，明代东南沿海地区的商人们，在一定程度上不得不采用亦盗亦商的经营行为。从世界中世纪海商发展史的角度来考察，亦商亦盗的武装贸易形式，也是中世纪以至近代西方殖民者海商集团所采取的普遍形式。所不同的是西方殖民者的海盗行径大多得到本国政府的支持。“大航海时代”的葡萄牙人、西班牙人、荷兰人，他们以本国政府的支持和强大的武装为后盾，企图打开在中国沿海的贸易之门。① 而中国海商集团的武装贸易形式，是在政府的压制下不得不采取的一种自我保护措施。在明朝政府的压制下，东南海商的武装贸易形式虽然能够在明代后期这一特定的历史空间中得以发展，但最终还是不能长期延续并且发展下去。终清之世，中国的东南海商再也未能形成一支强大的海商武装力量，从国际贸易的角度看，这也是中国海商逐渐失去东南海上贸易控制权的重要标志之一。16 世纪至 19 世纪中叶，中国的海商只能是在政治与社会的夹缝中自行其是，艰难行进。

明代朝贡体系的宗旨虽然在于奉行中国与周边国家地区的和平共处，但是这种仅着眼于政治仪式层面的外交政策，忽略了文化层面的外交交流

① 参见毛佩琦：《明代海洋观的变迁》，中国航海日组委会办公室、上海海事大学编：《中国航海文化论坛》第一辑，北京：海洋出版社，2011 年，第 268 页。

（这里所指的文化层面，主要是指意识形态层面的，诸如宗教、信仰、教育以及生活方式）。而这种带有政治仪式意味的外交政策，将随着政治的变动而变动，政治外交基本上是属于实用性的，缺乏长远的延续性。因此到了17世纪之后东亚以及中东的政治版图发生变化时，中国对于南亚、西亚以至中东的政治影响力，就不能不迅速衰退。

从中国民间海商的行为看，东南沿海海商所具有的顽强生命力和抵御恶劣环境的耐受力，使得他们的经济活动坚持了下来。特别是在对外移民方面，有着不断发展的趋势。随着中国移民的向外扩展，以民间基层生活方式为主要内容的下层文化，随之进入华侨所到的各个国家和地区，得以传承和弘扬。从中华文化对外传播史的视野来看，16、17世纪东西方的文化碰撞，促使了中国与西方的知识分子们，在较为平等的文化心态中进行着中西文化的相互交流和相互传播。因此我们可以说，明代中后期以来中国文化对外传播具有两个层面与两种途径，即由西方传教士及中国上层知识分子翻译介绍到欧洲的以儒家经典为核心的意识形态文化，以及由沿海商民迁移海外所传播过去的一般民众生活方式的基层文化。

但是到了清代中期，政府采取了较为保守封闭的对外政策，尤其是对于思想文化领域的交流，逐渐采取压制的态势。在这种保守封闭的政策之下，中国文化的对外传播受到了一定的阻碍。更为重要的是，随着西方资本主义革命的不断胜利和工业革命的巨大成功，“欧洲中心论”的文化思维已经在西方社会牢固树立。欧洲一般的政治家和知识分子也逐渐失去了对于中华文化的那种平等的敬畏之心，延至近代，虽然说仍然有一小部分中外学人继续从事着中国文化经典的对外翻译介绍工作，但是在绝大部分西方人士的眼里，所谓的中华文化，只能是落后民族的低等文化。尽管他们的先哲们，也许在不同的领域提及并且赞美过中国的儒家思想，然而到了这个时候，大概也没有多少人肯于承认他们的高度文明思想，跟远在东方的中国儒家文化有着什么样的瓜葛。时过境迁，从18世纪以后，中国以儒家经典为核心的意识形态文化在世界文化整体格局中的影响力大大下降，其对外传播的作用日益衰微。

反观由沿海商民迁移海外所传播过去的一般民众生活方式基层文化的这一途径，则相对的通畅一些。清代政府虽然采取了较为保守封闭的对外政策，但是对于海外贸易，一方面是相对宽容，另一方面也无法予以有效的禁止。在这种情景之下，沿海居民从事海外贸易和移民的活动一直被延续了下来。特别是在向海外移民方面，随着国际交往的扩大和资本主义市场的网络化，其数量及所涉及的地域均比以往有所增长。到了近现代，中国东南沿海向外移民的足迹，已经深入到亚洲之外的欧洲和美洲各地，甚至于非洲。于是，经过数百年来中华海外移民的艰难挣扎、薪火相传、生生不息，世界各地逐渐形成了具有显著特征的“唐人街”“中国城”。我们走遍世界各地的“唐人街”“中国城”，其充满着中华文化浓郁气息的建构与特征，几乎都是一致性的。这种一致性的建构与特征，正显示了由沿海商民迁移海外所传播过去的一般民众生活方式基层文化在海外的成功传播与发展。换言之，以往被人们所忽视的由沿海商民迁移海外所传播过去的一般民众生活方式、基层文化的文化传播途径，实际上成了 18 世纪以后中华文化向海外传播的主流渠道。①

虽然说从 16、17 世纪以来中国东南沿海的居民不断地批量向世界各地移民，形成华侨群体，并且在自己的居住国形成了具有中华特征的社会文化氛围，但是我们还必须看到的是，这种以下层民众所传播到世界各地的中华文化，无论是宗教信仰、生活习俗，还是文化教育以及文化娱乐等方面，基本上都是在华人的小圈子里面打转转，极少扩散到华人之外的族群当中去。这就是说，这种中华文化的传播，不太可能对于华人之外的群体乃至国家、地区产生重要的影响力。

明代，中国的对外关系基本上是遵循两条道路开展的，一是王朝政府的朝贡体系；一是民间从事海外贸易与对外移民的系统。如前所述，王朝的朝贡体系，关注的是政治礼仪外交，缺乏文化的输出传播；而民间文化的输出，则基本上只是在华人的小圈子里面打转转，很少对华人之外的群体乃至国家、地区产生影响力。这也就是说，在明代中国海上丝绸之路的发展模式中，文化的对外传播与输出是一个严重的缺失。反观 15 世纪以来西方殖民者的东来，在庞大商业船队前来的同时，天主教的传教士们也不断前来，想

① 陈支平：《从文化传播史的角度看明代的历史地位》，《古代文明》2011 年第 3 期。

方设法要在世界的东方包括中国在内的广大民众之中，传播西方的宗教与意识形态。时至今日，西方天主教、基督教对于中国社会的渗透力，依然令人十分担忧。有些邻近的国家如韩国，基督教的信仰程度大大超过了以往对东方佛教的信仰。起源于中东地区的伊斯兰教，同样也是如此。本来，中国华人移民率先进入这些地区，但是后进的中东和南亚的伊斯兰教徒们，充分利用和扩展对于东南亚地区国家和地区上层阶层的交往，使得伊斯兰教在东南亚地区得到迅速的传播，致使今天的东南亚地区土著居民，基本上为伊斯兰教所同化。伊斯兰教文化在这些地区后来居上，占据了统治地位。虽然说有少部分中国学者和华人学者，一厢情愿地认为明代前期郑和下西洋对于东南亚地区的伊斯兰教传播起到了重要作用，但是这种论点的历史依据大多是属于现代的，很难得到东南亚地区伊斯兰教系统文献的印证，①基本上属于自娱自乐、自说自话的范畴。

明代以来中国海上丝绸之路发展历程中，文化对外传播与输出的缺失，极大地限制了中国对于周边国家特别是东南亚国家和地区的整体影响力。尽管明代政府希望通过朝贡体系的形式，谋求与周边国家的和平共处；中国的海外移民也对居住国社会经济的发展做出了重大的贡献，但是由于文化上的隔阂，使得无论是中国与周边国家地区的关系，还是华侨与当地族群、国家的关系，都存在着比较尴尬的境地。就东南亚地区百余年的发展情景而言，华侨在经济上的成功，为当地的发展做出了重大的贡献，但是经济上越是成功、对当地的贡献越大，其结果往往更难拉近与当地族群的关系，二者之间的隔阂始终存在，时隐时现。一旦这些国家或地区出现政治上、经济上的波动，当地的族群往往把社会、政治以及经济上的怨恨，发泄到华人的群体之上。百余年来，东南亚地区是华人华侨人数最多的地区，同样居住在这些地区的其他民族却很少受到血腥的排斥，唯独华人华侨不时要受到当地政府或当地民众的屠杀、攻击与排斥。这其中的原因，当然是十分复杂

① 如孔远志先生是主张郑和下西洋时向东南亚地区传播伊斯兰教的学者，但是他也承认："海外现有的关于郑和在海外传播伊斯兰教的记载，尚缺乏有力的佐证。"见孔远志：《论郑和与东南亚的伊斯兰教》，中国航海日组委会办公室、上海海事大学编：《中国航海文化论坛》第一辑，北京：海洋出版社，2011 年，第 81 页。

的，但是我们不能不认识到，中国海上丝绸之路发展历程中忽视文化的传播与输出，从而造成不同国家与地区之间的文化上的隔阂，无疑是其中一个重要的因素。

一战后美国对中国海军发展的态度

应俊豪
台湾海洋大学海洋文化研究所

前　言

近代以来中国海军的发展，与西方列强提供的协助，关系密不可分。从出售海军舰艇与军事武器，训练海军官兵，到提供各类造船建坞的装备与器具，均深受列强影响。在晚清洋务运动建立新式海军的浪潮中，英、法、德等欧洲国家均曾扮演重要角色，协助中国打造出一支当时堪称强大的海上武力。[①] 但由于一直欠缺发展现代海军的关键技术，到了民国时期，中国依然必须寻求外国的援助，而逐渐崛起、涉入东亚事务日深的美国，则成为中国欲效法的对象之一。

自晚清时期美国开始涉入对华事务后，中美关系的演变历程，往往与其他西方列强间有着相当不同的面向。[②] 首先，美国来华发展商务活动，在时间上晚于其他西方列强，在华利益比例与投资规模比较小，因此晚清时期整体的中外互动上，美国的重要性，远远不如英、法重要。其次，美国虽然也是

---

① 关于晚清以来中国新式海军的发展，参见姜鸣：《龙旗飘扬的舰队：中国近代海军兴衰史》，北京：三联书店，2002 年。

② 晚清时期中美关系发展的大致脉络，可以参见下列专书的研究，见：Tyler Dennett, *Americans in Eastern Asia：A Critical Study of United States' Policy in the Far East in the Nineteenth Century*，New York：Barnes & Noble，1963；李定一：《中美早期外交史》，台北：三民书局，1978 年。

西方在华建立条约特权体系的重要成员之一，但多半乃是承继自英、法等国在华发动战争后所获得的特权，以片面“最惠国待遇”比照享有，而非主动开创获得。这也使得中美关系较为平顺。再者，由于美国对华素无殖民扩张野心，而以商务活动为主，故在中国人眼中，美国不像其他西方列强，其友善态度与不具威胁性的形象，较为鲜明且深入人心。而在晚清列强对华瓜分风潮，以及义和团运动、八国联军之役后，美国不仅反对列强扩大在华的侵略活动，并且主动将多余的庚子赔款退还中国，用于发展中国的教育文化事业。美国雪中送炭之举，再度强化了中国人对于美国的感激与眷恋之情。[①] 到了民国时期，面对日本利用第一次世界大战发生、西方列强无暇东顾之际，大举扩大在华利益，除了强占德国在山东的租借地外，还提出极其凶狠的“二十一条”要求，而美国当时作为尚未参战的西方列强，成为中国人无助状态下企盼获得外来奥援的对象。一战结束后，在巴黎和会山东问题争议上，不少中国人更是几乎把美国当成唯一的救世良药，赖以依持与抗衡日本的重要凭借。[②] 作为近代以来中国人心目中反对其他列强在华侵略与瓜分行径的美国，对于一战后中国积极重建海军军备的企盼，终究采取何种态度？

事实上，回顾19世纪东亚历史，美国固然不及英、法等国重要，但自1898年美西战争取得菲律宾等地后，在西太平洋区域的影响力与日俱增，对于中国事务的关心程度，也显得与过去有很大的不同。特别在晚清列强瓜分中国风潮的浪尖上，1900年美国国务卿海约翰(John Hay)率先提出中国“门户开放”政策，呼吁各列强应尊重中国主权独立与领土完整，维持中国门户的开放，反对瓜分中国。这除了凸显出美国在华利益日益重要，也意味

---

① 近代以来中国人对于美国的想象，可以参见杨玉圣：《中国人的美国观》，上海：复旦大学出版社，1996年。

② 在“二十一条”交涉以及巴黎和会中日山东问题之争等议题上，美国所扮演的角色，可以参看当时实际参与此类外交事务的顾维钧的回忆。见顾维钧著，中国社会科学院近代史研究所译：《顾维钧回忆录》第一分册，北京：中华书局，1982年。也可以参看下列研究，金光耀：《顾维钧与第一次大战初期的中美外交》，陶文钊、梁碧莹主编：《美国与近现代中国》，北京：中国社会科学出版社，1996年，第75～91页；张春兰：《顾维钧的和会外交——以收回山东主权问题为中心》，《“中央研究院”近代史研究所集刊》，第23期(下)，1994年6月，第29～52页。

着美国开始试图影响并主导列强的对华态度。在实际作为上，美国还开始涉入中国的现代海军发展计划。1911 年，美商伯利恒钢铁公司（Bethlihem Steel Company）即与中国签订合作协议，拟为中国建造海军舰艇，扩建兵工厂、码头与军火库，并协助安排海军军官登舰训练中国海军官兵。美国政府原先乐观其成，但是后来发现中国政府稍后又与英国签订契约，委由英国海军军官登舰训练海军人员。这使得美国政府感到气愤，认为中国侵害到美商的契约利益，加以欧战爆发的原因，为避免美国过度涉入海外事务，美国国务院最终决定暂时搁置此计划。到了一次世界大战结束，中国政府又重提恢复此计划，希望由美国协助强化中国海军的实力，然而美国政府却依然有所顾忌。终究是何种原因，使得美国不愿意协助中国发展海军?

本文拟根据美国国务院第一手的原始外交档案资料，包括美国国务院的《美国对外关系文件》（*Foreign Relations of the United States*，*FRUS*）[①] 以及《1910—1929 年美国中国国内事务档案》（*Records of the Department of State Relating to the Internal Affairs of China*，*RIAC*，1910—1929，微卷档案）[②]，透过美国政府对外（美国与中国政府以及其他相关列强的外交交涉）与对内（包括美国国务院与驻华以及驻各国使馆之间的往来电文与训令）的互动过程，分析一战后美国政府对于协助中国发展现代海军武力的态度，及其背后所涉及的国际形势与复杂的政策考虑。在结论部分，则会将此议题放到近代以来中美特殊关系发展的历史大架构中，一并申论美国对华政策的特征。

① 美国国务院《美国对外关系文件》档案，近年来已由美国威斯康星大学图书馆设置成网络数据库，见：University of Wisconsin Digital Collections Center，*Foreign Relations of the United States* (https://uwdc.library.wisc.edu/collections/frus/S)。

② (United States) Department of State，*Records of the Department of State Relating to the Internal Affairs of China*，1910—1929 (*RIAC*)，Washington：The National Archives，1960，“中央研究院”近代史研究所图书馆藏，微卷档案 (Microfilm)。

一、民国以来中国海军建军计划与美国争夺主导权

自晚清推动自强运动以来，中国即逐步规划其建立新式海军的梦想，其中又以李鸿章创办的北洋水师，为当时中国现代海军的最具代表性的重要象征。在欧洲国家的协助下，从训练海军军官，到购置铁甲军舰、建筑海军军港，北洋水师实力逐步扩充，也成为亚洲第一、世界第八的现代强大海军。但由于在1894年的中日甲午战争中，北洋水师败于日本海军之手，几乎完全倾覆，中国建设现代海军的计划，遂遭到重大挫败。[①] 然而，中国对于建设新式海军的念想，却从未放弃，而是一直延续着。

1911年10月，就在武昌起义爆发后不久，清廷与美商伯利恒钢铁公司签署了一项合作协议，委托该公司协助中国建造并改善既有的军械制造所、船坞与兵工厂，以及代为建造海军舰艇与打造大炮。同时，美国政府也同意将派遣海军军官，登上中国军舰，协助训练中国海军官兵。

> 在清政府的邀请下，美国政府将协助中国发展海军，包括派遣军官协助训练中国海军人员，以及让中国海军派员进入美国海军学校与学院学习，并在美国军舰上实习。美国政府也将提供技术上的支持，协助中国扩充海军舰船、装备以及军火等。[②]

之后，清帝虽然退位，但两国先前签署的契约依然有效，应由之后的民国政府所继承。1913年，历经辛亥革命与政权转移的动荡时期，新成立的北京政府也逐渐将重心又放在了建设新式海军上，故要求美商伯利恒钢铁公司落实前述合作契约，由美国出面协助中国的造舰与训练海军官兵等计划。在咨询美国海军部的意见后，美国国务院表现出乐观其成的态度，批准伯利恒公司着手进行前述海军合作计划。二次革命爆发，南北对立下中国局势迅速恶化，北京政府内部也因财政紧缩，欠缺充分经费可供充实海军建设，

① 唐德刚:《晚清七十年:甲午战争与戊戌变法》，台北:远流出版事业公司，1998年。

② "Paul S. Reinsch, American Minister, Peking to Sun Pao Ki, Minister for Foreign Affairs, Peking", 4 February 1914, *RIAC*, 893.20/32.

因此当时的国务总理熊希龄乃向美国驻华公使芮恩施(Paul S. Reinsch)表达希望暂缓实行中美海军合作的意向。与此同时,又发生了一件让美国政府感到极其不满的意外事件。1914年1月,美国政府忽然获悉,北京政府除了与美商伯利恒钢铁公司有海军合作契约外,疑似也另外与英国签署了类似协议,故也将聘请英国海军军官登舰,协助中国训练官兵。因此芮恩施乃照会北京政府外交总长孙宝琦,希望由国务总理出面给予正式保证,之后在咨询美国公使意见前,中国不会再与英国方面进行海军合作交涉等事宜。①

北京政府疑似脚踏两船,同时与美、英两国进行海军合作的情况,着实让美国政府深感不快,认为中国方面已违背契约精神,在已将海军建设与训练计划委托给美国同时,竟然又将其另外部分分割给英国。1914年7月,美国驻华公使馆代办马慕瑞(J. V. A. MacMurray, American Charge d'Affaires, Peking)亲自拜晤孙宝琦,希望了解目前英国海军官员协助中国海军发展的实际情况,并再次要求北京政府给予保证,在与英国商议合作事宜前,均必须先咨询美国方面的意见。孙宝琦则向芮恩施坦承,清廷与英国签署协议,由英国海军军官充当顾问提供建议的时间点,可能比美国伯利恒公司签订的合约来得更早,这也使得中国先后与英、美两国都有类似的海军合作计划。不过,孙宝琦强调,与英国的海军合作协议,绝不会影响到后续美国合约的执行。事实上,北京政府之所以迟迟不愿给予美国正式保证,可能与中国政府内部决策紊乱有很大的关系。海军部门在处理与外国海军合作时,经常没有知会外交部门,再加上晚清时期中国乃是同时与英国、美国商谈海军发展计划,也分别签署了类似的合作方案,才会导致目前的争议。而前后两任国务总理周自齐、熊希龄等均曾为上述情况,向美国公使表达歉意。但是,马慕瑞还是坚持,中国与英国之间的海军合作协议(英约)仅在于由英国海军官员充当中国海军顾问,并提供发展建议;然而与美国的海军合

① "Paul S. Reinsch, American Minister, Peking to Sun Pao Ki, Minister for Foreign Affairs, Peking", 4 February 1914, *RIAC*, 893. 20/32; "J. V. A. MacMurray, Charge d'Affaires, American Minister, Peking to Sun Pao Ki, Minister for Foreign Affairs, Peking", 15 July 1914, *RIAC*, 893. 20/32.

约(美约)则更为广泛,除了人员协助外,还包括各类军备武器等,因此美约的全面性与优先性应高于英约,故应该排除美国以外其他国家介入中国海军建设的可能性。面对美国方面持续的压力,北京政府外交部后来曾派出秘书严鹤龄前往美国公使馆,并以口头方式,向马慕瑞表示,目前并无英国海军官员担任中国的海军顾问。但是当马慕瑞进一步质问,这是否意味着北京政府将来也不会聘请任何的英国海军官员充当中国海军顾问时,严鹤龄则言语闪烁,不愿多做承诺。从北京政府不愿给予正式的书面承诺,甚至不愿在口头上保证不让英国介入中国海军事务等,马慕瑞分析北京政府显然在回避承诺美约的优先性与排他性。①

也因此,美国国务院最后决定暂时搁置此计划,这也导致原先由美国协助中国建设现代海军的规划自此戛然而止。之后,中国的政局日益恶化,北京政府自身陷入严重的内忧外患中,从日本提出"二十一条"要求到袁世凯推动帝制,以及之后的护国军起义与讨袁之役,从此陷入长期的南北对立、割据分裂与军阀混战,自然也无力继续推动海军建设计划。再加上随着第一次世界大战爆发,美国于 1917 年参战,同样也是无暇再顾及与中国的海军合作计划。因此中美海军合作计划,遂持续停滞不前。②

虽然受到一战影响,中国建设海军计划暂时搁置,但是继袁世凯之后实际控制北京政府的皖系军阀,在段祺瑞等人的领导下,仍持续推动中国的军事扩张,但并非海军建设,而是以陆军部队为主。尤其透过与日本的合作,亦即"西原借款",皖系取得了大量的资金援助。这些资金虽然主要用于支付外债以及因应内战之需,不过部分也用于组建"参战军"等陆军部队。

此外,通过 1918 年的中日军事协议,日军也派出军事顾问,协助训练中

---

① 马慕瑞建议美国国务院,应由公使馆再次正式照会北京政府外交部,促使其正视美约与英约之间的矛盾,并依据 1911 年 10 月(清廷与美国签署海军合作合约)以及 1913 年 11 月(美国同意与北京政府继续前约)两份中美合约与协议的精神,来处理中国海军发展事宜。见"J. V. A. MacMurray, Charge d'Affaires, American Minister, the Secretary of State, Washington, D. C.", 14 & 17 July 1914, *RIAC*, 893. 20/32.

② 1911 年以来中美海军合作计划历程与曲折,亦可参见美国国务院远东司助理司长拉克哈特(F. P. Lockhart)所做的备忘录,见"Memorandum by the Assistant Chief of the Division of Far Eastern Affairs, Department of State", 16 March 1922, *FRUS* 1922, Vol. Ⅰ, pp. 745-746.

国军队。而这支在一战期间筹组的军队，在战争结束后，改名为“边防军”，但在之后的直皖战争中覆灭。[①]

二、一战后的远东局势：美国推动军火禁运中国计划

一战结束后，世界恢复和平，欧洲列强也重新回到亚洲。但是受到大战的长期耗累与无暇东顾，欧洲列强在中国事务上的发言权，已有逐渐减弱的趋势。反观较晚参战以及未受欧战影响的美国与日本，则利用大战之良机，积极扩大在华的势力与影响。也因此，美国与日本对于一战后的远东与中国局势，有着日益强大的干涉权力。

然而，中国政局却愈趋恶化，南北对立情况依然严重，各省与跨省内战依然层出不穷。也因此，在1918年底至1919年初，在美国驻华公使芮恩施的建议与大力推动下，由各国驻华公使组成的北京外交团（Diplomatic Corps in China，又称北京公使团）开始进行磋商，筹思在中国解决南北对立与内战问题前，列强应暂时停止对中国的军火输出，亦即对华实行所谓的“军火禁运”（“Embargo on Shipments of Arms and Ammunition to China”）。[②] 然而，如要有效推动军火禁运中国计划，首先必须由美、英、日、法、意等五大强国一致同意。芮恩施尤其担心日本方面的态度。因为在一战期间，透过中日军事协议以及其他借款密约，日本开始以大量军火援助中国特定派系（皖系）。如果日本不同意加入禁运，则此计划势必破局。所幸在1919年4月，日本政府终于表态愿意加入美国所推动的军火禁运计

① 关于中国参与一战后中日之间的经济提携与军事合作，见郭廷以：《近代中国史纲》，香港：香港中文大学出版社，1989年，第456～459页。

② “Paul S. Reinsch, American Minister in China to the Acting Secretary of China”, 10 May 1919, *FRUS* 1919, Vol. Ⅰ, p. 669.

划。① 与此同时，芮恩施的计划，同样也获得美国国务院的支持。②

在取得列强各国政府的同意后，是年 5 月 5 日，北京外交团团长、英国驻华公使朱尔典(J. N. Jordan, British Minister, Peking)正式出面照会北京政府外交部，考虑中国南北对立问题，为避免军火输华造成负面影响，诸列强将共同开始实行军火禁运政策。③

事实上，芮恩施与朱尔典曾评估此项军火禁运中国政策，可能对于北京政府较为有利，而对于中部以及南方军阀则较为不利。因为早在一战期间，北京政府即已透过与日本的合作，而取得军火。不过无论如何，芮恩施与朱尔典还是认为，此时对华实施普遍军火禁运，整体而言还是利大于弊的。④换言之，在美、英两国合作推动，以及其他列强的加入下，军火禁运中国政策在 1919 年 5 月之后，开始上路。这项政策也间接导致中国海军建军计划的再度搁置。⑤

---

① "Paul S. Reinsch, American Minister in China to the Acting Secretary of China", 5 & 10 April 1919, *FRUS* 1919, Vol. Ⅰ, pp. 667-668.

② 事实上，在推动列强军火禁运中国前，美国政府在 1919 年 1 月初刚批准一项步枪弹匣(共 500 万匣)的输华申请，到了 4 月时，其中 340 万匣已完成交货，剩下的 160 万匣则已经装载完成正运往中国。美国政府决定除了上述已经交货或正进行海运的步枪弹匣外，未来将不会再批准任何大型的军火输华申请。不过，总价低的小额军火输华申请(总价低于 1000 美金，属于私人购用，而非大规模军事用途者)，美国政府仍将同意继续输华。美国政府也希望，除了美、英、日、法、意等五强国外，其他国家也能够加入，共同实施军火禁运。见"Frank Polk, the Acting Secretary of State to Paul S. Reinsch, American Minister, Peking", 14 April 1919, *FRUS* 1919, Vol. Ⅰ, p. 668.

③ 北京外交团照会送出时，已授权批准加入军火禁运中国的国家有：英国、西班牙、葡萄牙、美国、苏俄、巴西、法国、日本等八国；而正在取得授权的有：荷兰、丹麦、比利时与意大利等四国。换言之，预计将会有十二国加入军火禁运中国计划。见"J. N. Jordan, the Dean of the Diplomatic Corps in China to Ch'en Lu, Chinese Acting Minister of Foreign Affairs", 5 May 1919, *FRUS* 1919, Vol. Ⅰ, p. 670.

④ "Paul S. Reinsch, American Minister in China to the Acting Secretary of China", 5 April 1919, *FRUS* 1919, Vol. Ⅰ, p. 667.

⑤ 关于一战前后列强对华军火禁运，可以参见陈存恭：《列强对中国的军火禁运(民国八年—十八年)》，台北："中央研究院"近代史研究所，1984 年。

三、中国重启海军建军计划与新国际形势

一战结束后不久，受到巴黎和会山东问题的刺激，中国出现了五四运动，各大都市泰半陷入了学生与反日活动的激烈震荡之中。原先控制北京政府，以国务总理段祺瑞为首的皖系军阀，由于一战期间与日本签署各类贷款与军事协议，并曾以获得借款来交换对日本继承山东问题的同意，遂招致举国公众舆论的谴责与唾弃，民众认为其必须为山东问题的失败，负起最大的责任。以曹锟、吴佩孚等为首的直系军阀，则趁势而起，挟舆论之助，出面挑战皖系的北京中央政府统治地位。1920 年直皖战争爆发，直系军队成功击溃了皖系军队，也意味着北京政府的主导权终将易主，而直系军阀取代原先的皖系，成为北京政府的幕后实际控制者。①

在直系军阀稳定入主北京政府后，1921 年夏季，北京政府透过美国驻华公使馆以及海军武官，再度向美国政府表达希望重启与美商伯利恒钢铁公司海军合作计划的意向。为了展现诚意，北京政府向美国政府表明现阶段中国与其他任何外国政府均无海军合作契约，也没有聘请外籍海军顾问来协助中国海军的组织与训练，故在 1911 年曾造成中美海军合作计划破局的阻碍因素均已排除。然而美国国务院在详细评估后，却依然不太愿意去履行前述海军合作契约，主要的理由有两个。其一，早在 1918 年 5 月，在华有利益关系的各列强均已达成共识，并发表联合声明，强调在中国解决内部割据分裂问题前，彼此均不再对华输入军火，以防止这些军火被用于内战。但是此时中国显然仍持续深陷严重的南北对立情势等困境之中，故美国政府无法违背上述声明私自履行合约，协助中国从事海军建设。其二，中国自身也面临严重的财政短绌问题，经费开支实已捉襟见肘，极其有限的预算理应优先使用在改善内部行政上，故此时还欲挪用经费从事海军建设，并非明智之举。因此美国政府乃决定采取两面手法，恩威并施，一方面授意伯利恒钢铁公司出面与中国政府协商，肯定合约的持续有效性，但主张由双方派出

① 郭廷以：《近代中国史纲》，香港：香港中文大学出版社，1989 年，第 464～471 页。

代表进一步讨论后续执行细节等问题，实则乃是以拖待变；另外一方面则由美国驻华公使出面，直接向北京政府海军部总长表态，坦承因华盛顿海军限武会议开会在即，在此之前，关于中国拟聘请美国海军军官协助海军建设等合作事宜，仍应暂时搁置。①

1921 年 11 月在美国首府华盛顿召开的国际会议，主要是处理巴黎和会未及处理的两项重要问题，首先是一战后的五大海权国的海军限武问题，其次是远东及太平洋问题。经过漫长的会议讨论与磋商，与会各国于 1922 年 2 月，签署了三个条约：海军限武条约（由英、美、日、法、意五国签署），规定五大海权国的主力舰与航空母舰的总吨位数比例为 5∶5∶3∶1.75(2.22)∶1.75(2.22)（括号内为航母比例），且限制各类型军舰的武装设备情况，同时必须裁减过多的海军舰船；四国条约（由英、美、日、法四国签署）取代原先的英日同盟，并界定太平洋诸岛屿的划分；九国公约（由英、美、日、法、意、荷、比、葡、中等九国签署），确立在尊重中国主权独立与领土完整的前提下，落实中国门户开放与投资机会均等的原则。此外，在其他列强的见证下，中、日两国也以会外会的形式，顺利解决了山东问题之争。②

在上述三个国际条约中，与中国海军建设有着连带关系的，即是海军限武条约。中国虽然不在五大海权国之列，照理不受海军限武的约束，但是海军限武条约的签署，意味着五大海权国愿以身作则，互相约束不再从事海军军备竞赛，率先自行裁减海军军备，其目的还是希望带领世界上其他国家一同致力于裁减海军军备，避免重蹈第一次世界大战前海军军备竞赛的覆辙。在这样的国际局势与氛围影响下，中国如试图继续海军建设，扩大海军舰船规模，恐将与此潮流发生抵触，必须面临更大的挑战。而美国作为华盛顿会

---

① "Memorandum by the Assistant Chief of the Division of Far Eastern Affairs, Department of State", 16 March 1922, *FRUS* 1922, Vol. Ⅰ, pp. 745-746.

② 关于华盛顿会议召开的目的及所签署条约的意义，可以参见 Warren I. Cohen, *America's Response to China: A History of Sino-American Relations*, New York: Columbia University Press, 1990, pp. 86-87. 至于海军限武问题，则可以参见 Sadao Asada, *From Mahan to Pearl Harbor: American Strategic Theory and the Rise of the Imperial Japanese Navy*, Annapolis: Naval Institute Press, 2006, pp. 69-91；亦可参见笔者先前的研究，见应俊豪：《谈判桌上的海权划分：五国海军会议（1921—1922）与战间期的海权思维》，《政治大学历史学报》第 30 期，2008 年 11 月，第 119～168 页。

议的发起国，更是五国海军限武条约的主要推手，自然更必须以身作则，裁减海军军备，在这样的现实条件下，便不太可能继续协助中国进行海军建设与扩张海军实力。

四、美国政府对于中国海军扩建计划的因应对策

美国政府对于中国海军建设的消极态度，迫使北京政府海军部必须重新思考与原先美国的海军合作计划，并尝试另寻出路，与美国以外的其他国家洽谈海军建设事宜。事实上，北京政府海军部的另谋出路之举，则引起一直居中斡旋处理中美海军合作计划的美国驻华使馆海军武官哈金斯准将(Commodore Charles T. Hutchins，Naval Attach'e，Peking)的紧张与忧虑。1922 年 3 月，在其给美国海军部部长丹比(Edwin C. Denby，Secretary of the Navy)的紧急电文中，哈金斯强调，根据可靠消息，由于美国政府对于中美海军合作计划的"冷淡态度"，中国当局已经在评估找寻其他国家来协助中国海军重整与造舰计划的可能性。哈金斯虽然并未言明中国正在找寻合作的其他国家是哪一国，但是却非常担心此事一旦成真，不仅将会影响到太平洋地区的海军现况，也会损害到美国的利益。①

由于兹事体大，美国海军部立刻向国务院报告此事。② 当获悉此事后，

---

① "Telegram from Commodore Charles T. Hutchins，Naval Attach'e，Peking to Edwin C. Denby，Secretary of the Navy，Washington"，14 March 1922，*FRUS* 1922，p. 745. 在五大海权国中，可能涉入中国海军建设计划，并会造成太平洋海军现况失衡，影响美国利益的国家，最有可能的，应该指的就是日本。自一战结束以来，美国即十分担心日本在太平洋地区的海军扩张，美国当初之所以召开华盛顿会议，主要目的之一，也是在于拟借此透过国际力量的约束，限制日本在中国以及太平洋的势力扩张。见 Warren I. Cohen，*America's Response to China：A History of Sino-American Relations*，New York：Columbia University Press，1990，pp. 86-87.

② 在给国务卿的报告中，美国海军部助理部长罗斯福(Theodore Roosevelt)还特别强调哈金斯准将是一位非常可靠且值得信赖之人。换言之，对于哈金斯的示警，海军部也希望国务院能慎重处理。见"Theodore Roosevelt，Assistant Secretary of the Navy to the Secretary of State"，5 April 1919，*FRUS* 1919，Vol. Ⅰ，p. 667.

美国国务卿休斯(Charles Evans Hughes,Secretary of the United States)决定介入处理,并采取实际外交行动,以阻止中国寻求其他国家协助扩建海军的企图。美国国务院的因应作为,简单来说,乃是双管齐下,一方面向中国政府施压,阻止其另循渠道推动海军扩建计划;另一方面则是照会其他国家,劝阻各国不应介入中美海军合作契约。

在给美国驻华公使舒尔曼(Jacob Gould Schurman)的电文中,休斯认为中国政府在此时积极谋求扩建海军的作为,已严重抵触到美国在远东地区的利益。首先,美国在先前的华盛顿会议中,揭橥与力倡世界海军限武计划,而中国政府却唱反调、执意进行海军扩建计划,不啻掣肘一战后各国推动海军限武的努力,很明显会违背华盛顿条约的基本精神。其次,民国以来中国自身陷入严重的财政危机与内部动荡,但此时中国政府却不思优先改进内政情况,反倒穷兵黩武坚持推动海军扩张,显然也非明智之举。再者,中国政府早先与美商伯利恒钢铁公司签订的海军合作协议,目前虽然暂时搁置执行,但其契约效力依然维持,中国政府如欲绕过美商,径自与其他国家签订海军合作计划,势将侵害到美商的契约权利;而美国政府是不可能容许中国政府违背契约规定,公然地侵害美商权利。因此,休斯训令舒尔曼公使以"非正式"的方式向中国政府表达关切之意,在美国政府做出最后决定前,要求先暂缓推动海军扩建计划。①

美国国务院同时在华盛顿、东京、伦敦、巴黎以及罗马,采取外交斡旋,除了向英、日、法、意四国驻华盛顿大使馆递交外交照会外,也训令美国驻四国的大使馆,向各国外交部表明美国政府对于此问题的严正态度,希望四国政府不要协助中国政府的海军扩建计划。在前述外交照会中,美国国务院附上了1911年中国政府与美商伯利恒钢铁公司的海军合作协议,强调依照合约规定,美商有权协助中国兴建以及改建兵工厂,改良既有的海军码头与军火库,以及打造海军舰艇与火炮等。在确认协议依然有效以及顾及中国政府提出要求执行前述海军合作协议的前提下,美国政府目前正慎重考虑后续的因应与作为。不过由于先前列强已达成军火禁运中国的共识,故为

① "Charles Evans Hughes, Secretary of State to Jacob Gould Schurman, American Minister, Peking", 28 April 1922, *FRUS* 1922, Vol. Ⅰ, p. 747.

了避免抵触军火禁运规定，美国政府希望先与英、日、法、意四大海权国共同商议，以确定往后处理类似问题的基本原则。美国政府的态度是，如果其他四国（含政府以及其国民）均同意承诺往后不再协助中国进行海军扩建计划，包括改建或兴建兵工厂、码头、军火库以及海军舰艇与火炮等，则美国政府在保留其契约权利的前提下，也愿意暂时搁置前述协议，不协助中国进行海军扩建。[①] 换言之，美国意图抛砖引玉，以暂缓执行中美海军合作协议为条件，换取其他国家承诺跟进，以达成五海权国均不协助中国发展海军事业的共识。美国此举实乃釜底抽薪之计，因为美、英、日、法、意五国为一战后世界前五大海权国，掌握着当时最先进的海军技术，一旦五国彼此达成共识，则中国不太可能有机会再寻求其他国家的协助，以从事海军建设。

五、其他列强对一战后中国海军扩建计划的态度

美国政府主张由五大海权国共同协议，暂停协助中国进行海军扩建计划的提案，不久即获得日、法、意、英等四国无异议的支持与认同。显而易见的，在一战后的20世纪20年代，尤其自华盛顿会议以降，美国对远东以及中国事务的安排，有着极大发言权。美国对中国问题的立场，往往可以影响到其他列强的态度。日本政府对于美国主张限制协助中国海军扩建的建议，很快即给予正面的响应。在日本驻美大使馆给美国国务院的照覆中，日本政府分析目前中国现况，北京中央政府徒具虚名，无力控制整个国家；反之，地方实力派军阀则拥兵自重，导致中国局势持续动荡不安。在这样的情况下，外国如果出面协助扩充军备，很容易会被某些特定军事派系所控制，将这些海军军备用于内战，使得中国局势进一步恶化。换言之，美其名是协助中国改善军备，实则是祸害中国百姓。也因此，日本政府认为，此时如果有外国政府及其人民出面协助中国扩建及改善海军舰艇、码头与兵工厂等，

---

① "The Department of State to the Japanese, British, French and Italian Embassies, Washington" & "The Secretary of State to the Ambassadors in Tokyo, London, Paris and Rome", 4 May 1922, *FRUS* 1922, Vol. Ⅰ, pp. 747-749.

不但是非常不可取的，也将会抵触华盛顿会议九国公约的主要精神。所以日本政府支持美国的建议，在中国局势恢复稳定之前，由各海权国共同承诺不协助中国取得海军扩建所需的资源；同样地，美国也将暂缓执行 1911 年由美商伯利恒钢铁公司与中国签署的海军合作协议。①

意大利政府同样也认同美国的建议，意大利驻美大使转述意大利外交部部长的看法，认为在中国完全统一之前，直接或间接协助中国改善海军军备的计划都是不应该的。为了呼应美国的主张，以及维持五大海权国的共同立场，意大利外交部部长表示该国将暂时终止目前意国公司准备输出军火至中国的合约，纵使此举将造商意大利政府的重大商业损失。②法国政府同样也表态同意美国的建议与做法。③

至于英国政府，也是大力支持美国的提案。在英国外交部给美国驻伦敦大使馆的照会中，英国政府认为考虑中国现况发展，继续维持既有对华军火禁运是十分必要的。所以英国政府同意保证在中国出现一个统一的政府或是恢复正常政治情况前，英国政府及其人民将不会提供任何的协助来推动中国的海军扩建计划。尤有要者，英国甚至还建议应由各国驻北京公使共同进一步会商，如何可以让军火禁运协议更为具体，并扩大到更为广泛的范畴，不只限于实际军火与军事装备的禁运，还应纳管人员方面的协助。换言之，无论是软硬件方面，均应该统一纳入禁止输入中国的限制之内。④

① "The Japanese Embassy to the Department of State", 31 May 1922, *FRUS* 1922, Vol. Ⅰ, pp. 751-752.

② "The Italian Embassy to the Department of State", 12 May 1922, *FRUS* 1922, Vol. Ⅰ, p. 750.

③ "Myron T. Herrick, American Ambassador, Paris to the Secretary of State, Washington", 5 July 1922, *FRUS* 1922, Vol. Ⅰ, p. 753.

④ 不过，英国政府保有但书，强调假如其他国家违背协议协助中国进行海军军备扩充，则英国有权力重新审视是否要继续维持既有军火禁运的决定。见"George B. M. Harvey, American Ambassador, London to the Secretary of State, Washington", 24 May 1922, *FRUS* 1922, Vol. Ⅰ, p. 751.

六、中美角力，大势底定

令人讽刺的是，当美国政府正积极透过外交手段，拟与其他海权国共同合作封杀中国海军重整企图之际，中国方面似乎依然还在状况外，不但没有放弃推动海军扩建的计划，甚至试图向美方摊牌，要求美国政府在中美海军军购与协议上，给予明确答复。事实上，在舒尔曼受国务卿之命向中国展开交涉，希望暂缓进行海军扩建时，中国政府海军部也提出了一份备忘录，强调中国重整海军军备的正当性，表明其目的不在于对外挑衅，而在保境安民，同时维护外人在华利益。在备忘录中，中国海军部提出了必须重整海军武力的五大目的。其一，在外国撤废在华领事裁判权以及撤出在中国水域执行巡弋任务的舰艇后，中国必须有强大的海军，才能肩负起保护外国在华利益的责任。其二，由于中国水域海盗猖獗，问题严重，中外商船同受其扰，中国海军必须有力量处理与进剿海盗。其三，中国有了强大海军，才能够确保税收以及执行警备任务。其四，中国必须拥有足以保护自己水域的海军武力。其五，中国目前正陷于内部军阀割据分裂的乱象，唯有一支训练有素的海军力量，方足以迅速扫荡这些军阀势力。为了上述目的，中国海军需要适当的炮舰、飞机，还有巡洋舰以便执行沿海巡逻任务。因此海军部希望能够与美商伯利恒钢铁公司洽谈进一步的军购细节，以决定未来将采购的军备品项与数量，来充实与重整中国海军武力。尤有要者，中国海军部在备忘录中，甚至还不惜向美国政府摊牌，强调在过去十年里，两国为军购与重整问题早已历经多次磋商，此时似无须再浪费时间讨论，中国只需要美国方面给予一个确切答案，那就是伯利恒钢铁公司以及美国政府是否已做好准备协助中国的海军重整计划。①

究其实际，美国国务院在处理中国海军扩建问题上，对于中国政府的态度，就是给予一个软钉子碰，但却始终不愿明言废止既有的合作协议。换言

① "Jacob Gould Schurman, American Minister, Peking to Charles Evans Hughes, Secretary of State", 6 May 1922, *FRUS* 1922, Vol. Ⅰ, p. 749.

之，美国的做法，乃是一再强调 1911 年中国政府与美商伯利恒钢铁公司签署的海军合作协议依然有效，但就是持续将其搁置而不愿落实；至于暂缓执行的理由，也并非美国本身的问题所致，而是由于两项重要国际共识的牵制：一为 1919 年的列强对华军火禁运协议，二为 1922 年华盛顿海军限武条约。正因为受到前述两项国际共识的掣肘，美国才不得不暂缓协助中国取得海军军备。如此，美国方面既可以确保伯利恒钢铁公司军售契约的有效性（因为并非美国之咎，不愿执行合约，而是国际共识限制美国作为，所以不是美方单方面违约），以备将来中国情况改善时，还可以依持前述合作协议，优先并继续垄断对华的海军军售与重整业务；同时也能够挟国际共识与条约之力，迫使中国也无法绕过美国，另外取得所需的海军军备。[①]但是中国方面的态度也是异常强硬，在 1922 年 6 月下旬，中国海军部透过外交部向美国驻华公使馆表达了强烈的不满，认为既然美国方面无法履行合约，则中美先前有关海军合作的"所有讨论自然应该作废，整件事到此为止"。换言之，中国准备取消与美商伯利恒钢铁公司的合约，停止由美国来协助中国海军扩建的计划。[②]

然而，当中国片面提出终止合约的要求后，还是有两项事态的发展必须值得关注。首先，是 1911 年的中美海军合作合约，在未获美国政府的同意下，不太可能仅凭中国海军部的片面主张，就获致解约。这意味着后续势必面对极其庞杂的外交与商务交涉。特别是一战后美国在远东以及整个世

① 美国国务卿休斯在后续给舒尔曼的训令中，即要求舒尔曼依此思维向中国当局解释美国必须暂缓执行海军合作协议的难处。见"Charles Evans Hughes, Secretary of State to Jacob Gould Schurman, American Minister, Peking", 9 May 1922, *FRUS* 1922, Vol. Ⅰ, p. 750.

② "Jacob Gould Schurman, American Minister, Peking to Charles Evans Hughes, Secretary of State", 22 June 1922, *FRUS* 1922, Vol. Ⅰ, p. 753. 中国海军部的回复，一度引起美国国务卿休斯极大的疑问，质疑这意味着中国方面只是停止与美国商议合作问题，还是表态将正式撤废 1911 年与美商伯利恒钢铁公司的海军合作契约？为此，舒尔曼还特意向休斯解释，此乃中国式的委婉用词，而所谓"所有的讨论自然应该作废"，实意指中国方面有意着手取消与美国先前所有的海军合作协议。见"Charles Evans Hughes, Secretary of State to Jacob Gould Schurman, American Minister, Peking", 29 June 1922 & "Jacob Gould Schurman, American Minister, Peking to Charles Evans Hughes, Secretary of State", 11 July 1922, *FRUS* 1922, Vol. Ⅰ, pp. 753-754.

界，都有极其强大的影响力，而深陷内部动荡与军阀割据分裂的中国，在弱国外交的窘境下，也不太可能有实力与美国硬抗。其次，中国海军部当时并不清楚美国除了暂时搁置与中国的海军合作协议外，早已经与其他海权国私下商议，共同限制中国海军军备扩充计划。换言之，在美国带头的封锁之下，中国海军部即使成功撤废与美国的合约，可能依然还是会面临无法另觅其他外国协助的惨况。

当中美之间对海军合约问题争执不休之际，以美国为首的五大海权国，则持续针对如何禁止协助中国发展海军事业进行磋商。基本上，在美国国务院的居中联系下，美、英、日、法、意五国政府很快即达成共识，彼此协议并同意在中国恢复政治统一稳定前，各国均保证不会协助中国发展海军军备。而美国政府也特别保证，只要五国达成共识，美国也将在保留伯利恒钢铁公司合约的最终权利前提下，暂时搁置履行合约，不会协助中国扩充海军军备。[①] 此外，除了伯利恒的案子外，在其余类似合约问题上，美国政府也将采取相同态度，并保证在中国现况改善前，不会提供中国所需的海军军备。也就是说，对于伯利恒钢铁公司的合约问题，美国并不准备将其视为单一个案处理，而是作为通例，是以美国政府将全面搁置所有与中国海军军备发展有关的合约。[②]

尤有要者，英国则认为美国提出禁止协助中国发展海军军备的建议，应该扩大办理，并与当时正在北京讨论的列强联合军火禁运输华计划一并思考。换言之，除了美、英、日、法、意五国外，也应该邀请其他当初参与1919年军火禁运中国的国家，一同加入协议，共同承诺不协助中国扩充海军军备。[③] 事实上，早在华盛顿会议时，为了重申军火禁运中国，避免军火助长中国的分裂与内战，美国即曾建议由美、英、日、法、意、荷、比、葡（即后来中

---

① "The Department of State to the Japanese, British, French, and Italian Embassies, Aide Memoire", 25 July 1922, *FRUS* 1922, Vol. Ⅰ, pp. 754-755.

② "William Phillips, Acting Secretary of State to Charles B. Warren, American Ambassador, Tokyo", 2 September 1922, *FRUS* 1922, Vol. Ⅰ, pp. 755-756.

③ "Sir Auckland Geddes, British Ambassador, Washington to the Secretary of State", 4 October 1922, *FRUS* 1922, Vol. Ⅰ, p. 756.

国以外的华盛顿会议九国公约签署国),共同声明禁止向中国输出各种形式的军火。① 英国的建议,某种程度上乃是延伸美国原先做法,进一步限制中国海军军备发展,与军火禁运放在同一平台思考,以作为列强对华施为的共识基础。如此,将可以扩大限制协助中国发展海军军备的签署国,从原先的五大海权国,几乎遍及所有与中国有关系的其他列强。英国并建议,此事可以由北京外交团代为出面处理。只要在中国有利益关系的国家,均同意美国的提案,承诺不协助中国发展海军军备,则可以由北京外交团代表所有驻华列强正式向中国政府照会。②

1919 年 5 月即已加入军火禁运中国的国家有 12 国(美、英、日、法、意、俄、西、葡、荷、比、丹麦、巴西),1922 年初华盛顿会议重申军火禁运中国的有 8 国(美、英、日、法、意、荷、比、葡),如扣除掉因一战期间发生革命、不再与西方国家为伍的俄国,而另外加上也可能参与签署的德、奥、挪威与瑞典,等于一战后全世界最重要的工业国家,均可能加入禁止协助中国发展海军军备的协议。这不啻全面封杀中国寻求外部协助发展海军军备的可能性。

结语:兼论美国对华的特殊关系

自近代以来,在西方诸列强中,相较于英、法先后发动侵华战争,美国虽然较晚来到中国,也分享了西方列强在华确立的条约特权,但始终在华发展商务活动。当中国处于甲午战争的严重挫败,多年来培植的海军付之一炬,沿海门户洞开,国土沦丧,深陷西方列强竞相争夺沿海港湾岛屿与锁定势力范围的危急时刻,美国提出中国门户开放政策,希望保持中国领土与主权的

① "Conference on the Limitation of Armament, Washington", 12 November 1921- 6 February 1922, Washington: Government Printing Office, 1922, p. 1474, cited from "The Secretary of State, Washington to George B. M. Harvey, American Ambassador, London", 2 June 1922, *FRUS* 1922, Vol. Ⅰ, p. 729.

② "Sir Auckland Geddes, British Ambassador, Washington to the Secretary of State", 2 November 1922, *FRUS* 1922, Vol. Ⅰ, p. 758.

完整，某种程度上掣肘了西方国家瓜分中国的风潮力道。庚子之役，八国联军进占北京，清政府更是危如覆巢窘状，面对列强军队长期驻守直隶京师沿线，以及后续庞大的赔款与各种需索和要求，人为刀俎，我为鱼肉，中国实无力维持一个国家应有之门面与底气。然而，美国率先雪中送炭，愿将多余的庚子赔款归还中国，用以提升教育与文化事业。美国对华的善意展现，再度又在西方列强中引起不小的涟漪波折，其他国家为贻人口实，也只好先后表态愿意仿效美国，将多余征收的赔款，用之于中国。民国以降，美国不仅率先承认共和政府，也在中国再度面临日本的武力威逼时伸手援助之手。第一次世界大战爆发后，日本借口英日同盟，对德宣战，攻占德国在山东的租借地，又筹思利用欧洲列强彼此困于战火无暇东顾之际，大肆扩充在华的势力范围，提出凶狠的“二十一条”要求，除了确立日本在东三省既有的优势地位外，更企图从财政、军事、警察等内政层面入手，实际控制中国，触手还伸及中国沿海港湾地区，几乎让中国沦为日本的保护国。美国获悉日本动向后，以维护美国在华享有条约权利为由，不接受也不承认日本片面变更中国现状。美国的介入与隐约支持，也成为身处弱势地位的中国，得以抗衡日本的最大凭借。一战后的巴黎和会，在中日山东问题的争议问题上，西方列强受制于战时密约，纷纷力挺日本继承德国在山东的利权，美国是唯一一个表态支持中国收回山东的与会强国。美国政府虽然最后为了维护战后的新国际秩序与成就国际联盟，不得不收回了对中国的支持，导致中国未能达遂收回山东的目标。即是在上述的历史发展脉络下，美国素来对华的友好态度，以及中国一贯对美国的仰赖与依靠，逐渐形塑出近代以来中国特别的亲美倾向。①

然而，前述中美特殊关系的历史演变，却无助一战以后中国海军建军的正向发展。美商伯利恒钢铁公司虽拥有协助中国扩充海军码头、军火库与打造新式舰船的协议，但美国政府却从中作梗介入，拒绝履行合约，导致民国以来中国海军发展的停滞不前。尤有要者，美国政府除了阻止美商履约

---

① 关于近代以来中美特殊关系的形成，可以参见美国学者韩德(Michael Hunt)的研究，见：Michael Hunt, *The Making of A Special Relationship: The United States and China to* 1914, New York: Columbia University Press, 1983.

外，更利用一战后美国在远东事务的强大发言权，率先推动军火禁运中国，并号召其余列强共同加入彼此不协助中国打造新海军的共同立场，彻底封死中国海军建军的各种努力。而一战后美国敌视中国海军发展的作为，与近代以来美国素来友华的亲善态度相较，看似矛盾，实则体现出美国对中国事务处置上带有的理想性与务实性。美国素来对华政策上，自然以维护美国在华利益为最高依归，但却不认为有必要削弱中国完整的存在；反之，在确立既有条约特权体系下维持一个领土完整的中国，更可能有助于美商在华活动的进行，免于其他列强在其势力范围内的干涉与阻挠。故当晚清时期西方列强竞逐在中国的利益与势力范围之际，美国却高举中国门户开放的大旗，反对瓜分中国。美国认为此举对于中美两国来说，都是最好的处置作为，既可以保护中国免于被瓜分，也维护了美国的利益。至于率先偿还过多的庚子赔款，也是基于类似思维模式。多余的庚款对于美国财政来说本无足轻重，但利用这笔款项投入教育文化事业，不仅可以博取中国感激，也可以培养出一批特别知美、亲美的精英知识分子，对于未来中美关系的发展有极其正面的意义，利人利己，何乐而不为？换言之，美国在华政策上，偏向带有以自认友华的方式来照顾与处理中国事务。

至于本文的重点，亦即美国为何从中作梗阻止一战后中国推动海军建军事业，理由可能也是如上所述，美国还是以自认友华的特殊方式来“照顾”中国。民国以来，尤其自袁世凯称帝败亡后，中国陷入严重的内部纷扰之中，南北对立，各省军阀割据分裂，地方军事主义高涨，内战频频，百姓流离失所。中国陷入了比晚清时期更为严重的内部动荡。美国政府如同意履行合约，固然可以让美商从中短期获利，但就长远来说，这违背美国素来对华政策，且会影响美国在华利益。因为在中国内战纷扰之际，向中国输入军火或是协助打造新式海军军备，在军阀主政的背景下，不啻助长内战，导致中国内部纷扰情况的常态化，非但不利于美商在华的活动与扩展，而且长期分崩离析的中国，也将会引起其他列强的觊觎，内忧外患将进一步削弱中国的完整性。因此，暂时搁置协助中国扩展海军军备的协议，固然会牺牲少部分合约利益，然而如何能够尽快结束中国内部的动荡与纷扰局势，防止中国军阀派系借由引进西方军事力量用于内战，促成中国的统一，才是美国心目中认定，符合中、美两国长期利益的做法。这其实乃是美国自认为友华作为的再度展现：在确保既有条约特权与美国利益的前提下，维持一个稳定且统一的中国。而待中国重新恢复稳定统一时，美国还能够再凭借伯利恒钢铁公司的合约优势，继续协助中国打造新式海军，届时既可以成就美商利益，也能够增进中美军事合作与强化中国自保能力。

欧战前后的中国海军与涉外事件

黄文德
汉学研究中心

前　　言

海军作为中国迈向近代化过程中的重要政府部门之一，从 19 世纪 70 年代中期认为“敌从海道内犯，自须亟练水师”，[①]到 1888 年建立制度转变为职司战守，有事时冲锋破敌，无事时巡防操练的建军思维，以因应千年未有之变局。在这近代化过程之中，海军部门虽因购舰、教育、建军、作战与外国接触，衍生涉外关系，但基本上主要还是依附在中国政府所属总理衙门至外务部等组织所建构的外交体制之内，缺乏涉外自主意识。

民国建立以后，在袁世凯(1859—1916)主政期间，相较于晚清时期，海军建军发展更显缓慢，无论是在国防决策的参与、平时舰艇维持预算、官兵薪饷上，都经常遭到漠视。黎安友(Andrew James Nathan) 认为 1917—1928 年间，尽管海军部与外交部一样，在政府部门内以独特的专业性，被“执政当权者视为不能被拿来作为政治资源运用的单位”，[②]但二者的差距在于外交部在政治派系互辄之下，有近乎独立的执行政策，故保有一定程度

① 李鸿章:《覆奏海防条议》，收入饶玉成编:《皇朝经世文续编》卷八三，“中央研究院”汉籍电子文献，http://www.sinica.edu.tw/～tdbproj/handy1/。

② Andrew James Nathan, *Peking Politics 1918—1923: Factionalism and the Failure of Constitutionalism*, Berkeley: University of California Press, 1976, p. 67.

的自主性；而海军部则是因为资源薄弱，加上兵种的科学性、专业性，[①]对于舰艇、港口装备维护的财务需求高，故使其难以摆脱军阀束缚，发展独立机构性思维(institutional thinking)。

本文认为，1917年8月14日北京政府同意加入协约国(Allied Powers)正式对德宣战后，故事有了转变。中国从此由中立国成为协约国成员。虽然，列强对中国不只是希望它在战场上提供华工/苦力(coolie)，还希望它能在亚洲大陆牵制德国，[②]但俄国革命之后这点期盼已不复存在，而中国却因宣战与护法问题导致南北分裂，自顾不暇。当中国陆军受制于各项条件，无法真正履行各项协约国参战义务，海军却是在分裂的状态下，透过海军部与地方舰队微妙的联系下，发展出不同于北京政府外交部与海军部的观点。在装备与人员未能到位的状态下，部分海军官员企图重温大国海军之梦，逐步履行从中立到参战的国际法赋予的责任与义务，乃至于试图改变不平等条约的状态，巩固国权。然因财务困难加上装备落后，以及政府部门之间相互掣肘，终使其无法改变原有经营之外交格局，而使海军在涉外事务上陷入迷航。

一、民国成立前后海军低度发展的涉外活动

近代中国海军与外交局势发生互动源自晚清时期。由于太平天国运动重创清廷在各地之控制能力，南北洋大臣与沿海督抚各行其政，加上错综复杂的政治因素，各地陆续建立了福建水师、广东水师、南洋水师。由于缺乏专业人才，因此进步缓慢。至1888年12月17日，在海军衙门总理奕譞(1840—1891)、北洋大臣李鸿章(1823—1901)的支持下，北洋水师正式宣告成立，同日颁布施行《北洋海军章程》。该章程系参考英国及欧陆部分国家之海军定制而成，首度确立中国海军内部行政运作方式与对外互动之规范。

---

① Samuel C. Chu and Kwang-Ching Liu eds., *Li Hung-chang and China's Early Modernization*, Armonk, New York: M. E. Sharpe, 1994, p. 259.

② Ian Nish, *Collected Writings of Ian Nish*, London: Routledge, 2001, p. 213.

就处理涉外事务而言,《北洋海军章程》只简单地描述一般军舰航行、访问之交际礼仪基本知识,忽略了将克里米亚战争(Crimean War,1853—1856)结束后,4 月 16 日由英、法国等 7 国在法国共同发表之“巴黎海战宣言”(the Declaration of Paris of 1856)有关处理私掠船(privateer)、中立、海上封锁、海上捕获等相关国际法原则纳入章程。[①] 19 世纪 80 年代后,按理中国政府对于欧陆国际法并不陌生,在中法战争期间总理衙门曾多次以中立问题对外进行交涉与宣传。[②] 究其原因或许是因为中国沿海并无私掠船问题,故北洋海军在干部养成教育中,也没有特别参考这部首次讨论国际海上武装冲突法的条约内容。

在无时程规范的重组军备计划下,至 1895 年北洋舰队至少先后组建了 30 艘战舰(warship)、120 艘各类炮艇,远远超越日本的 32 艘战舰、23 艘鱼雷艇。而拥有官兵 4000 余员编制的中国海军的规模与战力,在黄海海战之前一度被英国海军舰队副指挥官巴拉德(G. A. Ballard,1862—1948)认为是已达随时可以出战迎敌的程度,[③]未料结果与预期有天壤之别。中日甲午海战的结果,北洋舰队几乎全军覆灭,但国势颓唐之局面下,从 1895 年至 1911 年期间,中国政府仍积极复兴海军实力,除了外购英、德、日等国舰艇 39 艘,另打造国产舰艇 24 艘,平均每年新添 640 吨排水量之舰艇,相较于战前,实属不易。[④] 尽管海军整编启动时程较 1902 年才组建的北洋六镇新军更早,却未获得社会舆论的重视。

为了展现复兴后之海军整顿成绩,中国政府曾于 1902 年 8 月 9 日英王

---

① Steven Haines, War at Sea: Nineteenth-century Laws for Twenty-first-century Wars?, *International Review of the Red Cross*, Vol. 98, No. 2, 2016, p. 432. Doi: 10.1017/S181638311700041.

② Lewis M Chere, *Great Britain and the Sino-French War: Problems of an Involved Neutral*, 1883—1885, Selected Papers in Asian Studies: Western Conference of the Association for Asian Studies, No. 7. Available at: https://scholarsarchive.byu.edu/wcaaspapers/vol1/iss7/1.

③ Ho Yi Kai ed., *Science in China*, 1600—1900: *Essays by Benjamin A. Elman*, Singapore: World Scientific Publishing, p. 207.

④ 马幼垣:《靖海澄疆——中国近代海军史事新诠》,北京:中华书局,2013 年,第 371～372 页。

加冕仪式当日，由北洋舰队统领兼海圻舰舰长萨镇冰(1859—1952)亲率该舰前往英国在威海卫海军基地祝贺。[①] 海圻舰排水量4300吨，1901年于英国阿摩士庄造船厂(Armstrong，Whitworth & Co. Ltd.)竣工。[②] 另外，清廷于1910年3月与10月分别派遣大臣载涛(1887—1970)、载洵(1885—1949)访日，其间亦有包括海圻舰等战舰随同前往，[③]获得佐世保军港各级日舰采全舰饰，施放礼炮，以表敬送之意。[④] 另外，为庆祝英国乔治五世(George Ⅴ，1865—1936)加冕典礼，中国政府亦在1911年4月派出海军主力战舰海圻出访。在访英行程结束后，海圻舰奉命转往美国东岸与古巴进行访问，直到辛亥革命爆发以后的1912年6月才回到中国。海圻军舰出访不单是强化美国政府对中国的重视，一度也提高了当地华人对中国的支持，的确有所贡献。[⑤] 在中国政府与皇族贵戚的支持下，这些战舰出航除了落实出海演训、巩固邦谊、承担护卫皇族权贵之重责，同时代表甲午战后中国海军对于参与国际事务的想象，透过承平时期的交际活动逐步实现。在这样的氛围下，即便处于革命的风潮里，直到1911年11月1日蚊子船策电号[⑥]官兵宣布易帜以前，海军各舰队并无现役人员直接参与革命起事之记

---

① 经查萨镇冰时任海圻舰舰长，而且北洋舰队编制并无海济舰，所谓“海济”因此可能系海圻(Hai Chi)英文汉译名称之误植。《函复加冕庆辰海济兵舰管带前往威海卫致贺转致贵国水师提督由》，1902年8月9日，《外交档案》，馆藏号02-26-002-02-041。

② 《筹办海军》，《汉文台湾日日新报》，1909年9月9日，第1版。

③ 《载洵殿下来朝接待日志》(10)，1910年10月22日，日本防卫省防卫研究所藏，《海军省公文备考类》，档案编号C06092305900。

④ 《贝勒归国》，《汉文台湾日日新报》，1910年11月11日，第1版。

⑤ 黄文德：《敦睦与交际：1911年中国海圻舰远洋访问之研究》，《海洋文化学刊》第14期，2013年12月。

⑥ 策电号为中国政府向英国阿摩士庄造船厂订制的首批4艘海军称之为蚊子船的伦道尔系列(Rendel gunboats category)炮艇之一。该舰于1877年交船，排水量约319吨。

录。[①] 民国建立初期，在总统袁世凯主政下，相较海军于晚清时期之发展，海军建军更显缓慢，无论是在国防决策的参与、平时舰艇维持预算、官兵薪饷上，经常遭到漠视，甚至连维持近海巡视都有问题。由于缺乏政治上的长期奥援，即使副总统黎元洪(1864—1928)出身北洋水师学堂，他对持续支持海军建军计划，也不置可否。支持海军部的声音，明显低于陆军部。在欧战爆发以前，海军发展偏重专主守势。海军总长刘冠雄(1861—1927)在 1913 年 3 月 21 日提出第一次制舰计划案时透露：守势之道不外乎巡弋防御、守卫防御而已。[②] 故在处理涉外事务，包括维持沿海航行安全、与各国海军进行海上与港口交际礼仪，以及参与海军国际事务上都陷入退缩与保守的状态。

(一)在维持沿海水域安全，保护外商、遏止海盗方面

1911 年初山东至江苏两省海岸爆发贼匪、海盗登岸骚扰与劫掠，地方不靖，影响德商在山东青岛商船活动，故管理胶澳租界的德国总督府在 1912 年初曾多次透过地方政府向袁世凯总统请求，希望海军部派遣鱼雷艇巡视，“以靖海疆而固邦谊”。[③] 但收到国务院意见之后，刘冠雄总长先是以所辖船舰种类无法应用于近海，又以征调舰艇需要一定时间，后甚至提出气候变迁为由，拒绝地方政府要求，顺道还批判地方因循旧规，视“军舰为供给迎送之需”的心态。[④] 刘冠雄的说法其实不过是推托之词，真正的原因还是

---

① 革命党人对于吸收海军，以在职身份渗透海军组织，然后直接参与革命行动的案例数量，相较于新军，并不多见，少数几个案例都无具体事证说明其参与革命。如兴中会时期 1893 年于广州广雅书局抗风轩谈论筹组革命组织的有广东水师管带程奎光与其胞兄程璧光；同盟会时期 1905 年有海军留法学生石瑛参与同盟会分部，但未久石氏便脱离海军，从事革命。参见张玉法：《清季的革命团体》，台北：“中央研究院”近代史研究所，1975 年，第 165 页；朱揆初：《圜府琐记》，《近代中国史料丛刊续辑》第 96 辑第 958 册，台北：文海出版社，1982 年。

② 《海军部呈大总统》，1913 年 3 月 21 日《海军》海军军务类一二，北京：1912 年清稿本，馆藏号 3-2173-4969-9，第 37 页。

③ 《署理山东都督余则达呈总统府》，《海军》海军军务类一二，北京：1912 年清稿本，馆藏号 3-2173-4969-9，第 7～8 页。

④ 《海军部咨国务院文》，1912 年 5 月 1 日《海军》海军军务类一二，北京：1912 年清稿本，馆藏号 3-2173-4969-9，第 10～11 页。

在于各省舰艇管辖分散，事权未能统一，原先海军部希望推动将各省应属海军之舰队归还或将水师裁撤，统一制度，重新编练，方能达到："如此海军虽一时不足以御外侮，而尚能靖内患、保江海沿岸之安危，固自有余。内患既靖，外人无由乘隙起挑衅，外侮亦可消弭。"①以1912年7月江苏省渔团总长张謇（1853—1926）请派军舰护渔案为例，海军部虽同意派舰，但坦言"本部统一海军政策尚未实行，一时无指拨"，两艘指定舰艇，飞捷军舰、钧和军舰，却分别隶属福建与上海管辖，后该部仍建议由张謇自行联系接洽为宜。②

（二）承平时期与外国军舰交际礼节方面

中国海军在迈向近代化的过程，除了驾驶、造船承袭西方，在技术移转的过程中也将西方海军的传统与习俗引进中国。因此，就交际礼节而言，中国海军与西方海军具有一定程度的共通性，如晚清时期萨镇冰、程璧光率舰出访海外，在演示海军传统与习俗方面，多能获得日本、英国与美国海军认同。这一点对于跨入国际社会的东亚海军国家尤其重要。二战后曾任美国海军作战部部长的尼米兹（Chester William Nimitz，Sr.，1885—1966）上将认为，对海军仪式的重视、按部就班的执行，是为了纪念海军先贤，以及所有过去、现在和将来参加这一仪式的人们。③对于传统与习俗的重视，也有助于海军不同世代之间，建立沟通的桥梁，甚至影响外界对海军水手和他们所服务的国家形象。因此1888年的《北洋海军章程》就反映了海军领导阶层对军舰敦睦交际之高度重视。

然而，从帝制走向共和以后，民国初年长江与沿海各省多设有部分舰队与水师，它们的服装、配饰、旗帜与隶属于海军部的舰队官兵，没有太大分别，但对正规海军国际礼节毫无概念，以至于在与外国军舰接触时，经常发

① 《海军部呈大总统》，《海军》总务类，北京：1912年清稿本，馆藏号3-2173-4958-1，第12页。

② 《国务院致江苏省渔团》，1912年7月12日《海军》海军军务类一二，北京：1912年清稿本，馆藏号3-2173-4969-9，第32页。

③ Thomas J. Cutler, *The Bluejacket's Manual*, 24th. Edition, Annapolis: Naval Institute Press, 2002.

生误会,衍生冲突事件。而以往全国 14 处港口扮演迎宾角色的礼炮,也因操作不当,场面失序,有碍国体。① 因此,海军部在 1914 年曾通令要求拥舰自重的地方当局如湖北省变更其楚材舰、楚信舰、楚义舰,以及楚安舰等巡防舰队的服装,避免纠纷;②然后将施放礼炮改为各港埠之军舰执行。

海军部在无法控制地方水面武力,又不能完全控制地方与外国发生冲突的可能性后,只能将希望寄托在透过自身的强化,包括舰艇购建、等待回收威海卫军港、营造闽中三都澳③军港根据地,以遂行"巡弋防御、守卫防御"之目标。海军部低调进行计划,一部分固然是因为财力、实力不足,另一方面也是避免外界的干预,故连对北京政府外交部都采取隐瞒的方式。1914 年 3 月初,日本驻京公使山座圆次郎(1866—1914)从美国路透社外电注意到海军部将在福建筹建海军根据地并设置造船厂,质问外交部:海军是否有与美国联系?而海军根本无意回答,仅说明此事系"以讹传讹",敷衍地回复外交部。④

二、欧战前后从中立到参战时期海军涉外任务

(一)中立时期的海军涉外任务

1914 年 7 月 28 日欧战爆发,欧陆各国因不同盟约而相互牵制,卷入战局之中。而在东方,一方面中国政府初并未选择加入任何一方,而是采取中立姿态,并且很快地就在外交与军事层面,各自就国际法赋予中立国之权利,维护国权。同年 8 月 12 日,海军总长刘冠雄立即以海军部事涉"交际性

① 《海军部呈大总统》,1914 年 11 月 26 日《海军》海军军务类一二,北京:1912 年清稿本,馆藏号 3-2173-4969-9,第 221～229 页。

② 《湖北省都督咨国务院》,1914 年 1 月 20 日《海军》海军军务类一二,北京:1912 年清稿本,馆藏号 3-2173-4969-9,第 52 页。

③ 三都澳,位于今福建省宁德市蕉城区东南面的港湾。

④ 《海军部来函》,1914 年 3 月 24 日,《北洋政府外交档案》,"中央研究院"近代史研究所笈藏,档号 03-20-005-05-004。

质、消息灵通”，派遣科长兼派办中立事宜委员荣志、王传炯二员前往外交部接洽。[①] 另一方面，当时北京政府外交部出席欧陆海牙保和会的代表陆征祥认为，会中所议论之租借地、领土主权问题与未来第三次保和会议题如局外中立国权利义务，皆与中国所处地位关系密切，[②]因此外交部乃邀请海军出席保和会议。海军原先只派出二员中阶军官出席，后来在11月初改由留英出身之海军部参事吴振南（1882—1961）少将偕同海军造舰主监吴德章（1854—?）与会。[③]

除了海外外交战场，欧战爆发，不仅牵动英国对袁世凯的政治态度，对海军而言，则赋予它在一定范围内透过国际法所赋予的权利在中国本土执行中立国任务。其荦荦大者包括在1914—1917年间处置境内交战国人员武装、船舰解除武装或扣押、收留直到战争结束，[④]如与海军关系密切的英国海军，在8月23日停泊九江太古码头时便遭海军江原舰温树德（1877—1959）舰长会同英国领事交涉后点收枪炮后派兵看守。[⑤] 驻守南京的建安舰李景曦舰长也将德国浅水舰拆卸无线电后，系泊于联鲸舰旁就近监视。[⑥]

另外，海军也识破德国企图将军舰改为无武装之商船，以此规避中立条规的限制。[⑦] 除了解除武装，海军也试图运用英德法之间的矛盾，运用外国领事所提供之交战国违反中立法之情报，用来处置双方阵营。如1914年8月初根据德国领事情报，破获英国以小轮船接济英法军舰，违反中立国条约

---

① 荣志，满人，系1893年京师昆明湖水师学堂第一届驾驶班毕业；王传炯为1906年江南水师学堂驾驶班毕业。《海军部来函》，1914年8月12日，《北洋政府外交档案》，档号03-36-009-01-034。

② 唐启华：《清末民初中国对“海牙保和会”之参与（1899—1917）》，《政治大学历史学报》第23期，2005年5月，第78页。

③ 《海军部来函》，1914年11月5日，《北洋政府外交档案》，档号03-35-002-01-010。

④ 关于欧战前后中国政府对于交战国船舰的处置请参见王文隆：《欧战期间德奥在华船舰的处置》，《全球视野下的外交史论》，台北：政治大学，2016年，第103～124页。

⑤ 《李海军司令电称毛副官点收泊浔之英舰愿交枪炮等件派人看守各节咨请查照由》，1914年8月22日，《北洋政府外交档案》，档号03-36-025-01-062。

⑥ 《德舰事》，1914年8月18日，《北洋政府外交档案》，档号03-36-025-01-087。

⑦ 《南京德舰事》，1914年8月25日，《北洋政府外交档案》，档号03-36-025-01-093。

情事。[1] 尽管中国在日俄战争期间曾执行过类似行动，但中国海军却在各地执法程度不一的缺憾下，让意大利海军试验员率舰潜逃，结果遭法国政府扣留送还，在国际上实属创闻。[2]

（二）加入协约国后的海军涉外任务

1917 年，北京政府段祺瑞（1865—1936）领导之改组内阁对中国是否向德奥等同盟国（Triple Alliance）宣战争执不下时，6 月 13 日张勋发动复辟计划，推出前清逊帝溥仪。海军总长程璧光（1861—1918）因不满军阀弄权，故在此之前已与南方孙中山联系，本有离去之意。复辟事件后，孙中山宣布启动护法，而程璧光也在 7 月 21 日率第一舰队所属官兵、舰艇南下参与孙中山所领导的广州护法政府。自此民国海军舰队分裂，地方军阀势力对于海军干预也日趋明显。海军分裂对于中国在战时巩固国权影响甚大，主要是因为由第一舰队加上翌年投奔广东的肇和军舰等 11 艘船舰，其总吨位数占全中国海军 44%，北京政府海军部所辖可用之船舰已所剩无几。因此，在免除程璧光职务之后，1918 年北京政府起用北洋宿将萨镇冰为海军部总长，除安抚军心外，也力图重新振作，避免战时海军组织瓦解。当时舆论对于海军总长究竟由萨镇冰、程璧光、刘冠雄何人担任为佳，并不在意。唯萨镇冰在先前张勋复辟内阁中亦被点名为海军尚书，不免予人前清遗老之印象，故刘冠雄虽被点名为造成舰队出走之主因，但仍然具有一定声望。[3]

尽管海军分裂，但 1917 年 8 月 14 日，北京政府通告正式对德、奥宣战后，中国国际地位再度改变。在成为协约国成员之后，在外交方面，北京政府外交部试图借由参战修改不平等条约，而海陆两军则开始有机会参与协约国联合军事行动。由于中国境内之德国舰艇与人员在中立时期多已处置，即便宣战后，德奥战俘的地位改变不大。因此，有鉴于俄国革命，俄境纷乱，中国海军在内部开始出现各类讨论意见，但迫使北京政府海军部在涉外

① 《小轮运物接济英法兵舰事》，1914 年 8 月 22 日，《北洋政府外交档案》，档号 03-36-032-01-029。

② 《发海军部中立处》，1914 年 11 月 23 日，《北洋政府外交档案》，档号 03-36-010-01-049。

③ 《申报》，1917 年 7 月 23 日，第 15962 号（上海版），第 3 版。

事件上采取积极的态度，则是来自于舆论、民间的期盼，以及地方舰队激进的策略所致，其表现主要在出兵西伯利亚参与海参崴（符拉迪沃斯托克，Vladivostok）协约国联军行动、西伯利亚当地进行护侨与撤侨以及解决俄境阿穆尔河（Amur River，中国境内部分称黑龙江）之航权问题：

1. 出兵西伯利亚参与海参崴协约国联军行动

1917 年俄国革命之后，海参崴当地俄军第四团官兵与工人，主张发动社会革命取消私有制度并收回工厂、土地与矿场经营权，并计划召开社会革命大会，实施无政府主义。① 崴埠社会人心骚动，街头甚至出现贫民劫掠外侨的现象。美国驻海参崴领事嘉威尔（John K. Caldwell，1881—1982）在 10 月 4 日一份陈报美国国务院的电文中，建议应该派遣军舰以防止意外发生。故亚洲舰队旗舰布鲁克林军舰（USS Brooklyn）乃于同月 25 日抵达，并于 12 月 11 日离开崴埠。当地华商希望中国政府能比照美国，径行派舰巡行，使"侨民可稍壮胆，俄人略有畏忌"。② 本案经中华总商会提出要求，外交部在收到公文后，总长陆征祥（1871—1949）也同意"此时局似以派舰为宜"。③ 海军部初虽同意派舰前往保护侨民，唯考虑国内政局、舰艇部属困难，冬季港湾结冰，以及俄方未必同意军舰入港问题等，表明无法派舰前往。但崴埠领事团于 1918 年 1 月 1 日达成决议，同意各国军舰于必要时采取低限度维持现状之手段进行联合护侨。④

继美、日、英等国相继派舰至崴埠后，外交部建议海军部可依据 1914 年俄国颁布之"外国军舰至俄国港口及水面观光章程"向俄方办理入港之合理性；且本案系与协约国领事行动一致，各国自无反对之立场。如此刻中国海

---

① 《外交部收驻海参崴总领事陆是元呈》，1917 年 11 月 27 日，收入《中俄关系史料：出兵西伯利亚》民国六年，台北："中央研究院"，1984 年，第 1 页。

② George Frost Kennan, *Russia Leaves the War*, Princeton: Princeton University Press，1956，pp. 292-294.《外交部收驻海参崴总领事陆是元呈》，1917 年 12 月 12 日，收入《中俄关系史料：出兵西伯利亚》（1917 年），台北："中央研究院"，1984 年，第 3 页。

③ 《外交部收驻海参崴总领事陆是元呈》，1917 年 12 月 12 日，《北洋政府外交档案》，档号 03-32-344-01-002。

④ The Consul at Vladivostok to the Secretary of State，Jan. 1，1918，*United States Department of State Papers relating to the foreign relation of the United States*（以下简称 *FRUS*），1918，Russia (1918)，Part Ⅱ，D. C. :Government Printing Office，1918，p. 16.

军放弃派舰，既无法参与当前协约国海军联合军事行动，未来更可能失去派遣出兵西伯利亚之参战权益。因此，海军部最终在3月18日正式拍电予邵恒浚，同意派舰赴崴，另外陆军同时派兵进驻绥芬河附近铁路沿线。① 两天后，海军亦决定由曾多次代表出访海外的海容军舰执行护侨任务。② 当海军部开始展开派舰护侨作业时，交通部亦在外交部、财政部与中国红十字会协助下，解决悬挂旗帜、派遣招商局轮船船租与外籍船员保险问题后，于4月16日批准飞鲸轮开赴海参崴协助撤侨。

海容军舰上校林建章(1874—1940)舰长抵达崴埠后，在军事行动方面与协约国海军保持紧密联系。当时在崴埠的外国船舰有日舰朝日号、石见号，英舰沙福号，美舰布鲁克林号，而各方以美军指挥官奈特少将(Austin M. Knight，1854—1927)为首，但林建章认为日舰朝日号舰长应更为重要。③ 海容军舰进驻海参崴，未久便与总领事馆之间爆发斗争。但地方局面危险，邵恒浚乃请求林建章舰长派兵登岸保护侨民。④ 另外，崴埠协约国领事也在国际海军会议后决定，邀请中国派遣士兵5人守监狱、6人担任街道巡哨，共同担任联合警卫工作。

1919年8月初，中、美、英、日等四国派驻崴埠海军指挥官与叛奥归俄之捷克军(Czechoslovak Army，或称赤哈军) 指挥官于美舰布鲁克林号筹备防卫计划。⑤会后发表"各国在崴联军会议共同防备宣言"，声明协约国各国联军将采取一切必要手段，派遣军队、武装登岸，以控制地方保安，防止德

---

① 《发海参崴邵总领事电》，1918年3月18日，收入《中俄关系史料：出兵西伯利亚》民国七年，台北："中央研究院"，1984年，第43页。

② 《收海军部函》，1918年3月20日，收入《中俄关系史料：出兵西伯利亚》民国七年，台北："中央研究院"，1984年，第45页。

③ 《事变日志(军舰朝日)大正7年4月分》，1918年4月17日，日本防卫厅档案，档号C10080366800。

④ 《收海参崴邵总领事电》，1918年6月30日，收入《中俄关系史料：出兵西伯利亚》民国七年，台北："中央研究院"，1984年，第197页。

⑤ Proclamation by the Commanders of Allied and Associated Forces at Vladivostok, July. 8, 1918, *FRUS*, 1918, Russia (1918), Part Ⅱ, D. C.: Government Printing Office, 1918, p. 271.

奥战俘对于崴埠的内外威胁。[①] 此外，海容军舰依联军协议，协派遣军医登岸驻在医院，配合各国军事行动。[②]

由于林建章舰长与各国海军交好，中国官方与民间在当地权益始得维护。[③] 邵、林两位与海容军舰官兵在海参崴的作为，对于后来中国政府援引案例，争取出兵西伯利亚具有相当影响性。未久中国政府与各国协议出兵西伯利亚，考虑林建章舰长于当地国际交涉经验丰富，遂于8月3日授予林氏晋升代将，节制中国派赴海参崴之陆海军队。该舰后于1920年11月21日结束任务，返回中国。[④]

2. 探索俄境阿穆尔河之航权问题

欧战结束以后，1919年5月29日，在吉林省省长郭宗熙(1878—1934)与黑龙江督军鲍贵卿(1867—1934)的建议下，北京政府有感于日军借出兵西伯利亚之机会，逐渐渗透黑龙江、松花江流域，因此决定筹办江防。[⑤] 同年，由海军部王崇文(1871—1935)少将奉命以靖安舰为旗舰，[⑥]加上利绥、利捷、江亨等浅水炮舰，以及拖船利川舰组建江防舰队，利用俄国革命后，西伯利亚分裂之际，假道阿穆尔河，上驶松花江，筹备边防航运事务，趁机收回晚清丧失之利权。为达此目的，同年7月21日，舰队自上海舰队码头出发。7月29日，舰队抵海参崴。为争取时间，1919年8月25日，江防舰队各舰舰长在未请示海军部之状况下，径自由崴埠领舰朝庙街出发，另外靖安舰因

---

① 《收海军部函》，1918年7月8日，收入《中俄关系史料：出兵西伯利亚》民国七年，台北："中央研究院"，1984年，第205页。

② 《收海军部函》，1918年7月25日，外交部档案，馆藏号03-32-345-02-051。

③ 《收海参崴邵总领事电》，1918年7月1日，收入《中俄关系史料：出兵西伯利亚》民国七年，台北："中央研究院"，1984年，第203页。

④ 关于海容军舰在西伯利亚的活动，请参见黄文德：《海容军舰使俄护侨之研究(1918—1920)》，《全球视野下的外交史论》，台北：政治大学，2016年，第173～200页。

⑤ 《收国务院交抄府秘书厅函》，1919年5月29日，收入《中俄关系史料：东北边防》民国六年至八年(二)，台北："中央研究院"近代史研究所，1960年，第525页。

⑥ 有关王崇文创建吉黑江防处，组织江防舰队，其舰队抵达庙街(尼古拉耶夫斯克)以前之历史，请参阅黄文德：《1919年吉黑江防处与海军涉外关系》，宣读于台湾政治大学举行之"国际合作在中国"外交史学术研讨会(2016年1月29日)；《庙街事件后北洋政府海军在西伯利亚之护侨与江防——以吉黑江防舰队为例(1920—1921)》，发表于台湾政治大学"政权交替与外交转型"外交史学术研讨会，2017年1月20日。本节内容主要参考后者。

吃水较深，无法进入庙街，则停留港口附近担任通讯与载运补给物资，以为预防各舰入江遭遇阻碍后之后勤支持。[①] 此举果然让利绥、利捷、江亨、利川等四舰，终于在 9 月 25 日江冰封之前抵达庙街。[②]

初江防舰队并无意停留护侨，或扮演类似在海参崴之海容军舰角色，排解国际纠纷，其主要目的还是在边防与航运。然几次沿江而上，迭遭白俄高梅阔夫所部俄军以炮击及水雷阻挠，致使江防舰队被迫还击。[③] 后江亨舰在折返庙街途中搁浅，[④]如舰队执意上驶，则必遭击毁；但舰队滞留庙街，形同遭俄军扣留。为了让江防舰队能够脱困，北京政府数度交涉，直到俄方在 1920 年 3 月 14 日始同意舰队官兵放行上驶松花江；唯俄方认为此为“特别相让，实非现行万国公法及中俄两国条约所允可，此后万难援以为例”。[⑤] 江防舰队停留庙街面临的另一个问题是 1919 年后协约国派遣军包括美、英、法、义、中等国海陆军，陆续撤出，只有日本反而以维护中立、和平与秩序为名义，持续增兵中东铁路沿线、所谓“北满”与俄国滨海省南部，[⑥]其中伯力(哈巴罗夫斯克)、海参崴与庙街，为日军增兵部属之重点。[⑦] 1920 年 2 月底，布尔什维克党(Bolshevists)计 4000 名党人包围庙街。此次率众包围庙街，声势依然浩大。至 3 月 12 日，日军不敌党人，指挥官遂率众投降，其结果却造成日后日本军民、华工与俄人遭到大规模处决，史称“庙街事件”或

---

① 王崇文:《江防日记》，哈尔滨:滨江墨林堂石印本，约 1920 年印行，第 13 页。

② 王崇文:《江防日记》，哈尔滨:滨江墨林堂石印本，约 1920 年印行，第 23 页。

③ 《外交部收海军部抄电抄报》，1919 年 12 月 4 日，《北洋政府外交档案》，档号 03-32-298-01-013。

④ 《外交部收海军部抄送代电》，1919 年 11 月 19 日，《北洋政府外交档案》，档号 03-32-303-03-034。

⑤ 《驻伯利领事馆副领事权世恩呈外交部》，1920 年 4 月 10 日，《北洋政府外交档案》，档号 03-32-298-03-007。

⑥ 麻田雅文:《シベリア出兵——近代日本の忘れられた七年戦争》，东京:中央公论新社，2016 年，第 151 页。

⑦ Richard K. Debo, *Survival and Consolidation: The Foreign Policy of Soviet Russia*, 1918—1921, Montreal: McGill-Queen's University Press, 1992, p. 379.

“尼港事件”(Niko Jiken)。[①] 事件发生后，江防舰队任务转变为保护领事馆、侨民优先。[②] 日军重返庙街后，急于寻求报复对象，故借口调查真相，扣留江防舰队。

在遭日军扣留期间，江防舰队主要任务集中在保护被日军集中在麻盖安置的900多名华工与少数其他国家侨民。这些侨民未久便陆续搭乘民营戊通公司轮船，转往哈尔滨回国。[③] 自此，江防舰队连保侨、护民的任务也因缺乏服务对象而中止。本案后经北京政府任命刘华式少将(1883—?)[④]、熟悉日本与东北涉外事务的外交部参事王鸿年(1870—1946)、领事关裕恩、海军部副官处上校副官陈复(? —1925)等人，共同组成中日共同调查委员会与日方交涉。两国双方在9月下旬达成协议，而江防舰队官兵也顺利解除限制，四舰于9月30日驶抵伯力，10月8日先后安抵松花江。至于调查会议内容直到12月24日两国才正式公开，就庙街事件中国军舰炮击日本士兵案，中国方面将进行人员处分、道歉、赔偿，达成互相谅解。

江防舰队回到中国后仍不放弃收回利权的构想。[⑤] 1920年5月时，伯力传来远东共和国赤塔政府扬言若日军或白俄谢米诺夫(Grigory Mikhaylovich Semyonov，1890—1946)麾下军队北上，则将毁去伯力全城，使侨界人心惶惶之消息。[⑥] 江防舰队乃于6月21日奉海军部之训令前往当地进行护侨，[⑦]其中利绥舰、利川舰前往伯力，江亨舰赴黑河，利捷舰驻扎

---

① 有关江防舰队与庙街事件前后中日交涉，请参见张力：《庙街事件中的中日交涉》，《南京大学学报》2005年第1期，第57～70页；黄文德：《烈日・苦寒：1920年俄国麻盖华人遇害事件之研究》，《侨教与海外华人研究学报》第2期，2013年11月。

② 《收庙街主事朱德馨呈》，1920年8月26日，收入《中俄关系史料：东北边防》民国九年，台北：“中央研究院”近代史研究所，1960年，第121页。

③ 《收驻庙街米主事呈》，1920年8月26日，《北洋政府外交档案》，档号03-32-304-01-051；《庙街华侨悉数归来》，《申报》，1920年11月7日。

④ 刘氏为清季首批留日海军军官。

⑤ 北京外交部公文书中所提之黑河领事馆位于今日俄属报喜城(布拉戈维申斯克，Blagovéshchensk)，旧称海兰泡。本地在晚清时原为黑河位于黑龙江北岸之土地，其在民国初年北京外交部文书中仍称黑河，与南岸黑河隔江相望。

⑥ 《收伯利权世恩电》，1921年5月17日，《北洋政府外交档案》，档号03-32-330-01-015。

⑦ 《海军部咨》，1921年6月21日，《北洋政府外交档案》，档号03-32-330-01-021。

三江口。就在三舰重返阿穆尔河,实现巩固江防之计划,江亨舰7月4日却在三江口遭遇隶属伯力方面之俄国军舰拦阻。俄舰表明系奉首长阿格辽夫之命执行任务,邀求江亨舰吴廷光舰长将该舰驶回中国。① 除了军舰受阻,不久在7月8日上午,隶属于吉林陆军第二营的200多名官兵搭乘民营轮船杭州轮,先是遭俄舰阻拦检查,后俄舰竟在无预警状况下对非武装之杭州轮开炮,当场炸毙水手3人、受伤5人,士兵重伤2员、轻伤3员。海军部为解决本案,原拟采取先抗议,并以武力为后盾方式进行。② 但至1922年底始终未能获得俄方响应,于是成为中俄诸多悬案之一。

结　　论

本文之目的不在于探讨海军舰队发展之历史,所要关切的是海军作为中国迈向近代化部门之一,如何处理涉外问题。因此,本文以欧战前后(1914—1919)为观察点。过去研究通常批判晚清海军缺乏国际常识,因此发展缓慢,但本文认为即使经历甲午海战重挫以后,海军依然保持相当的企图心,因此从1900年至1911年期间,参与不少涉外活动,包括海上敦睦、阅兵。但在这近代化过程之中,海军部门虽因购舰、教育、建军、作战与外国接触,衍生涉外关系,但基本上主要还是依附在中国政府所属总理衙门至外务部等组织所建构的外交体制之内,缺乏涉外自主意识。

1911年以后至欧战爆发之前,海军因不受政府重视,加上海军受制于经营预算,舰艇仅能在沿海活动,故相对于晚清,民国初年的海军部更显保守、退缩,迥异于富于朝气的晚清中国海军建军气象。而当欧战爆发以后,中国海军凭借着执行国际法所赋予的中立法责任与义务,一度扭转长期以来列强在中国水域横行无阻之局面。

① 《朱鹤祥电话至柯尚宁记略》,1921年7月6日,《北洋政府外交档案》,档号03-32-298-04-015。

② 《收海军部函》,1921年8月9日,收入《东北边防与外蒙古》民国十年,台北:"中央研究院"近代史研究所,1975年。

本文认为，1917 年 8 月 14 日北京政府同意加入协约国正式对德宣战后，就海军发展层面而言，海军任务趋于多样，能在大陆沿海遂行过去的战守与执行中立国任务训练。近年来不少相关研究都显示中国海军在分裂状态下，依然能以维护国家主权为优先，甚至参与跨部会的外交协调。当陆军无法出洋，驻俄使领馆遭受威胁时，海军多能在外交部对外交涉陷入僵局时，协助同僚，屡有斩获，包括在中立时期的执行解除交战国舰艇武装，以及参战期间之出兵海参崴参加协约国列强海军联合行动、护侨与撤侨、国际人道主义救援，甚至是构思夺回阿穆尔河之国际水道航行权。这些行动背后除了显示财政问题对于任务的影响性，也突显甲午战后新一代海军对任务型态思考的转变。其不以外交全盘考虑为限制，以保存舰队实力为高原则，但也不排除选择性地适时构思争取外交上的利权与服务人民。研究也显示，在南北分裂时期，事权不一的北京政府海军部、上海的海军总司令部、吉黑江防处等不同层级海军组织对于处理涉外议题的视角互异与分合，值得在未来以更多个案研究厘清问题。

日据时期台湾乌龙茶的海外出口

松浦章
关西大学东西学术研究所

前　　言

众所周知，台湾乌龙茶作为台湾农产品进入世界市场，和砂糖、樟脑一同占据重要的地位。[①] 本文将进一步阐述日本占据台湾后，即1895年之后台湾乌龙茶是以何种方式出口至海外。根据光绪二十三年（1897）九月初一日的代理淡水关税务司湛玛斯（J. L. Chalmers）申呈总税务司写成的《访察茶叶情形文件》可知，同治六年（1867）以后从台湾淡水出口茶叶的进展情况。同治六年（1867），淡水茶叶由洋船装运出口只有2300担。迨至光绪十二年（1886），共有12.1万担。迄20年内，约增加53倍之多。其光绪十二年（1886）出口淡茶中，有往美国者10.3万担，往英国者7000担，其余分运他处销售。足见淡水茶市推美国销流最巨，甲于他处。[②]

照此，同治六年（1867），外国船只从当时的淡水运载销往海外的茶叶只不过2300担，但光绪十二年（1886）茶叶出口量就超过12万担，在这20年间茶叶的出口量大约增加了53倍。美国市场在茶叶出口国中具有绝对优势。光绪十二年（1886），85％的出口茶叶被运往美国，5.8％的出口茶叶被

① 林满红：《茶、糖、樟脑业与台湾之社会经济的变迁（1860—1895）》，台北：联经出版社，1997年。

② 李文治编：《中国近代农业史资料》第一辑，北京：三联书店，1957年，第393页。

运往英国，剩下的9%被运往海外各国。

图1 桃园大嵙崁河岸的制茶现场

在日本占据台湾数年后的1908年，台湾总督府殖产局编写了《台湾总督府制茶试验场事业概况》一书，其中提及：

> 乌龙茶产地距离淡水港口不甚远，如若有为的事业家推进这一事业，将来必将有望成为销路甚广的商品。①

如上所述，台湾乌龙茶的产地接近台湾北部的淡水港口，其产地和输出港口的地理位置优越。之后不久刊印的《台湾茶叶一斑》中，有关乌龙茶的出口国的情况记载如下：

> 乌龙茶最大的需求地是北美合众国。虽然也运往英国，但其数量很少。②

台湾乌龙茶的海外出口国中北美合众国特别是美利坚合众国最引人注

① 台湾总督府殖产局编：《台湾总督府制茶试验场事业概况》，台湾总督府殖产局，1908年，第3页。

② 台湾总督府茶树栽培试验场编：《台湾茶业一斑》，台湾总督府茶树栽培试验场，1911年，第47页。

目。乌龙茶输出量仅次于美国的是英国，但是输出量十分少。同样的情况，在1915年出版的《台湾茶业一斑》中也有记载。①

1935年台湾总督府殖产局特产课的《台湾の茶业》中关于"台湾茶的贸易"记载如下：

> 现在淡水产乌龙茶有九成都出口岛外，其中八到九成都被运往北美合众国。②

该书统计了1934年由台湾运往美国的乌龙茶的数量。乌龙茶输往美国的数量为4354627斤，占出口总量5080474斤的85.7%；其出口收益为2450102日元，占总出口收益3125618日元的78.4%。其出口量占80%多，收益金额也接近80%。③ 进一步把美国与其他地方相比的话，出口美国的乌龙茶占海外出口总量的94.5%，出口英国的乌龙茶占海外出口总量的0.6%，出口日本的的乌龙茶占海外出口总量的4.9%。④ 由此得知，1934年台湾乌龙茶基本都出口美国。

那么台湾乌龙茶是如何出口营销海外的呢？将在下文中阐明。

一、台湾乌龙茶的海外出口

同治十一年(1872)五月十九日，上海《申报》第47号1872年6月24日《淡水植茶》一文中写道：

> 淡水地方向多种植靛树，参天黛色，一望如染。顾居人之艺此者，其利虽溥，然较之栽植龙团雀舌者诚未若也。兹者该境人心慕业茶之利，而又审厥风士甚宜于茶，乃改植茶树，凡高陇平壤多艺此焉。今该

① 台湾殖产局编：《台湾茶业一斑》，台湾殖产局，1915年，第84页。

② 台湾总督府殖产局特产课：《台湾の茶业》，台湾总督府殖产局特产课，1935年，第31页。

③ 台湾总督府殖产局特产课：《台湾の茶业》，台湾总督府殖产局特产课，1935年，第31页。

④ 台湾总督府殖产局特产课：《台湾の茶业》，台湾总督府殖产局特产课，1935年，第32页。

境生理渐广于前，实由此巨宗之所致也。①

其中指出，淡水原本多种植靛蓝。但由于种植茶树带来收益更大，就改种植靛蓝为茶树。

光绪乙亥(1875)七月初十日，《申报》第1008号1875年8月10日《厦门茶市行情》一文中写道：

> 顷接厦门来信，知该处茶价业已开盘，工夫茶每担在十八元至二十七元。乌龙茶未有沽者，故尚无定价。惟淡水厅所产之乌龙，茶则价银二十四元至二十七元。然销路亦未十分畅旺也。又闻此次新茶贸迁者，颇有折耗之虑云。②

从厦门传来的消息来看，台湾对面的厦门是强有力的淡水茶交易市场。

光绪十年(1884)七月二十五日，《申报》第4103号1884年9月14日《茶商获利》一文中写道：

> 厦门茶客，历年所做淡水洋庄，皆多亏本，本年茶商因洋庄不旺，至五月间始行开盘，各商又致亏本。惟旗昌洋行买办黄维泰，存茶六千余箱不售，今因法人开衅福州，茶商相顾束手，而厦门洋庄销场大旺，每箱涨价三元左右。黄维泰乃将存茶售脱获利万余金，说者谓其操奇计赢固，非他人所匪及也。③

由于中法战争中法军攻占福州，台湾淡水茶叶的生意受到了很大影响。其中特别提到，淡水茶叶的交易中心为厦门的茶商。

光绪十年(1884)九月十六日，《申报》第4153号1884年11月3日的《台厦杂录》一文中写道：

> 厦门茶商在淡水办茶者，现均一律回厦，即在淡水办茶之西商，亦皆收账迁回。日前旗昌洋行，又连到外洋载茶轮船三只，是以厦门洋庄茶复涨价，每箱旧价半元左右，每担涨银三元以外，今年厦门茶栈，无不利获三倍，闻忠记元和昌广合和联升号各茶栈，获利尤多。④

如上所述，淡水茶叶生意被居住在厦门的欧美外商垄断。

① 《淡水植茶》，《申报》第47号，同治十一年(1872)五月十九日，第4页。

② 《厦门茶市行情》，《申报》第1008号，光绪元年(1875)七月初十日，第2页。

③ 《茶商获利》，《申报》第4103号，光绪十年(1884)七月二十五日，第2页。

④ 《台厦杂录》，《申报》第4153号，光绪十年(1884)九月十六日，第2页。

1908年，台湾总督府刊印了《台湾总督府制茶试验场事业概况》一书。此书论述了台湾茶业发展初期情况，其中关于淡水茶叶的交易情况记载如下：

起初，在台北农家乌龙茶作为自家饮用，只栽种少量茶树。公历纪元1860年左右，当时居住在淡水的英国领事Robert Swinhoe，进行关于台湾岛茶叶的报告，提出淡水附近山地种植产出的茶叶质量优良，可以出售到澳洲、新加坡等有需求的地方。其价格是一担十美元，即一百三十二镑，价值二英镑五先令。厦门以及福州的中国茶商把台湾乌龙茶与其他地方的佳品混合，作为工夫茶、小种茶卖给外国商人。台湾茶的风味与佳良品不同，其制茶方法也不相同。乌龙茶产地距离淡水港口不甚远，如若有为的事业家推进这一事业，将来必将有望成为销路甚广的商品。依据这一情况，当时茶业作为贸易品开始出口海外，即在四十多年前英国John Doaa以及Hiwoto商会等开始对外出口台湾乌龙茶成为起源。[①]

表1　1897年台湾茶叶出口海外数量月份表

月份	数量(斤)	月份	数量(斤)	月份	数量(斤)
1月	15122	3月	963	5月	645929
2月	320	4月	2003	6月	1333052
7月	1520718	9月	970159	11月	337217
8月	1050142	10月	854756	12月	175651

第二次鸦片战争后，中国于1860年与俄罗斯、美国、英国、法国缔结《天津条约》。继《南京条约》开放广州、厦门、福州、宁波、上海这五大港口之后，又开放了牛庄(东北)、登州(山东)、汉口(长江沿岸)、九江(长江沿岸)、镇江(长江沿岸)、台南(台湾)、淡水(台湾)、潮州(广东省东部，之后变更为汕头)、琼州(海南岛)、南京(长江沿岸)等10个港口。1861年7月，淡水港正式开始通

① 台湾总督府殖产局编：《台湾总督府制茶试验场事业概况》，台湾总督府殖产局，1908年，第2～3页。

商。随后于1862年，设置海关税务司，淡水港作为对外开放港渐渐发展起来。淡水受到关注的重要原因是因其距茶叶产地近的地理条件。但如上述记载中指出港口开放时，外国商人认为从淡水出口的茶叶多为粗制品，其生产状况和包装方法都十分糟糕。

1914年首次发行的《台湾总督府第一统计书》，是跨越近半个世纪的日据时代的台湾统计记录。[①] 同书第16章记录的是贸易内容。外国贸易的第101项"出口品价格类别常年比较"中，记载品目是红茶，1888年的出口额是4489087日元，1897年的出口额为6906030日元，十年间约增长了1.5倍。之后第二统计书也相继发行，此后的统计中红茶较少，几乎全是乌龙茶。由这一论述可知，记载品目虽然是红茶，但事实上不是红茶而是乌龙茶。据《台湾总督府第一统计书》第109项的"出口品价格种类月别"，可见1897年全年12个月的红茶出口量如图2所记：

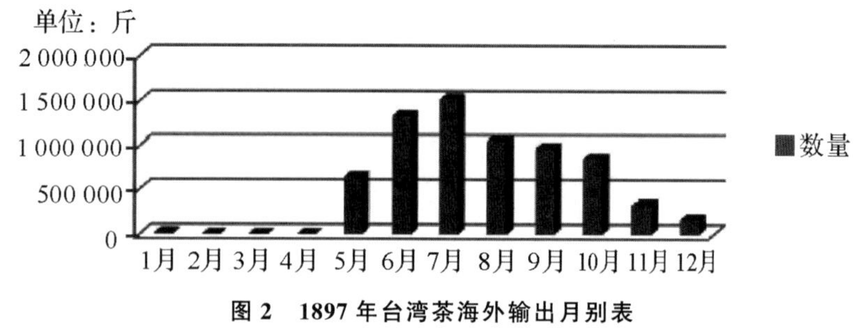

图2 1897年台湾茶海外输出月别表

表2 1898—1939年台湾乌龙茶的对外出口额比率

单位：%

公历	日本历	比率	公历	日本历	比率	公历	日本历	比率
1898	明治三十一年	44.40	1918	大正七年	17.10	1927	昭和二年	30.50
1909	明治四十二年	36.80	1919	大正八年	15.00	1928	昭和三年	29.70

① 台湾总督府民生部文书课编：《台湾总督府第一统计书》，台湾总督府民生部文书课，明治三十三年。

续表

公历	日本历	比率	公历	日本历	比率	公历	日本历	比率
1910	明治四十三年	32.14	1920	大正九年	7.20	1932	昭和七年	15.50
1911	明治四十四年	39.67	1921	大正十年	15.00	1933	昭和八年	16.40
1912	大正元年	27.10	1923	大正十二年	17.70	1938	昭和十三年	8.00
1913	大正二年	30.50	1914	大正十三年	11.40	1939	昭和十四年	5.50
1914	大正三年	29.70	1915	大正十四年	10.90			
1916	大正五年	12.40	1926	昭和元年	11.10			

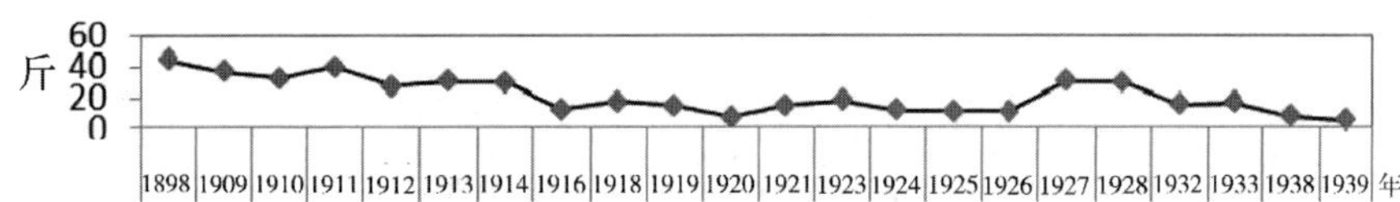

图 3　1896—1939 年乌龙茶出口比率变化

表 2、图 3 显示了 1898 年之后，乌龙茶出口量在台湾出口品中所占的比率。19 世纪末 20 世纪初，乌龙茶出口量约占货物总出口量的 50%，随着时间的推移，其出口比率逐渐减少。20 世纪 30 年代后期，比率跌落至不足 10%。与此同时，包种茶和红茶的出口量比率不断增加。

在美国受欢迎的茶叶中排前几位的有台湾乌龙茶、福州乌龙茶、厦门乌龙茶。① 这些乌龙茶主要从纽约被运往美国各地。根据 1897 年 6 月 24 日《台湾日日新报》第 236 号《米国台湾乌龙茶(日本茶叶纽育支部的调查)》一文可知，“茶叶消费地”如下：

> 北美纽约市场在众多出口区域中需求量第一。配送到纽约市场要跨越北方的缅因州、马萨诸塞州、佛蒙特州、宾夕法尼亚州、哥伦比亚特区各州等，再经过西芝加哥中心市场，到达对茶叶没有太多需求的密西西比河岸、落基山这一带。台湾乌龙茶和其他茶叶一齐配送到高额消费地的纽约、波斯顿、费城、布法罗市，在市场汇集后再分销到各地各

① 《台湾日日新报》第 214 号，1897 年 6 月 9 日，第 2 页。

县，了解其需求量是极难的事情。至于加拿大诸州，尚未进口茶叶。[①]

由此可见，以纽约为基点，美国东北部、中部等相当广泛的区域内，都需要乌龙茶。关于乌龙茶的饮用方法，“既有人在乌龙茶里只加砂糖，也有人在乌龙茶里混加牛奶、砂糖，饮用方法因人而异”[②]，大致与当今红茶的饮用方法相同。1898 年 2 月 22 日，《台湾日日新报》第 432 号《美国各地的饮茶嗜好》一文中讲述美国西海岸的状况：

> 美国太平洋沿岸各地人们大多饮用日本茶和中国茶，特别是喜欢日本茶的人居多。在新英格兰即大西洋北部沿岸的地区多饮用台湾乌龙茶以及福州茶。在中部的俄亥俄、伊利诺伊、密歇根州以及西北各州，人们主要饮用日本茶，南部各地区人们用咖啡替代茶，作为日常饮料的首选。[③]

在美国的西部沿太平洋地区，人们喜欢日本茶、中国茶，似乎日本茶的人气更高。但在西北部的新英格兰等地区，台湾乌龙茶和福州产乌龙茶人气很高。在中部的俄亥俄、伊利诺伊、密歇根州等地区，日本茶更受欢迎。南部地区的人们比起茶叶更喜欢咖啡。

下文将论述台湾茶叶，特别是乌龙茶向海外出口的情况。

二、台湾乌龙茶和轮船运输

1937 年台湾总督府殖产局特产课编成的《台湾の茶叶》中，关于台湾产茶叶如何出口海外的情况，有如是记载：“现在生产的乌龙茶，其中有九成被出口海外，出口量的八到九成被出口到北美合众国。”[④]1924 年的出口总量是 5080474 斤，其中向美国出口多达 4354627 斤；排位第二的是英国，其出

---

① 《米国台湾乌龙茶(日本茶叶组育支部的调查)》，《台湾日日新报》第 236 号，1897 年 6 月 24 日，第 2 页。

② 《饮用の沿革》，《台湾日日新报》第 236 号，1897 年 6 月 24 日，第 2 页。

③ 《台湾日日新报》第 432 号，1898 年 2 月 24 日，第 2 页。

④ 台湾总督府殖产局特课编：《台湾の茶业》，台湾总督府殖产局特产课，1937 年，第 31 页。

口量是633629斤;总出口额为3125618圆,美国的出口额为2450102圆,排位第二的英国的出口额为500542圆。[①] 美国的出口量比率为85.7%,排位第二的英国的出口量比率为12.5%;美国的出口额比率为78.4%,英国的出口额比率为19.2%。这两个国家的出口量占总出口量的98.2%,出口额占总出口额的97.6%。其中美国相对于其他国家有压倒性的优势。

1903年8月7日,《台湾日日新报》第1581号的《轮船》新闻专栏中记述了关于台湾乌龙茶由轮船从基隆港出口海外的情况,原文如下:

> 英国船出帆,昨基隆寄碇之英国汽船美驰笃惹号,系积乌龙茶四千三百四十一箱,合大小箱均配搭其载,去三日,直向上海出帆云。[②]

英国轮船美池笃惹号驶入基隆港,装载4341箱乌龙茶驶向上海。据《台湾日日新报》可知,一箱乌龙茶56磅[③](约25.4千克),因此英国轮船从基隆运往上海的乌龙茶数量多达4341箱,约110.3吨。

日本占据台湾以后,基隆港得到日本政府的财政援助,继续进行建港工程,渐渐地基隆港能够停靠大型轮船,因此外国轮船开始驶入基隆港。[④]

1907年5月21日,《台湾日日新报》第2712号《乌龙茶的一号船》一文中写道:

> 二十四日黎明,香港—晚香坡间的定期船Monteagle号驶入基隆港,作为本年乌龙茶头号船,其来航目的是装载乌龙茶运往美国。这只轮船属于与大稻埕义和洋行有业务往来的加拿大太平洋轮船公司,乌龙茶装载结束后,即日出航美国。邮船公司的同航路定期船信浓丸二十九日作为二号船停靠港口。[⑤]

1907年5月24日黎明,Monteagle号驶入基隆港把乌龙茶运输到北美,它是加拿大太平洋轮船公司的香港与加拿大西南的温哥华港签约的定期船(以加拿大西南岸的温哥华为起点,经过横滨港到达香港的航路)。此

---

① 台湾总督府殖产局特课编:《台湾の茶业》,台湾总督府殖产局特产课,1937年,第31页。

② 《台湾日日新报》第1581号,1903年8月7日,第3页。

③ 《台湾日日新报》第2755号,1907年8月7日,第4页。

④ 林东辰:《台湾贸易史》,台北:日本开国社台湾分局,1932年,第277~182页。

⑤ 《乌龙茶的一号船》,《台湾日日新报》第2712号,1907年5月21日,第4页。

后，日本邮船公司的北太平洋航路的信浓丸同样把台湾乌龙茶运往北美。加拿大太平洋轮船公司是与加拿大铁道公司相关的轮船公司，1912 年时称 Canadian Pacific Railway Company's Royal Mail Steam-ship Line。[①] Monteagle 号是加拿大太平洋轮船公司为了加强太平洋航路于 1906 年购买的轮船。这只船由一只有 97 个二等室和很多三等室的客轮在利物浦改装而成，于 1906 年 5 月之后首航太平洋航路。[②] 截至 1907 年 5 月，Monteagle 号已在太平洋航路航行了 1 年左右。

《台湾日日新报》的相关新闻中详细记述了出口美国的台湾乌龙茶的具体情况。1907 年 7 月 11 日，《台湾日日新报》第 2755 号《出口美国茶叶的运费》一文中有如下叙述：

> 向美国出口本岛乌龙茶的主要是英美两国的商人，偶尔或由日本人计划出口最终也以失败告终，从此以后乌龙茶出口被外商占有……从基隆到纽约需要轮船和铁路运输，其运费一圆六十八钱。运费的各经费是原价一百斤三十圆的茶从台湾出口到纽约，一箱装三十斤也就是五十六磅，其实际原价是十圆三十五钱。以上是从基隆经由太平洋航路的运费，如果沿苏伊士航线出口的话，没有铁道运费，结果一箱减少五十六钱，二圆十八钱一厘就能到达纽约，但其航路天数差别很大。沿太平洋航路大概二十七、二十八天可以到达纽约，沿苏士航线最快也要五十七八天，航行速度慢的话则需要六十五天。因为可能延误商机，所以洋行出口更倾向于走太平洋航路。[③]

上文叙述了从基隆到纽约的乌龙茶美国出口情况。乌龙茶出口事业被英国与美国商人独占。从基隆到纽约主要有东航线太平洋航路和西航线经由苏伊士运河的航路。太平洋航路因为横穿美国大陆的原因，一箱运费 56 英镑，原价十圆三十五钱。然而经由苏伊士运河的航路运费只要一箱二圆十八钱一厘就能到达纽约。但是，太平洋航路的航行天数是 27～28 天，经

① 松浦章编著：《北太平洋航路案内のアーカイヴズ一船舶データベース》，大阪：关西大学亚洲文化研究中心，2015 年，第 25～37 页。

② George Musk, *Canadian Pacific: The Story of the Famous Shipping Line*, London, 1981, pp. 17, 242.

③ 《出口美国茶叶的运费》，《台湾日日新报》第 2755 号，1907 年 8 月 7 日，第 4 页。

由苏伊士河的航行天数则长达57/58～65天。虽然经由苏伊士的航路比太平洋航路运费便宜，但其航行天数是太平洋航路的两倍以上，因此太平洋航线的轮船运输更受重视。

《台湾日日新报》第3283号，1909年4月13日《初茶船寄港预定》一文中写道：

香港出发的东洋轮船公司的新造船地洋丸，原定本月二十二日为第一艘茶船停靠基隆港，但由于得知今年的茶期延迟，该船不再停靠基隆港。商船公司的加贺丸于五月二十五日第一个停靠基隆港，成为今年的初茶船。之后，加拿大轮船公司的初茶船Asia号于六月六日左右停靠基隆港，和去年五月二十八日停靠日期相仿，略有延迟。其他邮船公司的土佐丸于六月八日停靠基隆港。总之六月开始，乌龙茶开始向外出口，真正大量出口要到七、八这两个月。Pacific Mail的运茶船停靠基隆港的名称和日期如左(下)所示：

船名	月日	船名	月日
Asia号	六月六日	Korea号	六月十三日
Korea号	七月一日	Siberia号	七月十九日
Manchuria号	八月二日	Asia号	八月九日
天洋丸	九月五日	Korea号	九月十三日

这些船都是有相当大运输吨数的轮船，特别是Asia号的运输量是8000吨，Korea号的运输量超过1万吨。[①] 一到台湾乌龙茶出货期，外国轮船相继驶入基隆港，从基隆大量向海外出口乌龙茶。这些轮船有的来自日本大阪商船公司、日本邮船公司、东洋轮船公司，还有的来自美国Pacific Mail Steam Ship Co.，甚至连加拿大的轮船也来航基隆港。

《台湾日日新报》第3916号，1911年4月19日《运茶船寄港期》一文中写道：

今年五月以后，轮船为了装载乌龙茶停靠基隆。各洋行承办的船名及入港日期尚未确定，但大阪商船会社的轮船已确定。其船名和入

① 《初茶船寄港预定》，《台湾日日新报》第3283号，1909年4月13日，第3页。

港日期如下所示：

▲大阪商船会社

入港日期	船　名	入港日期	船　名
五月十八日	塔科马丸	六月一日	巴拿马丸
六月十三日	西雅图丸	六月二十九日	墨西哥丸
七月十四日	芝加哥丸	七月二十七日	加拿大丸
八月十一日	塔科马丸	八月二十四日	巴拿马丸
九月八日	西雅图丸	九月十八日	墨西哥丸
十月五日	芝加哥丸		

▲日本邮船公司

入港日期	船　名	入港日期	船　名
五月二十五日	阿波丸	六月二十二日	因幡丸
七月二十日	丹波丸	八月十七日	阿波丸
九月十四日	因幡丸		

上述轮船预定在停靠港口的当天出航。此外，日本邮船公司的轮船仅5次停靠港口，另有临时船只停靠港口。东洋轮船公司也有临时船停靠基隆港。①

如上所述，大阪商船公司和日本邮船公司的轮船从基隆港把乌龙茶运往海外。此外，日本邮船公司另有临时船停靠基隆，东洋轮船公司的轮船也停靠基隆港。

大阪商船公司共计11艘船停靠基隆港，塔科马丸于5月18日、8月11日入港，巴拿马丸于6月1日、8月24日入港，西雅图丸于6月13日和9月8日入港，墨西哥丸于6月29日和9月18日入港，芝加哥丸于7月14日和10月5日入港，加拿大丸7月27日入港。其中塔科马丸、巴拿马丸、西雅图丸、墨西哥丸、芝加哥丸这5只船2次进入基隆港，第二次停靠基隆港与第一次间隔80～86天。

这里所见的塔科马丸、巴拿马丸、西雅图丸、墨西哥丸、芝加哥丸、加拿

① 《运茶船寄港期》，《台湾日日新报》第3916号，1911年4月19日，第5页。

大丸6只船，在大阪商船公司的记录中是平假名名称，全是在1909—1911年间新造的钢铁船，其装载吨数为6000级。塔科马丸（6178.31吨）、西雅图丸（6182.12吨）、芝加哥丸（6182.12吨）是由川崎造船所分别于1909年2、5、10月建造完成，巴拿马丸（6059.21吨）、墨西哥丸（6063.98吨）、加拿大丸（6063.98吨）是由长崎三菱造船所分别于1910年1、7月和1911年1月建造完成。①

大阪商船公司于1909年开始香港—塔科马航线，之后又变更为西部华盛顿的普吉特海湾航线。② 大阪商船社史中有如下记载：明治四十三年（1910）一月一日开始，本航路成为通信省的官方指定航路，第三次出航的塔科马丸受命作为第一船沿此航线航行，之后四只使用船一年航行十八次。四十四年（1911）新造船塔科马丸型六只，即塔科马丸、巴拿马丸、西雅图丸、墨西哥丸、芝加哥丸、加拿大丸全部竣工，阵容齐整，一月以后一年航海二十五次，停靠地有马尼拉、上海、长崎、门司、神户、四日市、横滨、维多利亚、西雅图。至于生丝贸易，在西雅图特制生丝运送车快递纽约。只有初夏时往返都停靠基隆、清水，间或停靠长崎、马尼拉、上海、门司等港口。③

由上述可知，塔科马丸、巴拿马丸、西雅图丸、墨西哥丸、芝加哥丸、加拿大丸6只船，是投入香港—塔科马航线的轮船。这6只轮船夏季停靠基隆港，装载台湾乌龙茶出口到北美地区。

由1923年11月的《北美航路图》中可见当时的航行线路，如图4所示。

下面将叙述关于日本邮船公司的阿波丸、因幡丸、丹波丸的情况。

根据《台湾日日新报》第4616号，1913年4月12日《茶积取船船繰》一文可知，临近乌龙茶出口日期，日本邮船、东洋轮船以及Pacific Mail各自发表停靠基隆港的船期安排。其入港船、入港日期如下所示。

① 神田外茂夫编：《大阪商船株式会社五十年史》，大阪商船株式会社，1934年，第395页。

② 松浦章编著：《北太平洋航路案内のアーカイヴズ—船舶データベース》，大阪：关西大学亚洲文化研究中心，2015年，第75～77页。

③ 神田外茂夫编：《大阪商船株式会社五十年史》，大阪商船株式会社，1934年，第311～312页。

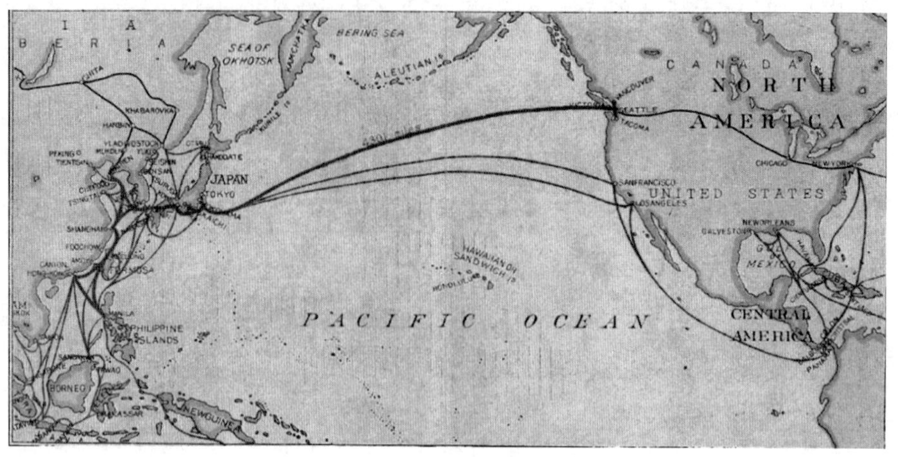

图 4　北美航路图

注:粗体线条描画出了日本到美国西雅图的航路。

日　　期	船　　名	公司名
5 月 8 日	Siberia 号	Pacific Mail
5 月 22 日	Manchuria 号	Pacific Mail
5 月 22 日	静冈丸	日本邮船
5 月 26 日	地洋丸	东洋轮船
6 月 5 日	丹波丸	日本邮船
6 月 12 日	Mongolia 号	Pacific Mail
6 月 26 日	天洋丸	东洋汽船
7 月 17 日	春洋丸	东洋汽船
7 月 19 日	阿波丸	日本邮船
8 月 3 日	佐渡丸	日本邮船
8 月 7 日	Manchuria 号	Pacific Mail
8 月 17 日	横滨丸	日本邮船
8 月 28 日	Mongolia 号	Pacific Mail
8 月 31 日	因幡丸	日本邮船
9 月 11 日	天洋丸	东洋轮船
9 月 14 日	静冈丸	日本邮船

9 月 25 日	Korea 号	Pacific Mail
9 月 28 日	丹波丸	日本邮船
10 月 11 日	阿波丸	日本邮船
10 月 25 日	佐渡丸	日本邮船

除了上述轮船外，大阪商船公司及加拿大太平洋轮船公司也将在随后发表停靠基隆港的船期安排。Pacific Mail 本期一号船 Siberia 号因茶叶上市延迟而休航，Manchuria 号以及日本邮船公司的静冈丸作为首个新茶出口船把茶叶运送到北美大陆。[1] 1913 年，各公司提前公布从基隆港向海外特别是美国出口乌龙茶的计划。1913 年 5 月 8 日到 10 月 25 日大约 6 个月内，Pacific Mail、日本邮船公司、东洋轮船公司，还有大阪商船公司和加拿大太平洋轮船公司的轮船驶入基隆港，把台湾茶叶输送到北美大陆。

这则消息中的“Pacific Mail”是指 Pacific Mail 轮船公司，即 Pacific Mail Steam Ship Co.，是 1867 年开始经营从圣弗朗西斯科经由横滨到香港的亚细亚航路的太平洋航线的老牌公司。其有 Siberia 号、Manchuria 号、Mongolia 号、Korea 号 4 只轮船入港，其中 Manchuria 号两次入港，把台湾乌龙茶运送到美国圣弗朗西斯科。Siberia 号和 Korea 号是 1902 年投入亚细亚航路的 11300 吨轮船。[2] Manchuria 和 Mongolia 也是同等级别的轮船。[3]

至于日本邮轮公司，静冈丸、丹波丸、佐渡丸各 2 次，阿波丸、横滨丸、因幡丸各 1 次，轮船共驶入基隆港 9 次。

因幡丸是 1897 年 6 月在英国的格拉斯哥建造的 6192 吨的钢铁船；丹波丸是 6102 吨的钢铁船，于 1897 年 8 月在格拉斯哥建造完成；佐渡丸是

① 《茶积取船船缲》，《台湾日日新报》第 4616 号，1913 年 4 月 12 日，第 1 页。

② Robert J. Chandler, Stephen J. Potash, ed., *Gold, Silk, Pioneers & Mail: The Story of the Pacific Mail Steamship Company*, San Francisco, 2007, p. 38.

③ Robert J. Chandler, Stephen J. Potash, ed., *Gold, Silk, Pioneers & Mail: The Story of the Pacific Mail Steamship Company*, San Francisco, 2007, p. 39.

6219 吨[①]于 1898 年 8 月在英国的贝尔法斯特建造完成；阿波丸于 1899 年 11 月在长崎三菱造船所建造完成，是 6309 吨的钢铁船；[②]静冈丸是 1912 年 6 月在神户川崎造船所建造完成的 6568 吨的钢铁船；横滨丸(第二)是 6469 吨[③]的钢铁船，于 1912 年 5 月在长崎三菱造船所建造完成。

日本邮船公司于 1896 年 8 月开始经营北太平洋航线，即从香港、下关、神户、横滨，经由夏威夷，到达美国西海岸的西雅图。[④]

东洋轮船公司原定 5 只船驶入基隆港。其中，天洋丸与地洋丸是东洋轮船公司对抗 Pacific Mail Steam Ship Co.，于 1908 年首航的装备新型涡轮发动机的 13000 总吨级轮船。[⑤] 春洋丸是同级别的 13000 总吨轮船，于 1911 年建造完成。[⑥]

东洋轮船公司是经营日本到圣弗朗西斯科的直达航船的轮船公司，从 1896 年开始开展圣弗朗西斯科航线，[⑦]是日本唯一一家用 13000 级大型轮船直接把台湾茶叶运输到圣弗朗西斯科的轮船公司。

1913 年入港的轮船还有来自大阪商船公司和加拿大太平洋轮船公司。《台湾日日新报》第 6095 号，1922 年 4 月 25 日的《无弦琴》栏目中，关于台湾乌龙茶的情况有如下记载：

> 〇台湾名产乌龙茶于五月上旬上市，中旬开始对外输出，截至下月初外国茶商等全部聚集于此。
>
> 〇预计今年乌龙茶会增产，产量将不少于三万五千吨。
>
> 〇东洋轮船、邮船、美国轮船等公司的这些运货到美国的轮船都是

---

① 日本邮船株式会社编：《日本邮船株式会社五十年史》，日本邮船株式会社，1935 年，第 641 页。

② 日本邮船株式会社编：《日本邮船株式会社五十年史》，日本邮船株式会社，1935 年，第 642 页。

③ 日本邮船株式会社编：《日本邮船株式会社五十年史》，日本邮船株式会社，1935 年，第 650 页。

④ 松浦章编著：《北太平洋航路案内のアーカイヴズ—船舶データベース》，大阪：关西大学亚细亚文化研究中心，2015 年，第 55 页。

⑤ 中野秀雄编：《东洋汽船六十四年の步み》，1964 年，第 96～103、448 页。

⑥ 中野秀雄编：《东洋汽船六十四年の步み》，1964 年，第 448 页。

⑦ 松浦章编著：《北太平洋航路案内のアーカイヴズ—船舶データベース》，大阪：关西大学亚细亚文化研究中心，2015 年，第 46～47 页。

载货量一万吨以上的巨型船。

〇倘若一只一万吨级的轮船装载五百吨乌龙茶，那就需要七十只轮船才能运完这三万五千吨茶叶。

〇然而，从五月到十月这半年间陆续有船入港，每只轮船都需要购入煤炭燃料、水和其他物资，因此基隆的煤炭市场生意兴隆。总之，这是很好的事情。①

由上可知，1922年台湾乌龙茶的产量是35000吨，这些茶叶几乎都由东洋轮船、日本邮船公司、大阪商船公司和美国的轮船公司Pacific Mail的轮船出口到海外。在日本轮船和外国轮船装运乌龙茶出口海外的同时，台湾的煤炭也作为轮船的“燃料”而被利用。

1922年6月11日，《台湾日日新报》第6913号刊登了《美国商船来航运载台湾的乌龙茶而去，日本人必须夺回茶叶商权》一文，其中记述了乌龙茶的海外出口状况：

说是最近，其实是3月末的事情，除日本、台湾之间定期船之外，日本邮船、东洋轮船等美国航路的轮船陆续停靠港口装载茶叶。特别是最近，日本内地的大轮船公司不论有无货物都来航台湾停靠基隆港，据说是抢回茶叶商权的经营策略。近来美国太平洋航路的轮船停靠基隆港，装载台南的乌龙茶后离去。由于大稻埕茶叶出口外商兼营美国轮船代理店，自然选择美国轮船装载乌龙茶。对此，采访通信局的浮木海军课长，得到以下响应：“世界航路的定期船陆续入港，人们都认为这对台湾来说是件非常好的事情。如果1只轮船入港，就能让台湾之外的人以新的目光了解台湾，这对至今不了解台湾的日本人及外国人来说都是一种介绍。之所以这么说是因为近年来海运界非常不景气，原本若只有少量货物则拒载的情况大为改观，现在即使少量的货物或客流也有轮船争先运载。唯一遗憾的是大量的台湾茶被外国轮船运往海外。导致这一现状的最大原因是台湾茶的商权几乎全被美国外商侵占，因此必须从外商手中夺回茶叶商权。外国出口商自营轮船获取种

① 《台湾日日新报》第6095号，1922年4月25日，第2页。

种便利，但这是令人十分担忧的事情。”①

到台湾茶期时，除了往来于台湾和日本之间的定期船之外，日本邮船、东洋轮船的北太平洋航路的轮船和美国轮船公司的轮船也来航台湾，依次驶入基隆港装载台湾茶叶。这些轮船装载的茶叶几乎都是产自台南的乌龙茶。为了装载台南乌龙茶，大稻埕的茶贸易外商兼营美国轮船代理店，即在台北淡水左岸的大稻埕，有商人开设代理店承担外国船装载茶叶的业务。通过这些商人，把台湾乌龙茶出口到美国。由此可知，台湾乌龙茶出口海外的业务几乎全都由美国的贸易商人掌握。

根据台湾总督府官房统计课编写的第十七统计书到第二十五统计书，即 1913—1921 年的这段时期，乌龙茶出口金额占台湾出口“饮食物及烟草”类总金额的比率如图 5 所示：

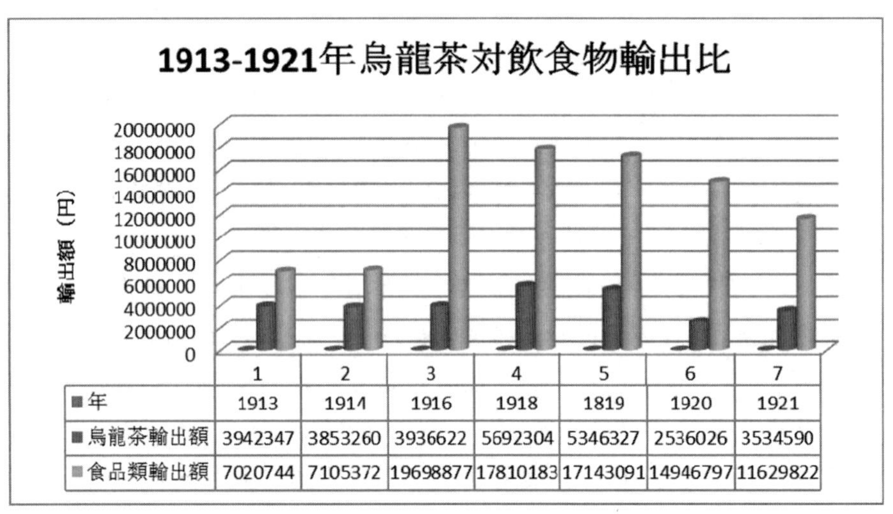

	1	2	3	4	5	6	7
■年	1913	1914	1916	1918	1819	1920	1921
■烏龍茶輸出額	3942347	3853260	3936622	5692304	5346327	2536026	3534590
■食品類輸出額	7020744	7105372	19698877	17810183	17143091	14946797	11629822

图 5 1913—1921 年乌龙茶对饮食物输出比

由图 5 可知，台湾乌龙茶由日本、美国、加拿大的轮船从基隆出口到北美的贸易额的变化。1914 年以后，由于其他食品的出口量增加，乌龙茶的出口比率逐渐降低，但出口额并未发生很大变化，由此可以确认乌龙茶是重

① 《美国商船来航运载台湾的乌龙茶而去，日本人必须夺回茶叶商权》，《台湾日日新报》第 6095 号，1922 年 6 月 11 日，第 2 页。

要的出口品。

结　论

19 世纪 50 年代以后，台湾的淡水、高雄开放对外贸易。《马关条约》签订后，日本占据台湾。台湾乌龙茶与砂糖、樟脑一起进军世界市场，在台湾农产品的海外出口品中占据重要的地位。在日据时期，台湾港湾设备得到整顿，大型轮船停靠港湾成为可能。台湾乌龙茶收获期，很多外国轮船停靠基隆港，装载台湾乌龙茶叶运往北美大陆。

1934 年，台湾乌龙茶对美国的出口量达 4354627 斤，占乌龙茶总出口量 4354627 斤的 85.7%；其出口金额是 2450102 日元，占乌龙茶出口总金额 3125618 日元的 78.4%。台湾乌龙茶对美国的出口量超出乌龙茶总量的 80%，出口金额占总金额的近 80%。这些乌龙茶分别由日本邮船公司与大阪商船公司的轮船运往西雅图，至 1925 年由东洋轮船公司的轮船运往圣弗朗西斯科。① 此外，由美国的 Pacific Mail Steam Ship Co. 的轮船运往圣弗朗西斯科，加拿大太平洋轮船公司的轮船运往温哥华。虽然之前已有台湾乌龙茶的生产和出口的相关研究成果，但如何将乌龙茶从台湾运往北美的情况仍未清晰。如上所述，乌龙茶由日本、美国、加拿大等国的北太平洋航路的定期轮船，出口到海外，特别是北美地区。

① 松浦章、笹川庆子：《东洋汽船と映画》，大阪：关西大学出版部，2016 年，第 90 页。

基隆温州移民的社会与信仰演变

——以大德山杨府庙为例

安嘉芳

台湾海洋大学海洋文化研究所

前　言

基隆位于台湾北部，临台湾海峡和东海，距离福建和浙江沿海的距离约200公里，距离琉球也不特别远，以致上述地区的临海小岛，即使在使用风帆动力的时代，早就有人驾舟来到基隆。17世纪，西班牙在基隆大鸡笼地建圣萨尔瓦多城，城中有“福州街”，福州话是当时通行语言之一。日据时期，琉球人驾渔船到基隆捕鱼、摘海菜，建立了“琉球村”；在鱼汛时期驾船在基隆外海捕鱼，短期暂住，渔期过后即行离开。这些现象说明，基隆以北的海域交通很早就已是方便可行的，人们在此区域进行着渔业、贸易活动，甚至移民和文化的交流；也因为海上交通方便，人们容易往生活条件较好或工作机会多的地方移动，此种现象更容易出现在沿海岛屿群上。闽南沿海的泉州、漳州人数世纪以来向南洋、台湾大量移民，也有少量的人往北向浙江、江苏移民；长江口的象山、舟山多群岛，渔业资源丰富，较少外移，但当国家政治不稳，战争频仍，生活艰困时，人民依然驾舟移民寻求工作机会和新居住地。

进入新居住地的移民日后是否发展出与原祖籍文化相似或变异的文

化,此与自然环境、社会条件、历史变迁,甚至宗教信仰的介入因素强弱有关①,然而政治的因素尤其不可忽视,宗亲组织的力量在中国人的群体中也犹能发挥其影响力。一群来自长江口象山群岛的移民,历代隶属浙江温州府;1955 年大陈岛撤退来台的大陈人②,隶属浙江台州府,二者汇合,说着口音甚重、不易听懂的方言,被基隆当地人称为“温州仔”或“大陈仔”。这群移民祖籍虽是浙江,但外界对温州人精明致富的刻板印象,却与他们无关。他们为避战祸、寻求生计而离开家乡,来到台湾基隆从事劳力工作。在整个迁移的过程中,他们与周遭邻居漳州人、泉州人一样,带来了家乡独特的宗教信仰,然而家乡守护神能发展守护温州社群的力量,犹如闽南社群的家乡守护神一样吗?除宗教信仰之外,政治因素或同乡情谊在温州移民社群中扮演何种角色?到了以闽南社群为主的区域,从事劳力工作的温州移民如何建立自己的家园?这些问题是本文想要探究的,希望透过本研究,能更认识基隆少数族群与海洋文化的内涵。

一、基隆的温州移民

(一)淘金而来的矿工

1895 年日本占据台湾以后,一方面政府利用军队和行政逐渐掌控台湾社会,另一方面许多日本人把台湾当作攫取财富的冒险新天地,来台发展致富。自 1896 年 10 月,日人田中长兵卫(即田中组)取得基隆附近金瓜石矿山矿权,开始在金瓜石本山露头进行大规模采矿,一方面雇用日本矿夫,另一方面也大量招募台人从事矿业开采工作。由于挖矿需要大量人力,早移

① 以宗教为主要力量的移民,由福建迁移至象山群岛后,再迁移至台湾,借由宗教维持原祖籍文化的例子,可参见安嘉芳:《闽浙台岛屿渔民迁移的宗教观察——以福建同安西柯村一支为例》,《海洋文化学刊》第 20 期,2016 年 6 月。

② 大陈列岛隶属浙江省台州市,距离基隆约 230 海里。

入的人口以“邻近地域”为主①，但是矿业开采需要大量劳动力，当工人不足时，便扩大招募地区的范围，首先扩及至台湾中南部招募工人②，进而从大陆浙江温州和福建福州两地，前后招募约3000名的工人。二次大战期间，甚至从南洋掳来数百名盟军战俘，强迫加入矿坑工作。

表1 金瓜石矿工人数统计表

公司	年份	日人	台人	劳工
田中组	1898年	130人	120人	0
田中组	1914年	599人	169人	2000人 （转包坑夫）
日本矿业	1939年	747人	6298人	2443人 （中国大陆招募工人）

资料来源：安嘉芳主编：《瓜山校友会口述历史暨影像记录——成果报告书》，新北市立黄金博物馆，2008年，第1～13页。

根据表1，以1939年为例，从温州、福州等地招募而来的工人2443人，占总数9448人的25.8%，比重不可说不高。③

这些温州人是如何来到基隆当矿工的？基隆当地人郑春山所著《昔日风华展金瓜》一书中提到，日本矿业于1933年，从后宫信太郎手中购得金瓜石全部矿权后，着手扩展采矿及选矿设备，但是常常缺乏人力。

……黄仁祥承接苦力头初期，劳工均从邻村招募，但遇到农忙找不

① 早移来的是三貂、双溪一带居民，之后也有从宜兰、三峡、桃园一带等移入，可知移入金瓜石的人口仍以“邻近地域”为主。

② 列举1937年所谓苦力募集情形如下：该矿山每日约用7000人之矿工。而一个月平均之移动人员，约达300人，必须为之继续补充，因之在台中州北斗街，就失业之农民优先雇用。其一般募集条件为：(1)年龄三十五六岁以下；(2)收入：(本给)一日70钱至1圆20钱，(实收)一日100钱至200钱，(增给)年一回2钱至5钱；(3)住宅：单身者安置于各矿工宿舍，有家属者各租屋居住；(4)旅费：应募旅费给予贷款，按月在工资中扣还；(5)就以上条件每月募集约300人。台湾矿业史编纂委员会：《台湾矿业史》，台湾区煤矿业同业公会，1983年，第1423～1424页。

③ 安嘉芳主编：《瓜山校友会口述历史暨影像记录——成果报告书》，新北市立黄金博物馆，2008年，第1～13页。

> 到劳力时，黄仁祥派辛劳吴忠到大陆招募三百多人。日本矿业承购金瓜石全部采矿权，于昭和八年(1933)投入巨额资金，积极扩充设备，增加生产，因此采矿工人严重缺乏，向大陆沿海地区招募劳工，以温州人为最多，其次是福州人……[①]

到大陆沿海招募人力应是当时经常之举，如能派出当地人，以同乡之情谊说服，效果应该更好，因此请浙江籍的工头郭志嘉、林香妹返回温州家乡招募工人，总人数得2500人左右，其中以温州人最多，其次是福建人。[②] 这些温州同乡大都来自于平阳县、瑞安市与玉环县三地，时间大约在1931—1935年期间。

> 当矿山繁荣之际，挥别父母妻儿，离乡背井，渡海徕山，谋求生计者，自吾民国二十年迄于廿四年已达二千五百余人。廿六年会七七事变起，中日开战，来此同胞返乡路绝，久役矿坑，身罹硅肺，命殁异乡。因无家属亲人善理身后，仅付茶毗寄蜕于此，呜呼伤哉！

待抗日战争全面爆发后，大部分温州工人都返回大陆，但仍有206人留于当地，终老不归的原因实因身染硅肺不治者为多。[③] 他们辛劳地工作，付出健康的代价，为的是积攒存钱带回家乡，“日本矿业在金瓜石祈堂庙(劝济堂)，右前下方，现为铜山小区公园的位置兴建十栋工寮给予居住，我们俗称‘温州寮’，也有携眷住在工寮里，他们住在工寮仍过着乡下刻苦、简单的生活……”[④]“当时从大陆来的劳工，主要是工作赚钱，虽工资微薄，但比其他的地方高，容易工作，比家乡的工资多许多，只要努力工作，每月可节蓄三分之二的工资寄回家乡。家里的生活获得良好的改善，出外人再刻苦也是所愿。”[⑤]此波温州移民虽因抗日战争竟戛然而止，但为基隆当地人烙下温州

---

① 郑春山:《昔日风华展金瓜》，新北：著者出版，2007年，第163～169页。

② 郑春山:《昔日风华展金瓜》，新北：著者出版，2007年，第163～169页。2002年由台北市温州同乡会为此206人所立的“金瓜石矿山温籍矿殇祭祀碑”，碑文中详述经过。但碑文中只提到了温州移民之原乡地，然金瓜石产金，急需人力前往参与开采之消息，温州人是如何得知的？又是由何人前往招募的？却未明确交待。

③ 金瓜石地区之人民，念其对地方之繁荣、人群之福祉与社会经济之昌盛多有贡献，每年中元设祭以慰英灵。

④ 郑春山:《昔日风华展金瓜》，新北：著者出版，2007年，第163～169页。

⑤ 郑春山:《昔日风华展金瓜》，新北：著者出版，2007年，第163～169页。

人的印象。

(二)港西码头的运煤工人

日据时期的基隆，除了金矿需要劳力之外，修筑基隆港和煤矿开采、运输也需要大量的劳工，劳工的来源与前述金瓜石的劳工来源类似，包括基隆附近具地缘关系的地区、基隆以外的台湾中南部区域，以及中国大陆东南沿海一带，因此温州、福州也是筑港工人的来源地之一，招工的范围甚至远至南洋一带。

工人的需求数量并未随着筑港陆续完成而减少，基隆港筑成后贸易额大增，码头工人随着港口的贸易量而急剧增加。1903年基隆港的贸易总额超过淡水港，成为台湾最大贸易港，之后几成倍数增长，1921—1925年后已占全台50%以上，且日台之间的贸易额有70%以上是经由基隆港进出。

筑港加上码头运输需要大量劳工，由各地来基隆从事苦力和码头工人的人数在万余人以上(一说数万人)。码头工人的需求量与港口货运的数量与运作方式有密切关联，1949年码头工人有1600人，1974年港务兴盛时有6133人，1983年开始货柜化后，所需人力减少，码头工人跌至1999年开始民营化时的2600多人。①

对于数量庞大的劳动工人，日本人将之交由台湾人管理，一天三班制地在码头担任搬运、装载、包捆等工作，西岸码头的中山区就成为这些劳动工人聚居的地区。② 在西3号码头后方有两排房屋，即是当年胜发号(俗称苦劳间)所在地，胜发号犹似现今的码头工会，作为码头工人招募、调度的中心。日据时代的码头工作属于包工制，由包商负责招募工人。由包商全权负责的好处是，包商自行负责招工可以减轻日本人的责任，然包商所招募的工人多与自身的小区网络和地域相关联，容易形成同乡的地域组织。

日人在基隆筑港后，曾向大陆华南一带招募工人，有一批浙江温州籍人

---

① 《庄铮中先生访谈记录》，《基隆港口述历史人员访谈记录》，基隆港务局，2008年，第83页。

② 《台湾地名辞书》卷十七基隆市，台湾省文献委员会编印，第39～41页。与基隆港货运相关的行业中，在尚未疏散至七堵和暖暖区之前，主要的货运行和仓储行集中在牛稠港所属的中山区。

士，约数百人来到基隆港，初期从事筑港工作；筑港完成后，就成为一帮帮的挑煤工（俗称洗土炭）。日据时期基隆港以出口煤炭闻名，煤炭作业在7号和8号码头，温州工人用畚箕将煤炭搬运至船上再运到日本。①

当时台湾煤炭销日本的量很大，三井集团在昭和年间，于今中山二路建了4栋工寮，称"三井寮"，提供给包括温州人在内的煤炭工人居住，因为温州人很多，中山二路昔日也被称为"温州街"。② 并非所有码头工人都有公司的工寮可住，较晚来或不被正式聘用的煤炭工人，只能于煤棚后面山坡地上搭盖临时、简便的工寮居住。山坡地原作为义冢之用，居住环境和条件很差，温州人聚居的则称"温州寮"，是故"温州寮"有多处。同时间日矿株式会社在金瓜石开矿，极盛时期承包商至温州以及福建招募约2500个工人开矿。③

码头工人的工作与金瓜石的矿工一样是辛苦的，生活是刻苦节俭的，不同的是没有硅肺病的威胁。他们是否如金瓜石的矿工一样，于1937年抗日战争全面爆发后回到中国，无明确数字证明，但是应该仍有温州人留下来，甚至在日本人战败退出台湾时，有下一波的温州人到来。基隆市浙江同乡会前理事长曾焕卿④，浙江玉环县洞头乡人，曾说：

> 浙江旅台温州人最早在1930年来台，一开始是在基隆外围担任采金、采煤、码头劳务工作；第二波则是在1945年以后到了基隆，从事船运与商贾活动，与政府一些高层官员与企业家；最后一波是1955年2月，史称"大陈岛撤退"。

---

① 在西7、8号码头堆置煤炭的炭埕，工人先用沙（圆）锹将煤炭铲进竹篓。码头边架上两片向外的木板，两片木板前端再绑一片木板，形成一个Π字形的走道。工人就挑着竹篓在绕行时将煤炭倒进驳船，装满了就驶到停在浮筒的轮船下方，将煤炭铲入大网中，再吊至船舱内，而将煤炭从驳船运往轮船的工作中，以宜兰人居多。《基隆港口述历史人员访谈记录》，基隆港务局，2008年，第105页。

② 《基隆港口述历史人员访谈记录》，基隆港务局，2008年，第124～125页。

③ 安嘉芳主编：《瓜山校友会口述历史暨影像记录　成果报告书》，新北市立黄金博物馆，2008年。

④ 曾焕卿是基隆市浙江同乡会前理事长，任职期间是1991—1996年，曾任基隆市政府社会局局长。其父亲与祖父在1945年后，曾来往基隆跑船，"二二八事件"发生后，自行开机帆船跑回老家。

政权转换时，会有具开拓冒险精神的人，积极抢先寻找新契机。1949年后，基隆港大量的货运，需要大量人力却经常找不到工人。日据时期的日属装卸公司解体不存在了，因此就有“50人公司”的组成，[①]“50人公司”招募到的工人以台中县的海线乡镇、宜兰和彰化鹿港等地为多。工人的地域性变得更多元化，等到大陈人加入后，又再增添大陈人的色彩。

（三）大陈移民

1949年国民党退守台澎金马，但仍以大陈岛作为反共武装力量的基地，加上原来依赖舟山岛屏障的部分游击队也都撤退至大陈，于1951年成立“江浙反共救国军”，以大陈地区为基地进行反共作战。只是1955年后，解放军在浙江沿海逐渐取得优势，美国相继表示不愿“协防”大陈，国民党只得决定“弃守”大陈，并换得美国“协防”金门、马祖的承诺。于是在美军协助之下执行“金刚计划”，将大陈岛的全岛居民，除上下大陈岛外，尚包括渔山岛、披山岛、南麂岛，全部撤退至台湾。这批集体迁村的17000人[②]，写下了另一段移民台湾的历史。

此次撤退的大陈人，不仅仅是来自大陈岛而已，而是4个列岛：

1. 大陈列岛：由上、下大陈岛，和一江山岛、竹屿、洋旗等29个岛组成，现属浙江省台州市椒江区管辖。[③]

2. 南麂列岛：属浙江省平阳县管辖。

3. 渔山列岛：属浙江省三门县管辖。

4. 披山列岛：属浙江省玉环县管辖。

是故，广义的“大陈人”，系指1955年2月8—25日之间，自浙江沿海上

---

① “50人公司”为民间俗称，即是由50个资深又有人脉的元老工头，去各地招募工人。因此基隆码头工人，除原来基隆附近的金山、万里、瑞芳、双溪等地外，加入许多来自台中县的几个海线乡镇，包括梧栖、沙鹿、龙井、大甲等地，另外还有彰化鹿港，宜兰的二结、五结等地。

② 在行政辖区上渔山岛、披山岛、南麂岛并不属于大陈岛。1951年，台湾当局将这四个岛划为“大陈地区”，将之作为反共作战根据地，所以这批居民撤退至台湾后便被当局冠以“大陈”之名，台湾社会也以“大陈人”来认知他们。

③ 王传达：《缅怀、薪传、感恩、乡情——大陈迁台60周年感言》，《大陈人在台湾——大陈迁台六十周年纪念特刊》，大陈迁台六十周年纪念活动委员会编印，2015年，第74页。

述四个列岛迁移来台的居民。大陈岛位于浙江省台州湾海外，是浙江省第二大渔区（次于舟山群岛），隶属温岭县。明朝所设的台州府，治所在临海县（今浙江临海市），所辖范围约是今浙江省临海、台州、温岭、仙居、天台、宁海、象山等市县。明朝所设的温州府，治所在永嘉县（今浙江温州市），所辖范围约是今浙江省温州、永嘉、乐清、瑞安、平阳、文成、泰顺、玉环、洞头等市县。所以，广义的“大陈人”实则分属台州府和温州府，但来到台湾后却被统称为“温州人”，或以“大陈仔”称之，此现象的形成语言隔阂是重要因素。“大陈人初到台湾，受限语言与文化的不同，难与当地族群沟通，生活环境相对孤立，是大陈人生活最困难艰苦的时刻。”

温州话主要分有瓯话、闽南话、蛮话、畲客话、金乡话和蒲门话六种，台州话与温州话对以闽南话为主的台湾人是种生活上很难跨越的隔阂。

迁移至台湾后，当局在宜兰、花莲、台东、高雄、屏东建了35个新村安置迁台的大陈移民，安置地选择适合从事渔业或农业，甚至是工商业的地点。除了依照职业原则来进行安置外，由于大陈移民是全岛、全村、全家人一起迁移来台，因此新村的分配也尽可能以全村人安置在同一新村为原则，换句话说，新村的居民都是原乡时的同村人。基隆杨府庙信徒中的大陈人以原居南麂岛为主，全岛1800多人全部迁来台湾，分配到屏东的高树和枋寮二地的新村生活。① 南麂岛居民与浙江平阳和苍南都有渊源，语言以温州话和闽南话为主。②

迁台后，当局负责照顾大陈移民的就业和生活问题。部分村民选择农业，部分则从事渔业，从事渔业的靠海营生虽与家乡类似，但仍难以适应，从事农业的村民就更不理想了。无论渔、农、工商业，各新村均生活辛苦。在生活困顿的严重影响之下，1967—1973年当局为改善大陈移民生活，展开

① 屏东高树的新村有百亩新村、虎磐新村、南麂新村、日新新村，枋寮有青山新村、东山新村，东港有中兴新村、新龙新村。高树乡的新村务农，其余靠海仍从事渔业。

② 南麂岛居民原多由浙江平阳县迁移过去，现在的苍南县系于1981年从平阳县划分出来的，因此岛民籍贯分属两县，在语言方面，苍南邻近福建，以闽南话为主，平阳则闽南话与温州话参半。

二度就业辅导：[①]

国民党中央党部受党员反应，重新调整辅导，蒋中正指示中央党部第五小组调查，于1964年5月做成决议：(1)调整就业训练；(2)提高教育水平。在调整就业训练方面：(1)辅导青年从事航海事业，由交通部船员训练班招收大陈青年开班训练，并由公民营航运公司辅导在商船就业。(2)辅导近海捕鱼者，转业参加远洋渔业。(3)高屏地区务农者，转业参加高雄、基隆码头，担任驳运工人。(4)辅导一般青年在公民营机构担任工友等职务。在提高教育水平方面：由国民党中央党部第五组等发放大陈子弟奖学金。结果总计培训有三千名海员，收入提高，家庭生活均获改善。1968年，实施9年义务教育，教育水平均获提升。

大陈人认为1960—1964年是大陈社群迷惘的阶段，许多人纷纷离开当局所安置的新村，再度离家另谋生活，亦即在未知当局将安排第二次辅导就业时，就已经来到基隆寻找新生活。庙祝陈孝庆，南麂岛人，75岁，他说：

> 原先我家被分配到屏东枋寮的新村，但1966年我父亲就来基隆，先在火车站前拉板车，等待机会，等港务局征工人时才有机会当码头工人。先租屋，住的条件很差，但到1971—1981年间生活改善了，工作多，收入也好。[②]

1967—1973年当局为大陈移民展开的二度就业辅导，包括辅导青年转业海员，辅导农民转业码头工人，辅导近海渔民就业远洋渔船等，大量招收大陈移民青年参加航海人员训练，结业后由船公司聘用，6年间至少有3200人成为航海界的生力军，约占当时台湾全体船员的1/10。除渔业和船员之外的另类选择，便是迁移至城市寻找就业机会，包括高雄和基隆从事码头工作。20世纪60年代以后，台湾连续推动“经济建设四年计划”，轻工业崛起吸引大量劳动力从农渔村涌向都市。处在这种大环境之下，大陈新村的青壮年人口到外地工作，人口外移现象严重。不少人选择离开原先当局所配置的居所，例如屏东的“南麂新村”，来基隆从事码头工作者为多，20世纪70

---

① 吴昱昶：《感恩与惜福——大陈人来台的故事》，《大陈人在台湾——大陈迁台六十周年纪念特刊》，大陈迁台六十周年纪念活动委员会编印，2015年，第190～192页。

② 安嘉芳，2017年2月25日杨府庙庙祝陈孝庆访谈资料。

年代基隆的温州人因大陈移民的加入人数再度增加。

增加的确切人数，按推测，码头工人第九大队是为辅导大陈人而成立的，当时一个大队正式有 6 个班(海上班 2 个，陆上班 4 个)，每班 35 人，总共有 210 人。另加一个队是杂工班，负责进仓出仓，故共 7 个班。若再按照杨府庙的信徒名册记载，1979 年有旧信徒 170 人，新加入信徒 27 人。[①] 倘若加上这些码头工人或信徒的家眷，人数应该近千，难怪当地人称其居住街道为“温州街”。原来被分配到屏东，后来来到基隆当码头工人，现在是杨府庙总干事的修方谅，说：

> 我是南麂岛人，祖父和父亲在 1955 年随大陈撤退后来台，先分配到屏东枋寮的新村，从事捕鱼，后来听说基隆码头工人好赚，便来到基隆，加入码头工人第九队，一开始先租房住在杨府庙旁，一个月 300 元，一间住 6～7 人。[②]

曾经担任教育广播电台总台长的陈克允说：

> 我们撤退至基隆后，先被安置在小学校舍，再分配至屏东枋寮和高树的新村，枋寮属渔业，高树属农业，都不太顺利。渔船遇风至东港避风，但常常渔船碰撞毁损，只好至各地打零工，妇女则做手工贴补家用。……辅导训练转业后，至高雄或基隆担任船员……后来得知基隆码头工人的收入好，许多人北上，先工作一段时间后，赚到钱再将妻小、家人接来，生活才安定下来。南麂岛撤退来的大陈人约有 1800 人，经过五代现在应有约二万人了。[③]

为了多赚钱二度离家，来到基隆谋取当码头工人的工作，为的就是收入好、赚钱多、工作稳定。码头工人，那时被称作苦力，辛苦且没有社会地位，但是正式的码头工人是排班制，按照班表工作，这比到处打零工稳定得多。工作虽辛苦，但是收入比社会上一般行业要多，这是温州工人愿意忍受的。同时期的码头工人蔡枝协，梧栖人，说：

> 1949 年那时候，基隆港码头工人有 6 队，船上 12 班，陆上 24 班，因

① 《基隆市虎仔山杨府庙第六届信徒大会手册》，大会编印，1979 年，第 10～30 页。
② 安嘉芳，2017 年 3 月 13 日修方谅访谈资料。
③ 安嘉芳，2017 年 3 月 12 日陈克允访谈资料。

为陆上要用人力车拖进仓库，进口的面粉、玉米、小麦都是需要劳力的工作。我在海上班，每月大概可赚 2500 元，公务人员也才接近 1000 元。陆上班大概 2000 元，杂工班 1600 元，杂工班主要负责后线火车、卡车货物进出装卸。另有专班，主要在西 5、6 号码头进行船边装卸，负责货物进出舱到马祖、外岛的补给。西 7、8 号码头主要为香蕉出口作业区，蕉棚仓库由专班承做，速度都很快，船一靠港都是要继续工作到作业完工为止，不能休息。①

另一位同时期的码头工人庄铮中，他说：

未开放民营前(1999 年以前)码头工人工资系以吨计费，每人每月收入约新台币七万元左右(每月工作约十天)，甚至将证照借给别人代工，自己不需工作，月收入也可达二万元左右。②

一方面因为基隆港的货运量年年急剧增加，另一方面为了安置大陈移民和退役军人，重新编组码头工人。日据时期因采取包工制，由工头按照靠泊轮船货物装卸的需要来招募工人，薪资由工头与工人当场谈妥，因此无固定管理制度，工头有权决定工资发放的多寡，苦力工人显然是缺乏保障的。光复后 1945 年基隆港将码头工人纳入管理，依照队、班的架构来进行编组，港务局委由“50 人公司”③统一调派工人；1954 年时有装卸队 6 队，工人 2521 人；至 1966 年时有装卸队 9 队，工人 3813 人；至 1968 年时有装卸队 10 队，工人 4332 人；至 1972 年时达到高峰，有装卸队 13 队，工人 6304 人。④ 装卸队的第九队由大陈人组成，第十队则由退伍军人组成，其他队就都是本省人了。⑤

---

① 《蔡枝协先生访谈记录》,《基隆港口述历史人员访谈记录》，基隆港务局，2008 年，第 113 页。

② 《庄铮中先生访谈记录》,《基隆港口述历史人员访谈记录》，基隆港务局，2008 年，第 83 页。

③ 次年“50 人公司”改组成立“港埠装卸职业工会”，工人为当然会员。

④ 《基隆港口述历史人员访谈记录》，基隆港务局，2008 年，第 54～64 页。1999 年起成立 12 家装卸公司，将当时尚存有的 2733 名码头工人中的 1764 名，依所谓的“劳基法”雇用。至此，货柜与机械取代了人力，装卸公司取代了队、班，码头工人逐渐走入历史。

⑤ 2012 年 12 月 6 日访谈杨府庙的庙公林瑞进。他是大陈移民，被安置在屏东，但他自行北上来基隆当码头工人，另有许多人与他有类似情形。

为了提携乡亲，也为了方便管理，各班班长通常都回老家透过乡里亲属裙带关系招募工人，使得码头依不同家乡而各自形成关系网络，宜兰帮、鹿港帮、清水帮(或称大甲帮)就此形成。1956年港务局与码头运送工会合办"码头装卸人员养成班"，扩大招募和培训工人，招生的对象限定为原本码头工人的子弟。这种做法保障了利益世袭，但也使得这群来自外地的码头苦力，越加自外于基隆当地的关系网络，之后在码头岸上径自形成属于自己的社会生活和生命世界。

20世纪70—90年代正是基隆港鼎盛时期，曾为全球第七大货柜港。繁忙的基隆港码头令许多人赚钱，即使码头工人也不例外。码头工人形容说：

……码头分海上班和陆上班，薪水差很多，至少都差上一二千块，当时薪水最好的是海上班，一个月可以有一万多的收入，陆上班有杂工，薪水只有三千块。……大班，也就是徒手工的钱最多，一个月可以有八九千，开堆高机的最少，本薪一千九，小费外快大概二千。那时候会给小费的就是报关行、货主、拖车，有的在赶，会拜托工人先处理。[①]

……我们只能做陆上班，海上班都是台湾人在做，但是肯做还是可以赚到钱。比在屏东好很多……[②]

码头的忙碌致使货主为求自家货物得到优先处理，让码头苦力或多或少都被动或主动得到小费、外快或奖金，这些额外收入经常高过本薪。正式的码头工人都领有"通行证"(俗称拿牌仔)，有牌即是身份，也是诸多福利的保证，没牌的即是散工。散工只能做正式的码头工人挑下不肯做的工作，通常是辛苦又粗重的，但是为了赚钱仍有上千位散工存在。[③]

(散工转为正式工人)那时我太年轻，未能补上，后来我去阳明货柜开起重机，30吨和50吨的，做了6年后转到中国货柜，一直到退休。

---

① 码头工人安仔访谈记录，转引自魏明毅：《静寂工人：码头的日与夜》，台北：游击文化出版社，2017年，第88～89页。

② 安嘉芳，2017年3月13日修方谅访谈资料。

③ 1972年有1200多位散工抗争，后来全数转为正式的工人。

……那时高雄也有码头工人……但大家比较喜欢到基隆做，因为赚得多。有些人拼命赚，赚两份，下了工后再代别人做；也有些人将牌子租给别人，自己去捕鱼或做别的。①

上述修方谅的回忆，指出的是20世纪60年代末期基隆出现第一座货柜码头后，机械逐渐承担了工人辛苦的装卸工作后，工作量因而骤减，但上工人数和工资并未有任何删减。工人陡然多出许多空档，便开始有工人请另一位工人代班，自己去买卖股票或做他业，每月以四六或三七分账发薪给代班的同事，时称“工人头家”。不论是找人代班的还是帮别人代班的，都领两份收入。这时是修方谅口中所称的“好的时期”。

1991年起台湾推动“港埠民营化政策”，1999年起基隆港将原本由码头工会承揽的装卸作业全面开放给民间企业，港口民营化引进民营装卸公司前，尚约有2700位码头工人，港务局和工会规划让工人退休。自苦力年代即进入码头的老一辈顺势退休，有约700人退休或资遣，其余的人或必须留下来继续工作，或各自透过自身关系网络来回应丕变的码头。但是好的时期已过了，留下来工作的收入已不及民营化前的一半。1991年，杨府庙的信徒人数只剩65人，虽另有新加入的25人，但失连人数高达88人。② 因应基隆港的变革，基隆不再是赚钱容易的地方，有技术的青壮年留下来，例如开货柜车、堆高机，其他的人选择离开或回到家庭。码头工人蔡枝协说：

1998年底办离退改民营前，那时我是队长，平均月薪104000元，四十几年的年资核算退职金领400多万，加计劳退休金共领597万。1998年底改制前码头装卸工人最低薪资49060元，队长有10多万，民营化后薪水打九折，再扣除劳健保、第三责任险的支出，实际工资所得，仅为改制前的七折而已。至于退下来的码头工人，大多已不再参与码头工作，因年迈也不宜再从事此工作，仅剩40～60岁约600～800位前码头技术工及徒手工，为家计仍从事本业。整体而言，队班长及工人退

① 安嘉芳，2017年3月13日修方谅访谈资料。

② 《基隆市虎仔山杨府庙第八届信徒大会手册暨建庙乐捐征信录》，大会编印，1991年，第3～20页。

休后，生活已大不如前。[1]

庙祝陈孝庆，75 岁，历经码头工作直到退休，子女均已成家立业。他则说：

> 现在退休后跟孩子同住，有四子一女，女儿嫁在基隆，儿子分别当警察、军人、开拖车，和在桃园机场上班。[2]

言谈间对先苦后甘的生命史甚是满意，对杨府王爷的信仰更是虔诚。

二、大德山杨府庙的兴建

（一）杨府庙的初建

沿海居民多会于出海时携带家乡神明香火至新移居地奉祀，日据时期来到基隆讨生活的温州工人，随身携带来的杨府王爷香火因有灵动感应，便建一小平房奉祀。奉祀地点就在码头工人群居的虎仔山工寮，温州寮亦居其间。[3]

至于温州寮杨府庙初建的确切时期，有三种不同的说法。时间虽不同，但均为温州的码头工人所建。

1. 建于日据时期

由曾任杨府庙主任委员的洪流所编辑的《大德箴言》书中有《基隆市大德山杨府庙重建缘起》一文。文中有言：

> 于日据时代，由一批安置于基隆市温州寮之挑煤炭工人，在虎仔山（现改为大德山）荒山坟地，胼手胝足，开山辟地，建筑木造杨府庙，供奉

① 《蔡枝协先生访谈记录》，《基隆港口述历史人员访谈记录》，基隆港务局，2008 年，第 113～116 页。

② 安嘉芳，2017 年 2 月 25 日杨府庙庙祝陈孝庆访谈资料。

③ 温州寮的耆老回忆，听说日据时期就有杨府庙了，只是初开时庙很小，甚至有说初始将神像置放于住家内。

杨府爷。①

从基隆建港以后，基隆的煤炭产量与输出量均极大，从各地来的工人，包括温州工人，都会带来家乡神祇设庙奉祀。② 另于田野访谈中耆宿提到祭祀初于温州寮的平房住家之中，因时有灵动感应，信者益多。

2. 建于 1951 年

《基隆市志·住民志·宗教篇》对杨府庙有如下的叙述：

> 定居基隆之浙江大陈移民聚居中山二路一带，仍携奉故乡笃信之神像"杨五使爷"于虎子山麓（中山二路一巷一号）醵资于 1951 年建成杨府庙，为同乡之信仰中心，亦为大陈同乡之会馆。③

上述的叙述中"中山二路一巷一号"应为"中山二路一巷一一一号"，应属手民误植所致；然杨府庙奉祀的主神并非"杨五使爷"，则应是作者误认。另外《杨府庙简报资料》中记：

> 杨府庙为温属名刹，温州城东有杨府山，鳌江口有杨府屿，均建有杨府庙而得名。上下大陈共有六座杨府庙（陈仁和编著之"大陈岛"专辑记详），温属各县有百余座之多，福建、广东、九龙、崖山，亦均有杨府庙。可见杨府生前足迹遍历浙、闽、粤沿海，功在国家，功德及民，而民爱戴之，崇德而报功得神而祀之。在航海科学未昌明前，吾温沿海靠海为生之乡人，无不奉为保佑海洋平安之海神，福建省则奉"妈祖"为海神。有自日据时代渡海来台谋生者，及大陈岛转进时奉为保护神，分别携带香火来台在基隆合炉复庙。天运辛卯（1951）年二月十九日，基隆市大德山杨府庙管理委员会，遵奉杨府圣王圣示，返乡温州市道北山，及苍南县鲸头杨府祖庙，请回杨府圣王香火合炉。④

对此资料有数点疑窦。首先，大陈岛撤退是在 1955 年，大陈各岛于撤退时多将岛上信奉的守护神同携来台，这是事实，但时间点有误；其次，1951

---

① 洪流：《大德箴言》，《基隆市大德山杨府庙重建缘起》，大德山杨府庙编印，第 300 页。

② 由码头工人移民所建的家乡庙，除温州人的杨府庙之外，尚有大甲人的圣安宫、梧栖人的新朝宫、鹿港人的奉安宫，以及彰化福兴乡的三千宫。

③ 《基隆市志·住民志·宗教篇》，基隆市政府印行，2003 年，第 59 页。

④ 《杨府庙简报资料》，杨府庙管理委员会，1990 年，第 1 页。

年正是台海形势紧张之时，所有出海渔船均予管制，浙江地区已经处于军事管辖，信徒如何“遵奉杨府圣王圣示，返乡温州市道北山，及苍南县鲸头杨府祖庙，请回杨府圣王香火合炉”，此举令人费解。

3. 建于 1961 年

采此说者是曾子良《基隆无城，吃饱就行？——以基隆港码头工人所建五座庙宇为观察对象》，文中引《基隆市志·住民志·宗教篇》与基隆市政府网站的《基隆市寺庙名册》做成的表格，列出“中山区，大德山杨府庙，道教，负责人：洪流，主祀神佛：杨府圣王，地址：中山二路一巷 111 号，创建时间：1961 年”。[①] 此说因网络资料无法查证，加以该文亦引《基隆市志·住民志·宗教篇》中建于“1951 年”的说法，因此推测作有可能是网络资料有误，又或者是网络所引《基隆市寺庙名册》中，将 1961 年的整修误认为是创建。

综合以上两种资料推测，1949 年撤退来台之前，基隆已有杨府庙，由当时的温州工人所设，规模不大。1949 年大批外省人撤退来台时，基隆的温州人增加了，乃有人将携带的香火合炉，并建木头平房“杨府庙”，此庙经过数载后破坏严重，乃有 1962 年的修建工程，以及“杨府庙建筑乐助姓氏勒石公览”碑的竖立。此时的杨府庙即后来修方谅所回忆的“杨府庙”，“杨府庙旁边有观音堂，庙前有庙埕，有庙公，有电话……”也就是 20 世纪 60 年代由屏东北上的大陈人租屋聚居的老杨府庙。[②]

（二）杨府庙的扩建

杨府庙奉祀的杨府王爷是温州所属六县所奉祀的保护神，香火很盛，庙宇百余座，俗名杨精义，浙江永固（今瑞安）人，唐代曾任温州太守，后归隐修

---

① 曾子良：《基隆无城，吃饱就行？——以基隆港码头工人所建五座庙宇为观察对象》，基隆学学术研讨会：《基隆学论文集》，2016 年，第 7 页。

② 与大陆带来的香火合炉之说甚多，应该确有其事。但时间点多有矛盾，一说 1949 年来台时合炉，一说 1955 年大陈撤退时合炉，陈克允曾有言：“南麂居民撤离时携带香火来台，在基隆市大德山合炉复庙。”如此，复庙时间应在 1955 年以后。《大陈人在台湾——大陈迁台六十周年纪念特刊》，大陈迁台六十周年纪念活动委员会编印，2015 年，第 195 页。

行得道，宋清两代被封为“杨府侯王”，因生前重德报功，为民所爱戴，因而得神祀之。[①] 杨府王爷成为浙南民间影响最大的信仰，也是中国东南沿海著名的民间神祇之一，奉祀神庙达500余座，信仰群众遍布浙闽粤、港澳台乃至东南亚地区，其影响力仅次于海上女神妈祖。

1955年大陈撤退来台湾的岛民，也有随身带着杨府香火的。[②] 来基隆的南麂居民将两方的香火合炉后木造的杨府庙，“为同乡之信仰中心，亦为大陈同乡之会馆”。修方谅说：

> 老的杨府庙旁边有观音堂，庙前有庙埕，有庙公，有电话。电话是联络中心，周围邻居要找人都透过这支电话。我们从屏东上来的时候，会先在杨府庙附近租房子。[③]

观音和杨府王爷是温州地方普遍的信仰神，大陈人也将其奉祀为主神。他们以杨府庙作为北上谋职联络的据点，随着基隆港的繁盛，码头工人越来越多，加上基隆潮湿多雨的气候，1951年整修过的木头平房的杨府庙，历经十数年后已有坍塌之虞。1967年时即兴起重建的提议，并为因应建庙之事，应姚琮建议成立“大德山杨府庙管理委员会”[④]，基隆市大德山杨府庙重建纪念碑记有：“不幸姚公逝世，筹建工作暂告停顿，嗣由林立俊、邵振铎、支之光先生等继续接办……”

---

① 关于杨精义的事迹，温属六县县志均有记载，杨精义后来成为浙江温州籍人士的地方守护神。杨精义有子十人，其中三人登士籍，一人为帅，七子修行得道。据传说，杨精义的十个儿子，个个尊敬父亲，崇尚佛道，历来有“父子一家皆得道，兄弟十洞都成神”的说法。因此流传于地方上的“杨府爷”的传说，实质上就形成了一个以杨精义为首的群体，即杨精义及其儿子，因此，民间各地纪念杨府爷诞辰和升仙的日子也就不一样了。清《平阳县志·神教志》与《温州府志》《乐清县志》皆有类似的记载，另外于1985年，瑞安市碧山镇龟岩村发掘出一块残碑。这块残碑是清光绪四年(1878)庠生陈见龙等人重立的，其中有关杨精义的文字考证皆甚类似，亦即基本上是一致的。

② 大陈各岛的杨府庙就有下大陈西嘴头、下大陈鸡笼头、下大陈岙里、下大陈下嘴头、下大陈短墙头、上大陈斗里等。撤退之时，各岛居民大都会把神明一起带来台湾。据孙静江《大陈纪略》(第54～56页)所载，大陈岛的杨府庙有奉祀杨府大臣、三大神、七大神等不同的庙。

③ 安嘉芳，2017年3月13日修方谅访谈资料。

④ 姚琮，浙江瑞安人，陆军中将，早年参加辛亥革命，1952年退役，后任温州旅台同乡会会长，1977年病逝台北。

但因土地所有权的问题，迟迟无法解决。虎仔山原为庆安宫（妈祖庙）的公益坟地，庆安宫后将包括杨府庙在内的4万多坪土地，卖给三民建设公司开发小区住宅，诉请拆庙还地，因而杨府庙面临拆迁的命运。拆迁的其实不仅是杨府庙，其实还包括其附近的一大片码头工人的工寮，当然包括温州寮（或称温州街）在内。

码头工人将失去住所，采取的是陈情抗争的手段，"三民公司要拆我们的房子，我们到阳明山二中全会抗议……最后还是拆了，但拖了很久，盖了六栋，虽然有配套措施，居民可以去抽安乐区的第一期……住宅。但也有人不愿意，我们自己搬去中和里买房，我和哥哥去跑商船"。[①]

杨府庙管理委员会采取的是缠讼手段，拖了10多年。后来三民公司经营不善，转卖给亚洲信托公司，杨府庙筹组重建委员会，请平阳同乡黄一亚将军出任主任委员[②]，托郑为元关说亚洲信托公司董事长郑周敏，同意让地135坪，且出具土地使用权同意书，方取得建地申请建筑执照，直至1984年才得解决。[③]

土地虽有了，但是建筑经费却无着落，码头工人的经济较不宽裕，乃求助台北市温州同乡会，获得大力支持。[④] 台北市温州同乡会成立于1958年，由当时旅台之温州市，永嘉、乐清、瑞安、平阳、泰顺、文成等县及玉环厅（后划出玉环增加苍南、洞头二县）乡亲共同发起组织，以服务在台温籍乡亲为宗旨。[⑤] 当时常务理事吴寿松，永嘉人，懋昌投资顾问有限公司董事长，大力捐助，并请黄理通为协募小组召集人[⑥]，后得以重建杨府庙，现今所见即为重建后的庙宇。杨府庙得以取得土地权并且重建，要归功于同乡情谊

① 安嘉芳，2017年3月13日修方谅访谈资料。

② 黄一亚，平阳人，黄埔军校十期，官至少将。父黄实，是温州平阳县少数早年参加同盟会的。

③ 事情经过参见洪流《大德箴言》，《基隆市大德山杨府庙重建缘起》，大德山杨府庙编印，第300～301页；以及1985年11月立的基隆市大德山杨府庙重建纪念碑。

④ 台北市温州同乡会以保存故乡文化为宗义，常务理事吴寿松除捐款240万元新台币外，又成立协募小组，募得建材和工程费用。

⑤ 台北市温州同乡会，网址：http://www.tpwz.org/%E5%90%8C%E9%84%89%E6%9C%83%E7%B0%A1%E4%BB%8B。

⑥ 黄理通，温州人，陆军中将，连任五届同乡会理事长，服务乡亲不遗余力。

的请托，中国人的观念是人不亲土亲，由大同乡浙江、温州，到小同乡平阳、南麂，乡谊的力量确实产生相当的效果，或者可以说：若无温州同乡会的鼎力相助，杨府庙的重建将不克竟功。曾任基隆浙江同乡会理事长的曾焕卿说：

> 当时台北市温州同乡会组织非常强而有力，有企业家、政治人物……二十年前的同乡会凝聚力是很强的，大家见面自然喊出叔叔、伯伯的，人不亲土亲。1951年就成立的基隆浙江同乡会，在码头工人成立中队时，蒋理事长（蒋民康的父亲）是精神领袖，也发挥了作用。①

或者可以说，基隆大德山杨府庙的兴建是在基隆、台北地区的浙江和温州同乡会的共同努力之下所促成的，是同乡乡谊的异地展现，借着对家乡守护神的奉祀，传承家乡生活文化，也凝聚团结同乡亲人。

新庙建成后，庙制三层，一楼为戏台及活动中心，二楼为杨府庙，三楼为观音殿。二楼主殿奉祀主神福佑圣王，陪祀关圣帝君、妈祖、王爷、哪吒，神龛两边奉祀福德正神和注生娘娘。大殿左右两面大墙壁绘画：温州江心寺十景、杭州西湖十景。此外尚摆设有一大二小王船，船的样式为浙江船。三楼奉祀的主神是观音，陪祀的有三界公和地藏王。奉祀的神祇除了杨府王爷和观音为浙东民间信仰之外，犹有闽南特色的妈祖、王爷和哪吒，但是墙上的大幅壁画宣示着家乡的空间印象，庙内外廊柱的楹联全部都是浙江、温州的名人题写的，如倪文亚、黄理通、姚琮、张强、王益滔、谢明昌、李一飞、吴松寿、姚宏影、倪振中、孙竺、林竞、洪流、孙越天。② 不可讳言的是，杨府庙是基隆温州同乡的信仰中心，也是大陈同乡的会馆，更是浙江人的精神指标。

大德山杨府庙供奉的"杨府侯王"为唐朝曾任温州太守的杨精义，但台湾有许多杨府庙供奉的却非杨精义，而是他者。《基隆市志》记载，基隆七堵

① 安嘉芳，2016年2月25日曾焕卿访谈资料。

② 倪文亚，浙江乐清人，中华民国第一届立法委员、副院长、院长。黄理通，台北市温州同乡会第二届理事长。姚琮，台北市温州同乡会第一届理事长。吴松寿，浙江永嘉人，懋昌投资顾问有限公司董事长，台北市温州同乡会名誉理事长。姚宏影，浙江乐清人，日月光集团董事长，台北市温州同乡会名誉理事长。洪流，时任大德山杨府庙主任委员。张强、王益滔、谢明昌、李一飞、倪振中、孙竺、林竞、孙越天等，皆属浙江人。

也有一座“大德山杨府庙”，供奉的是“杨五使爷”。杨五使爷乃北宋杨家将中的老五杨延德，与杨精义不能混为一谈。

杨府王爷虽是浙南民间影响最大的信仰，也是中国东南沿海著名的民间神祇之一，但是同称“杨府庙”者，祭拜的杨府神却有不同。其一是杨精义及其诸子，其二是杨业其诸子杨家将，例如杨六郎杨延昭等人①。二者均是温州地方守护神，也是海神，但神格来源却不同。杨精义是唐朝人，杨延昭是宋朝人。杨精义曾任温州太守，因生前重德报功，为民所爱戴，因而得神祀；杨延昭等得神祀则与南宋浙东海防借其神威壮胆鼓气，祈求在战事中得到其护佑有关。基隆大德山杨府庙所奉祀的是杨精义的七子杨国刚，基隆市大德山杨府庙重建纪念碑中记载：

> 圣王名国刚，兄弟排行为第七，聪敏仁慈，崇尚道学，惟淡泊仕途心怀众生，于青壮之年即归隐陶山仙门（沙门）白岩石扇洞静修，教化信众劝善弘道，尤对航海渔业护持有加，故于成道坐化后，温属大小船舶均奉圣王神位，祈求庇佑，被公认为航海守护之神。由清咸丰皇帝敕封为杨府福佑圣王，其事迹早著史乘，《温州府志》及各县县志均有记述，航海业者向以南妈祖北杨爷相依，仰赖至今传诵不衰。

杨府爷既是浙南民间的海神，庙宇十分普遍，温属各县有100多座杨府庙，大陈岛上下大陈也有6座杨府庙，沿海乡民更将杨府爷奉为保护海上行船平安的海神，和福建及台湾“妈祖”的地位相同。在渡海迁移至异乡的漫长过程中，家乡熟悉神明的精神慰藉、同乡人的交谊平台，就成为以劳力辛苦工作的温州人身心的寄托。

基隆大德山杨府庙每年最隆重的庆典，是农历五月十八日的福佑圣王的圣诞，其次为二月十五日注生娘娘圣诞、二月初二日土地公的圣诞；除此之外，特别的是每年农历过年，都有迁移出去的老温州人回到杨府庙来团

---

① 例如，基隆七堵大德山杨府庙供奉的是杨五郎；屏东县新园乡五房村的杨府庙供奉的主神是杨家七兄弟中的杨三郎、杨二郎、杨七郎，每年三大神举办祭祀时，各地的信徒还会包下游览车前来，庙方席开200桌，并且准备厢房让信徒居住。特殊的是因为这个庙会活动时间长达2天1夜，庙方特地安排麻将桌让打发时间，每年都这样。久了也成了当地的特色，亲朋好友难得在一起打打麻将联络感情，连警察也都很尊重这个习俗，这大概是全台湾唯一这么特别的庙会文化。

聚，就好像回家过年一样。只是随着老温州人的迁出和凋零，现在杨府庙平常活动的人口以大陈人为主，且年龄都以老人为多，只有在过年和神明圣诞大拜拜时，有较多人从外地回家、回庙团聚。

两岸开放探亲后，基隆大德山杨府庙以浙江省温州市苍南县鲸头村的杨府庙为祖庙，开始返乡探亲和进香。鲸头村的杨府庙始建于宋朝，由于历史悠久、规模大且香火鼎盛，有来自江苏、浙江、福建、广东、香港、澳门、台湾等地的信徒参拜，是杨府王爷信仰的重心，自 2014 年起基隆与鲸头的进香与交流活动正密切地展开。

三、杨府庙的演变与社群功能

（一）信徒人数与组织

温州工人自日据时期即有来基隆做工讨生活的，初带来的家乡神明香火只是置放在简陋的工寮祭拜，聊解思乡的愁绪。1949 年随国民党撤退的沿海居民中，应该也有温州人，来到基隆加入码头的行列，人数的增加使香火合炉后，建造一小平房作为祭拜小庙成为可能。接着 1955 年大陈移民来台，当局虽然安排照顾大陈人的生活，未几年少数生活困顿但积极外求的大陈移民，听闻基隆码头有当苦力的机会，因而来到基隆等待机会。基隆的温州人再度增加，小庙在基隆潮湿多雨的气候中，不多年即毁坏，因而有了 1962 年修整庙宇的劝募、修建和立碑为信。1967 年起，当局对大陈移民进行二度就业辅导，于基隆港增设第九大队，全队码头工人均为大陈人，人数 210 人。第九大队大陈人的到来，使基隆的温州工人大为增加，同一年即兴起重建杨府庙的提议。由杨府庙的演变，可看出其与温州人的人数多寡有密切的关系。

由杨府庙的信徒数量观察，20 世纪 60 年代是人数多的时期，持续至 80 年代，至 90 年代则人数锐减，原因是 1999 年码头民营化致使工人退休、遣散与离职，离开码头的同时也离开了杨府庙。由于温州人的聚集兴建了杨府庙，杨府庙成为基隆温州人的信仰中心，下一代和下一波的温州人仍以杨府庙作为聚集地和信仰中心。

表 2　杨府庙信徒人数统计表

届别	人数					
	原有总人数		新增人数		死亡与迁出总人数	
	男	女	男	女	死亡	迁出
第六届	168		27		22	
(1979 年)	163	5	23	4	8	14
第七届	172		12			
(1982 年)						
第八届	65		25		25	
(1991 年)	60	5	24	1	15	88
第九届	65		76		24	
(1996 年)	59	6	75	1	13	11

资料来源：

1.《基隆市虎仔山杨府庙第六届信徒大会手册》会议资料，1979 年 3 月 13 日。

2.《基隆市虎仔山杨府庙第七届信徒大会手册》会议资料，1982 年 7 月 8 日。

3.《基隆市虎仔山杨府庙第八届信徒大会手册》会议资料，1991 年 6 月 30 日。

4.《基隆市虎仔山杨府庙第九届信徒大会手册》会议资料，1986 年 6 月 30 日。

表 3　杨府庙信徒职业统计表

届别	职业													合计
	公	教	工	商	渔	自由	医师	海员	交通	律师	木匠	里长	无业	
第六届	13	2	106	31	2	1	1	2	1	1	3		5	168
第八届	2	2	48	6							0	5	3	65

1996 年新增的 76 位信徒，其性别、籍贯与居住地等均与其他届的信徒属性一致。性别上，男性比例在 90%以上；籍贯上，属浙江温属者占 90%以上；居住地上，则有 50%以上居住在“中山二路附近”，亦即于杨府庙附近，也是接近码头的工作区域。唯一不同的是平均年龄 50 多岁，推测其中应有

不少第二代。当担任苦力的第一代退下后，因应民营化与货柜化的冲击，第二代就近习得技术继续留在码头工作，只是“好的时代”已过。杨府庙的信徒职业以码头工人为主，其次是商、公，第八届时有3位里长，可见杨府庙信徒有扎根地方的趋势。研究观察显示，杨府庙的信徒以浙江温属人士为主，鲜少其他省县地区的人参加，属于地域性强的庙宇，这种局限性因为码头工人的工作特性而更强化。码头工人的工作区域限制在码头，即使等待工作时也不能走远，居住地方又在码头附近，这种远离市区的生活圈，也并未借由宗教与地方拉近。此外，码头工作具世袭性，早期招考人员以码头工人的子弟为先，此举固然为照顾工人家属生活考虑，但也使地域特性更加牢固，因此形成清水帮、宜兰帮、大陈帮。

基隆的妈祖庙（庆安宫）奉祀海神妈祖，是基隆人的信仰中心；位于庙口的奠济宫是基隆漳州人守护神的庙宇，二者均是基隆地方的重要庙宇，且以宗亲字姓凝聚信众。然杨府庙显然并无与二庙互动往来，究其原因，总干事修方谅说：

> 跟别的宫庙交陪来往需要钱，我们庙一切都靠信徒捐献，码头工人又比较没有钱，没钱很难办的。……我们庙信徒不会增加，也跟没有乩童有关。没有乩童就没有人来问事，无法显现神明的灵验，香火就不会旺。①

处于经济上的弱势，连带对地方的影响力也较弱，以致无法与基隆当地强而有力的妈祖信仰相抗衡。基隆的温州杨府爷信仰，对移民发挥家乡守护神的作用，但未能发展成为地区信仰。与基隆杨府庙有往来的是坐落于附近的庙宇、同属外地码头工人移植来的信仰宫庙，以及位于台湾南部屏东、同属大陈人建立的杨府庙，例如屏东高树南麾新村杨府庙和天显宫，每年农历五月十八日杨府爷圣诞，信徒会组团至基隆市进香，回銮后绕境全村庇佑村民平安。前者是属于地缘关系的近邻；后者则是同属家乡的联结，以乡谊作为纽带的远亲。

1967年杨府庙召开首届信徒大会，通过《基隆市虎仔山杨府庙管理章程》。1979年第六届信徒大会修正章程，以“发展庙务，增建庙产，发扬文

---

① 安嘉芳，2017年11月30日修方谅访谈资料。

化，保存文物，倡办慈善事业，增进社会福利，发展观光事业”为目的。重要组织整理如下：①

1. 设管理委员会综理一切庙务，设委员 15 人，互选常务委员 5 人，成立常务委员会（即财团董事会董事），并互推一人为主任委员。主任委员对外代表本庙。②

2. 设监察委员会监察一切庙务，设委员 5 人，并互推 1 人为常务委员（即财团监察人）。前二委员会之委员，任期均为 3 年，连选得连任。

3. 管理委员会下设干事会，聘任总干事、组长、干事分别执掌业务。各项委员、各级组长干事等，均为名誉义务职。

4. 信徒大会：本庙基本信徒须经正式登记，并报备主管官署有案者，得出席大会。每年于杨府圣诞之日举行一次，由管理委员会召集之。

5. 管理委员会会议、监察委员会议，每 3 个月召开一次。

6. 管理委员会之职权如下：执行大会决议案，筹划有关各项建设，筹办有关各项建设，筹购庙产，审议各项办事细则，计划财务，审议预算和决算，遴聘人选，任免人事，以及其他有关事项。

7. 管委会下设干事会，置总干事一人，协调、督导各组，推行各项业务。视其需要，得聘派干事若干人。

8. 管委会下设管理组、庆典组、财务组、事务组、保管组、缘募组、龙狮团、平戏社、观光事业组、文教事业组、慈善事业组。

9. 本庙基本信徒，每人每月认捐缘金新台币 100 元以上，主任委员、监委员每月认捐新台币 200 元以上，积以逐年增建庙产，扩充事业。

10. 本庙大规模工程建设，由增建委员会发起乐捐，独资建设某项工程奉献者，由其自办或委托管委会代办。概依专款专用为原则，各项建设工程完竣及各次庆典盈余经费，应移交本庙。

1982 年第七届信徒大会修改章程中对于信徒的规定，将“信徒须经正

---

① 《基隆市虎仔山杨府庙管理章程》，1967 年 6 月 25 日（农历五月十八日）首届信徒大会通过，1979 年 3 月 13 日第六届信徒大会修正，载《基隆市虎仔山杨府庙第六届信徒大会手册》会议资料。

② 笔者整理出杨府庙历届主任委员有：第一届邵振铎，第二届支之光，第三届洪流，第四届洪流，第五届洪流，第六届洪流，第七届陈其成，第八届杨石城，第九届李上齐。

式登记，并报备主管官署有案者”，修改放宽为“信仰本庙神明，应在每年农历五月十八日杨府诞辰日，来庙向信徒大会报到，缴纳缘金，年满二十岁者皆为信徒，且不再需要向地方政府办理登记”。① 放宽的原因应是码头工人信徒迁移变动甚大，且今日看来宗教信仰自由与信徒需向政府登记实属不合；然处在戒严管制时期，对社会团体多所规范，且杨府庙的成员多属政治性移民。

（二）社群功能

杨府庙设立的功能首在透过祭祀杨府圣王乡土神以凝聚会众向心力，举办的大多为联谊互助、服务性质的活动。每年的福佑圣王、注生娘娘、土地公的圣诞，以及农历过年，都是信徒借着庙会活动联谊团聚的日子。设立宗旨中有“倡办慈善事业，增进社会福利”，救助服务的慈善事业可以弥补当局对社会关照的不足，唯工人信徒的经济能力不足，所能举办的慈善事业有限②；若有大宗活动或救助，则需要发起募款乐捐，例如建戏台、修庙。尤其是20世纪80年代重建杨府庙一事，对信徒来说意义重大，不仅是大陈人发起乐捐，更将家乡的情谊联结扩大到温州和浙江，请求支持与协助。福佑圣王不仅是大陈人的守护神，也是温州、浙江地区的共同信仰。

杨府庙的地域性特质，不仅扮演的是信仰中心，同时也具同乡会功能，是基隆温属地区的信息、联谊、互助的据点。基隆地方有浙江同乡会和舟山同乡会，彼此互通声息之下，也能推出所属的民意代表。陈尔来，平阳人，被选为基隆市第11、12、13届议员。曾经担任过杨府庙的管理委员或监察委员的民意代表有：张蒋玉英、陈尔来、杨石城。另为扩大人脉与人际网络，也为扩建杨府庙的工程进行顺利设想，1982年召开第七届信徒大会时，增列蒋华选、谢修平、游永光等三人为名誉主任委员，马重五、林文龙、游东龙、陈福生、武少虔、董训、金玉林等七人为名誉委员③。增列的人都是基隆企业

---

① 《基隆市虎仔山杨府庙管理章程》，1982年7月8日第七届信徒大会修正，载《基隆市虎仔山杨府庙第八届信徒大会手册》会议资料。

② 杨府庙每年固定有冬季救助、老人照顾和救济院服务，因限于经费规模无法做大。

③ 《基隆市虎仔山杨府庙第七届信徒大会手册》会议资料，1982年7月8日，第5页。

家或民意代表，在地方上具有影响力，此举是拉近地方人士、试图融入在地的举措，但是真正实质上替杨府庙解决土地所有权的问题，以及筹措建筑经费的，还是具有经济和政治影响力的台北市温州同乡会。

一般人视温州人精明富有，其实温州人应可分为二类：一类为善于经商的巨商大贾，另一类为依海而生的劳苦海民。1949 年，辗转来台的外省人为联络乡谊而纷纷成立同乡会。1958 年温籍工商企业界人士成立了台北市温州同乡会，作为联谊活动及服务中心，一面凝聚乡情，一面作为乡亲在台未来发展的商谈据点，除首届理事长姚琮之外，理监事委员多为政、军、企业方面具影响力者。① 基隆温州人后求助台北温州同乡会才取得杨府庙土地权，重新建筑新而宽广的庙宇。与庙宇问题同时解决的还有居住问题，1966 年退辅会在健民街西侧建荣民宿舍，提供退除役官兵转任码头工作的住所，但是温州寮的居住情况一直未受到重视或改善。至 20 世纪 80 年代后，基隆市议员屡次提案建议省政府协助改善工人居住环境，尤其是温州寮。② 后省政府同意拆迁改建，补偿费 500 万元新台币，全数由基隆港务局负担。温州工人获得住宅，终于在迁台数十年后重建新的信仰中心与家园。

结　论

在时代变迁中，杨府庙的建筑象征温州籍人士在基隆的发展过程，亦见证基隆港经济发展的成就。透过“杨府庙”的祭典活动以凝聚会众、传播乡情，杨府庙致力于发扬及维护故乡文化，但也尝试适应台湾社会，调适过程中限于码头工人工作性质的局限性，融入在地化的过程并不理想，遇到挫折

① 倪文亚、李一飞、张强（毅夫）、陈国聪、林竞，企业家吴松寿（昌涛）、林松年、元孔茂、林永嘉、陈鸿书、邵康等组成第一届理监事会，公推姚琮首届理事长、张强为常务监事，聘任许云飞为首届总干事。

② 同属中正区的居仁新村和温州寮，因住屋破旧与环境太差，省议员周沧渊、林水木提案请省政府尽速协助改建住宅。居仁新村因属海军总部，报请当局同意后重建。至于温州寮则考虑现住户意愿和贷款能力，以及拆迁补偿问题，后省政府同意拆迁补偿费 500 万元新台币，全数由基隆港务局负担。

困难，还是求助于乡谊亲情联结的同乡。杨府庙无论在建筑外观上还是信徒心理上，都具有强烈的乡谊纽带作用。

杨府庙的信众，几乎清一色为温属人士，且几乎全为男性。这种特征与外省同乡会也极为类似，属于以男性会员为主的中小规模传统社团。其会务得仰赖同乡的热心参与及捐款以维持运作，会务以提供同乡生老病死各层面的服务为主。组织过程深受当地政府监督，内部职权分明，且具有会徽、会歌等识别图帜或精神象征。信徒大会的开会程序与机关开会并无二致，显现出其政治移民所受的规范影响。这些影响随着外部的变化而产生改变，尤其是两岸关系的变化。

由于码头工人的离散，近年来杨府庙的成员多属年长者，年轻会员不多，有后继无人之虞。理、监事等已积极策划期使组织更加活络健全，并发挥其独特的文化特色，又顺应两岸关系变化提供新形态服务等，是兼具外省同乡会功能的杨府庙，所具有的现代性社团特质。乡谊的影响力虽然随着移民的第二代、第三代而日渐淡薄，但随着海峡两岸的关系变化，正以另一种形式进行中。

2014 年于杨府庙成立了苍南平阳同乡会，展开基隆杨府庙与鲸头祖庙的进香与交流活动，接下来每年均进行与苍南平阳的互访活动。2015 年首次举办基隆杨府庙福佑圣王回娘家的活动，有乡亲 117 人参加鲸头祖庙之行。此为迁台 60 年以来首次宗教联结，对杨府庙的信众而言，此不仅是宗教活动，而且是归乡。2016 年增加了两岸青少年的交流活动，杨府庙呈现出对家乡文化的认同依旧，迁台第二、三代子弟对故乡文化的认同，正以不同的方式展开。有人观察认为，开放民众赴大陆探亲后，同乡会的拟亲属功能被弱化了，但是反观杨府庙，码头工人的离散后，原本萧条的杨府庙却因为圣王回娘家而强化了信众的向心力，再度活络起来。

“回乡寻根”对大陈人的意义为何？大陈这个群体，与 1949 年迁来台湾的群体不同。罗智强，大陈人，父亲为码头工人，他对此有深刻体会：

> 大陈人来台，有着与 1949 年随着国民党从大陆来台的人，同样都有的离乡背井的心情，但大陈人相对较少骨肉分离的苦楚。因为，一万八千位居住在大陈岛的人，除了极少数因为重病未迁离的之外，是一次全部撤来台湾……在大陈岛上的左邻右舍、父母兄妹、亲朋好友，都来

了台湾。这大概可说是在那动荡年代，老天爷给大陈人的一个特别际遇。我们常说回乡寻根，这对其他的群体来说适用……但对大陈人不适用。1955 年之前的大陈岛的文化、风俗、生活方式、情感记忆，在 1955 年大撤退后，随着所有人都来到台湾，已经全部重新洗过抹过。也就是说，1955 年以前的大陈岛的历史，已不存在于现在的大陈岛。①

大陈人的历史不是一棵根着于地的树，而是四方漂流的萍。大陈的记忆，只能存在于 1955 年撤退的大陈居民以及他们开枝散叶在台湾、在世界各地的子孙的记忆中。1955 年以前的大陈岛，是浮在我们脑海的记忆之岛。②

与大陈的连接除了记忆之外，应该还有共同的杨府爷信仰。这也正是老老少少的大陈人愿意回到鲸头进香，踏上温州土地的原因。

① 罗智强:《存在记忆里的岛》,《大陈人在台湾——大陈迁台六十周年纪念特刊》,大陈迁台六十周年纪念活动委员会编印,2015 年,第 181 页。

② 罗智强:《存在记忆里的岛》,《大陈人在台湾——大陈迁台六十周年纪念特刊》,大陈迁台六十周年纪念活动委员会编印,2015 年,第 182 页。

近代海洋科技文化交流研究

——以《海国图志》研究为例

陈 玲
厦门大学哲学系

《海国图志》是魏源编撰的一部具有历史影响的世界地理著作，至 1852 年共完成 100 卷，共 88 万字。该书鲜明地反映出魏源强烈的"师夷之长技以制夷"的经世意识。它以其丰富的世界地理知识和深邃的理性思考给近代中国历史以巨大的影响，多年来对其的研究多注重于其地理学价值，以及对日本等国影响等方面，本文试就其对近代海洋科技文化交流的影响做一番探讨。

一、天文知识的交流

《海国图志》收入葡萄牙人玛吉士(Jose Martins-Marquez)的《地球天文合论》，用将近 3 万字介绍了地球及其他行星绕日运行及其产生的种种天文现象，对当时先进的哥白尼日心说进行了一些介绍，并附有使人易于了解的地球椭圆轨道绕日运行附图、日月食图、四季寒暑图。在卷一和卷九六介绍哥白尼(称哥伯尼各，Nicolaus Copernicus)的日心地动说："前明嘉靖二十年间，有伯罢尼亚国人，哥伯尼各者，洞悉天文地理，言地球与各政(指各行星)相类，日则居中，地与各政，皆循环于日球外，川流不息，周而复始。并非如昔人所云静而不动，日月各星，循环于其外者也。以后各精习天文诸人，多方推算，屡屡考验，方知地球之理。哥伯尼各所言者不谬矣。并察得地球之转有二：一则日周，一则年周。"[①]这是中国人对哥白尼日心说的早期介绍。除此之外，《海国图志》还介绍了地圆说的四个证明，天球五星的运行顺序，太阳体积、各星球体积与日距离、运行周期，天河系(mill road)等西方天文学新知识。

《海国图志》卷一百收入了美国人培瑞(Divie Bethune McCartee, 1820—1900)所撰的《平安通书》。该书从1850年至1853年由浙江宁波华花圣经书房每年出一册，用中文撰写，介绍西方的天文、地理知识。其中不乏对太阳系新知识的介绍：

> 居中为日，周日第一道曰水星，其广大较地八分之一，凡八十八日限，周日一转。第二道曰金星，其广大约与地均，凡二百二十五日限，周日一转。第三道曰地球，即人所居者是，凡三百六十五日二时七刻零，周日一转。其南北极枢纽不离其处，而东西，则每一昼夜一易转，有一太阴旋绕即月也。有《月道图》《朔望晦明图》附。第四道曰火星，较地略小，凡六百八十七日限，周日一转。第五道曰花女星，凡一千一百九十三日限，周日一转。第六道曰火女，即陆星，凡一千三百二十五日限，周日一转。第七道曰虹女星，凡一千三百四十二日限，周日一转。第八道曰海女星，凡一千三百四十六日限，周日一转。第九道曰酒女星，凡一千三百八十日限，周日一转。第十道曰义女星，凡一千五百十一日限，周日一转。第十一道曰天后，即巧星，凡一千五百九十四日限，周日一转。第十二道曰谷女，即威星，凡一千六百八十一日限，周日一转。第十三道曰武女，即焰星，凡一千六百八十七日限，周日一转。自五道至此，凡九星，较水星更小，古人未尝寻见。今用大千里镜窥其形多棱角，虽各异其道，而有相交之际；或曩为一星而分裂之，未可知也。第十四道曰木星，广大百倍于地，凡四千三百三日限，周日一转，有四大阴旋绕。第十五道曰土星，即铅星，其象与众星殊，外有长圆圈如带，较金星略小，凡一万零七百五十九日限，周日一转，有八太阴旋绕。第十六道曰天星，又较小于土星，凡三万零六百八十七日限，周日一转，有六太阴

---

① 魏源著，陈华等点校注释：《海国图志·地球天文合论一》卷九六，长沙：岳麓书社，1998年，第2189页。

旋绕。第十七道曰海王星，亦是新寻见者，较天星略小，而大于地数十倍，凡六万零一百二十七日，周日一转。曾于寻得之时，已一见太阴旋转，然细思此星离日已远，又大于地球，必非一太阴所能偏照，俟再谛观以告同人。①

培瑞在这里描述的是一个蔚为壮观的太阳系新图像。此时，刚刚发现了海王星和土星的第八颗卫星，冥王星还尚未发现。培瑞依据小行星距离太阳的远近，按顺序说明了它们的形态及其可能的由来。这9颗小行星与太阳的距离及发现年代见表1：

表1　九小行星表

行星古名	英文名	行星今名	距日距离天文单位	发现年代
花女	Flora	花神星	2.201	1847
火女	Vesta	灶神星	2.361	1807
虹女	Iris	虹神星	2.386	1847
海女	Metis	海神星	2.387	1848
酒女	Hebe	韶神星	2.426	1847
义女	Astraea	义神星	2.574	1845
天后	Juno	婚神星	2.668	1804
谷女	Ceres	谷神星	2.766	1801
武女	Pallas	智神星	2.772	1802

资料来源：魏源著，陈华等点校注释：《海国图志·平安通书论天地》卷一百，长沙：岳麓书社，1998年，第2229～2230页。

《海国图志》中新鲜天文学知识的传播，为丰富多彩的天文学知识的传入铺平了道路。

① 魏源著，陈华等点校注释：《海国图志·平安通书论天地》卷一百，长沙：岳麓书社，1998年，第2229～2230页。

二、地理知识的交流

中国很早就出现了历史地图集的编制，西晋裴秀就已经绘制过具有历史地理图集性质的《禹贡地域图》18 篇。至清代，不论是种类还是质量、范围、系统等方面，均有了极大地发展。李兆洛（1769—1840）主持编制的《历代舆地沿革图》和杨守敬（1839—1915）绘制的《历代舆地沿革险要图》《水经注图》更是将中国传统历史沿革地理推向了一个新的高峰。

中国传统地图中，出现了不少采用西方制图法的痕迹。咸丰二年（1852）出版的魏源主编 100 卷本《海国图志》就参照香港“英夷公司”制的《大宪图》，绘制世界各国地图 74 幅，主要集中于卷三、卷四，①并配合文字记述。《海国图志》极大促进了西方制图法在中国的传播。其中对海岛国家地图的绘制，如卷三中的《东南洋沿海各国图》②《日本国东界图》③《日本国西界图》④《东南洋各岛图》⑤《澳大利亚及各岛图》⑥等，均运用了西方先进的海洋制图法。

《海国图志》卷八六中引用玛吉士的《地球天文合论》时指出：“夫地理者，讲释天下各国之地式，山川河海之名目，分为文质政三等。其文者，则以南北二极，南北二带。南圆北圆二线平行上午二线，赤寒温热四道，直经横纬各度，指示于人也。其质者则以江湖河海、山川田土、洲岛湾峡、内外各洋，指示于人也。其政者，则以各邦各国省府州县村镇乡里政事制度、丁口数目、其君何爵、所奉何教，指示于人也。”⑦这是第一次提出了地学的定义、

① 魏源著，陈华等点校注释：《海国图志》，长沙：岳麓书社，1998 年，第 45～346 页。

② 魏源著，陈华等点校注释：《海国图志》，长沙：岳麓书社，1998 年，第 87～88 页。

③ 魏源著，陈华等点校注释：《海国图志》，长沙：岳麓书社，1998 年，第 113～114 页。

④ 魏源著，陈华等点校注释：《海国图志》，长沙：岳麓书社，1998 年，第 4115～116 页。

⑤ 魏源著，陈华等点校注释：《海国图志》，长沙：岳麓书社，1998 年，第 117～118 页。

⑥ 魏源著，陈华等点校注释：《海国图志》，长沙：岳麓书社，1998 年，第 121～122 页。

⑦ 魏源著，陈华等点校注释：《海国图志·地球天文合论一》卷九六，长沙：岳麓书社，1998 年，第 2188 页。

研究对象和学科分类，即将地理区分为自然地理和人文地理两大类。

继《海国图志》之后，《皇舆全览图》和《乾隆内府舆图》均是运用独立的西方制图法测绘而成。清后期，同治二年(1863)湖北运用西方的经纬度，结合传统的计里画方法出版了《大清一统舆图》。清末编制的《大清会典舆图》在传统计里画法的基础上，采用了西方的“圆锥投影”制图法。而许多省级地图集中，如《安徽舆地图集》《陕西省舆地图》《甘肃全省舆图》等，均出现了经纬度及图例方面的科学化革新，体现了中西制图法混用的现象，标志着中国传统地图法向近代科学制图的转变。

20世纪以来，西方地图理论在中国逐渐占了上风。1916年，林有壬开始系统介绍西方地图测绘工作，在《地学杂志》(七卷一期)上翻译发表了有关大地测量方面的论文《述测地学进步之状况》。[①] 曾世英等人为使20世纪30年代中国地图学与西方新的地图学理论方法保持同步，在《地理学报》(1938年第三卷第三期)上阐述了摄影测绘与地形、投影的关系。1933年，丁文江、翁文灏、曾世英三人合编《中华民国新地图》(New Atlas of China)[②]与《中国分省新图》(通称《申报地图》，它们均采用等高线及分层设色法表示地形，新的亚尔勃斯投影法和圆锥投影法)的出版，标志着西方制图法彻底取代了中国传统的“计里画方”法制图学。

《海国图志》极大地推动了西方地图法在中国的传播与交流，后因为该书流入日本传播极广，也为日本明治维新奠定了深厚的基础。

三、制造业知识的交流

魏源认为西方擅长的主要有战舰、火器和养兵练兵的方法，他在《海国图志》中说：“夷之长技三：一、战舰，二、火器，三、养兵、练兵之法。”[③]他主张

① 林有壬译：《述测地学进步之状况》，《地学杂志》第7卷第1期，1916年，第29页。

② 丁文江、翁文灏、曾世英：《中华民国新地图(申报六十周年纪念)》，上海：上海申报馆，1934年。

③ 魏源著，陈华等点校注释：《海国图志·筹海篇三议战》卷二，长沙：岳麓书社，1998年，第26页。

学习西方造船、造火器之法，《海国图志》中刊印了《火轮船图说》等造船资料，主张国人自行设厂制造。魏源在《海国图志》卷八三中还改写了德国传教士郭实腊(Charles Gutzlaff，1803—1851)所著的《贸易通志》[①]，他赞同林则徐“师敌之长技以制敌”[②]的主张，将火轮船视为西方强敌的一种长技，并对之做了较之以往中国人更为具体而准确的介绍[③]：

> 夹板船顺风逆风，皆能驶驾，而无风则不能行。爰有智士深思天地间空中运动流转之物，惟风水火三者，今风力水力皆无可恃，惟有水力可借。火药之力能裂金石，震虚空，愈闷之则力愈大，岂不可以火轮代风轮、水轮乎？于是以火蒸水，包之以长铁管，插柄上下，张缩其机，借炎热郁蒸之气，递相鼓激，施之以轮，不使自转。既验此理，遂造火轮

① 道光二十年(1840)由新加坡坚夏书院出版。

② 魏源：《道光洋艘征抚记》(上)，《魏源集》，北京：中华书店，1976年，第177页。

③ 《贸易通志》的原文是：“人心不安，有多还要更多。西洋各国虽伶俐不常，只知其五艺一半，所以自今以后，专务广其见识，知其甲板之驶其快不胜，然愿加速。设使甲板快走，但风息，虽扬帆曷迅航？只得随浪而浮也。故千思百想，徐风自动，不靠帆而走也。左思右想，徒费心力，愈久愈定，只看出无风无摇，势虽浩大不胜，力能陆地行舟，只不可跨海，辗转无道，毫无定见，束手无策。于是有人聪明慧智，明晰世物，日看火蒸腾天，快张难缩，设使力缩之，就加其能十倍，抱破瓷器，亦可以坏铁皿也，不可御其暴，如若煮骨而蒸不出，不期尽皆碎烂。倘熬物而盖壶，塞蒸不出，率然丢盖或皿破裂矣。既是如此，名士暗想，将用蒸之力，庶乎可动物也，遂包之以长铁筒，而插柄，上下张缩其蒸，靠蒸之力自动。还造铁机，彼此相连，往来得摇，加之以轮，就火速转也。查其本源，识其委曲，这等机能足动舟自然现出。其舟中放黄釜，内斟煮水，蒸入长铁筒，击轮快转，船驶如若摇橹，一点时走三十有余里，疾速如飞乌，快意云奔，不顾风之顺逆，不论潮之涨退，常时进前，除碍开阻。川之急水，俗舟难冲，只火船容易溯流而上。水路甚远，经历日月，只乘火船速航，不期而到。如此远方互相连合，货物运来运去，天下丰盛，自然裨益靡已。亚默利加内地向来荒芜，人迹罕到，草木畅茂，禽兽繁殖，五谷不登，禽兽逼人，蛮人游玩打猎，如今火船到地，民人开新方，人口日益月增，氓如云集。内地大兴，产物山积，运货多不胜，若问为何恁速旺相，答曰：蒙火船之往来，开通之路，客人与主人往来，故有此熙，所愿皆遂，嘉祥盛举矣。西方各国现今修文偃武，增设学校，以安民心，专务进前，广其艺而推其学。火舟结四海，彰风化如天成久道，鼓舞甄陶，昭文明而流教泽。纵然云山缥缈，不易传信，音问久疏，事情不成，但此火舟为驿船，东西容易交关往来，带书递函，令民知远国之情，而免烦累误事。比喻英吉利、五印度国遥隔千山万水，天涯迥隔，通信惟难，如今火船往来，三四五月间书启逼问，但如今不上五十日，任意相问相对。国家速于置邮而传命，商贾知远地之市价随便买卖，朋友在远信音问候不绝，公干私务皆利达。外国沾本民益，自远自近皆相视若兄弟也。”(《贸易通志》，卷3，第32～33页)魏源对其进行了改写，改写之后的文字较之原文简洁许多。

舟。舟中置釜，以火沸水，蒸入长铁管，系轮速转，一点钟时可行三十余里。翻涛喷雪，溯流破浪，其速如飞。不论风之顺逆，风之有无，潮之长落，溜之上下，借阴阳之鞲鞴，施造化之鹿卢，巧矣极矣！弥利坚与欧罗巴隔海数月程，五印度与欧罗巴绕地数万里，而火轮遄驶，不过四五旬。大则军旅，小则贸易，往返传命，有如咫尺，不疾而速，不行而至，非天下之至神，其孰能与于斯？……则皆中国所无，亦中国所当法。①

其中不乏对当时先进动力蒸汽机的详细介绍，对先进机器的赞美溢于言表。

《海国图志》中还记载了 19 世纪 40 年代中国人试造火轮船的活动，1840 年，原嘉兴县丞龚振麟曾在宁波目睹英国的火轮战船："见逆帆林立，中有船以筒贮火，以轮击水，测沙线，探形势，为各船向导，出没波涛，维意所适。人佥惊其异，而神其资力于火也。"②他对此进行深入研究后，参考林则徐提供的《车轮船图》仿造了一船，以人力代替火力推动齿轮激水，"类似踏车的原理"，③在湖水中行进速度很快，"而试于湖，亦迅捷"④，是中西方造船技术相结合的产物。1842 年 6 月，西方人曾经目睹这类火轮船进入水师服役，伯纳德（W. Bernard）说："向吴淞江一直走去，十四艘战船便出现在眼前，还有五艘新造的大车轮船，每艘以四个木明轮推动……每船都由一个高级官吏指挥。"⑤安徽歙县人郑复光精通格致之学，博览西方技术，1840 年鸦片战争爆发之后，毅然投身于西方火轮船的研究事业。他受丁拱辰《演炮图说辑要》中丁守存明轮船图的启发，"曩见传钞《火轮图说》，不能通晓。嗣见小样船仅五六尺，其机具在内者未拆视。又于丁君守存处见一图，俱有在内

① 魏源著，陈华等点校注释：《海国图志·夷情备采三贸易通志》卷八三，长沙：岳麓书社，1998 年，第 1991 页。

② 魏源著，陈华等点校注释：《海国图志·铸炮铁模图说》卷八六，长沙：岳麓书社，1998 年，第 2033 页。

③ John Francis Davist, *China, During the War and Since the Peace*, Vol. 1, London: Longman, Brown, Green and Longmans, 1852, p. 258.

④ 魏源著，陈华等点校注释：《海国图志·铸炮铁模图说》卷八六，长沙：岳麓书社，1998 年，第 2033 页。

⑤ W. Bernard, *Narrative of the Voyages and Services of the Nemesis, from* 1840 *to* 1843, London: Henry Colburn Publisher, 1844, p. 326.

机具，与前图相表里。故会通其意，为之图说。其尺寸就小样船约之，质多用铜。大船未必尽然，会心之士，必毋泥执”[①]，参阅中外人士有关火轮船的著作后，撰写了《火轮船图说》一书，该书被魏源收入《海国图志》。因丁守存关于火轮船的著作已佚，《海国图志》中收录的郑复光《火轮船图说》就更显珍贵。这是中国最早的有关火轮船设计和制造的专著，完整阐述了火轮船的构造和汽机的原理，对轮船的重要部件明轮、轮、柱、传动装置、汽缸、锅炉等均分别做了颇为详细的介绍，还特地描绘了将火轮车中的汽机安装于船上的方法。

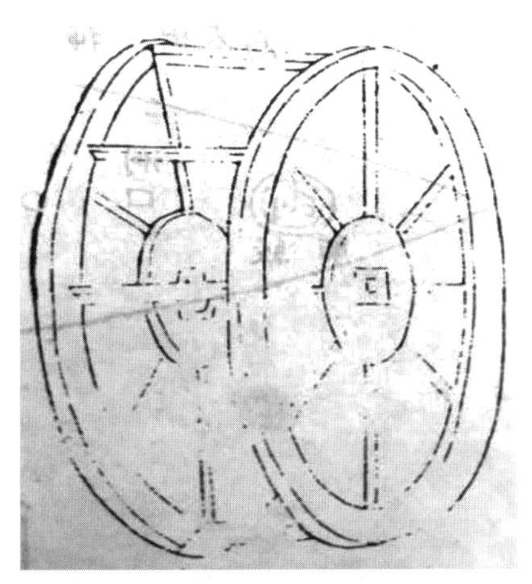

图 1　明轮外形

资料来源：魏源著，陈华等点校注释：《海国图志 · 火轮船图说》卷八五，长沙：岳麓书社，1998 年，第 2023 页。

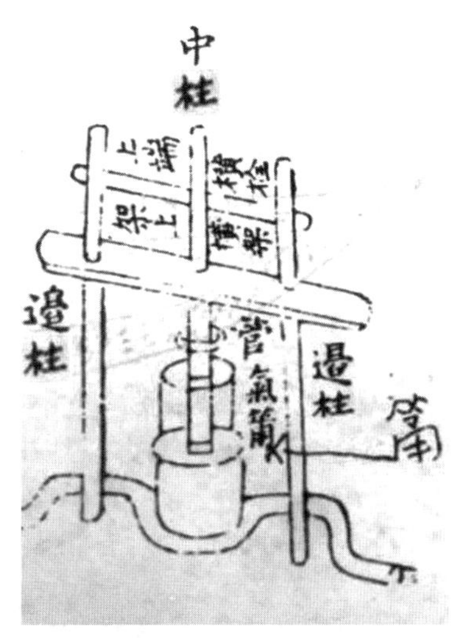

图 2　曲柄连杆结构

资料来源：魏源著，陈华等点校注释：《海国图志 · 火轮船图说》卷八五，长沙：岳麓书社，1998 年，第 2023 页。

此外，魏源在《海国图志》中还主张在造船厂和枪炮厂造些民用船只和各种器物，如“量天尺、千里镜、龙尾车、风锯、火锯、火轮机、火轮舟、自来火、

① 魏源著，陈华等点校注释：《海国图志 · 火轮船图说》卷八五，长沙：岳麓书社，1998 年，第 2016 页。

自转碓、千金秤之属，凡有益民用者，皆可于此造之”①。以上这些中国人对火轮船的仿制，为日后蒸汽轮船的自造提供了必要的科学技术条件。

四、近代海洋科技文化交流的意义

魏源的《海国图志》在促进中西会通，传播西方先进科学知识方面，无疑起着极为重要的作用，这当中自然也包含对近代海洋科技文化交流方面的贡献。从魏源《海国图志》的例子中，我们从科技文化的角度解读近代海洋科技文化交流的重要意义，可以从以下两个方面加以考察。

（一）从横向看

从横向看，主要指从地域上看，向西方学习先进科技。《海国图志》所体现的是走在那个时代的先进的科学思想，魏源是较早接受哥白尼学说并加以介绍的先进思想家，《海国图志》在海内外先进人士中影响极大。这就使得欧洲先进的天文学说得以在中国逐步为人们所接受。

（二）从纵向看

从纵向看，主要是指对传统科技文化的传承和影响。《海国图志》的交流方式主要是引进和吸收，一方面引进西方先进的科学知识，另一方面吸收中国传统科学的思想精华。《海国图志》在吸收了林则徐《四洲志》先进思想的基础上，还引用了历代史志 14 种，中外著作 70 多种。其中，中国人的著作有叶钟奇的《英吉利夷情纪略》、黄衷的《海语》、黄可垂的《吕宋纪略》、王大渊的《岛夷志略》等。而同时辑录的国外地理著作也不少，如意大利人艾儒略（Giulio Aleni）的《职方外纪》《地球全图》、英国人马礼逊（Robert Morrison）的《外国史略》、美国人培瑞的《平安通书》、葡萄牙人玛吉士的《地理备考》、普鲁士人郭士立（Karl Friedrich Gützlaff）的《每月统纪传》等。

① 魏源著，陈华等点校注释：《海国图志·筹海篇三议战》卷二，长沙：岳麓书社，1998年，第 30 页。

《海国图志》纠正了原来地理著作使用土语的缺点，把沿革图中的历史上的古名旧称与现译各国名称进行一一对照，以方便后人研究。书中所附的73幅地图虽然比较粗陋，但已经是一部较完整的世界地图集了。

从纵向看，还体现在对洋务运动的影响，其主要体现在形式、内容、方式三个方面。

一是就洋务运动的形式而言，采用的是官办形式创办新式学堂，如福建船政学堂。魏源很早就提出创办近代新式学堂，福建船政学堂就是在1867年创办的官办学堂。其初始称“求是堂艺局”，分前后两个学堂。前学堂培养的主要是造船监工，课程有法文、算术、代数、几何、几何作图、解析几何、三角、代积微、重学、蒸汽机、机械学及船体实习课等。后学堂培养海军驾驶人才，课程有英文、算术、代数、几何、解析几何、平三角、弧三角、割锥、水重学、动静重学、光学、热学、电磁学、化学、天文学、航海学及地质学等。这所历史悠久的中等专业学校的学堂，培养了大批包括造船等各方面的技术人才及海军将领。

二是就洋务运动的内容而言，魏源建议学习西方“长技”的方法是设厂造火轮船。“行取佛兰西、弥利坚二国，各来夷目一二人，分携西洋工匠至粤，司造船械，并延西洋舵师，司教行船演炮之法。”洋务运动的重要代表人物左宗棠，深受魏源思想的影响，对《海国图志》推崇备至，于19世纪60年代奏准清廷设厂造船制炮，称：“同光间福建设局造轮船，陇中用华匠制枪炮，此魏子所谓师其长以制之也。”他力主学习西方的机械制造：“先购机器一具，由此更添机器，触类旁通，凡制造枪炮、炸弹、铸钱、治水，有适民生日用者，均可次第为之。”[①]魏源的学生御史陈廷经更是致力于实践他所提出的“师夷”主张，于1864年重新提出魏源在《筹海篇》中所主张的造船制炮、创办水师学堂的建议。[②] 最终，清廷于19世纪60年代下旨命曾国藩、左宗棠、李鸿章等人商议筹办“洋务”事宜。曾国藩极为推崇魏源的《皇朝经世文编》，认为只有通过“师夷智以造炮制船”的途径才能够达到“自强”，足见魏

① “中央研究院”近代史研究所编：《福州船厂》(一)，《海防档》，台北：艺文印书馆，1957年，第9页。

② 中国史学会编：《洋务运动》(一)，上海：上海人民出版社，1961年，第13～14页。

源建议影响之深远。

三是就洋务运动的方式而言，是以技术引进为重点，尤其是以军事技术为中心，并未把科技的引进和本国的科学研究及实验相结合。造成这种现象的原因主要是科举仍具有很大的吸引力，李鸿章曾指出："士大夫趋向犹未尽属者何哉？以用人进取之途全不在此故也。"①进入洋务学堂的学生，总是摆脱不了参加科举博取功名的观念，这束缚了近代科技队伍的形成，致使洋务学堂毕业的学生虽然能够成为洋务企业的骨干，但始终还是属于实用型人才，缺乏科学研究和科研活动。比之旧式士大夫他们显然是有了巨大的进步，但要使他们成为像西方科技高峰所涌现出的诸多创新型杰出科学家，还是难以实现的。

近代海洋科技文化交流的重要意义在于推动其创造性转向和创新性发展是激活《海国图志》生命力的关键，而激活的要素是挖掘出《海国图志》所体现的走在那个时代的先进的科学思想，尤其重要的是师夷长技以制夷，正如魏源在《海国图志》原叙中所说："是书何以作？曰：为以夷攻夷而作，为以夷款夷而作，为师夷长技以制夷而作。"②即学习西方所擅长的科学和技术来抵御西方的入侵。

中华文化强大的包容性毋庸置疑，而在当前"一带一路"的倡议下，以《海国图志》为例的近代海洋科技文化交流的意义更加凸显。《海国图志》主张学习西方先进的科学文化，尤其是海洋科技文化，这对后来的洋务运动产生了深远的影响，促进了中国传统海洋科技文化对西方文化的吸收、消化和融合。在"一带一路"海洋科技文化交流的背景之下，中国文化从来就不缺乏文化自信。除了中国曾经领先于世界的科技文化予以支撑以外，《海国图志》对西方先进文化的吸纳所展现出的中国文化本身坚实的文化基础，让它总是能够游刃有余地取舍来自"一带一路"沿线的各种文化元素，从而站在世界文化的高地。所以，"一带一路"背景下的文化交流，除了有强盛的经济实力与国力支撑外，还要有坚定的文化自信，这样才能从跨文化交流中最大限度地获得文化红利。

---

① 《李文忠公全集·奏稿》卷二四，第24页。

② 魏源著，陈华等点校注释：《海国图志》，长沙：岳麓书社，1998年，第1页。

总之，推行“一带一路”倡议应不仅仅着眼于经济交流，更应着眼于世界性文化交流平台的建立，借此使中国文化获得广泛的能量，完成新一轮的文化升级。没有文化积淀的时代绝对是一个可悲的时代，保持足够的文化自信，保持中国文化素有的开放交流姿态，展现中国文化强大的吸收、消化、融合能力，才能在自身文化升级的同时，以“一带一路”为基础谋求建立和而不同的“文化共同体”，形成世界性的多元一体文化新格局，真正引领世界经济与文化的良性发展，实现互利共赢的终极目标。

走私猖獗的年代：光复初期台湾与冲绳地区之间的走私样态（1946—1950）

卞凤奎
台湾海洋大学海洋文化研究所

前　言

1945年台湾光复，台湾社会正处于百废待兴之状况，特别是沿海地区之走私一直是贸易活动中存在的非法活动。① 这种活动虽然是不法行为，且具有非常大的危险性以及不确定性，但由于利润丰富，甚至可让人有一夜暴富的机会下，使得投机者趋之若鹜，无法抗拒背后的诱惑。在当时政治仍动荡不安，经济萧条，物价涨势益强的情况下，非法走私活动并未停止。特别是在1946—1950年期间的台湾光复初期，台湾与冲绳之间的贸易活动并

① 关于冲绳的走私贸易之研究，台湾的学者有朱德兰：《基隆社寮岛の冲绳人集落（1895—1945）》，收录于上里贤一、高良仓吉、平良妙子编：《东アジアの文化と琉球・冲縄：琉球/冲縄・日本・中国・越南》，东京都：彩流社，2010年；李文环：《战后初期台湾走私问题之研究（1945—1949）》，《高雄师大学报・人文与艺术类》第28期，2010年6月，第25～54页。日本的学者有石原昌家：《空白の冲縄社会史：戦果と密贸易の时代》，东京都：晚声社，2000年；奥野修司：《ナツコ：冲縄密贸易の女王》，东京都：文艺春秋，2005年；宫良作：《国境の岛与那国岛志——その近代を掘る》，那覇市：あげぼの出版，2008年；大浦太郎：《密贸易岛：わが再生の回想》，那覇市：冲縄タイムス社，2002年；松田良孝：《台湾疎开："琉球难民"の1年11ヵ月》，石垣市：南山舍，2010年；小池康仁：《琉球列岛の"密贸易"と境界线》，东京都：株式会社森化社，2015年等，均极具有参考之价值。

未因终止了日本50年的殖民统治而停止。同时，有心投机者在台湾与冲绳二地区之间铤而走险，从事走私的不法活动，甚是猖獗，并造成严重的经济及治安问题。因此，走私活动对于台湾之政治、经济之影响，不言而喻。

一、八重山依赖台湾经济之状况及相关者的证言

（一）八重山依赖台湾经济之状况

八重山是以石垣岛为主，还有如西表岛、与那国岛以及石垣岛周边诸小岛屿。[①] 石垣岛至基隆仅259公里。[②] 属于太平洋热带海洋性气候，台风及干旱时有发生，造成当地民众极大的损失，使得原本贫穷的百姓，生活更陷入痛苦。

例如，就冲绳县内主要的输出资本来看。根据1935年冲绳县移出的品目类别及移出金额可看出，冲绳县仍是依赖农业为主的经济结构。移出额当中，黑糖的9790千円和分蜜糖的4645千円，分别占49.0%、23.3%，以及白下糖709千円，占3.5%。三者合计，共占冲绳县移出总额的75.8%，亦即冲绳县的经济命脉完全在蔗糖产业。其他部分均不满10%，分别是泡盛1845千円，占9.2%；帽子975千円，占4.9%；绢棉布888千円，占4.4%；鲣节682千円，占3.4%；牛680千円，占3.4%；蔬菜345千円，占1.7%；空袋255千円，占1.3%。

从前揭的论述可了解到，在冲绳县最大的工厂制造业可说是制糖资本这部分，制糖资本最佳的方式应是以政府的劝业政策为基础。[③] 例如，日本农商务省于1906年设置糖业改良事务局，从事分蜜糖的试验工场；在1910年集结其他各县的糖商，在冲绳设立冲绳制糖株式会社。但此时的农民因

① 崎原恒新:《八重山小事典》,那霸市:ボーダーインク,1999年,第52页。

② 松田良孝等编著:《石垣岛で台湾を歩く》,那霸市:冲绳タイムス社,2012年,第8页。

③ 冲绳县教育委员会:《冲绳县史》第3卷,经济,第17页。

认知不足，无法落实各种制度之情况，开垦未能达到预期。[①] 之后台湾资本进入当地，名称改为"冲台拓殖株式会社"。到了1917年台湾台南制糖株式会社将冲台拓殖株式会社合并，总公司在台湾，自此开始确保其在冲绳本岛以及宫古岛的独占地位。[②] 此举可看出1945年以前台湾的制糖业对冲绳县的制糖业影响就是相当深远的。[③]

表1 1935年冲绳县各产品移出额及占比

项目		移出额（千円）	构成比（%）	项目		移出额（千円）	构成比（%）
品目别	1. 黑糖	9790	49.0	品目别	1. 米	7190	25.7
	2. 分蜜糖	4645	23.3		2. 纤物类	2238	8.0
	3. 泡盛	1845	9.2		3. 金物	1289	4.6
	4. 帽子	975	4.9		4. 肥料类	1189	4.3
	5. 绢棉布	888	4.4		5. 素面类	1005	3.6
	6. 白下糖	709	3.5		6. 大豆	765	2.7
	7. 鲣节	682	3.4		7. 烟草	752	2.7
	8. 牛	680	3.4		8 材木	738	2.6
	9. 蔬菜	345	1.7		9. 茶	680	2.4
	10. 空袋	255	1.3		10. 种子类	617	2.2

资料来源：冲绳县教育委员会：《冲绳县史》第3卷，经济，第13页。

到了1945年，被称之为"铁之暴风"的冲绳岛战役结束之后，冲绳成了国破山河也不再的悲惨世界。没有穿的，没有吃的，连住的房子也没有了。[④] 战争所带给冲绳的经济萧条以及百姓的苦难，更是雪上加霜。

---

① 入嵩西正治：《八重山糖业史》，那霸市：石垣岛制糖株式会社，1993年，第80页。

② 冲绳县教育委员会：《冲绳县史》第3卷，经济，第17页。

③ 再者，冲台拓殖株式会社重要干部及投资者当中，亦有台商参与。例如1935年10月与林发在石垣岛共同创立大同拓殖株式会社的曹清权、陈阿贞、万友皮，不满一年即离去，投资冲台拓殖株式会社。参见林发：《冲绳パイン产业史》，石垣市：冲绳パイン产业史刊行会，1984年，第21页。

④ 奥野修司：《ナツコ：冲縄密贸易の女王》，东京都：文艺春秋，2005年，第14页。

表 2　冲绳输出贸易之品目

单位:美元

贸易品目	1940 年	1950 年
黑糖	6656107	199985
百合根	126034	34980
苏铁果实	—	—
阿檀叶	—	500
苏铁果	3664	15462
蔬菜类	374164	—
其他农作物	142515	—
海人草	33402	209099
贝壳	21362	172497
鲣节	400855	675
其他水产	10957	499
枕木	—	—
木材	130079	
其他林产物	90157	
牛	665027	
皮革	42585	12402
骨等	55363	—
大岛䌷	954290	50330
宫古上布	174805	—
帽体	360989	3215
屑铁	843	—
酒	921417	
麻屑	—	—
其他	2901216	—
总计	14065831	699644

资料来源:文教局研究调查科编集:《琉球史料第七集》,冲绳县:那霸出版社,1988 年,第 6 页。

从表 2 可看出,战争虽然结束,但冲绳对外贸易的收入却是大幅减少。

当中又以冲绳主要对外贸易收入的黑糖最为严重，输出贸易额由战前1940年的6656107美元降到1950年的199985美元，总计减少了4656122美元之多。

再者，由于八重山地区灾害频频，长年饥馑，百姓生活困苦，对未来不抱有希望的情况下，外出移民，寻找希望成为重要的选项。根据1932年冲绳海外工作职业状况调查，当年外出工作者总计有17132人。① 从表3可看出从冲绳移民到台湾者主要从事的工作是农业、水产业、户内使用人、杂业等，这些工作均属于下层的行业，并不需要较高的学历或是知识，但相对的也都是粗重的工作。表3中又以八重山在台湾户内使用人者居多。

表3 1932年冲绳海外工作职业状况调查

职业	男	女	总计	海外工作主要前往府县名	在海外工作主要移出地
工业	3350	5012	8362	和歌山、大阪、爱知、东京	岛尻、中头、国头、那霸
矿业	183	38	221	福冈、大阪	岛尻、中头
土木建筑业	807	80	887	大阪、神奈川、东京	国头、岛尻
商业	446	261	707	鹿儿岛、东京、大阪、台湾	那霸、岛尻、中头
农业	590	250	840	南洋、台湾、宫崎	中头、国头
林业	12		12	爱知	中头
水产业	977	54	1031	台湾、南洋、鹿儿岛	岛尻、系满町、宫古
户内使用人	1239	1431	2670	台湾、大阪、东京、和歌山	八重山郡
杂业	1619	763	2382	台湾、大阪、东京	岛尻、中头、国头
总计	9243	7889	17132		

（二）相关者的证言

由于1895年台湾成为日本殖民地后，台湾免受如中国大陆一样的战争

① 冲绳县教育委员会：《冲绳县史》，冲绳县：冲绳县教育委员会，1974年，第674页。

侵害，在日本有计划的殖民统治以及台湾百姓勤勉努力下，岛内各地工商业发展迅速，被邻近的冲绳人视为最便利及憧憬的移民发展地。其一，根据金户幸子的研究得知，1914 年出生于石垣岛，1931 年渡台工作的大滨永丞，对于当年台湾进步的情景有如下的描述：

> 在岛内因很少有机会找到工作储存钱，因此前往台湾工作者相当多。那时，当地的人前往海外工作时是身着琉球服饰，从台湾返回本岛时却穿着洋装。虽对面貌不熟悉的姑娘，但从台湾返回本岛，由于变得潇洒不凡而引起众人的注意。①

大滨永丞来台湾的时候应该正值 15 岁左右青少年时期，因此对女性特别注意，觉得冲绳女子只穿冲绳传统服饰，非常保守。一旦有了台湾的生活经验，女子也开始着洋装，表现出崭新而整洁的面貌。即便是不认识的女子，也会令人感觉到水平提升，与众不同。

其二，根据金户幸子的采访得知，昔日前往台湾工作的冲绳女子，在台湾生活 2～3 年之后，气质完全不同，与渡台之前有很大的差别：

> 前往台湾发展的岛上女子们，约 2～3 年后返回本岛时，本岛的男子在离岛栈桥的地方望着这些女子下船的姿势，并以拍手方式来迎接她们。她们皮肤变得白皙，因化妆而美丽，穿着单件式的套装，撑起华美的阳伞，一个接一个走下船。②

记载从台湾工作 2～3 年后返回冲绳的女子，她们皮肤变白，脸上着妆，身着单件外套，打着彩色洋伞，一一地从船只走下来。下船的姿态让当地男子为之倾倒，纷纷地拍手迎接。

其三，除了有女性渡台来寻找工作之外，亦有男性渡台工作的案例。例如 1918 年出生的松川政良，对于当年在与那国求职无门的状况有如下的

---

① 大滨永承：《大滨永承私史——八重山“滨の汤”の昭和》，先岛文化研究所，1992 年，第 27 页；转引自金户幸子：《1930 年前后の八重山女性の台湾への移动を促したプル要因——台湾における植民地近代と女性の职业の拡大をめぐって—》，《移民研究》第 3 期，2007 年 3 月，第 10 页。

② 金户幸子：《1930 年前后の八重山女性の台湾への移动を促したプル要因——台湾における植民地近代と女性の职业の拡大をめぐって—》，《移民研究》第 3 期，2007 年 3 月。

回顾：

> 虽然与那国想要工作，但却找不到工作。除了地方公所、邮局等地方之外，其他地方之工作是无法获得月薪资的。因此，倘若自学校毕业，台湾由于距离有地利之便，前往台湾，找什么工作应该都会有。如前辈已前往（台湾），应该会受到照顾，因此，一定会有工作。①

指出在与那国没有像地方公所、邮局等机构可以工作的情况下，学校毕业后就业困难，薪资无法解决的情况下，经济当然成为重要的难题。因此，距离较近的台湾，在什么工作都容易找的情况下当然是必要考虑。再者，由于已有前辈先行前往台湾发展，可以得到他们的照顾，于是选择前往台湾工作。

由于基隆位于台湾之东北角，是与日本连接的重要门户，日人据台之后立即着手筑港工程。基隆港共计有 5 次筑港工程，时间是 1899—1944 年，先后达 44 年之久，工程费达 46185000 圆，成为日据时期台湾最大之港口。在港口的发展带动下，基隆市亦随之繁荣。市内的经济、工业、商业及周边的矿业、渔业等随之蓬勃发展。在筑港的过程中，除了大批劳工从冲绳来到基隆担任搬运工及潜水员之外，②由于日人深知基隆地区渔业的重要性，先是在 1909 年开始由日本传入小型动力船，使捕捞渔业能向外扩展，渔获量增加；1935 年基隆渔港竣工，鱼市场、制冰厂、水产加工厂、造船厂、水产试验所等也随之成立，③所需之相关人力也大批地涌入基隆，寻求发展的机会，当中亦有冲绳人的记载。④

由于自战前开始，不论是经济方面还是就业方面，冲绳对于台湾有相当程度的依赖。是以战后的冲绳，仍与台湾维持贸易的往来与互动的关系。

---

① 松田良孝：《与那国台湾往来记："国境"に暮らす人々》，石垣市：南山舍，2013 年，第 29 页。

② 搬运工和潜水员都是透过以承包土木工程为营业项目的人力中介公司大仓组（资本额 1000 万圆）的介绍，从冲绳来到台湾工作。参见又吉盛清著，魏廷朝译：《日本殖民下的台湾与冲绳》，台北：前卫出版社，1997 年，第 80 页；《日治时期台湾公司名录：〈台湾诸会社银行录〉》，台北：博扬出版公司，2013 年。

③ 陈世一：《基隆渔业史》，基隆：基隆市政府，2001 年，第 10 页。

④ 《台湾日日新报》，《琉球劳働者の募集》，1908 年 9 月 1 日。

首先，战争时曾在宫古郡平良町任町议员的真荣诚德松，在战争结束后，对于与台湾从事走私生意有如下的回忆：

> 太平洋战争因日本战败而结束，但在宫古岛地区仍有二万数十名的日本陆海军将兵，以及现地召集的兵员、人口急速膨胀，食粮及日用品更显得不足。从美军占领部队获得的食粮、衣类、医药品类都受到限制。为了保全性命，必须与物资充分的台湾再度进行贸易活动，亦即采用以物易物的交易方式输入生活必需品。①

根据真荣诚德松指称，战后冲绳县的宫古岛仍有 2 万余名的军人留守在当地，使得当地的粮食与日用品明显的不足。在食粮、衣类、医药品类严重缺乏的窘迫情况下，大家为保住生命，再次想到采用以物易物的方式，与物资充分的台湾从事贸易，以解决生活必需品不足之困境。

其次，与那原惠指出，冲绳岛战役结束后，冲绳人发展渔业以改善生活是必要之途径。与那国所捕捞的鱼类，如战前一样输往台湾贩卖是理所当然。因此，与那国渔民前往台湾重新发展渔业。对与那国渔民而言，理当比照战前日据时期在台湾拍卖市集卖出鱼货，渔民生活丝毫不受台琉情势所影响。② 另外，奥野修司的研究指出，许多冲绳人在饥寒交迫之下，认为如果台湾有多余的物资，那么将其运送到食物匮乏的冲绳来就行了。会有这样的想法是很自然的事，足见当时冲绳地区的人们对于台湾的依靠程度是相当深的。

二、走私物品的种类及网络的状况

(一)衍生走私的原因

战争结束后的冲绳，物资缺乏，人民生活困顿，居无住所。因冲绳岛战

① 冲绳タイム社：《私の战后史》第 8 集，那霸市：冲绳タイム社，1985 年，第 20～21 页。

② 与那原惠：《美丽岛まで》，东京都：文艺春秋，2002 年，第 221 页。

役而死亡者共计200656人，此地区简直成了人间炼狱。从表4可知，冲绳县全部之死亡数200656人，当中约六成的122228人是冲绳人，其中有3/4是一般住民。①

表4 二次大战期间冲绳地区死亡者类别及数量

类别	数量
一般住民	94000人
冲绳出身军人、军属	28228人
冲绳县外出身军人、军属	65908人
美国军人	12520人
合计	200656人

资料来源：《冲绳事始め・世相史事典》，东京都：株式会社日本图书センタ一，2013年，第568页。

虽然战争造成大量的死亡以及粮食的不足，使得冲绳各地陷入恐慌之中，但占领冲绳的美军认为将现有的食物等物资分给冲绳的居民食用就足够。然而，不仅物资配给的分量不足，且最初的数年间，配给的是面粉而不是米。② 此外，在无锅、无釜的状态下，居民想维持最基本的生活也无能为力。③

同盟国军事占领下的日本海外贸易，虽然是“各国政府之间的贸易”，但是相对于日本本土贸易早已移转到以民间为基础的情况，冲绳不仅所有的生产手段均被破坏殆尽，而且至1950年10月为止，实际上超过5年的时间内都被禁止对外贸易，可以说是处于封锁的状态。此外美军还将琉球群岛划分为冲绳群岛、宫古群岛、八重山群岛、庵美群岛等4个行政区，于各地设置独立的政府机关，并且对于各群岛之间的贸易也实行许可制度。

① 《冲绳事始め・世相史事典》，东京都：株式会社日本图书センタ一，2013年，第568页。

② 冲绳地区百姓的主食是米、番薯。

③ 奥野修司：《ナツコ：冲縄密贸易の女王》，东京都：文艺春秋，2005年，第14～15页。

由于仓促接管,冲绳在美军统治下经济难以掌控,发生严重的通货膨胀。关于战后冲绳经济混乱的现象,《冲绳事始め·世相史事典》一书有如下的记载:

> 自5月开始B型军票(通称B円)的新日币成为法定通货,与旧日币是1比1的汇率兑换,同时开始施行工资制。公务员亦开始由现物配给改采现金发给制,昔日的配给品亦为有偿制,银行随之开始运作。战前的冲绳原有23万的人口,战后从海外各地遣返后开始激增。至昭和二十三年大幅增加至56万人。被遣返的人每人获得1000日币返回冲绳后,所持的现金用作采购,再加上走私猖獗因此造成严重的通货膨胀。军政府为能抑制通货膨胀于是统一B円,封锁预备金。虽然冲绳地区的物价统一,抑制了通货膨胀,但也造成黑市价格横行,美军物品外流。从台湾、日本本土地区透过走私贸易的物品,在那霸市现今的平和通形成一个所谓黑市的市集。美军为禁止该地黑市物品的流通,于是派宪警取缔,但因成效不彰,之后再采取吉普车鸣笛警告驱赶方式。日后B円统一,1美元兑换50日币,与现今1美元兑换120日币差别极大。贸易厅亦开始从日本国内输入日用杂货,业者可自由贩卖,如此才将黑市之市场转变为利伯维尔场,黑市市场之名称虽短暂,但也让人们留下深刻之记忆。①

从该报道可知,造成冲绳通货膨胀的原因:首先,战后大量的遭到遣返的冲绳人返回原居住地,从战前的23万人激增至56万人。快速的人口增加,是造成通货膨胀的最大因素之一。其次,随着遣返者回到冲绳,每人所携带的货币亦随之涌入,使得货币价值降低,购买能力随之下跌。虽然美军政府有意管制,企图采物价统一之方式,抑制通货膨胀,但也造成黑市价格横行,美军物品外流的严重现象。

对于战后初期冲绳地区黑市严重的情况以及所有岛屿的货币供给量都急遽增加的紧张状况,奥野修司的研究指出,截至1949年3月约有14万人的遣返者和从通货膨胀激烈的日本本土蜂拥而至的黑市商人,带来了大量

① 《冲绳事始め·世相史事典》,东京都:株式会社日本图书センタ—,2013年,第568页。

的日元。短短两年间，物价膨胀了 3.4 倍。特别是与那国对于冲绳本岛或八重山的 B 円和日圆双轨并行，与那国还有美元、台湾银行券，以及仅有美国军人方能够持有的圆（A 型军票）的流通，造成钞票满天飞的乱象。货币供给量增加，引起通货膨胀，特别是小小的与那国岛屿上集中了各国之货币，情况相当严重。①

冲绳地区的百姓，由于受到物资缺乏以及通货膨胀之苦，陷入饥馑之窘态。在此时的美军控制粮食流动的扭曲状况下，自然而然地就会产生走私行为。交易的形式，是所谓“以物易物”的物物交换，然而冲绳并没有可以与外界交换的物资。

关于以物易物的方式作为交易的形式，曾在宫古郡平良町任町议员的真荣诚德松，在战争结束后，对于与台湾从事走私生意的方式有如下的回忆：

> 太平洋战争因日本战败而结束，但在宫古岛地区仍有 2 万数 4 名的日本陆海军将兵，以及现地召集的兵员，人口急速膨胀，食粮及日用品更显得不足。从美军占领部队获得的食粮、衣类、医药品类都受到限制。为了保全性命，必须与物资充分的台湾再度进行贸易活动，亦即采用以物易物交易方式输入生活必需品。②

根据真荣诚德松的证言可知，在美军占领时期，冲绳百姓虽可获得食粮、衣类、医药品类等，但都受到限制。由于在冲绳百姓看来，台湾地区是物资较充足的地方，因此有大量的冲绳人涌入台湾寻求就业机会。③ 百姓为能保住性命，于是将所得到的物质，采以物易物的方式，和台湾换取生活必需的物资。

由于战后的冲绳各地均呈现物资缺乏的窘境，为能与台湾等地区交换

---

① 奥野修司：《ナツコ：冲縄密贸易の女王》，东京都：文艺春秋，2005 年，第 58～59 页。

② 冲绳タイム社：《私の战后史》第 8 集，那覇市：冲绳タイム社，1985 年，第 20～21 页。

③ 参见下凤奎：《日治时期在台北的冲绳人（1937—1943）：聚集希望的城市》，收录于郑永常主编：《海港・海难・海盗：海洋文化论集》，台南：里仁出版社，2012 年，第 85～120 页。

物品，从事以物易物的生意，于是冲绳人便从保管物资的美军基地偷出所有能够到手的物品，称之为“战果”，[①]并将其对外输出。

关于“战果”的内容，亦即可以作为冲绳输出的走私品为何？奥野修司的研究指出，受到美军雇用进入基地内部从事劳动作业的冲绳百姓，见到眼前的丰富物资而十分惊讶。因为“钉子、木板、柱子、铁锹、铁锤、毛毯、内衣、军服、鞋子、肉类、鱼水果罐头、米、牛奶——所有维持生存必需的物资”，基地内部应有尽有。美军为了攻击日本本土，在冲绳囤积了能够持续战斗半年以上的庞大物资，而那些物资四处散放在基地内的户外空地上。物资绰绰有余到不论是战车还是卡车，只要发生故障就立即丢弃的程度。“基地内部既然物资充裕到这种程度，稍微偷走一点应该也非罪过。”因为大多冲绳人都抱持着这样的想法，于是盗取美军基地物资的行为，没多久就蔓延到全岛。而“战果”一词，其实也是为了冠冕堂皇地采取行为便宜行事而用。

(二)走私物品的种类及网络

从前述可知，冲绳百姓利用种种机会从美军基地内部取得多种物资，作为与台湾等地区走私贸易的交易物品，但或是因地区的不同，或是因物品取得处的不同，实际交易物也会出现不一样的情况。首先，例如昔日有走私贸易经验的渡久山勇，对于 20 世纪 50 年代走私贸易活络时走私物品种类情况有如下的回忆：

> 我在先岛利用 20 马力的走私贸易船，往来于冲绳、庵美大岛、鹿儿岛、大阪等地区。当时走私贸易的根据地是在与那国岛，物品是从台湾运来，有米、砂糖、香烟等货物。从冲绳流出的货物是配给物资，如面粉、食料品、罐头以及日本本土的杂货、木材等物品。[②]

从渡久山勇的叙述可知，他所从事的走私贸易，是以与那国岛为根据地，走私船往来于冲绳、庵美大岛、鹿儿岛、大阪等地区。从台湾运来的货物是米、砂糖、香烟等。从冲绳流出提供给台湾的货物是配给物资，如面粉、食

---

① 奥野修司：《ナツコ：冲縄密贸易の女王》，东京都：文艺春秋，2005 年，第 15 页。

② 冲绳タイム社：《庶民がつづる战后生活史》，那霸市：冲绳タイム社，1998 年，第 71～72 页。

料品、罐头以及日本本土的杂货、木材等物品。

其次，奥野修司在《ナツコ：冲縄密贸易の女王》一书中，透过多年采访得知，冲绳当时因战争结束，民生困顿，走私贸易主要输入物资是米、小麦粉、锅、釜等与生活有直接关系的日用品。[①] 当时，从与那国岛运至冲绳的是台湾的米、茶、鲣节、青霉素，当中青霉素小规模走私者无法处理，都是由金城夏子这样大规模的走私者所经营。[②] 从冲绳运到与那国岛的是烟草、毛毯、HBT(美军作业服)卡其服等。[③] 从与那国岛运至冲绳贩卖的物品共计可获利四倍，因此让人趋之若鹜。其中，金城夏子由于资金调度灵活与不杀价，走私业者在急需交易现金的情况下，均愿意和她往来。[④] 因此造就了她走私贸易女王之称号，并将走私贸易的版图从冲绳拓展到中国台湾、香港以及日本的大阪、神户、九州岛等地区。

再次，出生于八重山与那国岛，年轻时曾在台北担任报社记者的大浦太郎著有《密贸易岛：わが再生の回想》。[⑤] 他在书中指出，1945 年以前台湾和与那国岛之间已有贸易活动，且相当盛行，从与那国输往台湾的货物是柴鱼、豚、黑糖，从台湾输往与那国岛的多是日用杂货。台湾殖民地文化使与那国非常受惠，可说是生活在台湾经济圈当中。[⑥] 到了 1946 年，八重山、宫古岛二地，由于受到战争和疟疾猖獗的影响，百姓生活困苦，极需要从台湾来的补给。此情况下，台湾商人就利用渔船和与那国岛展开贸易活动。走私贸易的船舶航线网络除了以台湾的基隆、苏澳为重要据点之外，取得货物后与八重山、石垣、宫古以及日本内地的阪神地区进行走私贸易，范围达到更远的日本本土。至于船只往来的情况如何？从书中也可知道从台湾来的船每天有一至二艘，主要贸易对象是与那国、八重山、宫古等岛上的商人，交

① 奥野修司：《ナツコ：冲縄密贸易の女王》，东京都：文艺春秋，2005 年，第 13 页。

② 奥野修司：《ナツコ：冲縄密贸易の女王》，东京都：文艺春秋，2005 年，第 13 页。

③ 奥野修司：《ナツコ：冲縄密贸易の女王》，东京都：文艺春秋，2005 年，第 146 页。

④ 奥野修司：《ナツコ：冲縄密贸易の女王》，东京都：文艺春秋，2005 年，第 67 页。

⑤ 大浦太郎：《密贸易岛：わが再生の回想》，那霸市：冲縄タイムス社，2002 年。

⑥ 大浦太郎：《密贸易岛：わが再生の回想》，那霸市：冲縄タイムス社，2002 年，第 90 页。

易物是米、砂糖、茶等，主要使用的货币是台湾银行发行之钱币。①

再者，曾在八重山石垣岛担任朝日新闻记者的松田良孝，在《台湾疎开："琉球难民"の1年11ヵ月》一书中指称，走私贸易地是以台湾苏澳南部为主要对外联络点。战后苏澳南部地区男性以造船为业，视捕鱼和走私贸易为副业。走私贸易猖獗的原因首先是该地区人口少，经常会有剩余的物资，因此可以有对外输出之情况；其次是渔民抱持好奇心，促使此行为；再者是因为美军之大衣比较保暖，可用以物易物方式取得，使得当地渔民心动。他们是用台湾产的米、砂糖及其他农产品和冲绳方面进行交易。②

在日本，关于冲绳对外走私问题之研究，最近期的研究成果应是冲绳大学地域研究所特别研究员小池康仁的著作《琉球列岛の"密贸易"と境界线》。该书透过对与那国岛当地渔民的采访，知道与那国岛久部良港的渔民，在近海捕鱼之后来到台湾的基隆、苏澳南方的市场卸货，在当地市场购入日用品后返回与那国岛。他们是利用渔船进行日用品的运送。③

台湾地区的走私状况如何？松田良孝的调查指出，出身苏澳，居住于当地的黄炳鑫(1927年生)，说道长他三岁的哥哥曾经有过和与那国岛走私的经验。关于当时的交易情形，黄炳鑫如此解说：

> 砂糖和米极为缺乏，台湾这边有这些物资，但冲绳却没有。……所以我们就和日本美军进行物资交换，将对方的物资搬运回来。例如美军的毛毯，或是汽车零件等。也就是说，台湾没有的东西，就从那边交换过来。④

从黄炳鑫的口述可知，战后台湾仍有丰富的粮食，特别是可提供冲绳极为短缺的砂糖和米，交换的物品是美军的毛毯，或是汽车零件等。

在各著作当中整理冲绳地区走私样态最完整者，应是出生于八重山与

---

① 大浦太郎：《密贸易岛：わが再生の回想》，那霸市：冲縄タイムス社，2002年。

② 松田良孝：《台湾疎开："琉球难民"の1年11ヵ月》，石垣市：南山舍，2010年，第5页。

③ 小池康仁：《琉球列岛の"密贸易"と境界线》，东京都：株式会社森化社，2015年，第45页。

④ 松田良孝：《与那国台湾往来记："国境"に暮らす人々》，石垣市：南山舍，2013年，第270页。

那国岛的日本学者川平成雄，其所著《冲縄空白の一年：一九四五・一九四六》书中，对于1945—1946年期间，冲绳本岛、与那国岛、日本本土以及台湾、香港之间走私贸易的网络描述最是清楚。[①] 其网络是(1)台湾→与那国岛：米、砂糖、糖精、北海道之物产。(2)冲绳本岛→与那国岛：奎宁等药品、轮胎、橡胶、化妆品、麻药。(3)台湾→冲绳本岛：米、砂糖、茶、米粉、麻将、军制品、柚子酒、啤酒、香蕉、李子、脚踏车(轮胎、内胎)、电池、打火机、锅、帆布鞋、香烟、青霉素、吗啡。(4)冲绳本岛→台湾：弹夹、珍珠、铜、铅、枪械类、火药、汽油、橡胶、旧轮胎、脚踏车、吗啡、药品。(5)香港→冲绳本岛：米、砂糖、奶粉、大豆、红豆、啤酒、茶、化妆品(口红、发油)、手表、钢笔、电池、袜子、鞋子(英国制、香港制)、肥皂、打火机、麻药、安非他命。(6)冲绳本岛→香港：弹夹、珍珠、铜、军用轮胎、弹药、枪械类、石油。(7)日本本土→冲绳本岛：各种木材、脚踏车、缝纫机、锯子、起子、凿子、酱油、索面、珍珠、腌渍物。(8)冲绳本岛→日本本土：弹夹、珍珠、砂糖、酒精、海人草[②]、卡其服、香烟(英国制)、手表。

三、走私者的国籍以及带动商业繁荣的情况

(一)走私者的国籍

1945年以前生活物资极不充足的冲绳地区，自日本战败前后开始与日本本土之间实行民间贸易自由化制度，直至1950年止，一直是地下经济与

① 川平成雄：《冲縄空白の一年：一九四五・一九四六》，东京都：吉川弘文馆，2011年。

② 海人草是一种紫黑色的海藻高约20厘米，粗2～5毫米，着床在岩石或珊瑚礁上。在冲绳称“ナチョーラ”(nachora)，在日本本土则称“マクリ”(makuri)。据说在战争刚结束之际的日本，九成国民的体内都有蛔虫寄生；占领日本的美军对此大为震惊，于是便开始着手驱除蛔虫，此时所使用的药方就是海人草。用这种海人草煎煮而成的生药，在20世纪50年代中期山道年(Santonin)逐渐普及之前，乃是最主要的驱除蛔虫药方。参见奥野修司著，黄钰晴译：《冲绳走私女王：夏子》，台北：联经出版社，2017年，第86页。

走私贸易盛行的时期。倘若以与那国岛等为中继地,其网络包括台湾航线、香港航线、庵美岛航线,联结至鹿儿岛、大阪等地区。当时在海上进行走私贸易的船只,活动极为活跃,特别是台湾航线的中继地与那国岛提供相当丰富的利润,企图追逐"一攫千金"之梦者,均聚集于此地。[①]

那么聚集于冲绳地区从事走私者多是何人?最早讨论冲绳地区的走私贸易问题,并出版专书的是战前出生于台湾宜兰的石原昌家。其著作《空白の冲縄社会史:戦果と密贸易の时代》一书大量采用采访的资料,并指出与那国岛久部良渔民与台湾市场之间的走私贸易样态自战前开始至 1945 年 8 月 15 日日本投降以后从未改变。但作者根据针对耆老大城正次的采访资料,认为 1945 年左右船员是携带台湾的物资前往与那国岛,因此繁荣了当地,[②]亦即带动与那国岛久部良走私贸易者以台湾人居多。

来与那国岛的渔船是从哪里来?屋嘉比收所著《冲绳战米军占领史を学びなおす——记忆をいかにするか》亦有如下的记载:

> 从事走私贸易的台湾船多是捕捉旗鱼用的船只,每只船约是由四五名的台湾籍船员所组成的走私贸易集团。台湾商人登陆久部良港后,开始寻找所需的物品,停留时间 10~20 天,获得所需要的物品后,会再前往日本本土,亦即台湾走私者以久部良港为台湾往来日本之间的中继地。最盛时期通常会有 400 人左右的台湾人聚集于久部良港。……昔日有人口 70000~80000 人的与那国岛,在走私贸易最盛期,达到 12000~15000 人,增加有一倍之多。当时聚集于久部良港的是台湾、香港以及冲绳、日本本土等地的黑市商人,足见当地已具有国际性的黑市的样貌。[③]

从文中可知,来到与那国岛走私者许多是台湾籍走私商人,他们利用捕旗鱼的渔船来到久部良港,会停留 10~20 天找寻为交易所需要的货物。台

① 冲绳タイム社:《庶民がつづる战后生活史》,那霸市:冲绳タイム社,1998 年,第 67 页。

② 石原昌家:《空白の冲縄社会史:戦果と密贸易の时代》,东京都:晚声社,2000 年,第 309 页。

③ 屋嘉比收:《冲绳战米军占领史を学びなおす——记忆をいかにするか》,横滨:世织书房,2009 年,第 239 页。

湾籍走私商人人数最多时达 400 人之多，数量相当惊人。走私贸易最繁盛时期当地人口达到 12000～15000 人之多，与昔日人口数相比，暴增了一倍之多。当时走私活动最盛之时，聚集在久部良港地方有冲绳人、台湾人、香港人等走私商人。

台湾商人利用渔船，和与那国岛展开贸易活动。但走私商人为了生意，也多会聚集于此。为何聚集在与那国岛从事走私生意者多为台湾人？除了如大浦太郎所著之《密贸易岛：わが再生の回想》指出，1945 年以前台湾和与那国岛之间已有贸易活动，且相当盛行；以及走私者因为有鉴于台湾地区与冲绳之间距离近，并且均处于政治不安定的状况之外，另一重要原因应该是沟通的方式无障碍。松田良孝在《与那国台湾往来记："国境"に暮らす人々》一书中对来到与那国岛交易的走私者，以及沟通的方式亦有如下的叙述：

> 台湾当时仍留有日本殖民地时期的遗风，因为台湾商人也会讲日语，在沟通上没有障碍。①

从前揭的记载可知，来到与那国岛从事走私贸易者，许多是来自台湾的走私贸易商。由于台湾有被日本殖民统治的经历，接受过日本语教育，因此用日语沟通不会有问题，受到了当地商人的青睐。

除了知道聚集于与那国岛的多是台湾人之外，更有其他国籍者为从事走私生意聚集于此。奥野修司在《ナツコ：冲縄密贸易の女王》一书中指出：

> 走私船抵达湾口后，熙来攘往的人们走在狭窄的道路上，彼此仅能擦肩而过。此地聚集有中国大陆人、台湾人、丝满人，更有从阪神地区来的日本人以及越南人，足见久部良港已展现出有国际化黑市的样貌。②

可见与那国岛的久部良港虽小，也并非是人口众多的大城市，但是因为从事贸易走私生意的关系，不同国籍的人们聚集于此，显然已成为国际化的走私港了，足见该地火热的情况。

---

① 松田良孝：《与那国台湾往来记："国境"に暮らす人々》，石垣市：南山舍，2013 年，第 303 页。

② 奥野修司：《ナツコ：冲縄密贸易の女王》，东京都：文艺春秋，2005 年，第 49 页。

(二)带动商业繁荣的情况

走私集团或是个人将从美军处获得的“战利品”，如军服和毛毯等作为走私的主要物品，以及弹药、铜线等，采取以物易物的方式和台湾的米、糖等相互交换。经转手拍卖后，最高可获得高达10倍的利益。[①] 投机的走私集团或是个人在利益的推动下，于是就有铤而走险从事此生意者。由于金钱取得容易，自然也就随性挥霍。另外，遇到海面风雨强劲不能出海时，走私集团或是个人就会跑到当地的餐饮店吃喝消费，所以非常会散财。[②]

走私对于与那国岛的久部良港有何影响？奥野修司的研究指出，久部良港昔日是以捕鲣鱼和旗鱼闻名，人口相当稀少，但1947年开始升格为町。这是外地人口大量涌入，使得当地人口快速增长所致。[③]

对于大批走私船只以及走私人潮涌入久部良港的情景，奥野修司有如下的记载：

> 受到大批人潮和船只的涌入，此景有如炸开了锅似的轰然聚集而来，使得初见时冷清的久部良，有如飞灰四起般的热闹。这就是被称为展开“景气时代”的走私时代的序幕。据称到了1948年，一日之内会有40～60艘走私船停靠久部良。[④]

由于涌入久部良港的走私船只一天之内达40～60艘之多，走私者也随之而到，聚集于此，且速度极快，从事走私生意。由于人数众多，此地更显得热闹非凡。

对于餐馆生意影响如何？根据奥野修司对新崎长明采访的研究，有如下的记载：

> 灯泡映照下显得灿烂夺目的料理店，也是与那国繁华的象征。新崎长明(战前曾任职于与那国町公所)记得，这类料亭光是在久部良就

① 冲绳タイム社：《庶民がつづる战后生活史》，那霸市：冲绳タイム社，1998年，第67页。

② 奥野修司：《ナツコ：冲縄密贸易の女王》，东京都：文艺春秋，2005年，第29页。

③ 奥野修司著，黄钰晴译：《冲绳走私女王：夏子》，台北：联经出版社，2017年，第36页。

④ 奥野修司：《ナツコ：冲縄密贸易の女王》，东京都：文艺春秋，2005年，第39页。

有“四十八间到五十间”。另外还有撞球场。具代表性的料亭有“水月”“菊水”“菊松”“爱月”“汤浅”“松之屋”“港屋”等。①

可见，久部良港由于走私猖獗，不同地区的走私客经常往来于该岛，因此也影响了周边的消费方式。特别是在久部良港附近，餐馆曾多达48～50家的风光情形；且如此偏僻的港口，就连撞球场也有设置。

对于走私贸易活动带动久部良港的繁荣景象，松田良孝亦有相当深刻的描述：

> 从本土或是从台湾，从各个地方，甚至东京和大阪一带都有商人过来。随着商人的来到，结果就复制了第二个夏威夷。来了那么多的人，走在街上都会寸步难行，道路变得如此热闹。这样的好景气，当然也会有酒吧，大概有80家吧。②

从前揭的描述可知，聚集于久部良港的走私者，大多是来自东京和大阪的商人，人多得连路都难以行走，热闹的情景有如第二个夏威夷一般。提供消费的酒吧有80家之多。

来到久部良港的走私渔船对当地产业发展影响如何？屋嘉比收所著《冲绳战米军占领史を学びなおす——记忆をいかにするか》亦有如下的记载：

> 担任修筑久部良港护岸通路的业者及众多的工人们，多聚集于此地。200米长道路的两旁，聚集了提供食物与饮料的商家或是摊贩约有200家。1948年当时仅有2家商料理店，但到了1919年3月增加至20～30家。美军所留下小型发电所内有设置马达装置，供应料理店、电影院、理发店、洗衣店等必要的电力。久部良即使在夜间也是灯火通明，众人聚集于此，热闹非凡。③

从文中的记述可知，来到与那国岛的走私者许多是台湾籍商人，他们来到久部良港多会停留10～20天找寻所需要的货物，人数最多时达400人之

---

① 奥野修司：《ナツコ：冲縄密贸易の女王》，东京都：文艺春秋，2005年，第56页。

② 松田良孝：《与那国台湾往来记：“国境”に暮らす人々》，石垣市：南山舍，2013年，第302页。

③ 屋嘉比收：《冲绳战米军占领史を学びなおす——记忆をいかにするか》，横滨市：世织书房，2009年，第239页。

多。在短短20米长的两旁道路上，却有200家的商店及路边摊。由于从美军处获得小型发电机，因此提供商店在夜间经营的方便，夜晚显得热闹，走私贸易最繁盛时期当地人口达到12000～15000人之多，聚集在久部良港地方有来自冲绳、台湾、香港等地区的走私商人。

另外，对于与那国岛因走私贸易频繁，对于当时进出该地的船只情形，屋嘉比收还有如下的记载：

> 在与那国岛走私贸易最盛时期，每日聚集在久部良港的船只约有60只，最多时期约有80只的走私贸易船进港。这些船只多是在夜间停泊外海，装卸货时是利用舢板船(传马船)搬运到港口。随着走私贸易的船只数量增加，舢板船的需求也随之增加，最初只是数只而已，最盛时期增加至2000～3000只之多。是以，舢板船的业者应该也是与走私者有相互依附的状况。舢板船入港后，仍无法接岸卸货，因为需要有搬运工协助，有时舢板船的船员也会担任搬运工，将货物搬运到业主家放置。搬运费则视距离和重量决定，仅与那国岛当地提供搬运公司是不足够的，不仅有从宫古、石垣等地，甚至也有从冲绳本岛来到久部良港的工作者。最初搬运公司多是与那国岛当地人从事，俟搬运次数多后，他们或是担任走私货物的账簿管理，或是暂时货物的保管时，也会转移为从事仓库业或是住宿业。①

从中可知，与那国岛走私贸易最盛期，每日停靠久部良港约60只船，在最多的时候日有80只走私贸易船入港。再者，因走私船只都是停在外海，进入夜晚的时候利用舢舨(传马船)将货物搬上岸。舢舨(传马船)最盛期有2000～3000只之多，足见当时的盛况。值得注意的是，走私业者会与舢舨(传马船)制造业相互协助，提供装卸货时所需要的舢舨船(传马船)。另外，这些搬运公司经营一段时间后，也会有拓展其相关事业的情况，如仓库业或是住宿业，形成多元或是多角经营事业的现象。

走私贸易对于一般家庭生活有何影响？大浦太郎所著之《密贸易岛：わ

---

① 屋嘉比收：《冲绳战米军占领史を学びなおす——记忆をいかにするか》，横滨市：世织书房，2009年，第238～239页。

が再生の回想》指出，由于走私贸易猖獗的关系，与那国岛的劳工也获得丰富的收入。[①] 由于走私船只为避免宪警的查缉，都是夜间停靠在外海。走私货物在与那国岛装卸时依靠搬运工的协助，因此劳工劳力极为需要，相对的也提供给劳工相当丰富的收入。而且，走私贸易活动也给与那国岛的民家提供了其他经济收入：

> 因为有从其他地方来的劳工，都是借住在与那国岛的民家中。劳工必须支付食宿费及洗衣费用，此举也让当地民家的女性增加了相当丰富的收入。[②]

由于从其他地区到此地工作的劳工需要必要的食宿以及洗衣等服务，于是当地民家的女性善于利用自家既有的资源，提供给到此工作的劳工，相对地也增加了她们的家庭收入，借以改善生活。

四、对于走私贸易的态度

（一）官方的态度

走私猖獗的原因除了 1945 年战争结束后，冲绳受到战火的侵害，各地满目疮痍，走私能够带动与那国岛商业繁盛，百姓脱离贫困，以及经济体制不当之外，百姓对于走私的看法更是重要的决定因素。特别是当时的民众并不认为此行为是非法的。

驻冲绳的美军曾公布美国海军军政府布告第一号“权限的停止”、第四号“纸币兑换外国贸易及交易”、第七号“财产之管理”以严禁与境外之交流。如果有违反规定，就是偷渡或走私。[③]

例如，1946 年 7 月 15 日的《うるま新报》，以《非铁金属の岛外持出し严罚に处す》为题，报道政府为加强打击非铁金属的非法走私，特向冲绳百

---

① 大浦太郎：《密贸易岛：わが再生の回想》，那霸市：冲縄タイムス社，2002 年。

② 大浦太郎：《密贸易岛：わが再生の回想》，那霸市：冲縄タイムス社，2002 年。

③ 《冲绳タイム社》，《私の战后史》第 8 集，那霸市：冲绳タイム社，1985 年，第 20 页。

姓公布此严逞之讯息。①

再如，1946年7月18日的《うるま新报》，以《药きょう密贸易　中国人四名容疑者检举》为题，报道有三名从台南来的中国人以及一名从香港来的中国人，聚集与那国岛，企图从事走私买卖空弹壳生意而遭到缉捕，现持续侦查中。②

台湾方面处理走私的态度。1945年台湾光复，但是由于政治仍动荡不安，经济萧条，物价涨势益厉，政府处理走私之不法行为之态度相当积极。例如，根据台湾发展委员会档案管理局所典藏档案，对于当时走私之不法活动有如下的处理：

> 案查日人冈本保等秘密潜台与省人詹开碧、赖木煌等联络走私一案，经检附查扣物品连同人犯一并报请核办在案。兹复查前据帮同走私犯大浜长传供称海宁号汽船于九月廿七日由八重山抵台时，曾载有废铁五千斤，由日人田中新藏放存于陈某家中。当经派员前往台北县三重埔菜寮将关系人陈钦萱传案侦讯，据供废铁三千一百市斤系田中新藏欠彼款项，以该铁抵偿，其余似在□□由田中自行卖出，否认有匿藏事实。旋复传讯本市太平町□民□明生供称，对田中新藏海产物之售给，系由陈钦萱所介绍购买而来，并查该陈钦萱系田中新藏之老雇佣，则该田中各项走私存留物品及存放地点，陈钦萱定能知其下落。刻因联络走私嫌疑重大，为特检附侦讯笔录三份、呈核之领收证一纸、账单一纸连同人犯陈钦萱一名，一并报请鉴核，准予移送法院并案办理！③

本案是1946年10月30日由当年的台湾省警务处刑事室呈报之走私案件。从内容可知涉案的有冲绳籍的冈本保、大浜长传、田中新藏等三人，以及台湾籍的詹开碧、赖木煌、陈钦萱等三人。由于走私数量庞大的废铁，情节重大，是以移送法院并案办理。

从此案件可看出，当时台湾当局对于处理台湾涉外之走私案件相当积

① 《うるま新报》，《非铁金属の岛外持出し严罚に处す》，1946年7月15日。

② 《うるま新报》，《药きょう密贸易　中国人四名容疑者检举》，1946年7月18日。

③ 台湾发展委员会档案管理局，"案由：国际走私"（档号：0035/0018/）。

极。一旦有具体的走私罪证，必定会移送法院办理。

虽然台湾官方处理走私的态度相当积极，并且，驻冲绳的美军政府也企图严禁非法走私的行为，但实际执行时，却有相当大的落差。根据奥野修司在《ナツコ：冲縄密贸易の女王》一书中的采访：

自1947年之后的两年，知念署（1950年6月开始改为与那原署）之署长新垣德助亦认为"虽因走私贸易遭逮捕，当事人并不适用于严厉的责罚，因没有认知到走私贸易是恶事"。①

这里指出昔日担任警察署长的新垣德助也不认为当时的交易行为适用于走私法之罚则，因为在当年的氛围之下，与那国岛的住民对于走私活动一事，并不被感觉厌恶。

由于走私活动已被视为理所当然之事，就连当时与那国岛上的警方对于走私商人也不会取缔。奥野修司还记有：

战后初期对于走私贸易的取缔并不积极，根据在丝满经营饭店的玉城满太郎指称走私商人在大白天都会在丝满海边大刺刺地走着。②

奥野修司关于警察对走私船只卸货的态度有如下的记述：

在丝满海边，即使是白天也会有从走私船卸货的人员来回往返。警察会因为上级长官邀请喝酒，因此对走私者视而不见，我也是因为被长官叫去喝酒就大大方方坐下来喝起来了。③

这里记载了当年走私集团白天大刺刺地聚集在丝满海边视若无睹卸货的情况。警察会因受到上级长官的影响而置若罔闻，说明当时走私行为不避讳的景象。

另外，因从事走私而声名大噪的金城夏子，除一般生活物资之外，也能取得贵重的物品，甚至于将这些物品委托前石垣市市长贩卖。奥野修司指出：

夏子走私黑市物资当中，最珍贵的是饴玉糖球，夏子得知前石垣市

---

① 奥野修司：《ナツコ：冲縄密贸易の女王》，东京都：文艺春秋，2005年，第73页。

② 奥野修司：《ナツコ：冲縄密贸易の女王》，东京都：文艺春秋，2005年，第73页。

③ 奥野修司：《ナツコ：冲縄密贸易の女王》，东京都：文艺春秋，2005年，第73页。

长石垣喜兴有在自宅开杂货店，于是将一部分商品委托石垣贩卖。[①]

从中可以了解到除八重山地区的百姓不认为走私是违法的活动，甚至于市长也一并参加走私物品的交易活动，与当时名声响亮的走私女王金城夏子合作，贩卖她的珍贵走私物品饴玉糖球。

与那国岛当地的警方也对走私采取默许态度：

在台湾制造的像金平糖似的糖果很好销售。这种糖是罐装的。由于是缺乏甜食的时代，从小孩到大人，都会来到此地排队购买。在此地走私贸易的物品，即使是警察也不会取缔，采取默认之态度。[②]

从文中可知，从台湾制作的金平糖贩卖得非常好，由于非常有人气，颇受到欢迎，无论年轻人还是老人都会排队购买。这虽是走私物品，但在当年物资缺乏的时代，百姓无法取得糖类食用，为能改善百姓生活，警察采取了默许的态度。

当年横行于与那国岛走私贸易的金城夏子，虽然遭到逮捕，但负责办理此案的警官，同情百姓生活困窘，旋即将其释放。[③]

(二)民间的态度

除了官员对处理走私态度不是非常积极之外，民间百姓更是不认同走私行为是非法的。例如，就地理位置而言：

虽然台湾被国民政府军占领，但船只由于处理遣送的运送工作关系进入港口，因此走私贸易变得堂堂正正。该遣返用的船只，其实过去是作为走私用的船只。战后，台湾与八重山之间虽然有了国境线，但直至日本战败为止，八重山的岛民前往台湾仍有如往来邻里之感觉。对

---

① 奥野修司:《ナツコ:冲縄密贸易の女王》，东京都:文艺春秋，2005年，第73页。

② 奥野修司:《ナツコ:冲縄密贸易の女王》，东京都:文艺春秋，2005年，第144～145页。

③ 负责侦讯金城夏子的是与那国岛的中本太郎警官，他虽然是受到上级的命令逮捕金城夏子，但由于曾经在中国天津任职，认识到配给制度之下必然会衍生走私贸易活动，此举不一定是社会之恶。因此以与那国岛地区，百姓生活困窘，走私贸易是不可避免的为由，判处金城夏子一年以下的刑罚，并且于缴交日币10000元的罚金后给予释放。参见奥野修司:《ナツコ:冲縄密贸易の女王》，东京都:文艺春秋，2005年，第73、75页。

八重山的岛民而言，往返于台湾之间，并不觉得有走私贸易的感觉。[①]

从奥野修司的研究中得知，台湾与八重山之间由于距离的关系，走私贸易被八重山的百姓视为理所当然之事，并不认为这是违法之事。

持这种观点，还有冲绳大学地域研究所特别研究员小池康仁，他指出，许多从事走私活动的受访者，多不认为自己是在进行非法走私贸易，而是认为冲绳生活太苦，需要台湾提供必要的粮食供应。[②] 这似乎将 1945—1950 年当时冲绳百姓对于走私贸易的认知，以及“国境”的区域概念的心态，非常清楚地显示出来。

另外，出生于与那国岛，1937 年随父亲渡海来台就读小学的宫良作，在其著作《国境の岛与那国岛志——どの近代を掘る》一书中对于与那国岛的“走私”一词，也有非常不认同的看法，他指出：

> 我不同意此“走私贸易”一词，认为“走私贸易之岛”之称谓，是与社会背道而驰，对本岛屿有极大的伤害，因此列举以下几点供参考。首先“走私”或“走私航运”“走私输入”通常是与“大麻、麻药”有关。其次，走私贸易有违法、暗地进行贸易的意思。但根据《国语大辞典》(小学馆)的说法，与那国岛的交易并未犯法，是为景气繁荣时进行的交易活动。再次，如果有人对你说“贵岛是走私贸易的中继地”，这会令人对岛民产生不良的印象，身为法治国家的市民是不同意的。[③]

宫良作论述三点，例如此地的走私与大麻无关，走私带动经济繁荣，走私一词破坏对国民的良好印象等，严厉地指出对“走私”一词应有不同的看法。

宫良作也指出，与那国岛大部分人们不承认有走私贸易，其公部门可作为最好的证据。以町议会决议为例，1948 年 1 月 23 日，与那国町议会议案第 4 号，与那国波多港营造物使用条例部分修正。该条例案获全会一致通过，内容是规定使用与那国岛波多港码头的船只，必须提高船只的系船费用

---

① 奥野修司：《ナツコ：冲縄密贸易の女王》，东京都：文艺春秋，2005 年，第 73 页。

② 小池康仁：《琉球列岛の“密贸易”と境界线》，东京都：株式会社森化社，2015 年，第 94 页。

③ 宫良作：《国境の岛与那国岛志——その近代を掘る》，那霸市：あけぼの出版，2008 年，第 188 页。

以及货物移入之费用。[①]

由此可说明从台湾岛以及其他地区来的船只及其货物登陆时,均非"走私贸易船",此为最佳的证据。宫良作因此认为在自治体之下同意征收走私贸易船的系船费用之税金,则自治体的资格、价值和自治法均化为乌有了。再者,宫良作更认为该法条经议会决定后,二日后至上级官厅的八重山民政府报告,此法条,知事当然承认町议会的决定。[②]

除了冲绳百姓不认同走私之外,松田良孝在专书《与那国台湾往来记:"国境"に暮らす人々》中对于苏澳出生的黄春生有如下的采访:

> 苏澳南方的黄春生(1929 年生)曾有前往与那国从事走私贸易的经验。他在苏澳南方澳装载粮食,约花费 9 小时的时间运到与那国进行交易。登陆岛上后,前往熟人家用餐,之后跑到酒吧喝喝酒……显现出愉快的表情。[③]

从松田良孝对黄春生的采访可知,台湾和与那国之间,乘船仅要 9 小时的时间。由于经常往访之关系,黄春生在当地早有熟识之朋友,所以能够大大方方在朋友家中用餐。他谈到过去的情景,特别显得愉快。日本殖民统治台湾 50 年的时间,与那国岛已与台湾形成一个生活圈。战后从台湾供给与那国岛住民必要的生活物资,是因为与那国岛战后仍持续与台湾互动,并不将此视为走私活动,而是航运货物。[④]

由以上的分析可知,虽然在冲绳的美军政府为能掌握冲绳地区的经济状态,制定相关规定,但因与实际生活层面有很大的差异,因此不论是官方还是民间,对此都有不同的看法与应对措施。

---

① 宫良作:《国境の岛与那国岛志——その近代を掘る》,那霸市:あけぼの出版,2008 年,第 189 页。

② 宫良作:《国境の岛与那国岛志——その近代を掘る》,那霸市:あけぼの出版,2008 年,第 189 页。

③ 松田良孝:《与那国台湾往来记:"国境"に暮らす人々》,石垣市:南山舍,2013 年,第 304 页。

④ 松田良孝:《与那国台湾往来记:"国境"に暮らす人々》,石垣市:南山舍,2013 年,第 305 页。

结　论

(一)无法禁止的走私活动：台湾地区与冲绳地区因战前往来互动频繁，特别是在经济方面，长久以来冲绳对于台湾的依赖相当强。在此情况之下，台湾地区生产的物资可以提供冲绳地区百姓生活之用，对当地有相当大的帮助。但也由于互动频繁之故，走私活动就不可避免。

(二)将“战果”用于走私交易：从前揭日本学者的研究中可知，在与那国岛走私贸易虽然也有用现金交易，如日本円、B型円军票、台币等；但多是采取以物易物的方式，其中从冲绳本岛走私至台湾的货物有弹夹、珍珠、铜、铅、枪械类、火药、汽油、橡胶、旧轮胎、脚踏车、吗啡、药品等。而这些物品多是从保管物资的美军基地偷出来的，故称之为“战果”。

(三)贸易网络跨越台湾地区与日本之外：台湾地区的走私贸易活动，虽然是以八重山之间最为猖獗，且又以台湾人到此从事走私生意者居多，但其贸易网络并不限于台湾与八重山之间，已跨越至日本本土、越南印度、朝鲜以及中国香港、澳门等地区，领域更为广阔。

(四)台湾地区的走私问题研究宜再加强：由于台湾与冲绳之间的走私议题研究不多，关注此议题者多是日本学者，特别是冲绳出生或在冲绳有生活经验的学者专家。因此，如何对此议题做更深入的讨论，特别是针对台湾部分的讨论，仍有待进一步的努力，才能更完整地呈现昔日走私活动之状况。

明代地方志中的海南岛航海叙事

黄丽生
台湾海洋大学海洋文化研究所

前　　言

海南岛位于广东海滨之南，早在秦汉时期即纳入版图，设郡治理。明初设置承宣布政使司（洪武二年原设“行中书省”，九年方改为“承宣布政使司”，简称“布政司”）、都指挥使司、提刑按察使司等“三司”，分掌各省的行政、军事、司法等职权。承宣布政使司主管一省民政，可与中央六部直接联系。都指挥使司主管一省军户卫所番汉诸军，听命于兵部和五军都督府。提刑按察使司负责监察司法，听命于刑部，掌管司法权。兵备道、提学道为都司及按察司下属单位。明朝在海南岛，设琼州府，领儋州、万州、崖州等三州十县，十县包含琼州府直属之琼山、澄迈、临高、定安、文昌、会同、乐会等七县，以及儋州所属昌化县、万州所属陵水县、崖州所属感恩县等。此外并置海南卫、海南道以司军事、监察。

海南亦是黎民之岛。黎族是海南最大的世居少数民族，是汉代儋耳、珠涯等族之后裔，叛服不常；对明朝而言，像海南岛这么大的海岛，无论是征服还是安抚都比一般小岛更显复杂。海南岛自古以来即是贬谪流放的边徼之地，明洪武三年（1370）所成《大明志书》，即将琼崖标为疆域之南至。[①] 海南

① 《明太祖实录》卷五九，台北：“中央研究院”历史语言研究所，第1149页。

亦位处由闽粤诸港前往东南亚之西洋航线所必经之地。根据现藏英国牛津大学题为《顺风相送》的明代钞本针簿，[①]所载福建往返交趾的针路，就经过万州地方的“独猪山”和“海南黎母山”。其中“独猪山”亦是往返柬埔寨、暹罗、大泥吉兰丹等地之所必经。[②] 广东最早一部省志戴璟所编的嘉靖《广东通志初稿》卷首中的《琼州府地理图》、黄佐所编嘉靖《广东通志》的《琼州府舆地图》、明代《琼州府地图》、正德《琼台志》也都标示有海南岛与南海诸番的关系，印证其在西洋航路的重要地位。[③] 虽然如此，除了朝贡外交与征讨海贼倭寇事务外，明代朝议却极少论及与海南岛相关的航行问题。[④] 本文以明代地方志为中心，透过数字研究方法，以航海、海运、海道、海船、舟师等词检索相关史料，将明代海南岛航海叙事归纳为“史地背景与航海形势”“军政海防与治安”“文教习俗与民生”等方面，并就此析论明代海南岛航海叙事的特质与历史意义。

一、史地背景与航海形势

（一）地缘与历史

海南岛的地缘形势有三特质，皆与航海有关：一、其地孤悬海上，内有少数民族问题，外有海贼倭寇之虞，又为前往南海诸国所必经，必须治安海防兼顾，尤以海防为切。二、它虽然距离二广陆地不远，但海岛与大陆之间毕

---

① 今藏在英国牛津大学伯德利图书馆（Bodleian Library）的《顺风相送》手钞本，附有中国教徒沈宗福（Michael Shen）于 1638 年访问该校时，用拉丁字母拼写的标题“Xin Fum Siam Sum”。参见 Brook，Timothy，*Mr. Selden's Map of China：Decoding the Secrets of a Vanished Cartographer*，New York：Blooms bury Press，2013，p. 127.

② 杨国桢：《闽在海中：追寻福建海洋发展史》，南昌：江西高校出版社，1998 年，第 54～57、66、98 页。

③ 许桂灵、司徒尚纪：《明代南海海疆文化的建设与发展》，《新东方》2013 年第 1 期，第 12～13 页。

④ 黄丽生：《明代朝议中的海南岛》，海洋文化研讨会，日本：神奈川大学，2017 年，第 5 页。

竟为海水所隔，军政治理、往来联系、人员物资运送等皆赖船舶航运，一旦有事，内地支持或有不及，故各州县滨海莫不设有港口，便于泊船登岸，也因此须多设哨船、置烽堠，以求有备无患。三、地处大陆南方边陲，虽远离政教中心，但早在汉朝初年即已设治，历代政权更迭，莫不以海南岛为政权亡覆或底定的目标。明代地方志有云："琼，古珠崖属也；绾海而郡中盘黎獞诸酋洞，外控环海岛夷。盖其地孤悬海上，内外受敌，而其兵视他郡尤切矣。"①"郡之环海包黎，惟琼为然。故外有肩背之忧，内有腹心之患。虽官兵备设，水陆兼防，而鲸浪狼烟未尽平熄，屡动军兴，大耗国帑，则经略绸缪宜极讲也。"这都是因为琼岛孤悬海上，常有外夷倭寇之患，再加上虽琼岛不产珍珠，但海贼盗窃雷州、廉州等地产珠，往往借道琼岛，尤使海防比陆防更为复杂困难。②

有关明代海南岛的航海叙事，大多海南岛地方志，都会提到下面二则政权兴亡过程与当地历史的关联：一是宋朝覆亡之际，琼州守军宁死不降，与文天祥、陆秀夫、张世杰的气节相呼应。二是明初朱元璋派遣南征军由浙、闽、粤沿海一路南下，不战而底定海南岛的历史。两则叙事都以舟师航海将海南岛之位于边徼海疆的地缘特质及其对政权兴亡的历史背景，紧密串联。

景炎元年(1276)2月4日，元军攻占南宋都城临安(今杭州)，但陆秀夫与张世杰等仍护送端宗、幼主航海出逃南方。景炎三年(1278)4月，端宗落水病死，陆秀夫另立幼主续逃往崖山，文天祥则在海丰兵败被元军所俘；③10月，元将阿里海牙命人招降在琼州防守的抚使赵与珞等人，与珞等不服，并在沙口一带奋力抵抗；11月为琼州乱民所执，因坚不降元而死。④ 祥兴二年(1279)正月，元将陈弘范又以舟师据海口，以断绝崖山宋军的资粮；3月19日，宋军在崖山海战全军覆没。⑤ 历史上演了宋元双方远航交锋于海南岛以及宋室覆亡前的最后景象。90年后，琼岛再度见证明朝新政权航海而来终结元朝的史页。洪武元年(1368)2月，明太祖朱元璋命廖永忠为征南

① 陈宇寰：(万历)《琼州府志》卷一一，明万历刻本，第2204页。

② 蔡光前等：《万历琼州府志》卷八《海黎志》，海口：海南出版社，2003年，第389页。

③ 陈邦瞻：《宋史纪事本末》卷一〇八，https://zh. wiki source. org/zh-hant。

④ 戴璟：(嘉靖)《广东通志初稿》卷三，明嘉靖刻本，第227～228页。

⑤ 陈邦瞻：《宋史纪事本末》卷一〇八。

将军，并敕谕率舟师由海道取广东，依次招徕海北、海南等道。4 月，廖永忠率军自福建航海至广州，元臣何真不战归降。12 月，克南安、儋州、万州以及生黎、化黎、小踢洞主等，并以恩信招降，于是南海悉平。[①] 比起宋亡元兴的航海追逐与激战，明初琼岛底定的局面相对和平，这应与朱元璋标榜"王者之师，顺天应人，所以除暴乱、解倒悬，以慰民望"，以檄文说服优先于武力征战的策略奏效有关。

(二)航海形势

琼岛地处海路要冲，不仅是海防军事重地，也是海上商路汇集所在。琼州的海道，东北可通广潮、闽浙、登莱、天津、诸内地，西南则接安南、占城以及西洋诸国。内地商船皆利用霜降后清明前的东北风汛，开航赴琼州贸易；到清明后西北风起，就须严加防汛。[②] 故其海防水师不仅要防患海贼倭寇，亦要预防海难天灾。

明代海南岛的航海形势与严备海防的思考密不可分。据洪武御制《劳海南卫备倭指挥》，朱元璋认为：只要能拟好善策，针对往来船只严加防备，使不致波及人民，则沧海虽旷，未必危险。按其意，做好海防才是重点。《万历琼州府志》注曰：海南州县俱附海滨，周回数千里，时有倭寇番船之警；环岛各港，既便利商民停泊使用，亦不免为贼寇所掠，故设东西二路、左右前司，以分哨防守策应，而统领于白沙寨；并须于冲要处整饬兵船，查核墩堠，巡防海道，以保孤岛之固若金汤。[③] 恰印证海南岛航海形势具有以海防为主要目的之特质。《万历琼州府志》有关"沿海冲要"的记载，充分反映了这种特质，不仅描述环岛各港间的航程形势，还说明各港海防要点。兹略明如下：

白沙港：宋设水军，并在此抵抗元军。位于琼州郡城北十里，明朝设白沙寨，与海口唇齿相依，常有大舟商船停泊，为琼泊之咽喉。

---

① 郭棐：(万历)《粤大纪》，明万历刻本，卷三，第 88～94 页；卷八，第 525 页。

② 佚名：《琼州志》，旧钞本，收入《琼志钩沉(三种)》，海口：海南出版社，2003 年，第 10 页。

③ 蔡光前等：《万历琼州府志》卷八《海黎志》，海口：海南出版社，2003 年，第 389～394 页。

铺前港:位于白沙港以东 60 里,深广可容商船,唯倭寇贼船亦常由此侵入。其形势与白沙相倚,是琼治之胸项。

铜鼓角:位于铺前港东去沿岸经文昌白峙澳、木兰澳、急水门、抱虎湾、抱凌港等地共 200 里许,常有贼舟湾泊,登岸取水,乘间暴掠。

清澜港:位于铜鼓角以南,海门宽阔,水道委蜒,内达文昌县治,外通大海七舟洋。贼船倭寇顺风南抵,此其先据,盖琼之肘腋,最宜加关防者也。

乐会博鳌:位于清澜港南去沿岸经冯家湾、会同等地共 180 里,屡被寇害,其为要地,更当备守。

那鹿港:位于博鳌港南去 80 里,由此出外洋,有南北二澳,贼船常于此取水。

榆林港:位于那鹿港南去沿岸经大塘湾、旧陵水、牛头岭突出海口、桐栖盐水港、黎庵港、琅玡澳等地共 400 里,常有贼船寄泊,遇警便于各处防之。

三亚港:(按:位于榆林港之西)东至万州,西达昌化,东南风发(按:疑为西南风发之误)时,有大泥诸番沿海登岸,抢夺滨民,最宜防守。

澄迈石礶港:位于琼州郡城西去 70 里,深广可泊船。

临高博顿港:位于澄迈石礶港西行沿岸经马枭、石牌等地约 200 里,有兵船防于此。

新英港:位于博顿港西行沿岸经儋州洋浦、三牌石海口等地约百里,港口有二沙线,不识水道则舟坏。泊船虽稳便,但闻警出船不及,故海上多故,须轮哨船时出海口瞭守,亦琼郡之腰络,不可疏备也。

海头港:位于新英港南去约 80 里,内岸石壁难以进舟。

乌泥港:位于海头港南去百里,近昌化城,贼船出没。

英潮湾:位于乌泥港南去 30 里,贼船出没。①

除了环岛航道形势外,海南岛与大陆本土的联系也很重要,尤以“海北道”所在的濂州与雷州地区为甚。但明代各种方志能系统叙述的却不多,唯崇祯《廉州府志》略谓:“廉州郡东水路自大廉港稍偏南,二日可至琼州。”另据《琼州府志》所载“儋海之西与廉境对,顺风一日可至”,推断其系指廉州的

① 蔡光前等:《万历琼州府志》卷八《海黎志》,海口:海南出版社,2003 年,第 393～394 页。

东实港与海南岛的儋州对航。[①] 此外，(道光)《琼州府志》引用晚明《海上见闻录》所载琼州海口港与雷州海安港对航，以及琼岛各港及其航道的状况，曰："琼州屹立海中，地与海安对峙。其海道自海口以东，惟文昌之铺前港、清澜港、乐会新潭港、万州之大洲、取水之桐栖港、崖州之保平港可以湾泊。船只自海口以西，惟澄迈之石䂬港、儋州之新英港、昌化之新潮港、感恩之北黎港可以湾泊，其余港□虽多，不能寄泊，而沿海沈沙行舟，最为艰险。"[②]

海南岛周边国际航线的形成，大概有三个背景：第一，国际航道向以独猪山、黎山等为关键性地标，前往南洋国家。第二，海南岛地处交趾洋、独猪洋、乌猪洋三片危险的海域，自古以来，有不少中外船只遭遇海难，海南岛乃从一避难之所逐渐成为中外互动的基地。明代方志记载宋代官员曾救助海上遇难的外国商船："宋仁宗朝，胡则为广南节度使，有番船遭风至琼州，告乏食不能去，则命贷钱三百万。吏曰：'夷人狡诈。'则曰：'彼以急难投我，可拒而不与耶！'已而偿所贷如期。"胡则所为典型地体现了儒家的价值观，也合乎当时的思潮。海南岛乃因周围海域较常发生海难，而成为船舶整休或避难之所，并于宋元时期逐渐衍生出中外交易，乃至于接纳外国人口的功能。《万历琼州府志》载曰：

> 乾道八年，占城来买马，人徒甚盛，琼州不受，怒归，肆行劫掠。淳熙二年，诏帅臣张栻草书付琼管司，谕以中国马自来不许出外界，令还所掠人口，自今不得生事。三年，占城发回所掠人口，见存八十三人。至元初，驸马唆都右丞征战占城时，纳番人降，并其父母妻子发海口浦安置，立营籍，为南番兵，今存几。其在崖、万者亦皆元初因乱挈家驾舟而来，散泊海岸，谓之番方、番浦。[③]

海上救难的传统，明代仍沿袭之，并进一步体制化。本国船亦一体施行。天顺五年(1461)初，"礼科给事中陈嘉猷、行人司行人彭盛为正副使，前往满喇加国行册封礼。于广东布政司造船，浮海行二日，至乌猪等洋，遇飓风，船破，漂荡六日至海南卫清澜守御千户所地方，得船来救。嘉猷等捧诏

① 张国经等：(崇祯)《廉州府志》卷六，明崇祯十年刻本，第358页。
② 明谊修：(道光)《琼州府志》卷一八上，清道光修光绪补刊，第598～599页。
③ 明谊修：(道光)《琼州府志》卷一八上，清道光修光绪补刊，第598～599页。

书、敕书登岸，令水手打捞纻丝等物，俱水湿有渍，乞行广东布政司收买。应付其纻丝罗布，宜于内承运库换给，遣人给付，嘉猷仍往行礼。”①

第三，海南岛更进一步由救难基地成为朝贡船的转运站。随着朝贡贸易的兴盛，海南岛南岸港口已成为南海朝贡船的“泊口”，而成为国际航线上的新环节。据正德《琼台志》载，南海贡船在琼岛的“泊口”不只一处，曰：“望楼港在(崖)州西八十里……经望楼村入海，番国贡船泊于此。毕潭港在州东一百里，三亚村南海口，占城贡船泊于此。”②天顺年间，大象是占城经常上贡的方物，为安全起见，中途在海南岛停泊的占城贡船不走外洋航道，而是沿海南岛沿岸北上，再经雷州、高州、阳江、广海卫，再达广州城。③ 事实上，自明初起，南海朝贡船即多经琼州，海南卫所还担负辅导护卫朝贡船的任务。《万历琼州府志》载曰：

> 凡番贡，多经琼州，必遣官辅护。暹罗国洪武三十年、正统十年、天顺三年继贡象、方物。占城国宣德四年贡方物，正统二年又贡，十二年贡象，十四年贡方物，天顺七年贡白、黑象，成化七年贡象、虎，十六年又贡虎，弘治十七年贡象，正德十三年又贡。满剌加弘治十八年贡五色鹦鹉。各遣指挥、千百户、镇抚护至京。

二、军政海防与治安

(一)军政与海防

明朝军制，中央设有五军都督府，为最高军事机关，掌管全国卫所军籍。征讨、镇戍、训练等则听命于兵部。地方则于各省设都督指挥使司(简称都司)，都司之下，在冲要地区的府、州、县置卫所。每一卫辖五个千户所，每千户辖十个百户所，每百户所辖二个总旗，每总旗辖五个小旗。此外，明朝在

---

① 《明英宗实录》卷三二六，天顺五年三月戊午条。

② 唐胄：(正德)《琼台志》卷六，《山川下・川类》，明正德刻本。

③ 叶盛：《题为进贡船只事》，《两广奏巷草》卷一四，收入叶盛：《叶文庄公奏疏》。

边疆及各省要冲地区设置整饬兵备的按察司分道，直属简称兵备道，主要负责分理辖区军务，监督地方军队，管理地方兵马、钱粮和屯田，维持地方治安等，集地方之军事、监察大权于一体。明朝以海南岛四面环海，而内有盘、黎、婺等少数民族治理问题，外控南海岛夷往来航路，孤悬海上，内外受敌，故军事兵防比其他各郡为重。明初，广东十府设五兵备道，其中海南道专部琼州一府；一般诸道绾苻各一，而海南道有二，此因琼州滨海较多事故，其道员比其他府郡更受到朝廷重视。此外又规定各该府卫所军器局应总于该管兵备道，宜于兵备道驻扎处所各设置军器局一所。[①] 此皆出于朝廷特重琼岛海防的缘故。

除了军事监察和管理外，在冲要之地广设卫所是明代兵制的特色。海南岛早在宋朝庆历中叶，就已设置广南巡海水军，元代更将巡海水军置于海南岛白沙口，到了明朝更为完备。洪武二十七年(1394)，则在琼州府设海南卫，下辖左右前后中五千户所，是为内所；清澜、万州、南山、儋州、崖州、昌化等六守御千户，是为外所，外所又分为东西二路：东路为清澜、万、南等三所，西路为儋、崖、昌化等三所，总共额设旗军 15927 人，唯各所逃绝者众，至万历后期仅存 2882 名。[②]

洪武时期，海南原设有“备倭船”23 艘，唯嘉靖辛亥年(1551)遭海贼掳毁，军亦罢设。其后才又在各守御所及其所属港寨配备“水寨战船”。先是嘉靖三十年(1551)，创设白沙、石𥗽、埠头、文昌等港，船共 10 艘。隆庆元年(1567)，设水寨(按：白沙寨，为广东六大水寨之一)，置二号、三号乌艚、横江等兵船共 60 艘。万历四十一年(1613)，又奉文改造战船共 63 艘，至万历四十五年(1617)，各所寨船只共计 163 艘，官兵 4241 人。有关战船之打造，向来都由省府广州制造，多所不便；万历四十五年(1617)，兵巡副使戴熺同意由府厅详议造修于本地，一免风涛之危，一清习冒破之弊，一便防汛之期，以求造法之最良者勒为定制。每船又配备“防船兵器”如熕铳、铁弹、狼机铳、

① 戴璟：(嘉靖)《广东通志初稿》卷三三，明嘉靖刻本，第 2139 页；陈宇寰：(万历)《琼州府志》，卷一一，明万历刻本，第 2204 页。

② 蔡光前等：《万历琼州府志》卷七《兵防志》，第 321～322、383～388 页；卷八《海黎志》，第 389～394 页，海口：海南出版社，2003 年。

铳子、百子铳、小铁子、鸟铳、铅弹、挞刀、过船枪、神机箭等。旧有备倭船于万历四十二年(1614)遭到裁革,但其原有兵器配备更倍于此。上述器具虽然精良,但到明末,琼州卫所故有军器局荒废已久,不免影响营造与专责。

（二）循吏与治安

前述与航海有关的军政管理与海防业务之推行,端系于承办官吏兵员是否能勠力任事;而吏治之良窳,亦攸关地方治理的成效。故地方志的航海叙事不乏对相关循吏事迹的描述,这些描述有助于吾人进一步了解海南岛涉海事务的某些细节。例如:由于海南兵备道府年久失修,万历四十二年(1614)知府事郭良璞始议修复,并已大致备好建材,后因兵兴用诎、郭氏离任而中止。万历四十四年(1616)分巡兵备姚碧崖、太守史方斋,上下相宜,咸以除弊兴利为己任。他们获得琼山邑尹的同意与授权后,乃仿古人"营造救荒"之策,给予夫役粟谷或佣金,日出而作,日入而息,三日休其力,是以人乐为之用,而民不知劳,而使兵备道府得以顺利竣工。此外,又行保甲、议水寨、具战舰、募勇兵,凡诸海陆之防守,业已全部顾及。① 两位地方官员不仅修复了兵备道府,而且善尽军事管理的职责,发挥兵备道所司功能,更重要的是借由道衙修复工程,将民力与当地的军政、海防等基础建设紧密联结;不仅利于业务执行,还赢得百姓敬重。此所以为地方史家慎重记其事迹的理由。

除了琼州本岛的地方官员积极任事外,也有广东省级官员跨海平乱的案例。嘉靖进士授南工部主事陈茂义任广东按察副使兼兵备道,当时琼崖黎寇罗常、那刚猖乱地方,陈茂义乃航海勒兵击破郎温、柳根诸洞,俘馘其酋、招降其众;又虑及琼岛不同的少数民族杂居易于生起他变,陈茂义更条上八议,以为善后之计。② 除了岛内少数民族的变乱外,另外一个影响琼岛治安的即是流窜于琼雷附近的海贼,甚至惊动中央而由兵部指挥地方官兵追剿。例如:隆庆年间,海贼郑大汉纠众操舟,流毒海滨;万历六年(1578)春,间乘倭警之际与海贼杨老仔等,纵横于琼崖地方,为祸愈烈。入夏后,倭

① 陈宇寰:(万历)《琼州府志》卷一一,明万历刻本,第2204~2209页。
② 阮元:(道光)《广东通志》卷二四五,清道光二年刻本,第15489页。

患告平，郑大汉开洋东上吴川、杨江一带，所至之处，大遭荼毒。提督兵部副右侍郎殷正茂乃下令海道副使刘稳授计征倭，海兵把总吴天赏、原任都指挥使金丹督率抚兵加以追击，并连战数败之，贼船冲沉焚毁，溺死者无算。贼势从此穷蹙，是年冬，终为殷正茂督率吴天赏等官兵所讨平。①

三、文教习俗与民生

著名的北宋诗人苏轼（1037—1101）自惠州再贬至琼州，后遇赦北归复移廉州，皆有文为万历《琼州府志》所收录，以征苏轼被贬谪到海南岛的事迹。据《到昌化军谢表》，苏轼谓其于宋哲宗绍圣四年（1097）四月十九日自惠州起离，到琼州昌化军时已是七月二日。在此两个半月的路程中，既有被贬谪的委曲以及乞求矜怜、俾就穷途以安余命的心历路程，也透露其航海经验有着生离死别的惶恐与焦虑："并鬼门而东骛，浮瘴海而南迁，生无还期，死有余责。……"三年后，元符三年（1100）徽宗即位，特赦元祐老臣，苏轼得以于当年六月二十日北归，出发移往廉州。其文《自昌化军贬所奉敕移廉州谢表》虽未着墨航海艰苦，唯其慨叹流放儋州海隅，衣食皆难的艰困处境，恰反映了海南岛孤悬海中的偏远与人文匮乏："风波万里，叹衰病以何堪？烟瘴五年，赖喘息之犹在。怜之者嗟其已甚，嫉之者谓其太轻。考图经正系海隅，以风土疑非人世。食有并日，衣无御冬。凄凉一身，颠踬万状，恍若醉梦，已无意于生还。……"②苏轼航海谪居琼岛的经验心境及其留下的许多诗文，常为后世文人所援引，遂成为古代文人书写流放或寓居海隅经验的原型。

但对海南岛的人文发展来说，苏轼的航海谪居开启了岛上文教风化的史页，更为重要，而为当地后人所传颂。苏轼在儋州讲学明道教化，当地士

① 郭棐：（万历）《粤大纪》卷三，明万历刻本，第176～178页。

② 陈宇寰：（万历）《琼州府志》卷一一，明万历刻本，第2117～2122页。

子姜唐佐等从之学，风化遂启。[①] 郡人甚至在苏轼获赦北归后，随即就其所尝至之地建立书院，而名之曰“东坡书院”，以示不忘。故后世称琼州人文之盛，实自苏轼教化始，曰：“宋苏文公之谪儋耳，讲学时道，教化日兴，琼州人文之盛，实自公启之。”[②]

海南岛的文教自宋代开启，而在明代有了显著的发展；但孤立于海隅的地理环境，毕竟为天然的障碍，有待人文心力的突破与补救。有些号称富于学养、品性高卓的儒士亦不愿赴琼岛就任，如海澄县贡生出身的惠安学官周一阳，接到高升儋州学正的命令后，竟以“九载寒毡，备知宦况，何事间关航海夜行不休耶”辞职归隐。海澄县志称其为归隐后“正身范俗”。[③] 但从儋州文教的角度看，周一阳满腔的孔仁孟义，一遇海水相隔的儋州，推己及人就未必能有效实行了。因此，有心教化于琼岛的地方官吏，多为当地民众所感念。如15世纪中，正统、成化之际，广东按察副使涂伯来到陵水县邑巡视，感叹当地俗陋民寡，乃出白银百两令重建县学，使规制完备，无异中州，其兴学功德亦为地方史家所推崇。[④] 又弘治十一年(1498)，广西柳城举人陈策，来到琼岛担任会同知县，任内政通人和，廉洁自箴，并修庙学、建桥梁，亦深受民众爱戴。陈策后转职“海道”(海南兵备道)离去，地方咸感不舍。[⑤]

海南定安县出身的进士王弘诲(1541—1617)，对海南文教的贡献最为人所称颂。王弘诲是明代名臣，曾任翰林院编修、会试同考官、国子临祭酒、南京礼部尚书等。他在任职翰林院期间，于万历四年(1576)撰写《拟改海南兵备道兼提学道疏》，上书朝廷，呼吁把院试设在海南。其奏曰：琼州学子每岁就学应试者，不下数千计。唯往雷州应试，路途遥远，渡海有风浪之险，所伤甚多；加以海寇出没，有时儒生半渡尽被其掳，因此请求改海南兵备道兼

---

① 陈桂华：《重修苏文忠公邱文庄公海忠介公一祠记》，收入戴肇辰编：《琼台纪事录》，同治八年，哈佛燕京图书馆藏，第32页。

② 戴肇辰：《重建东坡书院并修洞酌亭记》，收入戴肇辰编：《琼台纪事录》，同治八年，哈佛燕京图书馆藏，第3页。

③ 梁兆阳：(崇祯)《海澄县志》卷一〇，明崇祯刻本，第468页。

④ 唐胄：(正德)《琼台志》卷一六，明正德刻本，第848～850页。

⑤ 明谊修：(道光)《琼州府志》卷三〇，清道光修光绪补刊，第726页。

任提学道，并将试院设在琼州。翌年奏疏获准，即在琼州府城设试院。[①] 此后，海南岛因海洋隔绝而影响文教和人才培育的鸿沟，得以大为缩减。

文教有化民美俗之功，信仰亦有安定人心、劝人为善之德。宋代以降，福建航海人莫不以妈祖（莆田人林默娘）为信仰对象，信其生前慈孝，升天后亦能显灵庇佑海民。海南岛本多闽人移民，妈祖信仰很早就传到岛上。海口的“天妃庙”为元代所建，洪武年间迁此，永乐丙戌（1406）又重造神像；嘉靖二十二年（1543）重修，万历三十三年（1605）倾圮，官民复募修。有商人谭海清等建后寝三间，筑观音山及诸神像，今渡海来往者，官必告庙行礼，四民必祭卜方行；官民同祭，以其自宋高宗以降，受历代朝廷封号，为祀海之专神也。[②] 此外，其他与航海相关的民俗信仰，尚有儋州“浮汉大王神”，凡旱涝、航海，乞灵多应。[③] 另有“晏公庙”，其神主掌江海，元朝以其阴翊海运，故封“平浪侯”，至明代江湖船户仍多信奉之。[④]

海南岛四面环海，人民依海营生者多，海中物产有各种鱼类之属、蚌、蛤、海龟、玳瑁等，唯号称汉代名产的琼珠，后因洪水崖崩而绝产，仅廉州为产地。[⑤] 唯按嘉靖初年两广都御史林富所上《乞罢采珠疏》，即便廉珠仍有生产，但到16世纪初的弘治、正德时期以至嘉靖初年，珠量愈少；至少在弘治年间，琼州府每年出白艚船200艘赴廉采珠，就已入不敷，官民皆苦。[⑥] 在渔业方面，疍民主要从事渔业，琼州府设河泊所十一处，统十二州县的疍户，岁办“鱼课”，税入除儋州、昌化、崖州存县之外，余皆解府充饷。整体而言，鱼课专取于疍民，但税法不尽合理，其法分三等：科以船者，船罢则止；课以䌫者，䌫变则迁；科以户者，丁尽户绝而课不改额焉。故疍民困甚，而有

---

① 吴应廉：（光绪）《安定县志》卷七，清光绪四年刻本，第1157～1160、1237～1240页；辛世彪：《拟改海南兵备道兼提学道疏》，http://blog.sina.com.cn/s/blog_49d8b2980102venx.html。

② 陈宇宸：（万历）《琼州府志》卷四，明万历刻本，第411页；唐胄：（正德）《琼台志》卷二六，明正德刻本，第1225～1226页。

③ 唐胄：（正德）《琼台志》卷四一，明正德刻本，第1876页。

④ 唐胄：（正德）《琼台志》卷二六，明正德刻本，第1221～1222页。

⑤ 蔡光前等：《万历琼州府志》卷三《地理志》，海口：海南出版社，2003年，第125～126、129页。

⑥ 张国经等：（崇祯）《廉州府志》卷一一，明崇祯十年刻本，第645～658页。

“疍无鱼，先无食”的谚语。[1]

结　论

海南岛四面环海，航海是重要的活动，但一般而言，明代地方志并未系统呈现其航海的相关叙事。唯经由归类分析可知，明代地方志中海南岛的航海叙事主要表现在军政、海防及航海形势；但也能紧扣自然地理条件，并与历史发展大势、人文教化的议题相联结，内容虽然有限，已属难得。唯较可惜的是，航海活动不仅是军政、海防的重要课题，其实也攸关该岛的人民生计；就其叙事内容的质量而言，与航海有关的民生问题并未受到明代地方史家足够的重视，而被掩盖在军政海防的议题之下，由此反映出明代史家对航海议题以军政海防为优先的价值意识。

① 蔡光前等：《万历琼州府志》卷五《赋役志》，海口：海南出版社，2003 年，第 250～251 页。

论《皇明经世文编》中的海洋朝贡议论

吴智雄
台湾海洋大学共同教育中心、海洋文化研究所

一、研究构想、文献、方法

中国自古以农立国，农业生产以稳定、顺天时、少变动为首要考虑，因此“安土重迁”的观念便油然而生，进而逐渐形成“重农抑商”的传统治理政策。农业生产代表陆地文明，是以中国文化自古以来就主要以大陆文化形态的面貌呈现。在农耕收获能自给自足的情况下，再加上受传统华夏民族以自居天下之“中”的世界观影响，因而相对而言，比较缺少积极向海外开拓的精神，例如李东华所云：“像传统华夏民族的天下观（世界观）就把海洋视为世界的边缘尽头，而一己则位居世界之‘中’。这种认为自己位居陆地之中，要不断地向四面八方浸淫衍溢，以达世界边缘（四海）的世界观，就成为阻扼中国人向海洋积极发展的主要‘心结’。如《尚书·禹贡》谓：‘东渐于海，西被于流沙，朔南暨声教，讫于四海。’”①是以相对于大陆型文化与文明，中国的海洋型文明与海洋文化形态就显得薄弱许多，因此历朝历代的政治治理与经济文化等发展，几乎皆呈现重陆地、轻海洋的倾向。在此背景下，随之而

① 李东华：《从海洋发展史的观点看“海洋文化”的内涵》，《海洋文化学刊》第1期，2005年12月。

来的便是黑格尔《历史哲学》中所谓“中国和海不发生积极的关系”之论述,[①]而一味抹杀中国文化传统中所潜藏的“海洋元素”。

然而,中国文化中果真没有“海洋”的基因、元素或意义吗?或者说,中国文化中完全没有“海洋性格”吗?事实上当然不是。从考古资料来看,新石器时代的辽东半岛小珠山遗址、山东即墨贝丘遗址、舟山群岛遗址、浙江余姚河姆渡文化遗址、广东珠江三角洲地区贝丘遗址、广西东兴贝丘遗址等,都已显示远古时代中国沿海地区已具海洋文化的原型。而在进入信史时代后,无论是《山海经》《庄子》《列子》,还是《竹书纪年》《史记》《尚书》,都有上古时代海洋神话与海洋文化事迹的描述;而齐鲁文化、楚越文化、老庄思想等,也都具有鲜明的海洋文化色彩。至于秦始皇派徐福东渡求仙、汉武帝七次海巡寻仙、明代郑和下西洋等,则更是中国古代著名的航海活动。

此外,《汉书·地理志》也记载了一条汉代的海洋航路,“汉代中国船队从广东徐闻或广西合浦出海,经东南亚、马六甲海峡直至印度马德拉斯沿海‘黄支国’和‘已程不国’(斯里兰卡),被后人称为汉代的‘海上丝绸之路’”[②]。自此以往,“究诸中国古史,远自魏晋时代,海洋航运,已具有相当水平;唐宋的国际贸商和航海行旅,更形发达繁荣;而从郑和下西洋以及中国人勇于渡往海外以及台湾移垦发展来看,明清之后迄今近现代的中国文化,也不乏海洋性格。事实上,数百年来,华人经由航海活动在海外以及台湾的移民、开发史,即是中国文化的扩散史,这个历史正与海洋密切相连,不可分割”[③]。而在中国历代的海洋活动中,明代则是一个相当特别的朝代,

① 黑格尔说:“这种超越土地限制、渡过大海的活动,是亚细亚洲各国所没有的,就算它们有更多壮丽的政治建筑,就算它们自己也是以海为界——像中国便是一个例子。在它们看来,海只是陆地的中断、陆地的天限;它们和海不发生积极的关系。”见黑格尔著,王造时译:《历史哲学》,台北:里仁书局,1984 年,第 145 页。其他相关的论述与批判,也可参见徐晓望:《海洋文化理论的定位》,《妈祖的子民:闽台海洋文化研究》,上海:学林出版社,1999 年,第 1～30 页;史伟民:《黑格尔历史哲学的海洋文化论》,《海洋文化学刊》第 1 期,2005 年 12 月,第 269～275 页。

② 曲金良主编,陈智勇本卷主编:《海洋文化的历史视野——〈中国海洋文化史长编〉序》,《中国海洋文化史长编:先秦秦汉卷》,青岛:中国海洋大学出版社,2008 年,第 2 页。

③ 潘朝阳:《文化地理观点中的海洋与文化》,《海洋文化学刊》第 1 期,2005 年 12 月,第 290 页。

其特别之处,显现在对海洋"闭"与"开"交错纠杂的某种"矛盾"之上。

明代的海外交通贸易,"与宋、元时期相异,在隆庆改制以前200年左右时间,基本上都实行'海禁'和朝贡贸易政策,不许民间商人出海,导致私贩盛行。隆庆改制,开于海禁,但措施不善,走私商船为数更多。'海禁'是明代海外交通政策的主体特征,走私贸易的盛行是这种政策影响下海外交通的一大特征"①;也就是说,明初在国防、政治、倭寇、藩属等背景因素影响下,既要防堵海外势力入侵中华,又要"怀柔抚远""万国来朝"以发扬国威,塑造天下共主的形象与地位,于是形成了以"海防—朝贸"为基调的海事体系。而在中叶以后,除倭寇为患海疆再起之外,葡萄牙、西班牙、荷兰等西方势力逐渐东进所带来的威胁,以及明末以郑芝龙、郑成功父子为主的海上私人武装力量的兴起等多重因素影响,不仅让明代持续执行以海防、海禁为主的海洋策略,也直接影响清初"片帆不得出海,违者罪至死"②海禁政策的形成。

然而,在以"海禁"为基本国策的大方向下,明成祖不仅派郑和七下西洋,开创出举世闻名的航海壮举,"又以权宜办法将日本纳入朝贡国行列,而南海国家亦陆续与明朝恢复朝贡关系,正常的贸易活动已超越了洪武时期",而"明嘉靖、隆庆年间建构起的新贸易框架,促使明代的海外贸易进入繁荣时期"③。此外,此时白银的大量输入,以及沿海居民的大规模海外移民,则让明代中叶以后的海洋在某种程度上呈现出热络的现象。是以,二百余年的明代海洋,便以一开一闭、有出有禁的特殊现象并存交错地存在着,因而有着特殊的历史地位。

在此历史背景下,明代士人往往会对海洋的相关治理与政策陈述己见,这些议论内容被大量地收入在《皇明经世文编》中。《皇明经世文编》系由明人陈子龙领衔主编,主要编纂者另有徐孚远、宋征璧两人,全书有504卷,另有4卷补遗,合计508卷。全书于崇祯末年定稿完书,入清后列为禁书,并

---

① 曲金良主编,马树华、曲金良本卷主编:《中国海洋文化史长编:明清卷》,青岛:中国海洋大学出版社,2012年,第131页。

② 赵尔巽等撰:《清史稿》卷二四〇,《佟岱列传》,台北:鼎文书局,1981年,第9543页。

③ 所引两说,皆见郑永常:《来自海洋的挑战:明代海贸政策演变研究》,台北:稻乡出版社,2004年,第367、371页。

改名为《明经世文编》，以致流传不广。该书收录明代士儒400多人作品，含奏疏与一般文章共3000余篇，以人物生存年代的先后排序，总字数360余万字，内容包含政治、军事、文教、经济等范围，涉及层面广泛，可说是收录明代经世相关文章最为完整的一部巨著。因此本文便以该书为范围，探讨明人在海洋朝贡方面的议论内容及特色。

此外，由于《皇明经世文编》卷帙浩繁，为提升研究效率，本文拟采用数字人文研究法，亦即以本文研究主题——海洋朝贡——为资料的检索方向，拟定关键词词群组，即"海"(可包含海洋)、"洋"(可包含东洋、西洋)、"贡"(可包含朝贡)、"安南"、"交址"①、"朝鲜(高丽)"、"琉球"、"日本"，于"中国哲学书电子化计划"所收录的《皇明经世文编》，以进行下列四阶段的交叉检索：

其一，以"海""洋""贡"三个关键词进行第一阶段的搜寻。

其二，"海""洋""贡"三字所组成的词汇，虽然多数具有"海洋"与"朝贡"的意涵，例如入海、海中、涉海、大海、汪洋、大洋、东洋、朝贡、入贡、贡物、来贡、奉贡等；但仍各有与意涵无关、须依文意判断者，例如通海(人名)、星宿海(内陆湖名)、青海(地名)、巡海(官位名)、薄海(泛指天下)、四海(既指四面之海，也泛指天下)、海内(既指海洋之内，也泛指天下之内)、汪广洋(人名)、洋溢(充满貌)、洋洋乎(气势盛大貌)、乡贡(指科举)、贡士(指科举)、禹贡(《尚书》篇名)、学贡(指科举)、贡献(既指朝贡，亦指奉献)、之贡(既指朝贡，亦指田赋)等，所以必须再进行文献解读。

其三，由于本文乃以"海洋朝贡"为研究主题，具海洋意涵之文献未必与朝贡事务相关，反之亦然。是以还必须进行交叉比对的第三阶段汰选，也就是必须同时符合"海＋贡"或"洋＋贡"者，才能成为本文的研究文献。

其四，在前三阶段所搜寻的海洋朝贡有关文献中，发现有时不会出现"海"字或"洋"字，而会改以明代海外藩属国的国名出现，其中以安南、交址、

① 本文所查据"中国哲学书电子化计划"(http://ctext.org/wiki.pl?if＝gb&res＝259380)维基版作"交址"；该计划之在线图书馆(http://ctext.org/library.pl?if＝gb&file＝47210&page＝23)所收古籍复印件作"交址"，对应之文字版作"交趾"。三种版本文字不同，因本文乃以维基版进行检索，故于正文中暂作"交址"，以符本文之研究方法与资料，兹此说明。

朝鲜(高丽)、琉球、日本为主；也就是说，"安南""交址""朝鲜(高丽)""琉球""日本"等国名在此等同于"海"或"洋"的意涵。因此，必须另以"安南""交址""朝鲜(高丽)""琉球""日本"等五组关键词进行第四阶段的交叉搜寻，以免资料罅漏。

而在上述第四阶段的搜寻中，"安南"与"朝鲜(高丽)"两国的定位稍微复杂一点。因根据明朝政府的规定，安南与朝鲜两国的贡道应经由陆路而非海路，但因陆路的贡道太过周折，不利于繁重贡品的运送，所以两国时有违反规定而私下以海运方式朝贡的情形，正如萧同野于《漕河策》中所云："运道易者则河陆致输，难者则浮海入贡。"(《皇明经世文编》卷二八六，《萧同野集二》)详细情形，前人有言如下：

> 对有边界接壤的国家，考虑到如贡道太过径直，可能窥探中国虚实，造成今后隐患，故规定其贡道一般由边远地区迂回到北京。如朝鲜贡道由鸭绿江经辽阳、广宁，过前屯，然后入山海关，抵达北京，其间迂回四大镇。成化十六年(1480)，朝鲜使者因遭到建州女真的邀劫，请求改贡道，但当时任职方郎中的刘大夏坚决不同意，认为原贡道的规定是"祖宗微意，若自鸭绿江抵前屯、山海，路太径，恐贻他日忧"。对安南贡道的规定是由广西凭祥州入境，经龙州，溯左江到南宁，然后抵北京。这种规定实际上很难执行，因由海路运送贡物毕竟路途近，且载运量大，可减少许多转运的麻烦，故朝鲜和越南贡使还是经常违背规定，私自由海路而来。如洪武十七年(1384)朝鲜贡使就因水陆两至而遭到绝贡的惩处，洪武二十七年(1394)安南亦因遣使由广东入贡而受到谴责。在浙江沿海一带更是经常捕捉到朝鲜贡船，如嘉靖二十一年(1542)六月，浙江定海官兵在普陀山捕获到朝鲜梁孝根等22人，自供是正月入贡遭风飘流到此。①

由于"朝鲜和越南贡使还是经常违背规定，私自由海路而来"，如张邦奇在《西亭饯别诗序二》中曾提及："甬东为海岸孤绝处，鲛门虎蹲，古称天险，高丽、日本、暹罗诸蕃航海朝贡者，皆抵此登陆。"(《皇明经世文编》卷一四

---

① 曲金良主编，马树华、曲金良本卷主编：《中国海洋文化史长编：明清卷》，青岛：中国海洋大学出版社，2012年，第284页。

七)指出甬东(今舟山市)为高丽朝贡使者的登陆港;再者,明朝与该二国因有海洋相连的地理因素,因此明人在评论海洋相关事务也时常会触及。所以,本文也将安南与朝鲜两国纳入明人关于海洋朝贡议论的讨论范围。

最后,经由上述方法检得所需文献后,依明代的历史发展,基本上概分为初期(1368 年,明太祖洪武元年—1464 年,明英宗天顺八年)、中期(1465 年,明宪宗成化元年—1572 年,明穆宗隆庆六年)、晚期(1573 年,明神宗万历元年—1644 年,明思宗崇祯十七年)。之后,再切出大致对应的卷数文献,初期为卷一(宋濂[洪武九年翰林学士承旨致仕])至卷八〇(白昂[天顺元年进士]、彭韶);中期为卷八一(徐恪[成化二年进士])至卷四一一(赵世卿[隆庆五年进士]);晚期为卷四一二(曹于汴、钟羽正[万历八年进士])至卷五〇四(杜麟征[崇祯辛未进士]、陈组绶[崇祯甲戌进士)。据此,以分析明代士人的海洋朝贡议论内容及其整体特色。

二、通论海外藩国入贡事宜

明代士儒关于海外诸国来华朝贡之议论,首先,有通论一般的朝贡规定者,例如李时勉《便民事疏》曰:

> 连年四方蛮夷朝贡之使,相望于道,实罢中国。宜明诏海外诸国,近者三年,远者五年,一来朝贡,庶几官民之便。①

该文主张海外诸国进贡频繁,反而有疲弊中国之虞,所谓“连年四方蛮夷朝贡之使,相望于道,实罢中国”。所以李时勉提出应明诏海外诸国进贡时间频率之法,主张“近者三年,远者五年,一来朝贡,庶几官民之便”。一来显示明初时期海外诸国朝贡的盛况,一来对当时未成时间定制的朝贡事务提出解决办法。

其次,也有从驭戎狄之道着眼者,例如朱升《上太平治要十二条》曰:

> 十曰驭戎狄,夫驭戎狄之道,守备为先,征伐次之。开边衅,贪小

---

① 陈子龙:《皇明经世文编》卷二一。本文的《皇明经世文编》引文均取于“中国哲学书电子化计划”。

利，斯为下矣。故曰"天子有道，守在四夷"，言以德怀之，以威服之，使四夷之臣，各守其地，此为最上者也。若汉武之穷兵黩武，徒耗中国而无益；隋炀之伐高丽而中国蠭起，以唐太宗之明智，后亦悔伐高丽之非。是皆可以为鉴，非守在四夷之道也。今海内既平，车书混一，蛮夷朝贡，间有未顺。当修文德以来之，遣使以谕之，彼将畏威怀德，莫不率服矣，何劳勤兵于远哉！（卷七）

上文为朱升陈述十二条治国之道的奏疏，文中第十条为"驭戒狄"之道。朱升主张驭戒狄有上中下三种外交策略，"守备为先，征伐次之。开边衅，贪小利，斯为下矣"；并认为当今"海内既平，车书混一，蛮夷朝贡，间有未顺"，应效法孔子"修文德以来之"之训示，"遣使以谕之"，使其守在四夷，以备中国边境之无患。朱升在疏文所提及的"天子有道，守在四夷"，语出《左传·昭公二十三年》沈尹戌之言曰："古者，天子守在四夷，天子卑，守在诸侯。诸侯守在四邻，诸侯卑，守在四竟。慎其四竟，结其四援。"所谓"天子守在四夷"，杜注曰："德及远。"①

所以朱升才说"言以德怀之"，若能以德怀之，则可以"守备为先"，如以四夷为守，而无须武力征伐。再引《论语》所载"远人不服，故修文德以来之"②的孔子之言，以强化中国应以德服人的主张。朱升两引经典之言，即在诉诸圣人经典权威以深化其论证之合理性。

再次，海外诸国入贡，也会突显海防的重要性，是以如庞尚鹏便认为加强海防宜早做准备。其在《题为陈末议以保海隅万世治安事》中曾云：

窃惟广东一省，西北联络五岭，东南大海在焉，蛮夷杂居，禁网疏阔，山海之寇，啸聚不时。诗曰："迨天之未阴雨，彻彼桑土，绸缪牖户。"夫智者镜几以先图，勇者乘时以自固，此何时也！而诿之曰"阴雨未至"，可乎？臣生长海邦，习闻已久，谨摘其祸切门庭、履霜坚冰者，着为论列，窃效诗人桑土预彻之义，惟陛下试垂听焉。（卷三五七）

---

① 杜预注，孔颖达正义：《春秋左传正义》第6册，卷五〇，十三经注疏本，台北：艺文印书馆，1993年，第879页。

② 朱熹：《四书章句集注》，《论语集注》卷八，《季氏》，北京：中华书局，1983年，第170页。

庞尚鹏为嘉靖三十二年(1553)进士,广东南海县人,曾官至浙江巡按、福建巡抚。其于广东省海防宜防患于未然之论时,引《诗经·豳风·鸱鸮》一诗的"未雨绸缪"之义,以为其立论之基。

三、颂扬明代海外朝贡盛况

在明初海洋朝贡文献中,有多条资料都在颂扬明初海外朝贡之盛况。例如宋濂《阅江楼记》云:

> 见波涛之浩荡,风帆之下上,番舶接迹而来庭,蛮琛联肩而入贡,必曰:此朕德绥威服,覃及内外之所及也。(卷二)

上文为宋濂登南京阅江楼所写之记叙类文章,文中所提及之海洋朝贡课题,乃对当时海外诸藩国入贡宋朝盛况之描述,其旨在颂扬明太祖朱元璋之威德远播海外,未对当时的海洋朝贡事务进行实质性的议论。

再如王祎《封安南占城二国诏》云:

> 皇帝诏曰:朕居中国,统天下,法古先帝王,一视同仁,每欲使四夷俱安。近者海外诸国皆来臣服,贡献方物,夷狄相攻,中国之利。圣祖此诏,真上世人主所罕及也。占城上言安南出兵,连年侵境,朕未知实否,今为尔两国言之,和睦邻境,乃保国之善道。(卷四)

上文为明太祖谕使安南、占城二国罢兵勿争、和睦邻境的诏书,《明史·外国传》有载:"初,安南与占城构兵,天子遣使谕解,而安南复相侵。……帝命礼部谕之曰:'占城、安南并事朝廷,同奉正朔,乃擅自兵,毒害生灵,又乖交邻之道。已咨安南国王,令即日罢兵。本国亦宜讲信修睦,各保疆土。'"[①]诏中提及中国皇帝对待四夷诸国皆一视同仁,且颂扬当时"海外诸国皆来臣服,贡献方物"的盛况。

又如解缙、姚广孝等人云:

> 于时河清,荣光既塞,不游不惊。贡赋络绎,冀通岛夷。(卷一一,

① 张廷玉等撰:《明史》卷二二四,《外国五·列传》,北京:中华书局,1974年,第8384页。

解缙《河清颂》）

民安物阜，四夷毕来。东若朝鲜、日本、暹罗，东南若琉球、中山，南北有安南、占城。……远者数万，朝闻夕引，奉贡仪物，皆至京师。（卷一一，解缙《四夷咸宾颂》）

洪武戊寅，太祖宾天，皇帝继登大宝，应天顺人。四国仰化，九夷来归，梯山航海，贡犀象而献宝玉者，庭无虚日。（卷一三，姚广孝《平胡颂》）

《河清颂》为解缙颂扬当朝政治清明、盛世太平之作，文中提及当时“贡赋络绎，冀通岛夷”的盛况。《四夷咸宾颂》则为解缙颂扬当时海外四夷诸国皆宾服明朝之作，所述海外诸国朝贡情形较详于《河清颂》。文中分别从东方、东南方、南北方、西南方、西方、西北方等各个方位，详述十余个明朝的海外藩国，并说明这些国家“远者数万，朝闻夕引，奉贡仪物，皆至京师”的入朝盛况。《平胡颂》为姚广孝颂扬明惠宗时期，海外诸国入贡宾服明朝的盛况，所谓“四国仰化，九夷来归，梯山航海，贡犀象而献宝玉者，庭无虚日”即是。

而杨士奇《瑞应麒麟颂》亦云：

宣德八年闰八月，西南海外诸番国，或其王亲行，或遣子弟，或遣大酋，泛海越数十万里而来朝贡。麒麟狮象、珠玉珍贝、奇异之品，用达诚意。（卷一五）

本颂前序文载明此颂作于宣德八年（1433），宣德为明宣宗朱瞻基（1398—1435）年号，当时明朝国力强盛，“蛮夷之人，邈处海外，瞻仰中国，如天之上”，是以四海诸国入贡鼎盛，所谓“凡天地所覆载，日月所照临之处，靡不归诚向化。朝觐贡献，日聚阙下，四境清宁，纤尘不作，此皆陛下圣德之得人心者也”。是以杨士奇作《瑞应麒麟颂》，即在颂赞西南海外诸番国携奇珍异宝泛海越数十万里至明朝贡之盛况。杨士奇则引用《春秋》所书“孔子获麟”一事，该事载《左传·哀公十四年》：“春，西狩获麟。”杜注曰：“麟者，仁兽，圣王之嘉瑞也。”[①]故而杨士奇引以为颂扬当朝盛德瑞气之证。杨荣《平胡颂》云：

---

① 杜预注，孔颖达正义：《春秋左传正义》第6册，十三经注疏本，卷五九，台北：艺文印书馆，1993年，第1030页。

> 今皇上即位，朝廷清明，海宇宁谧，蛮夷之国，奔走贡献，虽古替所未宾服者，亦皆向风慕义，相率来朝。（卷一七）

上文为颂扬明太祖平北方胡寇之功，基本上与海洋朝贡无关，唯颂文前的序文有提及当时“朝廷清明，海宇宁谧，蛮夷之国，奔走贡献”，遂符合“海”与“贡”的复合式条件筛选。只是文中的“蛮夷之国，奔走贡献”，应该是泛指四方蛮夷之国，包含陆地与海外邻国。是以文中所述，纯在颂扬当时四方蛮夷之国的朝贡之盛。

然而，上述明代士人对当朝海外藩国朝贡盛况的描述，如果对照明初所实施的海禁政策来看，这些颂扬恐有过度之疑。

四、多议安南入贡对治策略

在所检得的明朝中叶以前海洋朝贡议论文献中，有不少的文献在专议安南（交址）入贡及其相关外交、军事对治策略的文献，并兼及明朝政府处理安南与占城两国的纷争事件，显示安南在明代海外藩国朝贡事务中的重要性。

例如，张辅《檄谕安南》云：

> 安南密迩中国，自我太祖高皇帝，肇膺天命，统一寰区。其王陈日煃，率先归顺，锡爵颁恩，传序承宗，多历年所。贼人黎季牦父子为其臣辅，擅政专权，久怀觊觎，竟行弑夺。……宁远州世奉中国职贡，黎贼恃强，夺其七寨，占管人民，杀虏男女，罪九也。……责占城国王惟尊中国，不重安南，以此一年凡两加兵，罪十八也。……朝贡中国，不遣陪臣，乃取罪人，假以官职，使之为使，如此欺侮不敬，罪二十也。（卷一三）

安南国黎季牦父子擅政专权、弑君夺位，安南王之孙迫逃，辗转至京师向明朝诉状，明太祖遂有此谕安南之檄。檄中历数黎氏父子的二十大罪状，以为兴兵讨伐之正当性理由。其中与朝贡相关者有三罪，分为第九罪“宁远州世奉中国职贡，黎贼恃强，夺其七寨，占管人民，杀虏男女”、第十八罪“责占城国王惟尊中国，不重安南，以此一年凡两加兵”，此两罪皆为黎氏父子侵犯明朝贡属国，有犯天威之嫌；第二十罪“朝贡中国，不遣陪臣，乃取罪人，假以官职，使之为使，如此欺侮不敬”，此罪乃以该国罪人为朝贡使节，有欺瞒不敬天朝之意。

杨荣《平安南颂》云：

> 太祖高皇帝，龙飞淮甸，顺天应人，扫清六合。凡际天薄海，大小蛮夷之国，罔不臣服，岁时贡献，杂沓后先无有少懈。目历代以来，土地之广，幅员之长，未有若今日之盛者也。……迩者安南贼人黎季犛，及子苍济恶不才，灭绝伦理，欺天罔圣，久蓄祸心，肆狼吞噬之暴，与狐鼠狡黠之谋，贼弑其主，侵我边境以逞凶，劫夺占城，要取其贡赋，僭称大号，毒痛其生民奸宄日滋，冥顽益甚。（卷一七）

本颂文与前引卷一三张辅所撰《檄谕安南》所叙事件相同，即安南国黎季犛父子擅政专权、弑君夺位，明太祖于檄谕安南后，送回原安南国王之孙，但却被黎氏父子伏杀于途，明太祖遂派兵前往征伐。本颂文即在颂扬太祖平定安南之功，颂前序文叙及明太祖时四方朝觐之盛，冠于历代，是由朝贡论及藩国的平定事务。

金幼孜《赠兵部尚书陈公赴交址序》云：

> 交址去中国最远，限山濒海，僻处南徼万里外。自古以来，夷人相虎吞，迭为雄长。汉唐之世，虽尝置郡县，然反侧叛服，卒无宁岁。下逮宋元，遂弗能制。由是胙土锡封，建国安南，更历数传，桀骜滋甚。以至黎氏父子，戕杀其主，乘黄屋左纛，鸱张狼顾，将与中国抗衡。岁时贡献，往来狙诈益甚。（卷一八）

上文为送别赠序，赠别对象陈叔远远赴交址任官，故序文对交址及其后所建安南国多所描述。序中述交址僻处南方数万里，去中国最远，自古以来对中国叛服无常。其后建安南国，及至黎氏父子杀主篡位，虽对中国岁时贡献，然往来颇多狡诈。由序文可知，交址（安南）对中国岁时朝贡，然其内部政情不稳，遂有日后太祖派兵征讨之事。

黄福《与广西思明府知府黄广成》云：

> 区区安南，即古交州，声教之所素及，梯航之所常贡，隶汉九郡，置唐五管。后虽叛服不常，篡弑相继，宋因循而不取，元姑息而外置。然偏师一出，阖境弗宁，或纳款军门，或遁潜海岛，子获洪真，弟降益稷，顽

夷倾覆不绝者几希。是知取之不难,而削之甚易也。(卷二〇)

上文所述仍为安南,盖明初海外藩国中,安南政权更迭甚繁,影响中国南疆安定,故多为士人所关注。文中先述安南对中国虽岁有常贡,然其后“顽夷倾覆不绝者几希”,故作者对于安南提出“知取之不难,而削之甚易”的对治主张。此是由海外入贡国的情势变化,而提出外交对治策略的主张。

黄福《奉黄都督中公》云:

> 向虽遣胡彦臣等入贡,不过佯为降附,而阴为图复。独幸朝廷推赤待人,信而无疑,既施之以莫大之恩,复授之以非常之职,谓不满其所望不可也。(卷二〇)

上文仍为黄福致黄广成书,故文中仍以叙安南治理对策为重点。文中批评交址(安南)虽遣使入贡,然仅是“佯为降附,而阴为图复”,故作者提出“宜多选人探听,并遣书催促庶降附真伪”之策,此亦是由海外入贡国的情势变化,而提出外交对治策略的主张。

黄福《复陈贰卿》云:

> 愚尝以事势料之,英公出师两回,首贼咸获,交址地方,四五年来,兵民怀畏,草木知名。今陈季扩所拥之众有数,所据之地不多。特以舟楫轻便,出没易为,兼我见驻之兵,为数如此,是以贼得延舛。至于今日,始而遣人入贡,实无诚心,不过欲老我师,而阴为求全复举之计。(卷二〇)

上文亦为黄福致黄广成书,文中认为交址拖延入贡的时间,其实是没有诚附之心,其意在“欲老我师,而阴为求全复举之计”。所以作者提出“驻军于演义之地,取给于附近之民。分兵搜捕,席卷长驱”之策,此亦是由海外藩国入贡时间的变化,而提出军事对治策略的主张。

商辂《赠行人刘偕立使西南夷序》云:

> 今安南小国,敢肆抗拒,渐有侵内之患,良繇自我有以召之也。臣等伏望陛下明颁诏旨,今后除常例岁贡,其内外之臣,敢有以玩好之物上进者,治罪不宥。如是,不惟上下绥靖而无扰,其于乂安中国、感格远人之道,兼之矣。不宝远物,则远人格,惟圣明留意。(卷三八)

商辂(1414—1486),永乐至成化年间人,正统十年(1445)状元及第,曾官至吏部尚书,为内阁首辅。其于上引序中,认为安南敢抗拒明朝而渐有侵内之患，在于明朝召之所致，所以主张除了依常例岁贡之外，不得上进任何宝物，以杜绝玩物丧志之弊。

徐溥《论占城安南事宜疏》云：

> 占城国乞差大臣往本国，将安南所侵境土尽数退还，各衙门两次会议皆以为不必请敕，续该司礼监传示圣意，欲准差官往谕。臣等仰见皇上一视同仁之心，不以夷夏而有间也。但臣等窃以事理揆之，《春秋》传有曰：王者不治夷狄。盖驭夷之法与治内不同，安南虽奉正朔，修职贡，终是外夷。恃险负固，违越侵犯之事，往往有之。累朝列圣，大度兼包，不以为意。（卷六五）

徐溥（1428—1499），宣德至弘治年间人，景泰五年（1454）榜眼及第，曾官至礼部尚书，为内阁首辅。于上引疏中，徐溥对于孝宗欲派差使前往调解占城与安南两藩国间的国事纷争一事，认为与占城相比，安南虽奉正朔、修职贡，但终究是外夷。所以对于夷狄之事，徐溥主张要像《春秋》传文所云“王者不治夷狄”般，不应介入其中，而应以“大度兼包，不以为意”的态度与策略对待之。徐溥为加强其论点，特于疏中引经典《春秋》为证，其所引“王者不治夷狄”之说，见《公羊传·隐公二年》：“春，公会戎于潜。”何休注云：“王者不治夷狄，录戎者，来者勿拒，去者勿追。”徐彦疏云：“言当是所传闻之世，王者草创，夷狄有罪不暇治之。”①依何休意，王者不治夷狄之意义为“来者勿拒，去者勿追”；如就徐溥所言，则“大度兼包”可解为“来者勿拒”，“不以为意”可解为“去者勿追”，试图以经典之义证事论政。

五、论渤泥国与满剌加国之入贡

在所检得的明代初期文献中，有两笔文献所论的入贡国较为特殊，一是渤泥国，一是满剌加国。

宋濂《渤泥入贡记》曰：

---

① 何休解诂，徐彦疏：《春秋公羊传注疏》第20册，十三经注疏整理本，北京：北京大学出版社，2000年，第35页。

濂承旨禁林日，福建行省都事沈秩来谒。曰：洪武三年秋八月，秩与监察御史张敬之等，奉诏往谕渤泥国。冬十月由泉南入海，四年春三月乙酉朔达阇婆，又逾月始至其国。国王马合谟沙，僻处海中，倨傲无人臣礼。秩令译人通言曰："皇帝抚有四海，日月所照，霜露所坠，无不奉表称臣。渤泥以弹丸之地，乃欲抗天威邪？"……秩奉诏立宣之，王俯伏以听，成礼而退。明日王辞曰："近者苏禄起兵来侵，子女玉帛尽为所掠，必俟三年后，国事稍纾，造舟入贡尔。"（卷二）

文中所述渤泥国，即今日位于东南亚的文莱达鲁萨兰国，上文即为宋濂奉诏往谕渤泥国以令其入贡之记载。文中具体记载了宋濂等使节奉诏谕使渤泥国入贡明朝的折冲协调过程，也生动地描述了渤泥国王反复不定的入贡态度，其后并对渤泥国之民情风俗、生活习性、文化特征，有颇为详细之记述。其中关于海洋朝贡的议论，主要是强调明朝"皇帝抚有四海，日月所照，霜露所坠，无不奉表称臣"，对于渤泥国"僻处海中，倨傲无人臣礼"表示不满，要其入贡称臣。渤泥国则以"苏禄起兵来侵，子女玉帛尽为所掠"为借口，希望等三年后，国事稍纾，再造舟入贡。此言引起宋濂等使节的不满，在经过一番言语往来后，渤泥国最终仍然屈服于明朝的天威而应允入贡。

相对于明初所议论的安南、交址、朝鲜（高丽）等藩国而言，明初也见到关于满剌国朝贡的议论。商辂于《赠行人刘偕立使西南夷序》曾云：

我国家混一区宇，薄海内外，凡重译之地，靡不臣服。乃满剌加国，僻处海陬，去京师不啻数万里。盖其地越占城、琉球诸国而益远，所谓重译之地是已。我太祖太宗盛德，覆冒海外，于时满剌加国王陪臣，尝与朝会、受封册、禀正朔、承锡赉，用以夸示邻境及其国人者数矣。（卷三八）

文中所云"满剌加国"，即马六甲苏丹王朝，王朝全盛时国土涵盖今泰国南部及苏门答腊南部，于明朝中叶开始与中国互有往来。上引序文即商辂在送刘偕立出使西南夷时，对于刘偕立此行对远扬明朝国威于满剌加国多所期许与勉励。序中称颂明朝国威远播海外，即使僻处海角重译之地的满剌加国仍然臣服，所以商辂在序末中说道："兹行也，奉宣德意于万里外，使蕃邦君臣知有中国之尊，与夫礼乐声华之盛，以益坚其止帚向之诚，则奉使之功，岂不伟哉。"可见明代在中叶以后与南洋国家在政经上已多有往来。

六、论琉球与朝鲜之朝贡事宜

琉球国在明太祖洪武年间便已入贡中国，基本上都遵守明朝对入贡国的相关规定，因此在初期的文献中虽曾提及琉球国之名，但尚未见到对琉球入贡事务的议论。直至中期的嘉靖年间，在卷二三六屠应埈所撰《送给事陈君使琉球序》中，才首见明代群臣关于琉球朝贡之论。文云：

> 东南夷内属者以数十，琉球盖其一云。高皇帝放驱胡元，揃饬异域，诸海外夷狄君长，振慑威德，交臂屈膝，以称臣归死，而琉球始通贡献中国。文皇帝时，命使者就立其王，赐之册命，被以印绶冠带，世为外藩，臣得遣子入就太学，于是琉球为宠王，骎骎向声教矣！天子躬至德中兴，诸国益效职，无敢堕怠，圣惠光施，存定荒裔，而琉球之使也，陈君实尸之行矣，壮哉！（卷二三六）

屠应埈说琉球本为数十东南夷之一，在明太祖时称臣，并开始入贡中国。其文为序赠友人出使琉球，故历数琉球入贡称臣的历史，以为勉励之用。

同样遵守明朝入贡规定者还有朝鲜，如成化年间的王琼于《辽东类》中曾云：

> 至于朝鲜遵奉正朔，岁入朝贡，视前代独为恭谨，内安外顺，固无足虑。（卷一〇九）

王琼于文中本在论述辽东边防御夷之重要性，而以朝鲜恭谨入贡，内安外顺，无须挂虑，应堪忧者为“海西建州女直诸夷”，两相对比下，朝鲜之遵守朝贡规定由此可见。所以到了嘉靖年间，欧阳铎《复朝鲜王请收买律管疏》中有“朝鲜之事朝廷，职贡甚谨”（卷二一二）之论，而王锡爵《敕谕朝鲜国王一道》中，亦有“该国（指朝鲜）虽介居山海中，传祚最久，昔在前朝，未沾王化，尚能拓地守险，雄视诸夷，今为我朝春秋贡献之邦，以世世凭席宠灵，蓄养财力，宜益强富”之评。

而到了明代中后期的万历年间，丰臣秀吉入侵朝鲜，被兵部侍郎宋应昌（1536—1606）与总兵李如松带兵击退，收复平壤。其后于应留守朝鲜？或是封贡朝鲜？宋应昌上《慎留撤酌经权疏》云：

> 若天朝之待四夷，如天覆万物，何所不容哉！苟以是心至，斯受之已矣。与封与贡，以羁縻之，有何不可！但留守经也，封贡权也；守经方可行权，无经则无权矣。犹之留守形也，封贡影也；有形斯能有影，无形则无影矣。封贡之事，臣方差官与之讲论，彼止欲请封，即与之封，封后二三年无事，果可与贡，另议与贡，事体次第，应该如是，无庸论矣。至如留守之事，正今日所当亟为讲求者，何也？盖朝鲜与中国势同唇齿，非若琉球诸国，泛泛之可比也。唇亡齿寒，自古言之，休戚与共，是朝鲜为我中国必不可失之藩篱也。（卷四〇二）

宋应昌将留守朝鲜比喻为经、为形，封贡朝鲜比喻为权、为影；守经才能行权，有形方能成影。是以对于朝鲜，宋应昌主张应以留守为本，封贡为辅。宋应昌的守经行权主张，乃源自公羊学的经权说。《公羊传・桓公十一年》云："权者何？权者反于经，然后有善者也。"[①]宋应昌引《公羊传》的经权说，不仅借经典权威以论证其主张，也突显了朝鲜在明代边防御寇中的重要藩篱作用。

七、重视日本寇患与朝贡议题

日本在明代初年与中国或有往来，至明代中叶后逐渐密切；然而此种密切的关系，却主要由于日本所造成的寇患所致，如嘉靖年间的王忬曾云："臣闻东南之倭寇，犹西北之匈奴。狙诈猛勇，强不可御，乘风迅速，来不可测。故我朝倭，北自山东，南抵闽广，规画经制，不减西北。且严通番下海之禁，明十年一贡之规，使常修举不失，岂有边患，但数十年来事皆废弛。"（卷二八三，《倭夷容留叛逆纠结入寇疏》）是以《皇明经世文编》中所见明代中期的士人之论，最聚焦于倭寇之患所带来的朝贡、治倭、海防等议题。

例如张邦奇于《张文定甬川集》中之《西亭饯别诗序一》有云：

---

① 何休解诂，徐彦疏：《春秋公羊传注疏》卷五，十三经注疏整理本，北京：北京大学出版社，2000 年，第 115 页。

唐宋设市舶使，间或领于州郡，兼于转运。已而专置提举诸司不复预，然犹废置不常。而两浙提举之司，在宋已称简靖。我国家威德旁流，极天所覆，绝海岛夷，往往帆风，日修职贡。明州滨东海，日本夷舶之来，于是焉止。浙省不宜开市舶，比非祖制也。其后引倭入内地，为患者数岁，故朝廷命中贵主其事。而提举市舶之职，率选科目胄监士为之。盖重边隅，柔远人，清货贿，势不可以不慎。然闽广之地，富商远贾，帆樯如栉，物货浩繁，应无虚日；而日本之夷，朝贡无常期，十数年间，仅一再至。……盖当重熙累洽，海不扬波之日，坐镇边隅，而宣清穆之风于万里，外国纳肃慎之矢，来越裳之雉，昭圣天子威德于无疆，其职恶可谓不重邪！（卷一四七）

张邦奇由唐宋设市舶使一职之用，述及日本寇患数年，朝贡少至而无常期，说明市舶使具有昭扬天德国威之效用，而论证市舶使一职之重要性。

又如严嵩于《严嵩南宫奏议》中之《会议日本朝贡事宜疏》说道：

惟是倭夷，时或犯我海道，又暗通奸臣，谋为不轨，以故□之，明载祖训，昭示久永。臣等窃谓，自后倭夷再来修贡，仰承祖训，却而不受，以示天朝不通无礼义之国，等因奉圣旨，这本说的是。礼部便会议来说，臣等会议得《春秋》之法，夷狄叛则惩其不悛而威之以刑，来则嘉其慕义自通，故进之也。传曰：见圣人之心，与天地相似。谨按皇明祖训，所列诸夷国名，凡十有五，而日本与焉。而于其下注曰：日本国虽朝贡，暗通奸臣，谋为不轨，故绝之。盖此国居海岛之中，往往出没，为海边州郡害。其后山东、淮浙、闽广沿海去处，设有备倭门，各设都指挥一员，统其属卫，摘拨官军，操习战船，以为防御。彼知吾有备，不敢犯边。时或数年，一来朝贡，朝廷以其恭顺之故而礼遇之。故自成祖文皇帝元年，已容其入贡，二年始赐国王诰命金印、永乐大统历及文绮古器书籍等项，恩赉甚厚。自是历累朝，列圣皆容其入贡。我皇上嘉靖二年，因使臣宋素卿等逞凶构乱，干犯天纪，奉有明旨，不许通贡者一十七年。日是以后，倭奴为中国患者累年，故宜绝不宜通，诚先事之要防也。此我皇上绝之之心，即太祖之心也，《春秋》惩其不悛之义也。（卷二一九）

严嵩此疏，先说明日本时有侵犯中国海道、暗通奸臣而谋为不轨之事，是以咸据《春秋》“夷狄叛则惩其不悛而威之以刑，来则嘉其慕义自通”之法以待之。其后明朝于沿海设有备倭门，日本知其有备而不敢犯边，由是渐为恭顺，是以自明初成祖时代起，允其入贡中国。直至世宗嘉靖二年(1523)因使臣宋素卿之乱，而不许通贡十七年，依《春秋》"夷狄叛则惩其不恪而威之以刑"之法，所以严嵩主张对于日本应采绝而不通的措施。严嵩于疏文中所引《春秋》之法，以及"见圣人之心，与天地相似"之传云，皆出自胡安国《春秋传·庄公二十三年》经云："公至自齐，荆人来聘。"传云："荆，自庄公十年始见于经，十四年入蔡，十六年伐郑，皆以州举者，恶其猾夏不恭，故狄之也。至是来聘，遂称人者，嘉其慕义自通，故进之也。朝聘者，中国诸侯之事，虽蛮夷而能修中国诸侯之事，则不念其猾夏不恭而遂进焉。见圣人之心，乐以人为善矣。后世之君，能以圣人之心为心，则与天地相似。凡变于夷者，叛则惩其不恪而威之以刑；来则嘉其慕义而接之以礼，迩人安远者服矣。《春秋》谨华夷之辨，而荆、吴、徐、越诸夏之变于夷者，故书法如此。"乃试图以经典神圣之义，为其宜绝日本主张之根基与论证。

同样以《春秋》夷夏之义的角度，论倭寇之治理防犯者，亦可见于嘉靖年间王忬的奏疏中，王忬云："臣惟《春秋》之义，每严于华夷之限，而祖宗之制，尤重于倭寇之防。"王忬疾呼倭寇之防，乃因当时寇患之炽："如去岁倭船三十余只，统领倭贼数千，久泊泉州之白沙，所过一空，声震城邑。宁波贼首，则身穿绯袍，直入定海操江亭，而官军闭城求哀，不发一矢。即今各岛诸夷，窥我浅深，愈见猖獗，非独有损国体，而将来之祸，更有不可言者。"(卷二八三，《条处海防事宜仰祈速赐施行疏》)是以《春秋》所主张的夷夏之防，适足以为当时士人立论的凭借。

而如徐阶于《复处日本国贡例》中说：

> 今照日本进贡夷使人船，有违旧例，虽节经题奉钦依行令，将额外之人遣回，缘候便风，未得遽去，滞留宾馆，前后逾年。今若一体给赏，则是本部十八年申明知会之咨与近日照例阻回之奏，俱成虚文而或过于恩。……至嘉靖十八年本国差使臣硕鼎等复来求贡，本部始议准夷使不过百名、贡船不过三只。今据周良等告禀，似谓百人之例，在彼国势难遵行，若不量为之处，窃恐无以广圣朝柔远之意，亦使其下次仍得借口逾数而来也。臣等以为除十年一贡、船三只、起送五十人到京，事例无容别议，其百人之数，合无行令浙江巡按御史备查旧例，并将本夷

贡船，逐一查验，每船委须若干人驾驶，比今该量增若干人，斟酌停当，开具奏闻，以凭本部复议，奏请咨行本国知会，俾永为遵守。（卷二四四）

嘉靖十八年(1539)因日本进贡的人船数量有违旧例，故徐阶奏明日本入贡以十年一贡、船三只、起送五十人到京为原则，而每船实际人数则可斟酌增量，以明订日本进贡之例则。另，唐顺之于《条陈海防经略事疏》中有云：

嘉靖二十六年，正使周良等坐船四只复贡，议者计方九年之期，有违事例，径自阻回，从此贡路不通。倭夷素性贪诈，利我中国之货，既不与贡例，无复望矣！因此遂被奸徒勾引同利，为寇不止，则以偶蹉一年贡期阻回之故也。为今之计，乞题请圣裁，令行各衙门遵照，今后夷人复来求贡，果有真正表印勘合，别无诈伪，姑不计其限例，就与奏请，起送赴京。（卷二六〇）

嘉靖二十六年(1547)，正使周良以四船入贡，因来贡间隔为九年，未符十年之期，遂被阻回，从此贡路不通。唐顺之认为长此以往，日本恐为奸徒勾引而为寇，于是从海防治寇的角度，提出"今后夷人复来求贡，果有真正表印勘合，别无诈伪，姑不计其限例，就与奏请，起送赴京"的奏议。

此外，胡宗宪在《题为献愚忠以图安攘事疏》中说道：

虽以倭奴凶狡，亦许十年一贡，不阻其向化之心者，所以抚之以仁，而溥其恩于无外。然必以十年为期，及不许人船过多，使不至于为患内境者，所以裁之以义而蓄其威于不测，制御夷狄之道，谅无出于二端。……移谕日本国王。倘于半年之间能将内犯倭夷，立法钤制，号召还国，不为我患，即见彼国效顺之诚，在朝廷自有旌劳之典。虽使贡期未及，亦必预为转奏，兼请朝廷重加奖赏，以彰中国怀远之义，以嘉远方效顺之诚。如或不能钤服倭夷，即是阳为入贡，阴蓄异谋，仍照禁例，径自阻绝，如此，则不惟可以逆折其非礼邀求之志，亦可以成吾招携伐叛之谋。此盖例外之意，通变之权，揆之大义，似亦无爽。（卷二六六）

文中叙明虽倭奴凶恶狡诈，但仍许其入贡，以彰当朝"抚之以仁，而溥其恩于无外"之德；只是必须"以十年为期，及不许人船过多，使不至于为患内境"为例。然而，其后浙江连年为倭患所苦，所以胡宗宪提出制御日本的两种方法。一是有赏，主张日本国王若能在半年内将倭夷召还回国，即可不受十年贡期之限；二是有罚，主张日本国王若不能钤服倭夷，则仍照禁例，径自阻绝贡路。

最后，胡宗宪在《舟山论》《山东预备论》《日本考略》三文中，皆由贡路的角度论述日本的入寇之路。例如《舟山论》云：

> 若定海之舟山……乃倭寇贡道之所必由。（卷二六七）

《山东预备论》云：

> 尝闻宋以前日本入贡，自新罗以趋山东。今若入寇，必由此路。（卷二六七）

《日本考略》云：

> 今考其入寇之路……南至琉球也，必由萨摩州开洋。顺风七日，其贡使之来。（卷二六七）

由朝贡路到入寇路，可见明代海禁与海寇的相互依存又相互影响的关系。

结　　论

经由上述的讨论，本文提出几点结论。

《皇明经世文编》中所收与海洋朝贡议论相关之文献，主要涉及通论海外藩国入贡事宜、颂扬明代海外朝贡盛况、多议安南入贡对治策略、论渤泥国与满剌加国之入贡、论琉球与朝鲜之朝贡事宜、重视日本寇患与朝贡议题等六个面向。

在上述六个面向中，前两者为一般事务与通则之讨论，后四者则专门针对某一国家所发之议论。其中以安南、朝鲜、日本三国最常被明代士人所论及，其次为琉球，渤泥国与满剌加国则各一见。渤泥国（今文莱）与满剌加国（今马六甲）能进入士人的关注范围，显见明代国力已远播至东南亚地区，而与东南亚国家有了程度不一的往来。

而在安南、朝鲜、日本三国中，安南与朝鲜两国本应从陆路入朝进贡，但贡使常有私自走海路的违规情形；再加上该两国的政治情势不稳、内忧外患频至，因此常成为士人所议论的对象。论安南的入贡对治策略，以初、中期所见为多；论朝鲜的朝贡事宜，则以中、晚期所见为多；至于日本，起初虽以朝贡事务为主，但其后焦点则逐渐转至以倭患治理、海防备边为主要的关心层面，尤以中、后期最为常见且明显。

在海洋朝贡事务的议论中，士人引经据典以为己证的情形并不常见。在有限的征引经典之义的论述中，以《春秋》之义的应用最多，且集中于夷夏之防、华夷之分、治夷之道等，所各仅一见的引《诗经》《论语》之说亦是如此。如此现象，一方面显示出明代士人以华夏文明大国自居而视四周藩国为夷狄之邦的传统思维，另一方面则突显了《春秋》夷夏观在当时治夷防狄、海防御倭需求上的适用性。

南明抗清海战诗叙事探论

颜智英
台湾海洋大学共同教育中心、海洋文化研究所

前　　言

南倭与北虏，是明代在海洋经理上最棘手的课题，也由于倭寇、鞑虏的威胁与侵扰，明朝的海疆总是烽烟弥漫、战火不断。对于这些海战的我方与他者、时间与地点、过程与结果、规模与武器等的记忆叙述，以及战前战后的情意抒发、经理海洋与对治他者的反省批判，在明诗中皆有不同程度的书写与反映；不仅具有补史料之阙的史学价值，也表现了明人的独特思想面貌，开拓了诗歌的新境界，而具有思想、文学的价值。

同时，由于明代海战诗的作者组成不同（有将领、幕僚文士、在野文人等），因而诗中所采取的叙事视角与内容遂各有所偏重，各有其特色，值得做系统而完整的观察与研究。可惜学界一直未见以此为主题的系统研究，因此，笔者近几年来即以此为主要研究课题，并完成明诗抗倭海战叙事的研究，以《明代抗倭海战诗叙事析论》为题发表，[①]分别从“战士视角”“百姓视角”观察其叙事特征，以及诗人对海洋经理的情感或思想。今欲接续此一课题，以南明诗人抗清海战叙事为研究主题，在数据库中，以相关的关键词对南明诗歌的诗题与诗句进行检索，再就检索所得予以仔细判读，筛选出较具

① 颜智英：《明代抗倭海战诗叙事析论》，《海洋文化学刊》第 21 期，2016 年 12 月，第 39～86 页。

代表的诗作进行分析，亦分别从“战士视角”“百姓视角”观察其叙事特征，以及诗人对海洋经理的情感或思想。同时，进一步与明代抗倭诗比较，期能见出其叙事、情志与海洋经理的异同之处，完成对南明海战诗的系统研究。

一、战士视角：南明义师的昂扬斗志

（一）海战过程实录：主动出击，先盛后衰

由于战争他者的不同，明诗中的抗清海战是主动出击之战，与被动的抗倭海战相较，虽战事范围较小（多集中于东南闽浙沿海，抗倭战则由东北至东南沿海皆有）、军队来源较少（仅仗义之师，抗倭战则有编制内的兵士及从各地征调的民兵），但由于南明义师更熟悉舟船水战，所用的武器更见新意，除了抗倭战中常见的刀剑、弓矢、戈矛、炮、火箭等之外，还有前者未见的火球、火轮、铁锁、燧象、连发的巨炮等，[①]因此，较抗倭战更具杀伤力。同样地，所运用的作战方式，也在抗倭沿海战的基础上，另发展出海岛作战的独特方式，如海岛孤城的骑兵战、云梯登城战、巷间戈战等，[②]以及由海入江的水犀飞渡、海上游击战、[③]突破夹岸火炮阵、冲破水流层层铁锁线等多元战法。如此作战条件，反清复明仍是可以期待的。就叙事方式而言，南明诗中

---

① 张煌言《翁洲行》：“一夜轻帆落奔电。”张煌言《师次燕子矶》：“夹岸火轮排叠阵，中流铁锁斗重围。”张煌言《和定西侯张侯服留题金山原韵六首》其二：“燧象横驱贵竹新。”见《张苍水诗文集》，南投：台湾省文献委员会，1994 年，第 82 页，第 111 页，第 108 页。卢若腾《嗔羊山》：“神机巨炮相续发，霹雳万声四塞雾。”见《留庵诗文集》卷上，《诗集 · 七言古》，金门：金门县文献委员会，1969 年，第 30～31 页。

② 张煌言《翁洲行》：“东风偏与胡儿便，一夜轻帆落奔电。南军鼓死将军擒，从此两军罢水战。孤城闻警蚤登陴，万骑压城城欲夷。炮声如雷矢如雨，城头甲士早疮痍。云梯百道凌霄起，四顾援师无蝼蚁。裹疮奋呼外宅儿，誓死痛哭良家子。斯时弟子在行间，吴淞渡口凯歌还。谁知胜败无常势，明朝闻已破岩关。又闻巷战戈旋倒，阖城草草涂肝脑。”见《张苍水诗文集》，南投：台湾省文献委员会，1994 年，第 82 页。

③ 张煌言《和定西侯张侯服留题金山原韵六首》其二：“水犀飞渡扶桑远。”《再入长江》：“江声万古似闻鼙，天际依然渡水犀。”见《张苍水诗文集》，南投：台湾省文献委员会，1994 年，第 108、109 页。

的抗清海战叙事，与抗倭海战诗一样，皆承杜甫、文天祥以诗存史的精神，以实录方式记载海战过程。抗倭诗诗题多以“人”为主，侧重人物形象或遭遇的描绘，如徐有贞《贺广宁伯刘公安袭封分韵得英字》、湛若水《送黑翠峰参戎赴留都不觉发江湖廊庙之悃》、朱曰藩《松陵杨明府歼倭卷》、莫如忠《少林僧月空尝以剿倭有功松郡追赋之》、莫如忠《赠胡总督平倭一首》、胡应麟《万伯修中丞东巡歌十首》、张凤翼《太守林公以西山之捷蒙金帛之锡》等。而抗清诗则多以地名为主，表现出以“地”系事的叙事特征，以强调战场的方式，深化战争事件的记忆，镌刻由战事生发的情感深度。[①] 例如张煌言（1620—1664）在历次海战中的相关诗题：

漳州之役：《我师围漳郡，余过觇之，赋以志慨》
首度由海入江：《和定西侯张侯服留题金山原韵六首》
　　《同定西侯登金山，以上游师未至，遂左次崇明二首》
二度由海入江：《舟次圌山，再入长江》
三度由海入江：《师次燕子矶》
初次联郑北征：《王师北发，草檄有感二首》
二次联郑北征：《会师东瓯漫成》
　　《师次观音门》
　　《师次芜湖，时余所遣前军已受降》
　　《师入太平府》
　　《姑熟既下，和州、无为州及高淳、溧水、溧阳、建平、庐江、舒城、含山、巢县诸邑相继来归》
　　《驿书至，偏师已复池州府》
　　《师入宁国，时徽郡来降，留都尚未克复》

若将上述诗题中的“地点＋叙事”依时间顺序组合起来，即成一部具体的南明时期东南地区抗清海战历史的系统性记录，也在收复地名的高密度

① 参见张柏恩：《时代苦难——论甲午战争诗》，《静宜中文学报》第 5 期，2014 年 6 月，第 151 页。

呈现中透显出诗人对于战事顺利的高昂情绪。又如卢若腾(1600—1664)的相关诗题，如《嗔羊山》《金陵城》等，则不仅记载了郑成功北伐过程中的羊山之厄与南京之败，也特别强调了羊山、金陵二地，是使整个抗清战斗由盛转衰的关键性战场，令作者不胜唏嘘。

就叙事内容言，南明对抗清兵的战事，本来进行得颇为顺利，尤其是张煌言所领导的战役。他于明福王弘光元年(1645，年二十六)加入浙东反清行列，翌年浙东失陷，护持鲁监国至海上(舟山)建立抗清基地；明桂王永历五年(1651)舟山失守，与张名振护鲁王依附郑成功；翌年，与张名振麾军入长江，登金山、望祭孝陵；永历八年(1654)三入长江，并会同郑成功军队攻克京口；永历十三年(1659)再次联郑北征长江，克镇江、逼南京，取下徽州、宁国、太平、池州四府，当涂、芜湖、贵池、铜陵等二十四县。这一路势如破竹的战争历程，于张煌言诗中有具体的书写，由表1所列诗题即可见其梗概。兹举其中一例：

横江楼橹自雄飞，霜伏云麾尽国威。夹岸火轮排叠阵，中流铁锁斗重围。战余落日鲛人窟，春到长风燕子矶。指点兴亡倍感慨，当年此地是王畿！(张煌言《师次燕子矶》)[①]

燕子矶位于南京城东北郊外直渎山上，是长江的重要渡口与南京主要的屏障。由于张煌言能亲上战场，又征战海上长达十九年，是以对于海战场面的描绘十分丰富多样而生动逼真，此诗即以示现法生动地刻画出明军驾楼船自海横江而渡的雄威，以及突破清人夹岸火炮阵与水流层层铁锁等严密防线的英勇。诗末更以己身伫立燕子矶上遥望、指点南京王畿的形象，书写内心战胜清军的喜悦与恢复明室的期盼。

可惜，这样的胜利并未一直持续下去，由于郑成功不听从张煌言据镇江以断清南援之军，使南京坐困之计，再加上攻南京时又轻敌纵酒，终为清军所败，退回厦门，移师东取台湾。这些郑成功与清军交战的战争历程，卢若腾诗中有具体记载，如：

金陵城，秦汉以来几战争。战胜攻取有难易，未闻不假十万兵。闽南义旅今最劲，连年破虏无坚营。貔貅三万绝鲸海，直泝大江不留行。

---

① 张煌言：《张苍水诗文集》，南投：台湾省文献委员会，1994年，第111页。

瓜步丹徒鏖战下，江南列郡并震惊。龙盘虎踞古都会，伫看开门夹道迎。一朝胡骑如云合，百战雄师涂地倾。金陵城，城下未歇酣歌声，芦苇丛中乱尸横。咫尺孝陵无人拜，人意参差天意更。单咎不能知彼己，犹是常谈老书生。（卢若腾《金陵城》）①

永历十三年(1659)，郑成功会同张煌言率师北伐，张煌言军队已深入长江，且使大江南北郡邑（四府、三州、二十四县）纷纷归附；眼看古都南京恢复在望，却因郑成功过于轻敌、纵酒弛备，以致功亏一篑②，胜利之喜只如昙花一现而已。

对比于抗倭战争的最终胜利，南明义师的抗清战事乃由先前的捷报连连，终而转为出师不利、功败垂成。南明最后难免步上灭亡的道路。

（二）海战人物特写：舟师群相

由于抗倭战事多捷报，因此明代抗倭诗中歌咏勇猛、富谋略、建事功等海战英雄的作品，远多于对忠贞死节的悲剧英雄的刻画与讴歌。至于抗清战事，则有胜有负，是以讴歌具战功与勇气的海战英雄者，以及哀悼殉国义士者皆有相当的分量。

南明抗清海战诗的人物书写最大的特色，并不在上述将士个别的殊相书写，而是在于对整体南明舟师忙碌、胆雄等共相的描绘与塑造。如：

逢逢伐鼓将军归，帆织沧波岛屿飞。鸣驺千骑入华堂，杲日炎炎炙剑光。三朝少妇飘翠纕，含羞不识若有望。……明朝又逐楼船去，恰似当年雀渡时。（徐孚远《楼船行》）③

借由一位无名将军与家人聚少离多的情况，来反映整体水师皆忙于战事、无法返乡的共相：新婚少妇因良人少归而不识其容貌，好不容易归来，隔天一早却又要扬帆离去。统帅都已如此，更何况是兵士们呢？又如：

楼船绎络赴江东，苍兕连呼胆气雄。往往欲来洗甲雨，时时故作折

---

① 卢若腾：《留庵诗文集》卷上，《诗集·七言古》，金门：金门县文献委员会，1969年，第31页。

② 张煌言：《北征得失纪略》，《张苍水诗文集》，南投：台湾省文献委员会，1994年，第1～4页。

③ 徐孚远：《钓璜堂存稿》卷五，1926年姚光怀旧庐刊本，第36页。

幡风。（徐孚远《季冬朔日取道北发》）[①]

元戎横槊向江东，尽日凄凄满朔风。峦谷纠纷山雾合，牙璋舒卷暮云同。严更漏转悲王粲，幞被冬寒叹乐崧。未暇长吟思猛士，几回搴幔对飞蓬。（徐孚远《风号连日夕》之一）

滔滔白浪且连天，竟日扁舟只睡眠。强弩射潮驱水怪，素车拍岸揖江仙。几回秋士思芳草，不尽孤臣泣杜鹃。土宇分崩今到此，何人先着豫州鞭？（徐孚远《风号连日夕》之二）[②]

诗人徐孚远（1600—1665）以其亲身的经验与观察，刻意着笔的是水师奋勇赴江东抗敌的胆气雄风，以及航海途中须面对狂风暴雨巨涛等挑战的坚定意志，还有不得不饱受思乡煎熬的苦楚心绪。

这些对舟师共相的特写，反映出抗清战斗中水师扮演着极重要的角色，也透显出南明义师长年在海上作战的备极辛苦。徐孚远的诗对于两军交锋的情况较少书写，较多的是对南明义军舟师冒险浮海、矢志复明等英雄群像的形塑与讴歌。

（三）战前书写：斗志昂扬

由于抗倭战争的他者多来自海外的倭寇，因此，战前书写最多的是闻海上倭警的忧虑；又因抗倭的发动多来自中央朝廷的被动抵抗，因此亦有不少关于征兵、阅兵等辛劳的书写。至于抗清战事则不然，由于战争的他者为入主中原的满洲人，发动者又是想主动收复政权的南明义师，因此，战前书写的重点不在海上闻警的忧心，反倒是义师们昂扬的斗志与浩浩的军威，如：

十万艨艟偃翠微，风雷黄石问兵机。月寒壁垒侵金柝，风入旌旗动铁衣。自愧青藜陪客座，幸从细柳识军威。辕门鼓角寒宵醉，帐下南塘夜猎归。

星郎自愧早弹冠，天策从来贵筑坛。娘子军中春色醉，将军树里月光寒。迟迟画舫垂绡幕，款款行厨洗玉盘。我已破家酬大镇，相逢斜拂

① 徐孚远：《钓璜堂存稿》卷一二，第1页。

② 徐孚远：《钓璜堂存稿》卷一二，第2页。

剑霜看。(夏完淳《军宴二首》)①

借问诸雄帅,何时肯放舟?枭音终不息,鼠穴可常留。一旅兴王待,千山爽气浮。仲冬风物好,鼓楫且消忧。(徐孚远《泊舟》)②

元戎实抱澄清志,击楫中流莫更纡。(徐孚远《诸公待水师发》)③

期门取次出貔貅,首路军声胡骑愁。(张煌言《王师北发,草檄有感二首》其二)④

楼船出闽越,军声正及锋。(张煌言《述怀》二首其一)⑤

前二首乃夏完淳(1631—1647)入吴易军后所作,他恪遵父亲遗命,尽以家财饷军,为国效命。诗中以壁垒金柝、旌旗铁衣,展现浩浩军威,期待“十万艨艟”能够兴复大明。第三、四首则表现出徐孚远对将帅能率部扬帆北讨、兴复明室的殷殷期盼与战胜自信。末二首张煌言也强调了郑鲁联军初次北征出发前的壮盛军威,充满了灭寇败敌的自信与昂扬的斗志,并展现出南明舟师为恢复明室而不畏牺牲、坚韧不拔的精神,令人动容。

(四)战后书写:战败悲歌,开放的海洋经理思维与国际观

明代抗倭诗歌中的战后书写,多表现出战胜的喜悦,以及少数对御倭之道的反省(官员怯懦无能、招抚政策不当)与建议(战略、战务、战将兵卒、战术等)⑥。南明抗清诗则正好相反,大部分发为战败的悲歌,如张煌言诗:

又闻巷战戈旋倒,阖城草草涂肝脑。忠臣尽葬伯夷山,义士悉到田横岛。亦有人自重围来,向余细说令人哀。椒涂玉叶填眢井,甲第珠珰掩劫灰。而今人民已非况城郭,髑髅跳号宁复肉。土花新蚀遗镞黄,石苔蚤绣缺斨绿。呜呼!问谁横驱铁裲裆,翻令汉土剪龙荒?安得一剑扫天狼,重酹椒浆慰国殇。(张煌言《翁洲行》)⑦

---

① 夏完淳:《夏内史集》,北京:中华书局,1985年,第53页。

② 徐孚远:《钓璜堂存稿》卷八,第10页。

③ 徐孚远:《钓璜堂存稿》卷一二,第8页。

④ 张煌言:《张苍水诗文集》,南投:台湾省文献委员会,1994年,第130页。

⑤ 张煌言:《张苍水诗文集》,南投:台湾省文献委员会,1994年,第131页。

⑥ 详参见颜智英:《论归有光诗中的海战书写——兼述其古文中的御寇思想》,《成大中文学报》第43期,2013年12月,第110～117页。

⑦ 张煌言:《张苍水诗文集》,南投:台湾省文献委员会,1994年,第82页。

张煌言闻说舟山行朝被清人攻陷，已却未及赶回救援，内心哀痛莫名。诗中以示现法勾勒巷战牺牲的战士、不愿投降而自刎的忠臣义士、因守节而尸填枯井的皇室贵族、因围城战争而饿死成骷髅的可怜百姓的死亡场景，深切地表达行朝陷落的悲痛。诗末自问自答的设问语气，更加强复仇杀敌的表情效果。

然而，在战事失利后，诗人们除了悲吟战败结果外，对于战败原因亦多有反省（抗倭战书写对战后的反省着墨不多），还有不少的建议。在败因反省上，诗人们多归咎于朝廷用人不当，有变节投降者、不学无术者、骄傲跋扈者、贪污腐败者等。如变节投降者：

> 长鲸稽首称波臣，玉皇香案皆膻羯……嗟嗟长鲸尔何愚，如彼异类终屈节。神龙不臣臣贪狼，抉目涂肠坐自灭。（张煌言《长鲸行》）①

诗中将郑芝龙喻为长鲸，特写其屈节降清、自取灭亡的愚昧；责难芝龙之余，也反衬出张煌言的忠贞不屈。又如贪污腐败者：

> 檀州使宅夜开宴，伎乐纷纭拟天馔。帘垂红锦附氍毹，蜡和沈香焚甲煎。猩唇熊白不知名，碧玉黄金满深院。谁其坐者中贵人，盘龙织绮稳称身。赐炙传呼动千骑，上寿逡巡来九宾。渔阳老将邯郸儿，竞前呢呢谁最亲？皆言禁中出颇牧，指挥万里无烟尘。山头嵯峨烽火绝，此时胡雏亏汉月。明驼快马凌风雪，帐前健儿沙中血，回首华堂灯未灭。（陈子龙《檀州乐》）②

诗人陈子龙（1608—1647）直指蓟辽边防沦陷于清军之手，应归咎于总督吴阿衡、监视蓟辽总督的太监邓希诏之贪腐失职。崇祯十一年（1638）九月，邓希诏生辰，吴阿衡暨蓟辽各地文武官员为其祝寿，使清兵得以乘虚而入，攻陷边防重镇，怎不令战场上溅血之军士健儿深感悲愤？

除了用人不当外，诗人指出战败之因还有朝廷不知采纳谏言、在上位者荒淫误国、南明义师之间难以合作等，限于篇幅，无法一一举例说明。

至于战后的建议，诗人们亦有具体之论，如陈子龙认为南明诸王应同心

---

① 张煌言：《张苍水诗文集》，南投：台湾省文献委员会，1994 年，第 154 页。

② 陈子龙著，施蛰存、马祖熙标校：《陈子龙诗集》，上海：上海古籍出版社，2008 年，第 264～265 页。

协力抗清(《枯鱼过河泣》);甚至展现出突破传统的、开放的海洋经理思维与国际观,如徐孚远认为应善用水师及海岛制海权的优势,诗云:

献岁初传王气开,孤臣回首重徘徊。中原貔虎今谁在?惟有楼船海上来。(徐孚远《北望》)①

楼船将欲上天行,醉倚洪涛挥扇轻。不是前驱苍兕过,秋风已到石头城。(徐孚远《崇明沙》)②

清军拥有优渥的陆上优势,而在浙江、福建沿海的南明义师拥有的优势则是海岛、舟船、水师。因此,由海道北征,尤其是从长江入海口崇明岛溯洄而上,可直入长江,收复昔都南京。

可惜,郑成功的舟师未能成功攻取南京,只好退守厦门,拟移师东渡,先"平克台湾,以为根本之地,安顿将领家眷,然后东征西讨,无内顾之忧,并可生聚教训"③。对此,海战经验丰富的张煌言提出反驳与建言,有诗云:

中原方逐鹿,何暇问虹梁。欲揽南溟胜,聊随北雁翔。鲎帆天外落,虾岛水中央。应笑清河客,输君是望洋。

羽书经岁杳,犹说衮衣东。此莫非王土,胡为用远攻。围师原将略,墨守亦夷风。别有刍荛见,回戈定犬戎。(张煌言《送罗子木往台湾二首》)④

张煌言对于郑成功东渡台湾以为反清复明根据地的做法,期期以为不可。深恐时日一久,复明之心将消磨殆尽,遂派罗子木至台湾责郑成功,又遗书王忠孝、沈佺期、徐孚远等劝其速图收复中原之业。上列二诗表达了张煌言反对进军台湾的立场,认为出兵台湾将分散抗清力量,而无暇"逐鹿中原";应把握清王朝内部已显现"主少国疑""将骄兵惰""人怨天怒""畏海如虎"等弱点的良机,再度张郑联兵,"回戈"中原。张煌言《上延平王书》:"今顺酋短折,胡雏继立,所云'主少国疑'者,此其时矣;满党分权,离畔叠告,所云'将骄兵惰'者,又其时矣;且灾异非常,征科繁急,所云'人怨天怒'者,又

① 徐孚远:《钓璜堂存稿》卷一八,第 14 页。

② 徐孚远:《钓璜堂存稿》卷二〇,第 11 页。

③ 杨英:《从征实录》,《台湾文献丛刊》第 32 种,台北:台湾银行,1958 年,第 185 页。

④ 张煌言:《张苍水诗文集》,南投:台湾省文献委员会,1994 年,第 161～162 页。

其时矣。兼之虏势已居强弩之末，畏海如虎；不得已而迁徙沿海为坚壁清野之计，致万姓弃田园、焚庐舍，宵啼露处，蠢蠢思动，望我师何异饥渴！我若稍为激发，此并起亡秦之候也。”[①]此外，他在《感事四首》中还进一步指出墨守台湾实无助于复明事业的具体理由：台湾地理位置偏远，又属荒僻未开之地、蛮夷之邦，不宜久居；还须与荷兰蛮族交战，徒然浪费时间、精力。从中虽可以看出诗人满腔的赤诚与战斗的勇气，却也透显出其视台湾为文明落后的边陲地带的封闭意识。当时与张煌言同样反对东渡台湾的人不少，[②]如卢若腾在《虏迁沿海居民》中即具体指出清廷的迁海政策会丧失民心、激发民怨，正是反清的好时机；至于其《东都行》诗："到处逢杀运，何时见息兵。天意虽难测，人谋自匪轻。苟能图匡复，岂必务远征。”[③]则与张煌言一样，反对远征台湾，亦目海洋为边塞。这些诗作或可视为中国传统“边塞诗”的延续。[④]

然而，郑成功始终没有接受张煌言、卢若腾等人的建议。他在南京败战后，从宏观的视角来说服诸将东取台湾，云：

> 自攻江南一败，清朝欺我孤军势穷，遂会南北舟师合攻。幸赖诸君之力，虽然已败，但恐终不相忘。故每夜徘徊筹划，知附近无可措足；惟台湾一地离此不远，暂取之，并可以连金、厦而抚诸岛。然后广通外国，训练士卒，进则可战而恢复中兴，退则可守而无内顾之忧。诸君以为何如？[⑤]

郑成功打算先取台湾，再连金厦抚诸岛，“广通外国”以训练士卒，可见其思维已经跨越了台湾海峡，突破前述诸人的“南北固守”策略，[⑥]不再视台

① 张煌言：《张苍水诗文集》，南投：台湾省文献委员会，1994 年，第 30 页。

② 详参见陈寅恪：《柳如是别传》下册，上海：上海古籍出版社，1982 年，第 1183 页。

③ 卢若腾：《东都行》，《留庵诗文集》，金门：金门县文献委员会，1969 年，第 12 页。

④ 曾世豪将与边塞诗同样具爱国与悲悯情怀之明代抗倭诗视为“海洋边塞诗”，认为是中国边塞诗的一种延续。参见曾世豪：《烽火兴浪涛——论明朝抗倭战争中边塞诗的海洋新貌》，《台北教育大学语文集刊》第 20 期，2011 年 7 月，第 118 页。

⑤ 江日升：《台湾外记》，《台湾文献丛刊》第 60 种，台北：台湾银行，1960 年，第191 页。

⑥ 郑永常：《郑成功海洋性格研究》，《成大历史学报》第 34 期，2008 年 6 月，第 84 页。

湾为文明低落的边疆；甚至，还以之为本国故土，认为“复台”[①]后可以安置被清廷迫迁之民，有云：“台湾，吾家故土也；将往复之，以居迫迁之民。”[②]此外，更肯定台湾地理位置的重要性与物阜民丰，云：

> 台湾当数省要冲，为海道枢纽；沃野千里，民殷物阜。昔太师屯垦其地，余风迄今犹存。加之红夷虐民敛货，诛求无厌；本藩职司招讨，拯民有责。吾欲复台湾以为根本之地，招沿海民实之，以耕以战；进则将士无内顾、眷属免奔波，退则大海为天堑、军民安盘石。中兴大计，孰有逾此者！[③]

这番与张煌言全然相反的看法，展现出郑成功打破中国传统以来固有的国际观，不再以中原本土为中心、以海洋为边疆的封闭思维，而是重视海洋与海外岛屿发展性的开放的国际观。而后他随即出发东渡，[④]致函荷兰人交还台湾，理由是“澎湖岛离漳州诸岛不远，固为其所属，大员亦接近澎湖岛，故此地应属中国之统治”[⑤]，亦即以“领海权延伸”[⑥]作为用兵的根据，率领庞大舰队跨海远征，完全突破当时中国人的海洋经理思维，而具有划时代的思想价值。

二、百姓视角：悲悯百姓的多重苦难

南明诗人与嘉靖诗人一样，从“百姓视角”书写生民的苦难，不仅留意到

① 郑成功入台后作有《复台》诗：“开辟荆棘逐荷夷，十年始克复先基。田横尚有三千客，茹苦间关不忍离。”可见其以台湾为故土之思想。

② 张菼编：《郑成功纪事编年》，《台湾文献丛刊》第79种，台北：台湾银行，1960年，第130页。

③ 张菼编：《郑成功纪事编年》，《台湾文献丛刊》第79种，台北：台湾银行，1960年，第131～132页。

④ 郑成功于永历十五年(1661)复台议定后，随即部署出发，三月二十四日次澎湖；四月初二日入鹿耳门；五月初二日以台湾为东都，以备帝来临幸；十八日命众圈地开垦，并作《复台》诗。参张菼：《郑成功诗文笺注》，《台湾文献》第34卷第3期，1983年9月，第6页。

⑤ 村上直次郎日译，程大学中译：《巴达维亚城日记》第三册，台中：台湾省文献委员会，1990年，第156页。

⑥ 郑永常：《郑成功海洋性格研究》，《成大历史学报》第34期，2008年6月，第85页。

因对抗战争他者而使百姓流离、死难，还记录了海盗对百姓的劫掠，并揭露我方军事集团对人民的欺凌，于悲悯情怀之中寄寓“兴，百姓苦；亡，百姓苦”的反战思想。

（一）兵燹之祸

南明抗清之战，多以海外岛屿为基地，作战范围亦多在闽浙沿海一带；然而，不论谁胜谁负，东南沿海居民无不因饱受兵燹之祸而死亡枕藉，或流离失所。张煌言凭其一生飘零海上、转战海疆的丰富经验，对此有深刻的观察与记录，诗云：

亦有人自重围来，向余细说令人哀。椒涂玉叶填胥井，甲第珠珰掩劫灰。而今人民已非况城郭，髑髅跳号宁复肉。（张煌言《翁洲行》）[①]

城头刁斗寂不闻，惟闻死声动箪箑。……此时龙战血玄黄，功成谁念沟中瘠！（张煌言《闽南行》）[②]

前者，诗人以示现法具体地呈现永历五年（1651）八月舟山城陷时，重臣将领的妻妾跳井殉节、宅第珍宝焚于战火、百姓哀号而终成髑髅等悲惨的死亡画面。后者，则以反诘语气，并以战士“功成”与百姓成“沟中瘠”的强烈对比，表达对永历六年（1652）四月虽然张名振围攻漳州城成功，但城内却因郑成功围城久久不下、七十余万百姓食尽而成沟中白骨的无奈与悲愤。[③]

永历十五年（1661），清廷更为了孤立郑军、切断其物资供应而颁迁界

---

① 张煌言：《张苍水诗文集》，南投：台湾省文献委员会，1994 年，第 82 页。

② 张煌言：《张苍水诗文集》，南投：台湾省文献委员会，1994 年，第 90 页。

③ 全祖望所作之张煌言《年谱》“顺治九年（壬辰）”条张寿镛按语：“是年，郑成功围漳，属邑俱下；独郡城以援至，不克。成功防镇门山以水之，堤坏不浸。城中食尽，人相食，枕藉死亡者七十余万。时又遭派垛索饷之惨，夜敲瘦骨如龙瓦声。千门万户莫不洞开，落落如游墟墓。馋鼠饥乌，白昼充斥。围解，百姓存者数而指沟中白骨，非其父兄，即其子弟，历数告人；然气息仅相属，言虽悲，不能下一泪也。时有一人素慷慨，率妻子闭户，一恸而绝；邻舍儿窃煮啖之，见腹中累累皆故纸，字画隐然，邻舍免亦废箸死。”（《张苍水诗文集·附录》，南投：台湾省文献委员会，1994 年，第 244 页）可知城内百姓因围城过久、采办军需者的要索掠夺而严重缺粮，或以故纸为食，或人相食，实为人间炼狱，战争荼害黎民之剧，由此可见一斑。

令,[①]致使沿海人民颠沛流离、无家可归,诗云:

去年新燕至,新巢在大厦;今年旧燕来,旧垒多败瓦。燕语问主人,呢喃泪盈把。画梁不可望,画舰聊相傍;肃羽恨依栖,衔泥叹飘荡。自言昨辞秋社归,比来春社添恶况;一片蘼芜兵燹红,朱门那得还无恙。最怜寻常百姓家,荒烟总似乌衣巷。君不见晋室中叶乱五胡,烟火萧条千里孤;春燕巢林木,空山啼鹧鸪。只今胡马仍南牧,江村古树窜鼪鼯;万户千门徒四壁,燕来亦随樯上乌。海翁顾燕且太息,风帘雨幕胡为乎?(张煌言《辛丑秋,虏迁闽浙沿海居民;壬寅春,余舣棹海滨,春燕来巢于舟,有感而作》)[②]

学者廖肇亨指出此诗貌似借飞燕来巢于舟,叹战事扰民之苦,其实只是作者为免燕巢于舟所预示的兵败身死之兆引起兵士恐慌,而于战前提出以安抚军心的一种说法。[③] 然而,无论诗人的作意为何,诗中借飞燕口吻委婉道出胡马南牧后,屋舍村里一片荒芜萧条的凄凉景象,仍反映了当时闽浙沿海百姓因兵燹之祸而不得安居、流离失所的现实。张煌言的好友卢若腾亦有《虏迁沿海居民》诗[④],描写清廷下令迁海后,人民颠沛流离的悲惨情景,并呼吁豪杰顺应时势,起义反清。

(二)海盗之劫

除了战争所造成的死难与流离外,百姓的痛苦还包括了因海盗劫掠以致衣食无着的无助。张煌言诗云:

乘舴艋、载艅艎,槌钲挝鼓走风樯。满船儿郎抹额黄,人言若辈真鹰扬,饥则攫人饱则扬。江村鸡犬绝鸣吠,老稚吞声泣道旁:罄我瓶中粟,使我朝无粮;断我机中苎,使我暮无裳。我亦遗民事耕织,当身不幸见沧桑。入海畏蛟龙,登山多虎狼;官军信威武,何不恢城邑,愿输夏税

① 顾诚:《南明史》,北京:中国青年出版社,2003 年,第 1059—1084 页。

② 张煌言:《张苍水诗文集》,南投:台湾省文献委员会,1994 年,第 13 页。

③ 参见廖肇亨:《浪里挑灯看剑:中国海战诗学之书写特质与价值信念初探》,《中国文学研究(辑刊)》2008 年第 1 期,第 294 页。

④ 卢若腾:《留庵诗文集》卷上,金门:金门县文献委员会,1969 年,第 16 页。

贡秋粮。(张煌言《舴艋行》)[1]

诗人从百姓的角度发声，以第一人称直接道出海盗掠夺粟米衣裳等民生用品的鹰扬跋扈，以及百姓冀望官军拯救的企盼。兵祸连年，社会失序，使海盗有可乘之机；甚至，连落难至南澳的鲁王也难免于海盗的劫掠，诗云：

挥泪东南信，初闻群盗狂。扁舟哀望帝，匹马类康王。流彘终何限，依斟倘不妨！只今谋税驾，天地已沧桑。(张煌言《闻监国鲁王以盗警奔金门所》)[2]

永历十年(1656)三月被郑成功安排迁往南澳的鲁王，三年后遭受海盗劫掠而仓皇逃往金门。张煌言听闻此事件后忧心不已，并以蜀望帝化为杜鹃之悲鸣，比喻鲁王遇盗之令诗人哀伤；又以宋康王得泥马之助脱险，[3]比喻鲁王得以脱险逃至金门之侥幸。海盗之猖狂，由此可见一斑。

(三)官军之掠

更可恨的是，原本被百姓视为救星的官军，竟也成为戕害民生的刽子手，诗云：

赤羽飞驰露布哗，铜陵西去断胡笳。横流锦缆空三楚，出峡霓旌接九华。歌吹已知来泽国，樵苏莫遣向田家！前驱要识王师意，剑跃弓鸣亦漫夸。(张煌言《驿书至，偏师已复池州府》)[4]

由诗人谆谆告诫士兵“樵苏(日常生计)莫遣向田家”之语可知，南明义军有剽掠扰民的情况，例如全祖望《明户部右侍郎都察院右佥都御史赠户部尚书崇明沈公神道碑铭》：“时诸军无饷，竞以剽掠为事，至于系累男妇，索钱取赎，肆行淫纵。浙东之张国柱、陈梧为尤甚。”[5]又如全祖望《明故权兵部尚书兼翰林院侍讲学士鄞长公神道碑铭》：“公(煌言)乃集义从于上虞之平

---

① 张煌言：《张苍水诗文集》，南投：台湾省文献委员会，1994 年，第 104～105 页。

② 张煌言：《张苍水诗文集》，南投：台湾省文献委员会，1994 年，第 151 页。

③ 传说宋徽宗第九子康王赵构于质金途中，有一匹马载构飞渡黄河助其脱险后，立即化为泥塑之马。参见钱彩：《精忠岳传演义》，台北：风云时代出版社，1987 年，第 210～216 页。

④ 张煌言：《张苍水诗文集》，南投：台湾省文献委员会，1994 年，第 142 页。

⑤ 全祖望撰，朱铸禹校集注：《全祖望集汇校集注 · 鲒埼亭集外编》卷四，上海：上海古籍出版社，2000 年，第 803 页。

冈。山寨之起也,因粮于民;民始以其为故国也,共饷之。而其后遂行抄掠,民苦之。其不以横暴累民者,衹李公长祥东山寨、王公翊大兰山寨,与公而三;履亩输赋,余无及焉。"①足见官军抄掠百姓为常有之事。因此,纪律严整,与居民相安的军队,才能获得百姓的尊敬,从而主动输赋,提供军需。

另有起义不成而归隐故乡金门的卢若腾,对于郑军抢掠、骚扰金门百姓的恶行有具体的观察与描绘,诗云:

> 老翁号乞喧,手携幼稚孙。问渠来何许,哽咽不能言。久之拭泪诉,世居濒海村,义师与狂虏,抄掠每更番。一掠无衣谷,再掠无鸡豚。甚至焚世室宇,岂但毁篱藩。时俘男女去,索赂赎惊魂。倍息货富户,减价鬻田园。幸得完骨肉,何暇计饔飧。彼此赋役重,名色并杂繁。苦为两姑妇,莫肯念疲奔。朝方脱系囹,夕已呼在门。株守供敲朴,残喘岂能存。举家远逃徙,秋蓬不恋根。渡海事行乞,冀可活晨昏。我听老翁语,五内痛烦冤。人乃禽兽等,弱肉而强吞。出师律不肃,牧民法不尊。纵无恻隐心,因果亦宜论。年来生杀报,皎皎如朝暾。胡为自作孽,空负天地恩。(卢若腾《老乞翁》)②

老翁自述从厦门渡海来金门行乞乃因受"义师"与"狂虏"的掠夺,不仅反映清军的威胁,也指出郑军的军纪败坏。郑成功向以治军严明著称,但其叔父郑彩、郑联、郑泰等郑军集团则不然,军纪散漫,扰民滋事,使金门百姓苦不堪言。又如:

> 番薯种自番邦来,功均粒食亦奇哉。岛人充飧兼酿酒,奴视山药与芋魁。根蔓茎叶皆可啖,岁凶直能救天灾。奈何苦岁又苦兵,遍地薯空不留荄。岛人泣诉主将前,反嗔细事浪喧豗。加之责罚罄其财,万家饥死孰肯哀。呜呼!万家饥死孰肯哀!(卢若腾《番薯谣》)③

番薯是旱灾时的最好粮食,却遭郑军夺取,遍地不留。岛民向主将泣诉,反被斥滋事生非,受责罚钱,诗人为之深感悲哀。④ 甚至还有军士绑架

---

① 全祖望撰,朱铸禹校集注:《全祖望集汇校集注·鲒埼亭集内编》卷九,上海:上海古籍出版社,2000年,第181页。

② 卢若腾:《岛噫诗》,《台湾文献丛刊》第245种,台北:台湾银行,1968年,第8页。

③ 卢若腾:《岛噫诗》,《台湾文献丛刊》第245种,台北:台湾银行,1968年,第23页。

④ 类似的诗作还有《甘蔗谣》《庚子除夕》《骄兵》《田妇泣》等。

孩童以索贿的情事，诗云：

> 健卒径入民家住，鸡犬不存谁敢怒。三岁幼儿夜啼饥，天明随翁采薯芋。采未盈筐翁未归，儿先归来与卒遇。抱儿将鬻远乡去，手持饼饵诱儿哺。儿掷饼饵呼爹娘，大声哭泣泪如雨。邻人见之摧肝肠，劝卒抱归还其妪。妪具酒食为卒谢，食罢咆哮更索赂。倘惜数金赎儿身，儿身难将铜铁锢。此语传闻遍诸村，家家相戒谨晨昏。骨肉难甘生别离，莫遣幼儿乱出门。（卢若腾《抱儿行》）①

郑军手持饼饵诱拐儿童，欲掳之贩卖至远方；家人只好用重金将孩子赎回，竟还准备酒食“答谢”士卒。村民们只能互相告诫：勿让幼儿出门。诗人于诗中虽未现身发声，然而其无奈与悲悯则充斥于字里行间。

结　论

南明海战的主要他者转而为拥有中原政权的满洲人，战争发动者为南明义师，因此，是异于抗倭（以防御为主）的主动之战。诗中的海战书写兼重“战士”与“百姓”视角，在诗歌海战书写发展史上具有集大成的地位。

此期书写突破传统之处为：“战士视角”方面，以舟师胆雄志高群相的特写取代传统对将士个别爱国殊相的描绘，借以凸显出抗清战斗中南明水师所扮演的重要角色，以及南明义师长年在海上作战的备极艰辛却斗志高昂；扬弃传统以“人”为主的形象描绘，而改采以“地”系事的方法实录由盛转衰的反清复明战事，成功地以强调战场的方式深化战争事件的记忆。最可贵的是，诗人张煌言、徐孚远等能善用水师与海岛制海权的优势，展现开放性的海洋经理思维；郑成功更以“领海权延伸”作为用兵台湾的根据，是国际观的展现，突破了当时中国人以海洋为边疆的封闭思维，而具划时代的思想价值。“百姓视角”方面，南明诗人不仅留意到战争他者对百姓的烧掠，还揭露海盗、我方军事集团对人民的欺凌，于悲悯情怀之中寄寓“兴，百姓苦；亡，百姓苦”的反战思想。

---

① 卢若腾：《岛噫诗》，《台湾文献丛刊》第 245 种，台北：台湾银行，1968 年，第 22 页。

从“战士”与“百姓”视角观看南明抗清诗的海战书写，不仅肯定其可补史阙的史学价值；更由诗人采取的“百姓”视角体察出诗人苦民所苦的仁爱襟怀，“战士”视角透视出南明诗人面对他者时的无畏姿态，面对世界的开放性海洋经理思维与开拓性格局等多样而动人的精神样貌，从而体现其诗学与思想之价值。

明代中后期海疆烽堠墩台的建置与变化

——以江苏地区为例[①]

杨正显

台湾海洋大学人文社会教学研究中心

前　　言

现今学界对明代倭寇议题的研究多集中在浙闽粤三地，从历史事实来说，方向并无谬误，但间接忽略对其他地区的关注，例如南直隶与山东地区。去年笔者发表《治倭思维的转变——论〈筹海重编〉著作的意义》一文[②]，透过对郑若曾（字伯鲁，号开阳，1503—1570）的《筹海图编》与邓钟（字道鸣）《筹海重编》内容的对勘，探讨《筹海重编》的著作意义在于"治倭思维"已转为海上作战为主。在比对两书内容差异之时，发现经过多年抗倭战争后，地方上的防卫制度与设施有了改变，例如军令系统的变化、防卫区域的重划、人员的增减等。[③] 当然，这些变化在过往的研究中也已或多或少地被提及，但作为预警系统的"烽堠墩台"设施则还没有人注意到。即使注意到了，也

---

① 本文为台湾科技事务主管部门计划"明代海洋经理与叙事之数位人文研究：治倭思维（Ⅱ）"（编号：MOST-2420-H-019-004）部分研究成果。

② 杨正显：《治倭思维的转变——论〈筹海重编〉著作的意义》，《海洋文化学刊》第21期，2016年12月，第87～119页。

③ 黄中青：《明代海防的水寨与游兵：浙闽粤沿海岛屿防卫的建置与解体》，宜兰：学书奖助基金，2001年。

多关注在沿海的烽堠设施①,未能触及"江河防"的烽堠墩台。由于数字人文计划之故,笔者除了透过数据库搜罗相关史料外,也阅读前人的研究著作。在阅读到柳诒征(字翼谋,号劬堂,1880—1956)的《明代江苏倭寇事辑》②时,发现此长文不仅对江苏一地遭受倭寇侵扰的历史史料已大致收集完备,而且对于这些史料有比勘与考证,提醒笔者《明实录》的记载多为简略,亦有谬误,不可尽信。然对笔者而言,相较于浙闽粤沿海防倭设备多集中于烽堠与海上会哨制度的探讨,对于江苏一地防倭设施的研究,则没有相关研究来说明。本文透过柳诒征长文,配合相关史料,说明江苏一地的防倭设施、观念与其他地区的差异,或有助于学界能以不同的角度来理解倭寇问题。

一、从海防到江防

倭寇在嘉靖初期入侵中国的路线与区域,大多集中在浙闽粤三地,也是朝廷用兵所在。随着剿倭战争的激烈,倭寇四处奔窜,官军却因为军事责任区划分所致,中断追剿的行动,而江苏地区就属于这样的性质。在实质说明江苏抗倭情势的变化前,先从柳诒征所收集到《明代江苏倭寇事辑》的资料谈起。柳氏此资料采集时间多集中在嘉靖三十一至三十五年(1552—1556),地区除了江苏一地外,还包括南京地区,事实上就是明朝"南直隶"。本文探讨的区域集中于南直隶江南地区(见图 1)。

① 孙国阳:《明朝山东海防烽火台探究》,《湖北函授大学学报》2014 年第 2 期,第 183 转 194 页。

② 《明代江苏倭寇事辑》原发表于《中央大学国学图书馆馆刊》1932 年第 5 期,后收入柳诒征:《柳诒征史学论文集》,上海:上海古籍出版社,1991 年,第 271～491 页。

揚子江
金山
圌山把總
鎮江府
丹徒縣
靖江縣
楊舍守禦
福山把總
丹陽縣
金壇縣
溧陽縣
常州府
武進縣
常熟縣
蘇州府
長洲縣
吳縣
崑山縣
宜興縣
無錫縣
太湖
吳江縣
湖州界
嘉興界

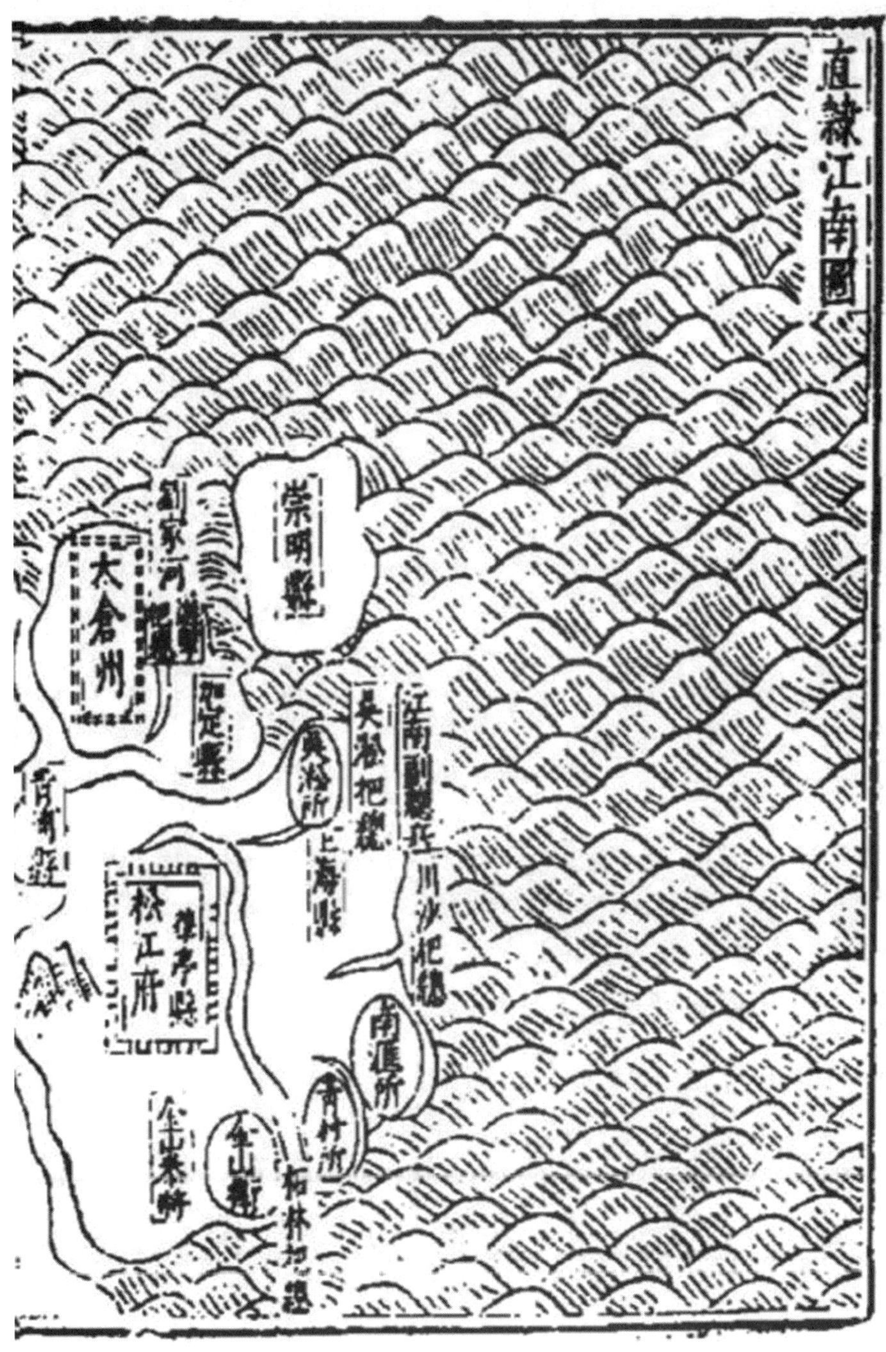

图 1　直隶江南图

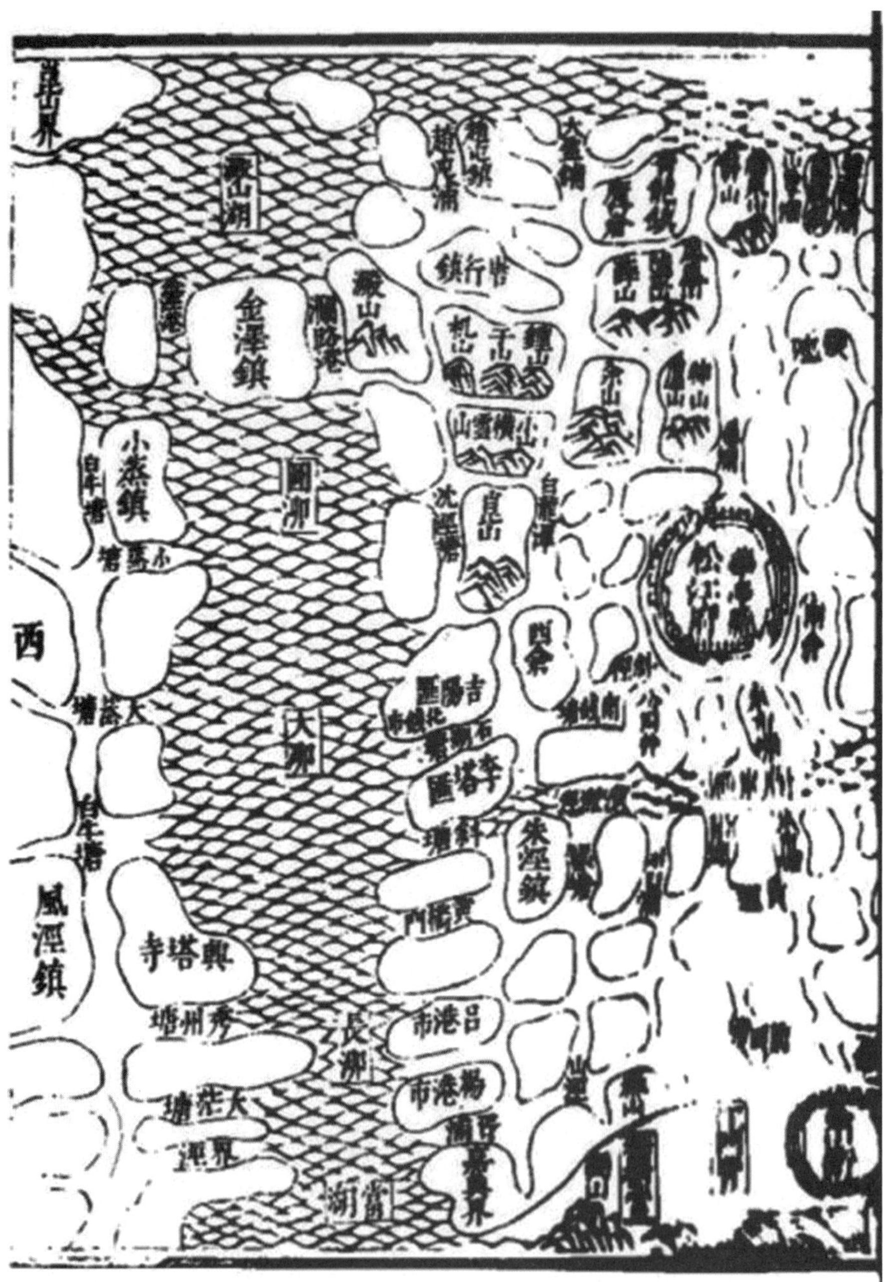

金泽镇
小蒸镇
西
风泾镇
兴塔寺
秀州塘
大泖
长泖
圆泖
朱泾镇
吕港市
杨港市
李塔汇
吉阳汇
松江府

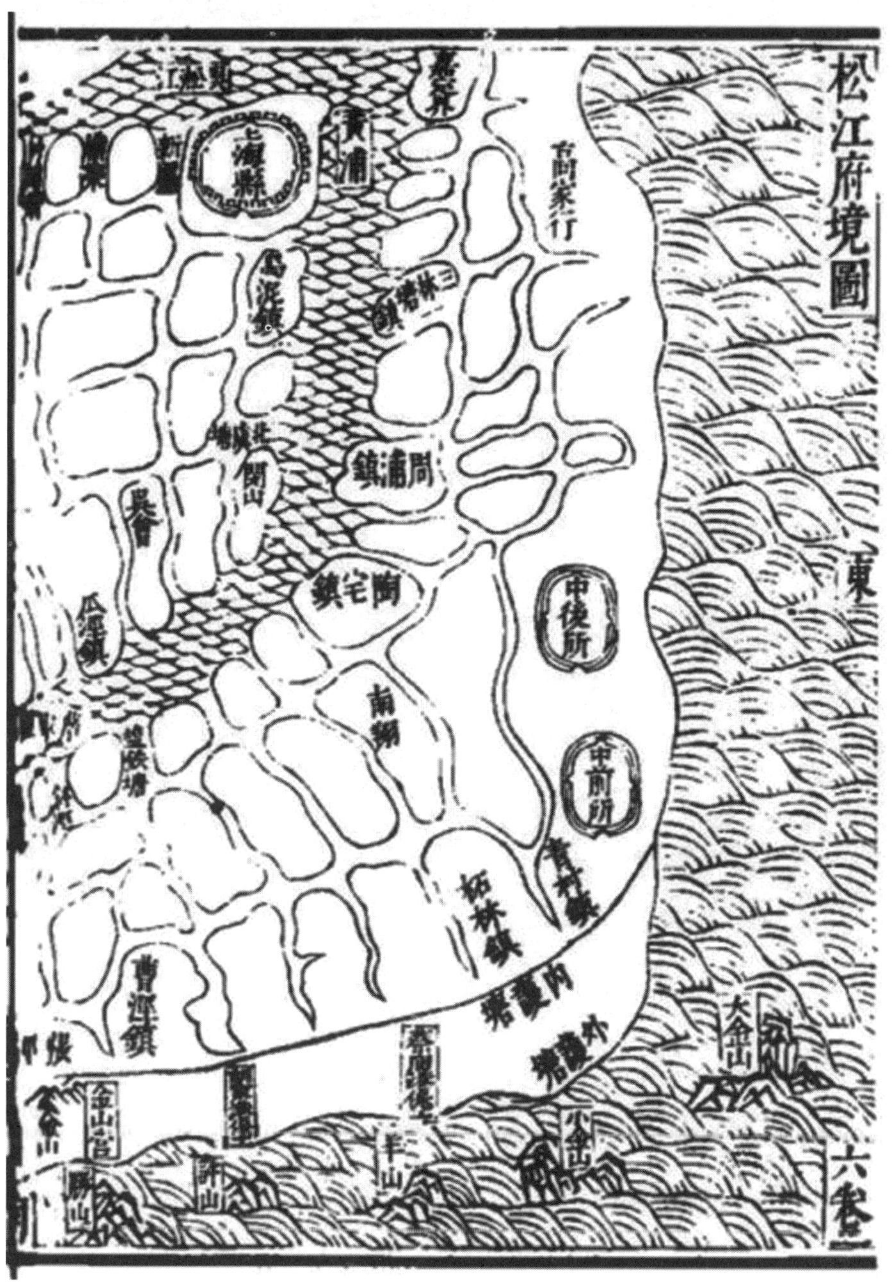

图 2　松江府境图

蘇州府境圖
東沙巡司
西沙巡司
崇明縣
三沙巡司
甘草巡司
白茆巡司
許浦巡司
福山巡司
馬涇鋪
陽城湖
巴城巡司
巴城湖
崑山縣
太倉州
沙湖
石浦巡司
劉家河巡司
吳淞巡司
嘉定縣
陳湖
澱山湖
長橋巡司
商里巡司
商里務
平望巡司
平望驛
汾湖巡司
江灣巡司
中槎巡司
松陵驛
六卷三

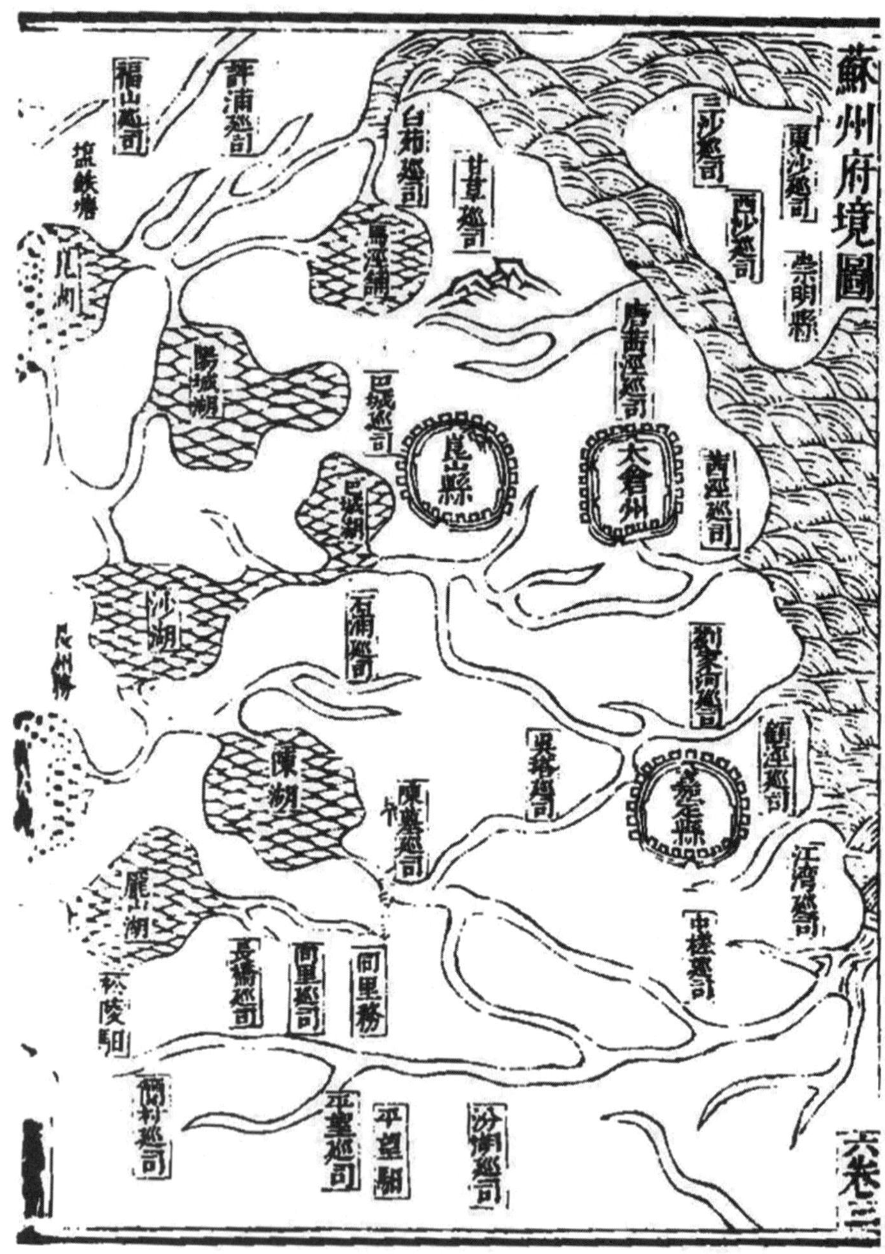

图 3 苏州府境图

柳氏从嘉靖三十二年(1553)倭寇从崇明、吴淞、刘家河等地登岸,沿着此地交错的水道入侵城镇的事实记录起。《松江府志》记云:

倭自七月至十二月盘踞柘林,柘林地南滨海,西通嘉浙,北据金山、横泾之会,出没多水道,官兵无从扼御,四出掳掠。是冬,贼由胥浦、吕巷而西,至浙。浙人据石庄,筑大堰以断其路。于是纵火焚吕巷镇,遂取道径跨,由大茫塘入寇嘉兴。诏以浙江参将俞大猷为南直隶副总兵,镇金山卫。是月,柘林贼出犯新埭,备倭都指挥刘恩至威令不行,百户赖荣乘胜深入,战死。①

这个记载一方面说明倭寇早已盘踞在柘林,北侵太仓崇明等地,南犯浙江嘉兴等地;另一方面通过四通八达的水道,如入无人之境,四出掳掠。柳氏采用《明史》的说法:"倭由吴江掠嘉兴,还屯柘林,纵横来往,若入无人之境。"②从图2可知,当地的水道设施相当发达,"吴中水利"之名非浪得也。

然为何浙闽粤三地倭患已现,江苏地区却丝毫没有警觉呢?当地人归有光(字熙甫,号震川,1507—1571,南直隶昆山县人)在其《昆山县倭寇始末书》中首云:

倭寇之变起,自上年三月初旬,虽络绎无虚日,亦惟骚动绿海,尚未敢深入,犹惧归途之有梗也。乃今纠合既众,向道既明,又知吾民不素习,兵不预备,遂眇无忌惮。今年四月初七日,警报直抵昆山,官民哄然,方填门塞关为城守之计,而都司梁凤适承抚按文檄,统处兵八百,来守兹土,士民倚为长城。讵意其贪懦无状,坐受宴犒。托言屯扎该境,遥为声援,竟尔招摇远去。分兵四逸,半从盐铁,半从周市,沿途剽掠,吾民惊窜,自是要害无守。③

这段话不仅指出当时昆山地区官府与居民毫无警觉外,也说明当时沿海是有发布倭警警报的。虽有后来的胜(盛)墩之捷,但在其他地区,官军胜少败多。此外,官军与倭寇决战地点多集中于水道纵横之处,例如曹泾:

工部侍郎赵文华至松江祭海神。是时,倭据川沙洼、柘林为巢。经

① 柳诒征:《柳诒征史学论文集》,上海:上海古籍出版社,1991年,第302页。

② 柳诒征:《柳诒征史学论文集》,上海:上海古籍出版社,1991年,第298页。

③ 归有光:《震川先生集》卷八《书》,台北:源流出版社,1983年,第180页。

冬涉春，新倭复日有至者，地方甚恐。及狼兵至者五千人，众稍安。总兵俞大猷遣游击白泫等稍有斩获，文华因谓狼兵果可用，厚犒之，激使进剿。至曹泾，遇倭数百人，与战不胜，头目钟富、黄维等十四人俱死，失亡甚众。于是贼知狼兵不足畏，复肆掠如故。[①]

即使有五千狼兵相助，仍然无法取胜。四月，又战于三丈浦，《明实录》记云：戊子，三丈浦倭贼分众掠常熟、江阴村镇，兵备任环督保靖土兵千余及知县王鈇、指挥孔焘分统官、民兵三千攻其巢，破之。斩首百五十余级，烧贼船二十七只，余贼奔江阴。[②]

动员四千多名官兵扫荡倭寇，擒杀人数不但不多，反而让他们驾舟出逃。表面上看，官军取胜，但军队官文书都是讳败称胜，实质上，根本不能说是胜利，直到王江泾之捷。《明实录》记云：

柘林倭合新倭四千余人突犯嘉兴，总督张经分遣参将卢镗等督狼土等兵水陆击之，保靖宣慰使彭荩臣与贼遇于石塘湾，大战，败之。贼遂北走平望，副总兵俞大猷以永顺宣慰司官舍彭翼南兵邀击之。贼奔回王江泾，保靖兵复击急其后，贼之大溃，诸军共擒斩首功凡一千九百八十有奇，溺死者甚众。自有倭寇以来，东南用兵未有得志者。此其第一功云。[③]

这次的胜利，可说是两栖作战的方法所致，水陆夹击，加之有狼兵土兵之助。

不过，像这样的胜利毕竟属于少数，大多数的接战，官军只有小胜可言。例如太湖边的战事：

五月，贼犯府城，入太湖，由常熟出江。初八日，贼突至娄门，次日至枫桥，分二支：一往浒墅，一往木渎西山等处焚劫。十三日，兵备副使任公环与总兵汤克宽等提兵至木渎剿贼。贼预伏欻起，我兵惊溃不能胜，追至胥口。次日，贼入太湖，与吴江水兵战于湖中，焚劫洞庭两山。一艅为团长徐术等阻截，自黄麻门从冲山漫山而下，向空湖常州境去；

---

① 《明实录》世宗，卷四二一，嘉靖三十四年四月七日。

② 《明实录》世宗，卷四二一，嘉靖三十四年四月二十四日。

③ 《明实录》世宗，卷四二二，嘉靖三十四年五月一日。

一艅为耆民周瓒等所追至于独山，转战三四十合，从无锡境去，遇官兵不得进，还入太湖。其在浒墅者，住扎望亭。十九日分掠曹湖、蕣塘泾、长泾、黄埭。二十三日，太湖贼焚劫洞庭。二十六日，进胥口。次日，由阊门、齐门、常熟官塘而去。其舟十四艘，皆蒙毡与湿被以防火器矢石云。柘林贼至陆泾坝，提督都御史周公琉、巡按御史周公如斗亲督兵备副使任公环、总兵俞大猷等逐战，大破之。①

短短十八天，倭寇运用太湖水利之便，东跑西窜，分掠各地；而官军看似小胜，但却无有一决胜战役以歼灭之。而从倭寇船只"蒙毡与湿被以防火器矢石"的准备来看，早已看穿官军的进攻招数，显见早已有所准备而不是随机入侵的。值得注意的是，王江泾之捷与此处陆泾坝之胜，决战地点都不是如浙闽粤三地般在沿海地区，而是在吴中的水利设施。

虽官军已取胜，但将帅不相能，又以总督张经（字廷彝，号半洲，1492—1555）因赵文华（字符质，号梅村，？—1557）之故被杀为江苏剿倭的转折点。嘉靖三十四年（1555）秋天，倭寇从杭州登陆一路杀向徽州，至芜湖，犯江宁直逼南京。不但一路上未遭受到重大抵抗外，到了南京，镇守官员也只是婴城自保而已，毫无作为。《四友斋丛说》记云：

乙卯年，倭贼从浙江由严衢过饶州，历徽州宁国、太平而至南京，才七十二人耳。南京兵与之相对两阵，杀二把总指挥，军士死者八九百，此七十二人不折一人而去。南京十三门紧闭，倾城百姓皆点上城，堂上诸老与各司属分守各门，虽贼退尚不敢解严。夫京城守备不可谓不密，平日诸勋贵骑从呵拥交驰于道，军卒月请粮八万，正为今日尔。今以七十二暴客扣门，即张皇如此，宁不大为朝廷之辱耶？②

这段记载可说是倭寇入侵路线最为曲折的一条，不是直接进攻南京，也不是从南直隶地区北上，而是绕过南直隶，从浙江地区经由信安江进入江西、徽州，再由长江至南京。原本具有拱卫南京留都功能的南直隶江南地区，因此事而显得功能不彰，这一方面显示倭寇入侵应该是有内应，另一方面也显示出各地方政府军事将领各自为政、互不联系支持的现实状况与心

① 郑若曾：《江南经略》卷二上。

② 何良俊：《四友斋丛说》卷一一，《史七》。

态。归有光在其《上总制书》中有云：

某顷以试事在留都，闻寇自芜湖迤逦南下，直抵安德门，举城鼎沸。某时亦不免周章，及询之，不过逋寇五十余人而已。不觉仰天浩叹，椎胸饮泣者久之。夫留都自府部科道而下，庸流冗员姑置勿论，其雕毂华鞴，锦衣肉食，平日自谓高出群类莫可仰视者，奚啻千人。乃亦寂无善计，惟知填关闭门，追夫守垛，与穷乡下邑无异。……某沦落东归，则闻此寇复窜吴界。凡诸有司名虽统兵出境，实皆各自拥护，殊无互为策应之意。间有奋勇前驱者，岂真具有成筭，非迫于严刑，则诱于重赏。而文武官属又皆在数里外，并未尝有临阵督战者，故往往以孤悬取败，卒亦不闻有不相赴援之诛。是进者死，而退者生，前者苦而后者乐，号令之不一，赏罚之不明，承袭蒙蔽，一至于此，可不为之痛心哉。[①]

归有光一方面感叹当时南京官员的颟顸无能外，另一方面还指出这些侵扰南京的倭寇最后又逃窜至江苏地区。最后指出倭寇之所以能如此大胆深入的原因，在于统兵官员“各自拥护，殊无互为策应之意”，也就是说，对于倭寇入侵应采“联防”之举，但实未施行过。[②] 最后，归有光还谈到当时为了剿倭而采取的做法，将会导致内乱的发生。他说：东南财赋出于农田，农田繇于水利。某尝谬撰一书，及承渥州侍御委纂图考，其源流利害亦颇究竟。今以倭寇往来，乃于湖流入海之道，悉行堰坝，冀为梗塞。殊不知此寇离海深入，原不甚赖舟楫，而清流既壅，浑潮日涨，水利不通，农田渐荒。外患虽除，内乱必作，有忧国忧民之深念者，恐不当若是之举一而废百也。[③]

由于归有光曾作《吴中水利书》，因此对于当地水利建设的方位功能相当熟悉。他指出为了抗倭，竟然将原来的水利灌溉设施“梗塞”，就为了不让倭寇便于使用水道。这里归有光的说法虽然漠视倭寇使用水道设施的做法，但却为之前王江泾之捷与陆泾坝之胜的原因，提供了一个可能的答案。《直隶太仓州志》中引嘉定知县杨旦的说法云：

---

① 归有光：《震川先生集》卷八，台北：源流出版社，1983 年，。

② 请见林为楷：《明代的江海联防：长江江海交会水域防卫的建构与备御》，台北：花木兰文化事业有限公司，2010 年。

③ 归有光：《震川先生集》卷八，台北：源流出版社，1983 年。

浙江与直隶地势不同，备御之法亦宜有异。浙东自温台至宁绍一带皆有海塘，内河与外海不相通，塘外又有沙涂，少者十余里，多者二三十里，略无港可以湾泊。百姓望见贼船即收赀货、挈妻孥豫皆走避。贼行烂涂二三十里，力已倦怠，及至民家，掳无所得，而船泊海滩，潮退则阁浅，遇风则打碎，是以浙东倭患略少。若浙西与直隶自乍浦青村南汇以至上海、嘉定、太仓、常熟、江阴、靖江，延袤一带，内河外海相通，一里之中有港三四，皆可停舟。塘外无沙涂，贼船倏忽抵海岸，民不及知，知不及避，掳有所得，据为巢穴。攻之则彼据其险，我失其利。及其深入，则结伙众势，莫能御，是以蔓延而不可遏也。故浙东备御之法，止于定海、普陀、沥海三江等处，各得数十兵船御之便可无事。直隶沿海一带，如吴淞江、刘家港等极大者，已有兵船抵御，其余港汊皆须设法堵塞，或钉桩于港口，投以连根大木，或泊舟于洼内，先据其险。又于海岸上每三十里内，择要害之地屯兵一枝，贼若登岸，即焚其船以绝归路，或乘其饥倦击之，迟则难为力矣。①

由于浙江与直隶地势不同，关键在于内河与外海相通与否，因此在浙江的防倭之法不能行于直隶。而杨旦提出将港口"梗塞"的做法与归有光所记载的相同，这或许是当时官军能取胜的原因吧。

二、江防中的烽堠墩台

过去谈烽堠墩台都是以北方边境为主，只要查《明实录》数据库，九成以上都与北边边防相关，一成才是东南沿海地区，而江防中的烽堠墩台则无人注意到。"江防"的"江"指的是长江（扬子江）与其联系的水道、湖、塘、漕、泾、浦等，"防"的是"江洋大盗"的贼。主管官是由南京都察院的御史兼任，称"操江御史"。由于江苏地区有海有江有湖的特性，因此防倭性质也与浙闽粤不同，而过往探讨江苏防倭政策的研究，大多数引郑若曾的说法。他说：

① 王昶纂修：《直隶太仓州志》卷二四，《防海议》，清嘉庆七年刻本。

若夫倭寇之来，必由吴淞、刘河、白茆、福山诸港口而入，当严江防、海防，遏之于初。至之时，勿容登泊，策之上也。万一内侵，坚壁清野，俾进不得，攻退无所掠，饥疲而去，则追而擒之，策之中也。此寇志在掳掠，如虎狼逐食，用计阱之而已矣，非夺据城邑者之比也，论吴防者不可以不辨。①

上策是歼灭于海上，中策则是坚壁清野，但历史事实表明，倭寇之来非必由沿海港口而来，多有从浙江奔窜而至的。《江南经略》记云：

或问："入寇之路其多若此，而往年倭寇出没止由吴江、昆山、常熟、无锡官塘而来，余皆舍而不由，何也？"曰："有说焉。倭寇之所长者挥刀焉而已，陆战焉而已，舟楫非其利也。何也？寇至海滨，登岸焚劫，其舶尽弃于海，掳民航以深入，虽甚快利，不过二橹飞荡而已。虽善操舟，不过役使乡民而已。其篙橹之多，较之兵船，不如也。水战之便，较之兵船，不如也。火器之备，较之兵船，不如也。药箭之利，较之兵船，不如也。人力应援之齐，较之兵船，不如也。若浮湖而来，我兵合而围之，夹而攻之，冲而断之，彼岂能当乎？"②

郑若曾面对有人提问倭寇多由各地官塘入侵时，提到倭寇擅陆战而非水战的观点，这与浙闽粤三地的情况并不吻合。又说只要有"兵船"，加之联防之兵，围而攻之，必能取胜。只是很可惜的是，历史事实表明过去取得较大胜利的战役，并不是靠着兵船，而是大量的军事动员。这关键的因素应与归有光所言各地将领并无联防的意识有关，也就是说只要入江之后，责任就归操江御史，沿海防倭将领就没事了。即使是入江之后，又由于各汛地防守责任区划分所致，常常推诿塞责，以致剿倭失败。当然，由于过去局限于浙闽粤三地的倭寇战争，蔓延至江苏地区乃至入长江至南京，考验着这些地区的军事防卫措施。其中，沿海沿江烽堠墩台的设置诚为剿贼的首要工事，《姑苏志》记云：

长沙营在崇明县东北四十五里海中，为土堡一，内设烟墩一座，上为二铺，戍卒二十名瞭望。分委千户一员，百户二员，军士二百人，驻札

① 郑若曾：《江南经略》卷二上，《苏州府总论》。

② 郑若曾：《江南经略》卷二上，《苏州府御寇论》。

守备。官厅、营房皆具。①

南京《应天府志》也记云:“国朝所开,皆濒江要地。江北一带,称险要者:曰芝麻河,曰穴子河,曰王家套,曰八字沟,皆列墩瞭望。”②这些河、套、沟等具有“险要之地”的性质,才有“列墩瞭望”的需求,不是任何地方都设的。

《江浦县志》明白记云:

> 天下虽安,忘战必危。浦当南北之冲而川陆之会,有事则戈矛途也,可忘战乎?……作《兵防志》。民兵民壮,五十六名。墩老,每墩一名,共八名。墩夫,每墩二名,共一十六名,皆瞭望江寇。随操墩夫,共三十名。以上俱均徭银募充。③

> 甲字墩(在县治西南四十里东龙嘴)、乙字墩(治西南三十里穴子河)、丙字墩(治西南二十五里西江口)、丁字墩(治西南二十里西江圩)、戊字墩(在县治南十里望江洲)、己字墩(治南五里柳林洲)、庚字墩(在县治东十里袁家店)、辛字墩(治东五里八字沟)。八墩俱筑于沿江,以备瞭望。④

这里的墩老、墩夫都是民兵,而非正式卫所官兵。《明实录》记宣德十年(1435),巡抚浙江、户部右侍郎成均上疏言:

> 直隶、淮安、扬州沿海卫所,设立烽堠,旧拨军瞭望,为当今间有用民者,乞专用军,遇有海洋警急,易为飞报,从之。⑤

这里指的是沿海卫所,但实质上驻守沿江烽堠墩台之人也多是招募而来的民兵。兵员不足诚为警报系统重要的缺失,《明实录》记正统二年(1437),巡视盐场监察御史尹镗上疏言:

> 扬州等卫所,自狼山至盐城,旧设烽堠八十六座,大河等卫张网海口迤比烽数尤多。初用民守瞭,以侍郎成均言易以军。今各卫军少,欲

① 王鏊纂:《姑苏志》卷二五,清文渊阁四库全书本。

② 程嗣功修,王一化纂:《应天府志》卷一五,明万历刻增修本。

③ 沈孟化修,张梦柏纂:《江浦县志》卷一〇,《兵防志·民兵·关堡附军卫屯营》,明万历刻本。

④ 沈孟化修,张梦柏纂:《江浦县志》卷一〇,明万历刻本。

⑤ 《明实录》,英宗,卷三,宣德十年三月二十三日。

将问拟犯私盐者编充哨卒，限满释之。事下行在，刑部右侍郎何文渊、左副总兵官都督王瑜等集议。至是文渊等奏：盐徒编戍，难于钤束，不无逋逃。且军得以因缘脱籍，合于官军户下有犯当徒者拨充，仍于附近卫所管领，通行南京法司并南直隶卫所拨发，以足为度。[①]

兵员不足到官员提出以贩私盐罪之徒充当哨卒的建议，虽然朝廷最后没有同意，但也显见在承平日久之下，各地区军事防卫措施的松弛。到了嘉靖二十三年(1544)，南京兵科给事中万虞恺(字懋卿，号枫潭，1505—1588，南昌人)疏陈江防事宜：

一正体统。提督操江侯伯都御史俱系大臣领敕，专任提督，正与京营提督大臣事体相当。在京坐营乃提督属官耳，南京守备操江均之为提督。况南京守备职司机务，其于江操不过临时阅视，虽系提督，尤非专职。今乃以提督操江大臣比之坐营等官，遂致近来每遇阅操，都御史则先期出巡回，避其守备参赞操江武臣，勉强了事。序坐行事，具有成规，宜查复旧例。一兼节制。谓南京京卫俱属南京兵部，而沿江一带军卫则属操江，所以专统属、重江防也。今新江近在城外，则属操江而浦子口远在江北反属兵部，操江节制但行于新江营而不行于浦口营，形势相依，事权不属。宜令浦子口亦属操江，庶臂指相依，缓急有济。一专信地。江防相沿数千里，其形势上则安庆，下则镇江，尤为要害。镇江以下即为海洋，盐徒窃发，近总兵汤庆奉旨革任，宜令操江都御史当于镇江久驻，安庆次之。一谨墩台。江洋上下九江至苏州，盗贼出没无常，故十里设一烟墩，每墩设军快数人。近因无事废弛，宜修复以便传报。[②]

除了提高操江御史的行政位阶外，对于责任区的划分适当与否，亦有建议。但对于实质江防要务，则提出“专信地”与“谨墩台”两项，这一方面要求严格执行责任区制度，另一方面则要求修复“十里一烟墩”的制度。值得注意的是，此时江防目标仍是盗贼，而非倭寇。

到了嘉靖中，倭寇开始侵扰时，江防目标才有转变。胡希舜的《重修天

---

① 《明实录》，英宗，卷二九，正统二年四月二十三日。

② 《明实录》，世宗，卷二九〇，嘉靖二十三年九月二十一日。

妃庙碑记》云：

嘉靖戊巳间，倭寇拥众而至盐矣。今者鲑徒时挺竿而谁何？泅水穴港之夫往往伏获苇间，江南之盗饰为捕鱼者，每横行海上，盐安可一日而弛武备哉？沙沟旧有备倭营，沙沟距海远，猝有缓急不能卒应，于是移备倭营于天妃庙，戈鋋之士，环集城外，控制江□如在肘腋，诚便计也。矧也神之威灵尤足以默消海寇之胆，潜鼓甲士之气乎。乃又于营旁筑一墩，以资瞭望，以壮形胜。①

倭寇之来，开始影响旧有的防卫设施、营寨的地点，并促使增设墩台。总理浙直侍郎杨宜(字伯时，号裁庵)上疏说：

柘林一镇乃倭奴出入之冲，为诸郡要害地，请创立城堡、公馆，调取募兵防守，添设把总控制。旧有墩台、哨船一并修复，事宁宜设一所，摘拨拨官军填补。②

《江都县志》也记云：国初防倭，沿江置营堡墩寨皆在通泰等地方。嘉靖中倭以来，守臣议防倭□画于州县各要害置营寨凡九，而江都瓜洲□□。……瓜洲营旧设水营官兵三百八十六员名，巡江军舍八十名，陆营官兵一百七十五员名。常操民壮一百七十五名，塘马一匹。每年防汛七十五日，增募短兵一百名，汛毕撤放。新添舵兵五十名，塘报马五匹。旧设有战巡船三十一只，新添福船一只、叭喇唬船四只、鸡胸船六只。墩台六座，每墩夫八名，日夕瞭望。③

船只、水兵、墩台与墩夫都有增加的趋势，都是因应倭寇而设。笔者比较嘉靖时《筹海图编》与万历时《筹海重编》里苏州府烽堠墩台的数量(见表1)，发现墩台数量有增减，而松江府却无变化。

① 杨瑞云修，夏应星纂：《盐城县志》卷一〇，明万历刻本。

② 《明实录》，世宗，卷四二七，嘉靖三十四年十月十九日。

③ 张宁修，陆君弼纂：《江都县志》，《江都志十二》，明万历刻本。

表1 苏州府烽堠墩台数量表

《筹海图编》(嘉靖)①	《筹海重编》(万历)②	《筹海图编》(康熙)③
营堡三 敌台三：黄窑港、白茆港、七了港 烽堠四十八： 依有、周家滨、西潜、马沙、生宇圩、吕家圩、东潜、顾泾、宝山、练祁、月浦、五岳、彩掏港、七了港、张浦、浪港、黄窑、鹿鸣、新塘、双鸣、唐茜泾、大钱泾、金泾、崔浦、许浦、黄滨、高浦、福山、白茆港、千步泾、瓦浦、西洋、卢浦、海洋、奚浦、耿泾、三丈浦、黄泗浦、新庄、小东浦、唐浦、四马泾、大陈浦、乌沙港、徐陆泾、野水漕等	营堡六：七丫(了)、刘家河、白茆 无敌台 烽堠四十九： 依有、周家滨、马沙、生宇圩、吕家圩、东潜、顾泾、宝山、练祁、月浦、五岳、采掏、七了、张浦、浪港、黄窑、鹿鸣、新塘、双鸣、唐茜泾、大钱泾、金泾、崔浦、许浦、黄滨、高浦、福山、白茆、千步泾、瓦浦、西洋、卢浦、海洋、耿泾、三丈浦、新庄、唐浦、大陈浦、乌沙港、徐陆泾、野水漕、鳗鱼、奚家、小秦、下泾、黄泾、中潜等	营堡八：竹泊沙、南沙 敌台三：黄窑港、白茆港、七了港 烽堠五十三：合前两本

注：①郑若曾：《筹海图编》，收入《中国兵书集成·15》卷六，《直隶兵防官考》，嘉靖四十一年胡宗宪刻本，北京：解放军出版社；沈阳：辽沈书社，1990年，第505页。

②邓钟重辑：《筹海重编》卷六，《直隶江南兵防官考》，四库全书存目丛书·史部227，据河南省图书馆藏明万历刻本影印，台南：庄严文化事业公司，1996年，第102a～b页。

③郑若曾撰，李致忠点校：《筹海图编》卷六，《直隶兵防官考》，据康熙三十二年刻本点校，北京：中华书局，2007年，第394～395页。

虽说烽堠墩台数目从48个变为49个，差距不多，但实际上却是先去掉5个，再增加6个。数目之间的差距，显示出当时沿江江防的变化。《苏州府志》记云：

> 乌沙墩、吴园墩、新庄墩、奚浦墩、王英墩、方坝墩、三丈浦墩、杨坝墩、黄泗浦墩、小陈墩、大陈墩、江泾墩、江泾墩、西洋浦墩、黄泾墩、卢浦墩、鳗鱼墩、洋泾墩、福山西墩、福山东墩、崔浦墩、缪泾墩。以上沿江诸

墩，西自乌沙墩接江阴寂渎汛，东至缪泾墩接昭文耿泾墩。[①]

增加的“鳗鱼”与“黄泾”二墩，皆位于常熟县内，亦是沿江所设。然被撤掉的“奚浦墩”与“黄泗浦墩”亦是在常熟县内。清朝的记载之所以有这样的落差，推测是根据历史记载而非现地的使用状况，也就是说“奚浦墩”与“黄泗浦墩”在明中期往后的战役里被废弃不用，取而代之是新建的烽堠墩台。

自从嘉靖三十多年后，倭寇入侵逐渐平息之后，海防与江防得到一段长时间的喘息，这也导致因应倭寇而起的相关设施逐渐毁坏。崇祯年间的《太仓州志》记云：

> 沿海墩台十三座。上立墩房，拨军僚守汛。旧属填海卫，万历十年归本所。每汛陆路官一员，督军七十八名，分上下二班。春汛共三月，官日给廪银五分，军日给行粮银五厘。凡传递公文、墩台军器油烛，俱太仓州置给。按，墩台名烟墩，旧志属茜泾巡简司凡六：曰茜泾墩，曰杨林墩，曰结字墩，曰十里墩，曰藏字墩，曰秋字墩；属唐茜泾巡简司凡十二：曰日字墩，曰向字墩，曰露字，墩曰秋塘墩，曰职字墩，曰空字墩，曰风塘墩，曰寒字墩，曰同字墩，曰吴字墩，曰李字墩，曰上社墩；属刘家港巡简司凡六：曰杨子墩，曰薛门市墩，曰小钱门墩，曰二十三都墩，曰二十五都墩，曰二十六都墩；属甘草巡简司凡四：曰黄浜墩，曰唐茜泾墩，曰钱泾墩，曰鹿鸣泾墩，共二十有六。
>
> 今属刘河千户所者，曰平夷墩，曰破倭墩，曰丁泾墩，曰新塘墩，曰七丫港墩，曰双鸣泾墩，曰浪港墩，曰鹿鸣泾墩，曰唐茜泾墩，曰钱泾墩（以上十一墩属太仓州）。曰黄浜墩，曰白茆港墩（以上二墩属尝熟县），内惟甘草司四墩在属余裁去，三巡简司所遗二十二墩竟不审何属，而甘草司四墩外凡九墩，又与三巡简司墩名绝不蒙，兵防之不修，即掌故无稽，可慨也。[②]

仅仅不过二十多年，刘河千户所辖下所属墩台已与嘉靖时期人为不同，像是“平夷墩”“破倭墩”皆是新名，但未必不是旧墩名所改。不过，大多数的

① 冯桂芬：《苏州府志》卷二八，清光绪九年刊本。

② 钱肃乐修，张采纂：《太仓州志》卷一〇，《填海卫》，明崇祯十五年刻，清康熙十七年递修本。

墩台在功能丧失之后已淹没于荒烟蔓草之中了。这个情况也发生在水兵员额的问题上，嘉靖三十六年(1557)，提督操江都御史高捷疏陈江防事宜时说：

一补额军。原额江操官军一万七千余名，今缺少大半，宜行南京锦衣等卫所，照数匀补，毋得营改别差，避重投轻。一择将领。新江口操江把总、哨总、卫总等官，旧规俱守备衙门推委，官之贤否岂能尽知？宜令操江会同选补。一重责成。江海水面原无限隔，虽经分屯把守，逐节会哨，若使拘信地，不相应援，亦难防贼。宜将兵分正奇，南北内外互相援剿，有功失事各视主客通论。一悬异赏。倭寇新来之船中无所有，及其满载，而后尾击，其地方已受害甚矣。请以迎击来船之赏列之，遮击去船之上，去船止论首功，来船兼论船只。①

此时倭寇入侵已大幅减少，致使江防松懈，兵员已“缺少大半”了。到了隆庆二年(1568)，当时提督操江都御史吴时来(字惟修，号悟斋)奏称：

国初江防惟有水操京军，比因倭患，又增募水兵六千余人，所费兵饷以七万余计。今倭寇已靖，宜汰简以苏民困，拟量留一千七百余名，分守要害，余悉罢遣，诸郡县旧额兵饷银两并免编派。兵部议覆：沿江水兵冗滥殊甚，今倭寇已息，时来所请，宜即允行，但冗兵既汰而中军把总等冗员，亦当查革，乞再查议以闻。上是之。②

此段引文一方面说明当时因应倭寇而招募到六千多人，但仅仅在隆庆二年(1568)，就因为“倭寇已息”，要裁撤四五千人，幅度不可谓不大。想当然耳，烽堠墩台的守卫与维护也就不如以往，颓圮也就不难想象，诚如太仓地区的情况一般。至明末，江苏相关县志里再无任何烽堠墩台的修造记录，直至清初才重新修造，制度也改为“五里一墩”。③

---

① 《明实录》，世宗，卷四四五，嘉靖三十六年三月二十八日。

② 《明实录》，穆宗，卷二五，隆庆二年十月二十四日。

③ 郑重修，袁元纂：《靖江县志》：“烟墩。邑旧设烟墩在于内地，棊置各团信地要害之处。本朝顺治十三年奉文将烟墩马路移筑江边，相其高埠，每五里建造一墩，以便瞭望。计造烟墩一十五座。康熙二年，岳大人巡阅，复添设烟墩六座。后总督部院郎委官查视，又添设烟墩四座。通计沿江烟墩二十五座，沿江马路一百零六里，东接如皋县交界起，西接泰兴县交界止。”卷一二，清康熙八年刻本。

最后，对于海防江防议题还有一值得反省的观点，就是自嘉靖朝倭寇渐息，一直要到万历二十年壬辰(1592)朝鲜倭祸再起之时，有三四十年的时间没有大规模的倭乱，因此海防与江防的差异也被忽视。以邓钟《筹海重编》为例，虽然邓钟强调对付倭寇必须海上决战，但他并不清楚南直隶地区其实无法与浙闽粤三地运用一样的做法，故他引用曾与俞大猷(字志辅，号虚江，1503—1579)并肩作战的其父邓城的话说：

> 倭自彼岛入寇必乘风汛之便，如遇正东风必由下入陈钱、马迹等澳，以犯浙江；遇东南风，必由茶山入大江犯直隶。所以然者，以海中山沙自马迹而北，至于崇明，或断或续，互相连络。船不能东西飞渡，故国初于海岛便近去处俱设卫所堡寨以控御之，至为精密。承平日久，寨卫徙置，倭患浸兴。今督抚修复旧制，凡海中诸山沿海险隘建官屯守，分船巡哨。自舟山以北如大衢、马迹、洋山为倭所必经之地，而陈钱尤为分䑸要冲，设副正二总兵分驻。金山、临山互守，陈钱参将分屯马迹等山，以防倭寇之从下入山来者。又于狼山蓼角嘴设游兵把总以防倭寇之从茶山来者，又于昌国以北、崇明以南，沙岛迂回羊山中峙，仍设游参二员，一驻定海，一驻竹箔，严督各总南北会哨，以防倭寇之四散逸入者。伺察既严，警报尤捷，居常各督所辖有急互相策应，贼又安能越过各岛，流毒内地哉。①

邓城的海防重点仍在外海的“巡哨联防”，只要“伺察既严，警报尤捷，互相策应”，倭寇根本不能越过海岛，流毒内地。但事实上很难做到，尤其倭寇并不一定从海上而来，而是从外省逃窜至南直隶，此时内地的江防就十分重要了。而邓钟针对“直隶事宜”也说道：

> 往者倭寇煽乱，江北常被祸矣，未有如江南之惨，且旋奏大捷者，何哉？……江南地多沟洫，骑不得长驱，步不得用众，往往为其所陷。江北则地多平原，人便弓马，诚以铁骑强弩，风驰电驱，未有不如骇鲸之决细网者。刘显淮扬之捷是也。……故大江以南，陆兵虽不可少，而御之

① 邓钟重辑：《筹海重编》卷六，《直隶事宜》，四库全书存目丛书・史部227，据河南省图书馆藏明万历刻本影印，台南：庄严文化事业公司，1996年，第113b～c页。

于海为要。大江以北，舟师虽不可废，而御之于陆亦易。①

江南江北惨烈程度之不同，真正的原因是倭寇善用地利之便，而邓钟的意思也是要善用地利之便，只不过主客立场不同。而邓钟没有想到的是，如何对去除倭寇的地利之便提出办法，这或许是长年在浙闽粤三地作战的将领无法深刻体会南直隶地区地势性质不同所致。也因此，往后的海防书内容，都没有将"江防"一项列入防倭作战的考虑之中，只有曾经做过操江御史的吴时来以及继其位的王篆编写的《江防考》②可资参考。

结　　论

研究倭寇议题，常常着眼于大方略、大政策、中日关系，或是东南亚海上贸易等议题，却忽略不同省份沿海与内地因应倭寇的情势有很大的不同，而仅用同样的思考逻辑来解决这些差异。本文承袭过去研究的心得，将目标放在南直隶江苏一地，发现此地兼有海防与江防，复杂程度并不亚于浙闽粤三地。观察江苏历来倭寇入侵的事件，发现决战点多在水利设施上，而沿江的烽堠墩台也就显得重要。一方面透过简单数据的比对，数量的增减，实质上表示倭寇入侵的强度；另一方面对于官军取胜的方法，提出"梗塞"水利设施的说法，针对过往总以狼土兵夹击等说法，提供另一思考的面向。当然，若能够继续收集更多相关烽堠墩台的材料，将更能加深对倭寇议题的理解。

---

① 邓钟重辑：《筹海重编》卷六，《直隶事宜》，四库全书存目丛书・史部227，据河南省图书馆藏明万历刻本影印，台南：庄严文化事业公司，1996年，第115c～d页。

② 吴时来、王篆：《江防考》，明万历五年刊本，傅斯年图书馆藏有全本。

论李长庚的海战诗

陈家煌
台湾成功大学中国文学系

前　言

李长庚(1752—1807),福建同安人,乃乾隆末至嘉庆时期清帝国的卓越水师将领,自乾隆三十六年(1771)登第武进士后,便投身军旅,自嘉庆元年(1796)始,追捕海贼蔡牵,深获清仁宗嘉庆皇帝的信任。但在嘉庆十二年(1807)岁末十二月,却在追逐蔡牵至黑水洋时,交战中炮殉职。嘉庆皇帝闻讯为之震悼,并封李长庚为三等壮烈伯,于其乡县建立专祠,赐谥忠毅,后人因称李长庚为李忠毅公。其次子李廷钰乃编辑李长庚诗作,成《李忠毅公遗诗》刊刻行世,收有李长庚遗存诗作137首。① 李长庚为清朝中晚期杰出的水师将领,《李忠毅公遗诗》虽仅存诗百余首,但却呈现出李长庚海防缉贼的心路历程,多言志之作。李长庚长年与闽浙最大的海盗蔡牵集团数度交战,十余年一路追捕蔡牵,其处境、心境之抒怀,亦跃然纸上。李长庚诗作虽然不走典雅精工的雕饰写作风格,但直抒胸臆,直白展现出缉贼及海战经过,充满英雄将帅气概。阅读其诗,亦有助于对海军名将心志的了解。

蔡牵是嘉庆时期李长庚晚年持续追捕的闽浙大海盗,在十余年的追捕水师生涯中,李长庚于海上有感而发所写的诗作,大多与追捕蔡牵相关。蔡

① 本文所采用的李长庚诗作版本为《李忠毅公遗诗》,《台湾文献汇刊》第4辑第7册,北京:九州出版社,厦门:厦门大学出版社,2005年,第3～81页。

牵在嘉庆年间数次骚扰台湾、福建及浙江沿海，目前学界对蔡牵的研究，成果相当丰硕。但是对于蔡牵的宿敌李长庚，其研究相较之下却显得不足。本文即从李长庚身任将弁的官兵角度，以其诗作内容为主要文本，来审视这场历经十余年官兵抓强盗的主角李长庚的心境。本文拟题以“海战诗”为论述的关键核心，但是，在海战前的缉捕追逐、整军备战的历程，以及海战时兵匪交锋的经过，还有海战后统帅李长庚的心中感慨，都是本文探讨研究的主题，探讨范围不仅局限于描写海战的诗作。在海战前、海战时、海战后的李长庚相关诗作，都是本文所关心的“海战相关”内容。

一、执行剿贼任务而奔波海上的辛苦吟咏

李长庚是嘉庆初期东南海防名将，从乾隆末年到嘉庆十二年(1807)，以追捕闽浙海贼闻名。由于李长庚是清代中期水师大将，而且因缉贼殉职，死后备极哀荣，因此他的事迹比较详细地记载在正史《清史稿》之中：

> 李长庚，字西岩，福建同安人。乾隆三十六年武进士，授蓝翎侍卫。出为浙江衢州营都司，累迁乐清协副将。五十二年署福建海坛镇总兵。邻海有盗，误指所辖界，坐褫职。罄家财募乡勇，捕获巨盗，起用，补海坛游击，迁铜山参将。自乾隆季年，安南内乱，招濒海亡命劫内洋，以济饷为患，粤东土盗凤尾、水澳两帮附之，遂益肆扰。五十九年九艇始犯福建三澎，长庚击走之。嘉庆二年，迁澎湖协副将，擢浙江定海镇总兵。三年，迭击洋匪于衢港及普陀。四年，凤尾帮引夷艇入温州洋，败之，赐花翎。五年夏，夷艇合水澳、凤尾百余艘萃于浙洋，逼台州。巡抚阮元奏以长庚总统三镇水师击之，会师海门。……未几，安南新阮内附，受封守约束，艇匪无所巢穴。其在闽者，皆为漳盗蔡牵所并，有艇百余，粤盗朱濆亦得数十艘。牵，同安人，奸猾善用众，既得夷艇，凡水澳、凤尾诸党悉归之，遂猖獗。阮元与长庚议夷艇高大，水师战舰不能制，乃集捐十余万金付长庚，赴闽造大舰三十，名曰霆船，铸大炮四百余配之。

连败蔡牵等于海上,军威大振。[①]

从这段史传记载中我们可以发现,李长庚虽然是武进士出身,但是靠着军功一步一步往上升迁至水师将领的地位。正史虽然将李长庚的资历以条列的方法记载,也将重大事件胪列出来,不过对于这中间所发生事件的过程原委,却未详细记载,令人无从得知其细节。所幸,台北故宫博物院研究员周维强于其《靖海孤忠:浙江提督李长庚的海上生涯》[②]一文,除了巨细靡遗考察清人碑铭传文、私家记载的李长庚相关记载外,更利用所藏清代档案资料(如《内阁大库档》《宫中档嘉庆朝奏折》《嘉庆道光两朝上谕档》等)的第一手文献,对于李长庚的生平及担任水师将领历程,做了清楚详细的考察。周维强先生此文,对李长庚研究有莫大的帮助。

李长庚在乾隆年间初任水师将领时,虽然屡有战功,却经常受到长官(主要是闽浙方面的总督、巡抚等官员)的掣肘。当然,在担任武官的历程中,也不乏受到如觉罗琅玕、阮元、徐嗣曾、清安泰等人的赏识。但也有不谙海战的文官,因为缉贼捉拿的压力,对于沿海一有海盗劫掠,也不顾海象及战备能力,便下令水师出海捕贼。在李长庚的诗中,不断地抒发自己被催促讨贼的郁闷心情。如这首诗所写的:

极目椒江水,粘天雪浪飘。征帆如可渡,何事苦相邀。[③]

由此诗的诗题《师次海门,台飓未息,抚提不谙水务,频促出洋》可知,李长庚当时率领的水师舰队停泊在台州府椒江出海口的海门,此处属于"北洋",是浙江水师提督管辖水域。由于李长庚现存诗集并没有系年,大致可推测这首诗是在任浙江水师提督时围剿安南夷艇所作,《清史稿》的李庚传中提道:"五年夏,夷艇合水澳、凤尾百余艘萃于浙洋,逼台州。巡抚阮元奏以长庚总统三镇水师击之,会师海门。贼泊松门山下相持,飓风大作,覆溺

① 赵尔巽等撰:《清史稿》卷三五〇,北京:中华书局,1977年,第11253~11254页。

② 周维强:《靖海孤忠:浙江提督李长庚的海上生涯》,《淡江史学》第26期,2014年9月,第153~201页。其乃周维强另一文的扩充之作,见周维强:《靖海超人——浙江提督李长庚与嘉庆东南海防》,《故宫文物月刊》第362期,2013年5月,第82~95页。

③ 李长庚:《师次海门,台飓未息,抚提不谙水务,频促出洋》,《李忠毅公遗诗》,《台湾文献汇刊》第4辑第7册,北京:九州出版社,厦门:厦门大学出版社,2005年,第4页。

几尽，其泊岸及附败舟者皆就俘，获安南伪侯伦贵利等四总兵，磔之，以敕印掷还其国。”①聚集水师于海门的李长庚，因天候因素无法出击，而飓风反而吹垮海盗船只，也算天幸。这场贼亡于飓风一役，又称“神风荡寇”。不过明明有飓风，却频频催促李长庚不顾海象主动出击的督抚，令李长庚写诗抒发其无奈。

李长庚的海上诗多有抱怨长官不识海象，而频促水师出海缉贼的诗作。例如《偶成》及《有感》两首七律，最能道出李长庚身为将领却受制文官的心情：

> 羽书日日促归舟，为报邪氛又北投。宛转箴规犹有恨，危言耸听更含羞。往来如入无人境，焚掠何劳主将忧。似此存心称不忝，论功应是得封侯。②

> 海外烽烟久未收，几回督缉驻翁洲。贼氛势大仍趋避，众志方张值洗舟。到处常因风浪阻，闲来偏喜逞机谋。莫言丑类终当去，不战如何事得休。③

这两首诗诗题下均有自注，《偶成》下自注：“贼匪北来，兵船反向南去，劝令进兵，致有后言。自云‘不愧天，不怕人’，因而有作”；而《有感》下自注：“兵船追捕，不行尽力，外议纷云，令人齿冷。”从这两首诗的诗题注及内容可见，带领水师剿贼的李长庚，难以掌握海上盗贼不定行踪，因而经常出海追捕，但遇不到海贼，便无法作战。督、抚长官，不晓海上缉贼困难，只知催促捕贼，令李长庚感叹。在《偶成》一诗中，李长庚感叹兵舰与海贼于海上不得相遇鏖战，却因此落人口舌，流言将领作战不力。有人对李长庚“宛转箴规”，也有人对李长庚“危言耸听”，但李长庚扪心自问，对于缉贼一事，不忝于国家及自己，而豪迈地宣示，若以此缉贼劳苦所应得的功勋，“论功应是得封侯”，无视他人的诽谤。在腹联中，李长庚遗憾着对于南北追逐海贼，却经常“如入无人之境”，不见海贼踪影，而海贼焚掠肆虐沿海居民、商船，不劳

---

① 赵尔巽等撰：《清史稿》卷三五〇，北京：中华书局，1977 年，第 11253～11254 页。

② 李长庚：《偶成》，《李忠毅公遗诗》，《台湾文献汇刊》第 4 辑第 7 册，北京：九州出版社，厦门：厦门大学出版社，2005 年，第 15 页。

③ 李长庚：《有感》，《李忠毅公遗诗》，《台湾文献汇刊》第 4 辑第 7 册，北京：九州出版社，厦门：厦门大学出版社，2005 年，第 15 页。

“主将”忧：身为水师将领的李长庚，其捕盗之忧，绝对更胜于主将长官。可惜水师不是不敢面对海贼，而是在茫茫大海中追缉不到海贼，致使海贼荼毒生民。《有感》一诗第二句也有相同的感慨。“翁洲”在今舟山群岛“定海镇”中的翁山，乃定海镇总兵驻地所在。首联乃在描写身为水师提督的李长庚，因为督缉北洋海贼必须经常驻守在定海镇。颔联则写水师如果海贼势大，则趋避不敢交战；或者将士拥有战意时，战舰反而在洗舟保养，无法赴战。腹联亦是写水师借口风浪无法出师，却在闲暇时纸上谈兵。最后他认为，要消灭海贼的唯一方法，就是只有奋力交战一途。不过身为将帅的他虽有接战灭贼之心，却感叹海战难以逆料。若不是海贼游走海上，难以寻觅；便是海象及战备无法掌握，真正能遇贼交战歼敌于海上的机会，实在不多。旁人不知海战之难，却飞语中伤，令人齿冷。因此在《有感》诗后，当时文人顾莼在下补注：“自古妒功偾事者，罪浮于贼。观公《偶成》及此作，为之慨然。”①

关于《有感》一诗李长庚的愤慨，极有可能是嘉庆年间李长庚追捕几获蔡牵，却让蔡牵诈降当时的总督玉德，致使蔡牵脱逃，让李长庚扼腕不已。这在魏源的《圣武记》中有记载：

> (嘉庆)八年正月，牵窜定海，进香普陀，适李长庚掩至，牵仅以身免。画夜穷追至闽洋，贼盗硝尽、蓬索朽，我师又据上风，贼不能遁。乃伪乞降于闽总督玉德，玉德遣兴泉兵备道庆徕赴三沙招抚之，牵又曰：“果许我降，勿令浙师上风逼我。”玉德遽檄浙师，收港勿出，于是牵得间，缮樯械，备糗粮，扬帆去。②

从这段记载来看，李长庚《有感》诗句“众志方张值洗舟”“莫言丑类终当去，不战如何事得休”，应当是实写。贼势炽盛时，将兵怯战；贼势蹙促时众志方张，准备捉住蔡牵时，却因总督的一纸命令，“收港勿出”，让水师于港中“洗舟”，无战可接，眼见着蔡牵逃脱。因此，李长庚认为，对付蔡牵海盗，只有一战灭贼，此事方可得休。督抚长官们所做的“闲来偏喜逞机谋”之事，都是纸上谈兵，甚至会毁坏缉贼先机。

---

① 李长庚：《李忠毅公遗诗》，《台湾文献汇刊》第4辑第7册，北京：九州出版社，厦门：厦门大学出版社，2005年，第16页。

② 魏源：《圣武记》卷八，北京：中华书局，1962年，第26页。

李长庚任职水师以来，忠心报君以缉海贼之心志，屡屡以诗歌呈现。但海上风波劳苦及缉贼时机难料，实非外行人所能知悉。李长庚也经常在诗中提到海上逐寇忍受风波之苦，如这首诗所写的：

海捕谈何易，沧溟渺可知。风翻千尺浪，雨阻一篷迟。画角连天起，邪氛晓夜驰。空劳师往返，未得献俘期。①

此诗诗题相当长：《盗匪北来，予方督师出洋追捕，偶逢雨阻，以致闻风南窜，空劳往返，诗以志事》。此诗首联完全道出水师缉贼的艰难之处，在于沧海广大，而海贼难以寻觅。除了贼迹难觅外，"风翻"及"雨阻"等不佳海象，也阻碍缉贼任务。因此，腹联写的是，就算李长庚闻贼讯而吹号角兴兵，日夜追逐贼势，却也只得到末联的"空劳师往返"，无法灭贼献俘，徒劳无功。

除逐寇缉贼充满不确定性以及艰苦外，另一个缉贼难处，便是军备修缮不佳，如此诗所写的：

风雾阻孤舟，征帆去未由。军粮只七日，缯纩未曾周。盗迹知无定，狂涛刮不休。当此苦寒际，难为北海游。愿借鲲鹏翅，飞斩蔡牵头。免兹年岁暮，还作水中鸥。②

在嘉庆五年(1800)之后，蔡牵集团吸收零星海盗势力，取代安南海盗，成为骚扰闽、浙沿海的最大海贼势力，并与广东海盗朱濆连手，成为嘉庆时期沿海政府的心腹大患。海盗游走海上，行踪不定，没有固定的巢穴。身为水师将领的李长庚，经常于海上追捕盗贼，追捕过程十分辛苦，且没有足够的后勤支持，也常令李长庚感叹。

因追逐海寇而必须长年滞留于汪洋之中，在稍微平静无贼氛时，李长庚偶尔也会对自己缉捕海盗一事，心生感慨，如此诗所写：

劳攘尘寰梦未清，每于静处看分明。天如无意宁边海，世亦徒然动

① 李长庚：《盗匪北来，予方督师出洋追捕，偶逢雨阻，以致闻风南窜，空劳往返，诗以志事》，《李忠毅公遗诗》，《台湾文献汇刊》第4辑第7册，北京：九州出版社，厦门：厦门大学出版社，2005年，第17页。

② 李长庚：《北洋舟中》，《李忠毅公遗诗》，《台湾文献汇刊》第4辑第7册，北京：九州出版社，厦门：厦门大学出版社，2005年，第8页。

甲兵。逐寇屡经千里浪，酬恩务尽一心诚。汪洋茫渺归何日，岁月蹉跎愧此生。[①]

诗中这种无战事的平静，乃是南北海上追逐却徒劳无功的无奈感。对李长庚而言，水师当然要倾尽全力剿灭海贼，而“动甲兵”的目的便是“宁边海”，乃是灭贼后使沿海安定，盗贼匿踪。但是如今兵、贼不遇，暂时的海面平静徒然使李长庚感慨此乃天意，令兵寇无法相遇激战。接下来他写千里逐寇，乃是为了尽自己一片忠诚之心，无法遇贼杀敌，屡逐海贼于浪上，让他无法归家则感慨蹉跎此生。

李长庚自任水师将领以来，长年于海上奔波。据洪亮吉统计，其所历洋面，几乎遍布浙、闽、粤三省海域：

又计公所历洋面，曰白水洋、深水洋、潭头洋、六横洋、徐公洋、竿塘洋、尽山洋、日东沪洋、三沙洋、南麂洋、浮鹰洋、淡水洋、甲子洋、斗米洋、调班洋、三盘洋、沱泞洋、佛堂洋、白犬洋、黑水洋。盖自嘉庆之元迄丁卯，历十二年，凡寒暑昼夜，风霰雪雹，无一日得离海洋，亦无一日不搜海盗。鬓发以此白，面目以此黧，而公亦誓死灭贼，不复有旋踵想矣。[②]

光是从嘉庆元年(1796)到李长庚殉职死节的嘉庆十二年(1807)之间，李长庚南北追捕海贼，从他负责督缉的浙江、福建海面，往南延伸至广东，范围广阔。[③] 对于嘉庆皇帝的知遇而令其专责统帅闽浙水师追捕海贼，李长庚尽忠职守，“酬恩务尽一心诚”的诗句，确是实写。根据王昙统计李长庚接战的次数，在围蔡牵于台南的鹿耳门一役之前，“盖自北汕以前，已计一百一十七战”。北汕，是指鹿耳门口南边的沙洲“北汕尾”。从这些记录，亦可知

① 李长庚:《偶成》,《李忠毅公遗诗》,《台湾文献汇刊》第4辑第7册，北京:九州出版社，厦门:厦门大学出版社，2005年，第25页。

② 洪亮吉:《忠毅李公墓志铭》，钱仲联主编:《广清碑传集》卷一〇，苏州:苏州大学出版社，1999年，第635页。

③ 关于这些海域的位置，周维强绘制了《清代浙江省海防示意图》《清代福建省海防示意图》两幅精确的地图，参见周维强:《靖海孤忠:浙江提督李长庚的海上生涯》,《淡江史学》第26期，2014年9月，第198、199页。

李长庚几乎长年不眠不休于海上缉贼，并勇于接战。[①]

李长庚虽然尽忠职守，于缉捕海贼一事从不懈怠，但有时也深叹捕务之难：

> 极目烽烟一望赊，南洋丑类竟如麻。兵单犹得资陈力，将怯谁能为众夸。语恐伤时常检点，才非治世每咨嗟。可怜沿海诸村落，尽作犯科罔法家。[②]

此诗充满了水师缉贼却难以成功的无奈。李长庚于此诗题下注："将怯兵单，民多无行，捕务良难，可慨也。"除了海上贼踪难寻、海象诡谲难以逆料，形成追寇的困难外，"将怯兵单，民多无行"，水师素质不佳，人民或有支持资助海贼者，在在都使捕务窒碍挫行。诗的首联写闽浙海盗之多，捕不胜捕。颔联写兵少尚可资力一搏，但将领怯战，则无可如何也。腹联感叹，他的战功及报国之志经常受飞语所伤，面对许多掣肘，李长庚反叹自己非治世之文才，仅以武功缉贼树立功勋，因而咨嗟不已。从这句也可以看出李长庚反讽那些拥有治世之才的文官，用其权势阻碍自己的捕盗任务。最后一句，更是反讽那些拥有治世之才的文官，若他们抚字人民有所成就，那么，就不会有那么多沿海的人民铤而走险去当海贼，犯科罔法，让武官疲于奔命，游走海上捕盗，整日不得安闲。

李长庚于海上奔波，虽然是有任务在身而忠于职守，但他在诗中经常感叹因公务而无法返家，心生思乡之情。如他的《闺思》三首五绝，从家中妻子角度，反衬自己思家之情：

> 闺中指已屈，为我计归程。不料因风阻，徒劳远系情。
>
> 老妻接素书，未览色先喜。既释远人心，又知官爵迟。

---

① 王昙：《总统闽浙水师浙江提督壮烈伯李忠毅公神道碑铭》，钱仲联主编：《广清碑传集》卷一〇，苏州：苏州大学出版社，1999 年，第 638 页。王昙这篇文章，全部以骈文写成，里面大量使用典故及骈偶句子，美则美矣，但阅读时有难度，使李长庚生平重要事迹难以彰显，故不受研究者重视。里面写到许多私密之事，虽类小说家言语，却更能看出李长庚讨贼时所遇到的困难及他的坚持。

② 李长庚：《舟中偶成》，《李忠毅公遗诗》，《台湾文献汇刊》第 4 辑第 7 册，北京：九州出版社，厦门：厦门大学出版社，2005 年，第 27～28 页。

分携方半载，离绪每盈怀。两地赋同心，都嫌入梦乖。①

这三首诗，道尽李长庚因海上缉贼而离乡背井的怅惘。第一首写李长庚归期因风愆误，无法如期回家。第二首写妻子因李长庚无法升官反而欣喜，官爵迟进，换言之，可以多用心思及时间在家陪伴家人。最后一首则写，担任水师将领的李长庚，每次巡航至少半年无法归家，则两人虽同心，仅能相思而于梦中相会。同样地，在《舟中忆及家乡子，鱼甚美，不能学张季鹰之思莼鲈》一诗，也有相同的情调：

忽忽秋风起，莼鲈此际佳。海洋长作客，所啖尽鱼虾。②

从张翰遇秋风思莼鲈而归乡，反映自己无法归乡退隐的无奈，这当然是因为自己有捕盗任务在身的关系。《思归》一诗，也是将这种情绪反复吟咏的作品：

淅淅西风起，莼鲈此际肥。海洋波未息，迟我一年归。③

在外征战，风波劳顿，无法归家，会思念家人及家乡，乃人之常情。面对思乡之情，李长庚屡次在诗中表达他热衷于缉贼，并不是为了加官晋爵的名利心：

不觉乡情动，难为慰此衷。故园今已芜，薄产早虚空。涉世恨形役，归心慎始终。置身名利外，绝口不言功。④

此诗写到自己动了思乡之情，因久未回家，田园荒芜，家产耗尽，且身为形役，不得自由。当然有人会怀疑李长庚名利心过重，抛家弃子不顾，似乎只求战功。但在这首诗最后，他写到自己已置身名利之外，而轻视功名。同

---

① 李长庚：《闺思》，《李忠毅公遗诗》，《台湾文献汇刊》第 4 辑第 7 册，北京：九州出版社，厦门：厦门大学出版社，2005 年，第 3 页。

② 李长庚：《舟中忆及家乡子，鱼甚美，不能学张季鹰之思莼鲈》，《李忠毅公遗诗》，《台湾文献汇刊》第 4 辑第 7 册，北京：九州出版社，厦门：厦门大学出版社，2005 年，第 18～19 页。

③ 李长庚：《思归》，《李忠毅公遗诗》，《台湾文献汇刊》第 4 辑第 7 册，北京：九州出版社，厦门：厦门大学出版社，2005 年，第 20 页。

④ 李长庚：《思乡》，《李忠毅公遗诗》，《台湾文献汇刊》第 4 辑第 7 册，北京：九州出版社，厦门：厦门大学出版社，2005 年，第 20 页。

样的想法也不断出现在其他诗作中，如“眼前事业犹难定，身后浮名那敢期”①“有心图报国，无意博虚名”②，不为功名而征战，在不断思家的海上生活中，支持李长庚连续十余年不断航行海上缉贼捉盗的主要原因，除了身为将领肩负靖海的重责大任外，另外便是感念嘉庆皇帝的知遇之恩，不断地以勠力征战来报恩。这种想法，在《有怀》一诗表现得最为明显：

> 万顷风涛日往来，平生碌碌水云隈。鬓因狂浪翻成雪，心为浮名化作灰。宦海升沉同泡影，人间事业似轻埃。也知涉世真如梦，只为君恩撇不开。③

李长庚战功彪炳，东南水师无人能出其右，深得嘉庆皇帝倚重，但是此诗却呈现出看淡名利功勋的心境。鬓发雪白、浮名心灰，对老期将至的李长庚而言，有英雄迟暮之感。同样地，宦海升沉如同泡影，建立的事业功勋，李长庚都不看在眼里。人生如梦，但是酬报“君恩”的士报知己之志，却让李长庚依然在海上不断驱驰。

李长庚长年征战海上，在剿贼的过程中，不断地受到长官忌功而掣肘难行。李长庚之所以感念君恩，乃是因为在闽浙总督（玉德、阿林保）不断交谮掣肘，指责李长庚逗留不出海缉贼之际，嘉庆皇帝始终支持李长庚，如《清史稿》中所记载的：

> 诏逮治玉德，以阿林保代。既至福建，诸文武吏以未协剿、未断岸奸接济，惧得罪，交谮长庚。阿林保密劾其逗留，章三上，诏密询浙江巡抚清安泰。清安泰疏言：“长庚熟海岛形势、风云沙线，每战自持柁，老于操舟者不及。两年在军，过门不入。以捐造船械，倾其家赀。所俘获尽以赏功，士争效死。八月中战渔山，围攻蔡逆，火器瓦石雨下，身受多创，将士伤百四十人，鏖战不退。贼中语：不畏千万兵，只畏李长庚。实水师诸将之冠。”且备陈海战之难，非两省合力不能成功状。时同战诸

① 李长庚：《有谓予如获蔡牵必膺异数作此答之》，《李忠毅公遗诗》，《台湾文献汇刊》第4辑第7册，北京：九州出版社，厦门：厦门大学出版社，2005年，第23页。

② 李长庚：《粤洋偶成》，《李忠毅公遗诗》，《台湾文献汇刊》第4辑第7册，北京：九州出版社，厦门：厦门大学出版社，2005年，第40页。

③ 李长庚：《有怀》，《李忠毅公遗诗》，《台湾文献汇刊》第4辑第7册，北京：九州出版社，厦门：厦门大学出版社，2005年，第27页。

镇，亦交章言长庚实非逗留。仁宗震怒，切责阿林保，谓："朕若轻信其言，岂不自失良将？嗣后剿贼专倚长庚，傥阿林保从中掣肘，玉德即前车之鉴！"并饬造大同安梭船三十，未成以前，先雇商船备剿。长庚闻之，益感奋。是年秋，击贼于渔山，受伤，事闻，复还翎顶。①

不论是玉德还是阿林保，似乎都对骁勇善战的李长庚不怀好感。除了面对缉贼的压力，李长庚还得面对总督的掣肘。而嘉庆皇帝的大力支持，遂使李长庚能全力统帅闽浙水师，全力对付蔡牵、朱濆等海盗。诚如陈寿祺所评述的：

天下知与不知，皆以为今之颇、牧，然所与同心者，阮公、清公而已。它督部多不相中，骤之、掣之、齮龁之。提孤军奔命，四涉万里，往往客主不相接，发凋齿豁，卒罹鳣鳄，悲已！然而公将兵在外十数年，上未尝识公面，独排箕舌，洗箧书，始终倚公如长城，其生也爱之，其死也哀之。盖古名将不易得之于君。②

得到清仁宗的赏识，专委统帅闽浙两省水师追捕蔡牵，使得李长庚军事长才得以发挥。不受督抚的掣肘，这也是李长庚尽忠报国的主要原因。若从这点来看，李长庚诗句"也知涉世真如梦，只为君恩撇不开"，的确是实写。恽敬甚至认为，李长庚于嘉庆十二年(1807)在黑水洋追捕蔡牵不幸殉国，亦是为了报答仁宗的知遇之恩：

皇上眷公益厚，敕福建不得挠阻，责公专擒蔡牵，与世职。盖公天性忠勇，皇上拔之废弃之中，推心委任，不使节制大臣得掣其肘。至是，而公不得不死矣。③

忠君报国，最后死节，这也是李长庚令人敬佩之处。这也有赖清仁宗有识人之明，君臣相济，才能成就李长庚一代勋业。李长庚得阮元、清安泰等长官之力，又得清仁宗赏识，虽有两任闽浙总督玉德及阿林保的阻挠，却也让他在嘉庆一朝追剿海贼一事上树立功勋。最后虽然死于海战，壮志未酬，

---

① 赵尔巽等撰：《清史稿》卷三五〇，北京：中华书局，1977年，第11253～11254页。

② 陈寿祺：《建威将军浙江提督总兵官追封三等壮烈伯忠毅李公长庚神道碑文》，钱仪吉编：《碑传集》卷一二二，台北：文海出版社，1973年，第5737～5738页。

③ 恽敬：《浙江提督李公墓阙铭》，钱仪吉编：《碑传集》卷一二二，台北：文海出版社，1973年，第5742页。

以身殉国，但我们在读他的诗作时，亦能感受其忠勇之气跃然纸上。李长庚身为水师名将，其本职学能必有胜人之处，而武将勇毅不苟气势，也与文官大不相类，如《清史稿》中的这段记载：

> 长庚治军严，信赏必罚，自偏裨下至队长水手，耳目心志如一，人人皆可用。与阮元同心整厉水师，数建功，为玉德所忌。及阿林保至闽也，置酒款长庚，谓曰："大海捕鱼，何时入网？海外事无左证，公但斩一酋，以牵首报，我飞章告捷，以余贼归，善后办理。公受上赏，我亦邀次功，孰与穷年冒风涛侥幸万一哉？"长庚谢曰："吾何能为此？久视海船如庐舍，誓与贼同死，不与同生！"阿林保不怿。既屡劾不得逞，则飞檄趣战。长庚缄所落齿寄其妻，志以身殉国。既殁，诏部将王得禄、邱良功嗣任，勉以同心敌忾，为长庚雪雠。二人遵其部勒，卒灭蔡牵，竟全功焉。①

《清史稿》的李长庚传，多从他的碑铭行状中取材，加以绾合综论。他与阿林保的这段对话，也都记载在他的碑铭之中。身为闽浙总督的阿林保，竟向李长庚提议诓骗朝廷，用假蔡牵之首以邀功。这当然被李长庚所拒绝。也因为耿直不阿的个性，使李长庚不得长官之缘。最后李长庚寄所落之齿给妻子，表明自己殉国之志，而最终也真的死于剿捕蔡牵的海战之中。但是他的英勇也激励了士气，终于在嘉庆十四年(1809)，李长庚战死后的两年，由他的两个部属王得禄及邱良功，在海上一举剿灭了蔡牵，以报李长庚之仇；而王、邱两人，也成为继李长庚之后的海上名将。

二、鹿耳门围剿蔡牵的海战相关诗作

李长庚自嘉庆元年(1796)剿灭安南匪艇后，主要海上打击对象便是蔡牵。十二年间不断追逐奔波，甚至在诗中直接写出"愿借鲲鹏翅，飞斩蔡牵头"的心愿，可见两人一官一匪，已成夙敌对手。蔡牵船队，虽然从嘉庆二年(1797)便有至台湾苏澳的记录，但是倾船队大规模犯台，则是嘉庆九年到十

① 赵尔巽等撰：《清史稿》卷三五〇，北京：中华书局，1977年，第11256～11257页。

一年(1804—1806)之间。[①] 其中以嘉庆十年(1805)十一月,蔡牵入鹿耳门,令人将同安船六艘凿沉于鹿耳门港,以防堵外来水师官船进台江内海,并登陆占据洲仔尾与官兵对峙。李长庚于同年十二月二十四日率水师战舰七十余艘自浙江赶赴鹿耳门外,不得其门而入,只能寄碇北汕。但李长庚亦将水师五艘战舰凿沉于鹿耳门港口,其目的乃是不令蔡牵船队从鹿耳门逃出,意图将蔡牵海盗集团歼灭于陆上。[②]

关于这段台江内海的海上攻防,历来研究甚多,尤其是《宫中档》《嘉庆道光两朝上谕档》《剿平蔡牵奏稿》等史料的面世,让这段府城、台江内海的官匪战役过程更清楚。不过,其战役概略亦可引《台湾通史》中的记载,扼要地呈现此战役过程:

> 十一年春正月初五,长庚命金门镇总兵许松年、澎湖水师副将王得禄入击。牵虑官军至,沈舟鹿耳门以阻。长庚知南、北汕、大港,门可通小舟,扼之,别以两将驾澎船入。风势适利,放火焚之,毁贼船三十余艘,捕虏数千。牵退保洲仔尾,官军进泊内港,而山贼攻城愈迫,闻官军至,欲分其势,猛攻大南门。南坛僧澄潭密通贼,获讯之,并悉有内应者,皆就戮。十六日黎明,贼又分队至,义勇御之。十八日夜半,将来攻,都司许律斌移驻木城。贼知有备,趋安平。巡军见之,开炮击;折而北,谋与牵合。二月初二日,庆保会伐菻茶,三郊义首亦领众出小北门。既而守备吉凌阿、都司许律斌、游击官朝赞、知县薛志亮皆至。郊众请攻洲仔尾,且言可取状,方讨议而爱新泰至,下令出军。众郊奋勇行,既至,贼不设备,一鼓破之。内港水师助战,长庚别遣将出南汕,自后焚其

① 李若文制表:《蔡牵帮来台的口岸分布》,收于李若文:《海贼王蔡牵的世界》,板桥:稻乡出版社,2011年,第87～88页。苏信维制表:《蔡牵与朱濆对于台湾沿海的侵略表》,收于苏信维:《闽浙地区海盗集团之研究——以蔡牵集团为例(1795—1810)》,台南:成功大学历史研究所硕士学位论文,2008年,第101～104页。

② 关于蔡牵于嘉庆十年(1805)十一月入鹿耳门后与官兵对峙至嘉庆十一年(1806)六月逸出鹿耳门的详细过程,可参见姜亚沙编辑:《剿平蔡牵奏稿》,北京:全国图书馆文献缩微复制中心,2004年。扼要的战况描述,可参见周维强:《靖海孤忠:浙江提督李长庚的海上生涯》,《淡江史学》第26期,2014年9月,第172～178页;李若文:《海贼王蔡牵的世界》,板桥:稻乡出版社,2011年,第90～100页;苏信维:《闽浙地区海盗集团之研究——以蔡牵集团为例(1795—1810)》,台南:成功大学历史研究所硕士学位论文,2008年,第162～174页。

> 舟，牵大败。贼首周添寿、陈番等各逃去。是日为社公辰，近村之贼多归，故势杀也。翌日，收桶盘栈庄。贼首陈棒闻败，未战而溃。牵知山贼不足为，谋遁去，而官军困之。初六日，风潮骤涨，沈舟漂起，厚赂浙兵，黎明潜夺鹿耳门出。长庚追之，夺船十余。卒以闽兵不助扼各港，竟脱去，蓬柁皆毁。至福宁，又得山贼接应，势乃振。长庚列状闻，诏褫总督玉德职，逮京治罪，以阿林保代之。玉德忌长庚功，主抚，故闽兵不愿力战也。[①]

在连横这段记载中，扼要地综合台湾方志的记载，对蔡牵进犯鹿耳门的过程，做了概括性的叙述。身为当时浙江水师提督总统闽浙水师专缉蔡牵的李长庚，在屡次海战中击败蔡牵船队，但每次都让蔡牵乘隙脱逃，令李长庚扼腕不已。但这次府城围剿蔡牵的行动，因为鹿耳门口沉入蔡牵及清国水师船舰共计十一艘，吃水较深的船只无法从鹿耳门口进出，蔡牵船队几乎都在台江内海北汕附近。因此蔡牵上岸，据守五条港上方的洲仔尾(在今台南永康区)。虽然李长庚率领的水师也无法自鹿耳门进台江内海，但蔡牵集团此时已成瓮中之鳖，擒捕蔡牵指日可期。

在台江内海围剿蔡牵之前，李长庚作一诗《制胜无方，空劳岁月，诗以志叹》，感叹连年追捕海盗的辛苦：

> 晓夜风涛席未安，汪洋浩渺一身单。妖氛滋蔓披猖易，瀚海绵延控制难。众将连舟堪破贼，元凶狡计窜狂澜。可怜巨浪三千尺，苦我疏庸力已殚。[②]

与上节提到的一样，此诗主题还是慨叹追敌奔波之辛劳。不过虽然“瀚海绵延控制难”，敌踪不定，但是“众将连舟堪破贼”，李长庚在诗中认为自己的军容、军备及士气已达到能破贼的地步。在充满自信下，李长庚认为蔡牵等辈“狡计窜狂澜”，海贼已在海上逃窜，若能遇敌，则有必胜的把握。此时恰巧蔡牵在台江内海登岸，据守洲仔尾联合台湾本地山贼攻打府城。李长

---

① 连横：《台湾通史》卷三二，影台湾银行《台湾文献丛刊》本，台北：众文图书股份有限公司，1979 年，第 844～845 页。

② 李长庚：《制胜无方，空劳岁月，诗以志叹》，《李忠毅公遗诗》，《台湾文献汇刊》第 4 辑第 7 册，北京：九州出版社，厦门：厦门大学出版社，2005 年，第 31 页。

庚虽然抵台，但无法入鹿耳门港口进入台江内海与蔡牵海战，只能在北汕尾下碇。不过海贼上岸，有了固定的据点，则不似海上漂浮，难以追击，其势如瓮中捉鳖。所以李长庚勖勉诸将，认为机不可失，一鼓作气，定能将蔡牵剿灭，因而写了此诗：

漫天星斗映旌旗，逐寇征帆楫浪驰。已觉幺幺惊胆落，奈何众将反狐疑。事机错过真堪悔，军纪森严岂可欺。尚冀和衷同报国，休教小丑乱纷披。①

蔡牵入鹿耳门，船队停泊台江内海，又倚靠海贼于海上的优势，进据陆地，李长庚认为机不可失。因为蔡牵已然势穷，对李长庚而言，蔡牵攻台便是"幺幺惊胆落"的不智之举。对于众将的狐疑，李长庚写诗勖勉，并认为若此次事机错过，放任蔡牵重回海洋，则日后必定后悔；而总统两省水师的李长庚，更命令诸将严守军纪命令，同心和衷报国擒贼，不令海贼小丑嚣张，再度纵横海上。

写了此诗之后，在嘉庆十一年(1806)二月初一日晚间，李长庚命金门镇总兵许松年、澎湖水师副将王得禄从北汕尾、安平大港乘小舟进攻洲仔尾，并采用火攻的方式攻击蔡牵船队及陆上营寨。因为"风势适利"，造成"毁贼船三十余艘，捕虏数千"的大胜利，蔡牵因此兵败而弃守洲仔尾。② 因为这次火攻大胜，李长庚欢喜之余作诗吟咏此次大捷：

黑海狂涛老病身，强支瘦骨竭精神。雄舟困贼招门内，战士横戈洲尾津。烈焰冲霄风势急，盗踪着火哭声频。尸填巨港妖氛靖，血染征衣锐气伸。小丑闻声惊破胆，将军威望振东邻。师行从此应无敌，国法难容作乱人。③

---

① 李长庚：《连夜追剿勖诸同事》，《李忠毅公遗诗》，《台湾文献汇刊》第4辑第7册，北京：九州出版社，厦门：厦门大学出版社，2005年，第31～32页。

② 连横：《台湾通史》卷三二，影台湾银行《台湾文献丛刊》本，台北：众文图书股份有限公司，1979年，第844页。另可参见周维强：《靖海孤忠：浙江提督李长庚的海上生涯》，《淡江史学》第26期，2014年9月，第177页；李若文：《海贼王蔡牵的世界》，板桥：稻乡出版社，2011年，第95～100页。

③ 李长庚：《洲仔尾大捷纪事》，《李忠毅公遗诗》，《台湾文献汇刊》第4辑第7册，北京：九州出版社，厦门：厦门大学出版社，2005年，第32页。

这首诗几乎是完全写实。李长庚虽然没有直接参与战役，但是下碇北汕尾，掌握实时军情。首联先写自己虽已老病，但仍强支精神指挥这次围剿，以庞大的水师舰队将蔡牵围困于鹿耳门内，而水师军队横戈进攻洲仔尾水岸。接着写采用火攻，让蔡牵部众尸横台江内海之中。最后写到清国水师大获全胜，蔡牵部众已无战意，士气低落，此时水师凭借着气势可遇贼无敌，预料可擒贼，让蔡牵束手于国法之下。

不过，蔡牵于洲仔尾大败之后，在二月初七日竟然趁着大潮及东风使凿沉鹿耳门口的船只浮上水面之后，带领三十余艘船，突破防守在北汕尾的李长庚水师舰队，冲出鹿耳门，往南窜逃。李长庚没能执行仁宗的指示，将蔡牵船队围歼于台江内海。除了清仁宗大怒外，李长庚也自责不已，自请罪罚。仁宗皇帝遂令李长庚革去翎顶，戴罪立功。关于蔡牵窜逃一事，李长庚懊悔之余，写了两首七律述明心志：

渤海烽烟苦未收，又从岛外逞奸谋。行师不避风涛险，讨贼无容众寡筹。遍地欃枪新鬼哭，孤城兵火故人愁。台阳最是关桑梓，沿海安危及早求。

侧身东望乱烟浮，台地苍生苦未休。海外□风成虎豹，眼前鬼魅尽戈矛。事关得失谋宜定，兵贵万全力要周。莫道舟师堪破贼，数帆只在水中流。①

此诗诗题明确地表明李长庚对于陆师的不满。蔡牵之所以能据洲仔尾数度攻打府城，乃是因为他勾结了台湾南北二路的山匪，在陆上应援无虞，才使得他安心将船队驶入台江内海，并且凿沉船舰，堵住鹿耳门口，以防清军舟师支援。从蔡牵凿船堵港的行为看来，他率领二万余名海盗，对于结合台湾本地反叛分子拿下府城，相当有信心。当时台湾绿营兵力不足以御敌，还好靠着台南当地的士绅、郊商组成义民乡勇，才勉强抵抗蔡牵数度攻

① 李长庚：《蔡牵窜入鹿耳门勾连台匪攻城滋扰，仅有舟师二千五百人把守招门，是时势当用众水陆分投击杀方克成功，而陆兵未调只以空文虚张声势，又令水师分兵赴陆应援，坐失事机，诗以志之》，《李忠毅公遗诗》，《台湾文献汇刊》第4辑第7册，北京：九州出版社，厦门：厦门大学出版社，2005年，第34～35页。

击。[①] 清兵当然也在当时闽浙总督玉德的指挥下,准备运兵来台湾助阵。但是,当时正值冬春之交,运兵不易,如以下这起奏折,说明了运兵船因风阻而无法出海,拖延了陆军运兵的时程:

> 延平协副将张良槐所带二起官兵,于上年十二月二十五日配船,在崇武候风渡台。因自上年十二月二十六日起,至今年正月初十日,半月以来,连日浓阴密雨,东北风狂大,涌浪如山。二起兵船两次开出,俱被顶风打回。[②]

大概是陆军支持不及,李长庚在上引的诗题中感叹必须将自己的水师二千五百人分拨至陆上剿匪,"令水师分兵赴陆应援,坐失事机",乃李长庚认为蔡牵能从台江内海逃脱的主因。这两首诗,第一首写自己带领的水师,追捕蔡牵从渤海海域追到台湾,而颔联则写水师不避风涛险恶,尽力缉贼,虽然敌众我寡,其战力依然能令势大的蔡牵无容身之处,在人数悬殊的战况之下,水师战力丝毫不逊蔡牵集团。从这几句看得出李长庚对自己掌握的水师的自信。最后则希望台湾战火能及早结束。第二首则写战况,首联写自己从下碇的北汕往台江内海望去,看到战火频仍(府城官兵真的是用大炮来击退蔡牵的屡次攻城),而颔联写的便是援兵因风阻,无法及时来台平乱,"海外□风成虎豹"句,缺字应是"狂"或"飓",也就是如虎豹之风势,阻碍了援军渡海,而让眼前如鬼魅的海盗尽执戈矛作乱。腹联则写他在诗题中的意见,水、陆军队应该谋定合击,在周全力至之时,海陆合击才能成功。不然,就如尾联所写,只靠水师的力量无法完全歼敌。更何况,水师二千五百名兵力,还要分兵去陆上剿贼,致使防堵蔡牵船队逃逸的水师,因兵力不足,无法成功扼守住鹿耳门口,终让蔡牵船队从鹿耳门逸逃三十余艘。

关于蔡牵最终从鹿耳门逸逃,让追捕了蔡牵十余年,本以为可在此役消灭贼魁的李长庚扼腕不已。在十余年后的道光四年(1824),曾担任李长庚部下的林廷福,在经过鹿耳门时,对蔡牵逃逸出海,不能捕获蔡牵一事,依旧耿耿于怀:

---

① 关于台南当地士绅郊商组成义民抵御蔡牵,可参见李文良:《清嘉庆年间蔡牵事件与台湾府城社会的变化》,《台大文史哲学报》第 86 期,2017 年 9 月,第 130～139 页。

② 姜亚沙编辑:《剿平蔡牵奏稿》,北京:全国图书馆文献缩微复制中心,2004 年,第 60～61 页。

鹿耳门，台郡咽喉，港迂回多礁石沙汕，树旗为船，导天险也。家君指示树梅曰："嘉庆十年，蔡牵入台湾，吾以戈船从总统李忠毅公血战，旬日凿巨舰于港，绝贼出路，冀生擒牵。会潮暴涨，贼得逃去。吾今念之，犹以为恨。"①

这段文字是林树梅在道光四年(1824)随父林廷福赴台担任护台湾水师副总兵事，入鹿耳门时，林廷福对林树梅所说的话。当时林廷福担任的是"金门左营经制外委"的中阶军官，在围剿蔡牵于鹿耳门一役，也有战功。②在历经十八年后，林廷福对儿子林树梅讲到这段往事："吾今念之，犹以为恨。"可见不止李长庚无奈感叹，连他的部属们也是怅怅余恨日久未消。

蔡牵逃走，已使李长庚气煞，但是还有人因为蔡牵逃逸，认为李长庚守港不力，致使巨寇脱逃。李长庚因此写了《蔡逆逃出鹿耳门，外议纷纷，在军诸将多有不平，作此示意》两首七律，用以抒发不甘之情：

功过分明路上碑，何须口舌乱支离。事虽目击犹难定，语是风传最可疑。渤海波涛原不测，人间祸福岂能知。此生总被虚名误，说到虚名悔也迟。

鹿耳门边逐匪船，强支病体欲争先。公侯骨相原无我，渤海风涛却有年。世路崎岖曾阅历，人情冷暖想当然。招喉水涨渠魁遁，那个官兵肯向前。③

奋力剿贼，却因东风及涨潮，令受围的蔡牵乘着天候水象的有利条件而逸逃，而"外议纷纷"，将不能束擒蔡牵的罪过归咎于把守鹿耳门口的水师，这当然会打击水师的士气。李长庚因此作这两首七律安慰他的部属们。蔡牵外逃，把守港口的水师不能拦截，难逃责任。如当时闽浙总督玉德于嘉庆十一年(1806)二月十九日的会折，就将捕贼不力的责任，推到防守扼堵鹿耳

① 林树梅：《渡台湾记》，《啸云山人文钞》第 8 册，卷三，黄哲永、吴福助主编：《全台文》，台中：文听阁图书，2007 年，第 45 页。

② 林树梅：《先考受堂府君行述》，《啸云山人文钞》卷六，黄哲永、吴福助主编：《全台文》，台中：文听阁图书，2007 年，第 99 页。

③ 李长庚：《蔡逆逃出鹿耳门，外议纷纷，在军诸将多有不平，作此示意》，《李忠毅公遗诗》，《台湾文献汇刊》第 4 辑第 7 册，北京：九州出版社，厦门：厦门大学出版社，2005 年，第 35～36 页。

门口的水师将领李长庚、李景曾、邱良功身上：

> 小的赍捧公文，配坐金进益𫇴船，于二月初六日开出大港口外候风。听闻蔡逆匪船与兵船打仗，炮声不绝，初七日，蔡逆贼船窜出鹿耳门，向南逃走。提督李长庚兵船跟往南路之东港一带追捕，小的船只随得顺风，即行放洋内渡等语，是蔡逆贼船窜出鹿耳门，已属确凿。提督李长庚、护温州镇总兵李景曾、署副将邱良功，带领兵船，分舶鹿耳门，招外把守，何以任听该逆窜逃出口？其疏纵玩悞之罪，寔难宽贷。容俟接到台地文武禀报蔡逆如何逃窜确情，另行据寔参奏。①

玉德据报，认为分舶鹿耳门之水师诸将，没能严守港口，遂令蔡牵逃窜，"其疏纵玩悞之罪，寔难宽贷"，欲治罪李长庚等人。所以李长庚在这两首诗的一开始便提道："功过分明路上碑，何须口舌乱支离。"不用多费口舌，蔡牵逸逃已成事实，自己不用为自己失责辩解。但是他接下来写"事虽目击犹难定，语是风传最可疑"，蔡牵如何能逃出严密的防守，流言蜚语，实难一一辨明。对李长庚而言，蔡牵顺利脱逃，除了起东风及涨潮外，最重要的便是水师人数不足，而且还需分兵给陆军，造成军力不足以严守鹿耳门口。另有外议的部分，乃是有人认为水师收了蔡牵的厚赂，故意放走蔡牵船队。② "语是风传最可疑"，李长庚对于这种莫须有的传闻，真是百口莫辩。最后他将飞语中伤，归因于自己威名太盛。在第二首的最后一句，"招喉水涨渠魁遁，那个官兵肯向前"，似乎也点出了当时官兵放任蔡牵驶出鹿耳门而不尽力追缉的无奈。虽然官兵以不畏死亡奋力尽忠擒敌为忠勇，但是若兵力相差悬殊，哪个官兵愿意白白为国牺牲？李长庚为此役兵力不足而发出浩叹。

蔡牵逃出鹿耳门，最主要的原因还是水师兵力不足守御，如陈寿祺记载

---

① 姜亚沙编辑：《剿平蔡牵奏稿》，北京：全国图书馆文献缩微复制中心，2004 年，第 142～143 页。

② 这种传言，记载在王昙的《总统闽浙水师浙江提督壮烈伯李忠毅公神道碑铭》："鹿耳门之围，遂有谮公为北汕纵走蔡牵者……蔡牵先以银钱四百余万遍豢台湾。公围中，半是闽兵，部内无多浙将，从田横海岛者五百人，入广州城门者三十万。"可见当时盛传闽兵已受蔡牵贿赂，故意放纵蔡牵船队自鹿耳门逃逸。王昙：《总统闽浙水师浙江提督壮烈伯李忠毅公神道碑铭》，钱仲联主编：《广清碑传集》卷一〇，苏州：苏州大学出版社，1999 年，第 637 页。

的事迹：

> 牵之围台湾也，陷凤山、据洲尾，凿巨舟塞鹿耳门阻外援，结奸民万余人大掠。公令扼隘口，遣将绕，出其腹背夹攻，连破之。已而贼乘潮从北汕逸，事闻，夺翎顶。而公固逆知港道辽阔，贼众我寡，尝从督府乞济师，不时应，故失牵。①

另外，在魏源的《嘉庆东南靖海记》也记载，台湾兵力不足，也让嘉庆皇帝深忧不已，另外派兵驰援台湾：

> 十一年二月，诏责玉德历年废弛，致贼氛日炽。且福建水陆官兵七万有余，调渡台者不过三四千，岂能灭此二万有余之贼？特命成都将军德楞泰佩钦差大臣关防，调四川兵三千赴剿，将军赛冲阿副之。②

从这两段记载，可知李长庚守鹿耳门口，也是聊尽心力。敌众我寡，造成李长庚在诗句中感叹“莫道舟师堪破贼，数帆只在水中流”“招帐水涨渠魁遁，那个官兵肯向前”“事机错过真堪悔，军纪森严岂可欺”，对战况充满了无奈。尤其是援军迟迟不来，他的“事关得失谋宜定，兵贵万全力要周”诗句读起来，仿佛是自己率领水师，以寡敌众的深深感慨。兵力不周，如何能聚敌歼之？而谋略未定，如何能克敌制胜？陈寿祺写的“公固逆知港道辽阔，贼众我寡，尝从督府乞济师，不时应，故失牵”，能得胜却不能擒蔡牵，仿佛就在李长庚的“逆料”之中。

因此，在嘉庆十年(1805)岁末，李长庚初至鹿耳门准备击剿台江内海蔡牵时，对于未来的局势并不抱乐观看法，故写诗咏怀：

> 形役遍沧海，残年感岁华。台城兵火乱，鹿耳炮声奢。万绪攒心曲，孤舟泊水涯。狂涛翻日落，瘦骨逐风斜。久病精神短，穷愁旦夕加。不才徒阃外，竟以海为家。③

此诗依然是以终年驰驱于海上捕贼的感伤为基调，感慨着除夕过年依然行役在外，无法回家过节团圆。不过，此刻面临将和蔡牵于台江内海对决

---

① 陈寿祺：《建威将军浙江提督总兵官追封三等壮烈伯忠毅李公长庚神道碑文》，钱仪吉编：《碑传集》卷一二二，台北：文海出版社，1973 年，第 5737 页。

② 魏源：《嘉庆东南靖海记》，《圣武记》卷八，北京：中华书局，1962 年，第 27 页。

③ 李长庚：《鹿耳门岁暮有怀》，《李忠毅公遗诗》，《台湾文献汇刊》第 4 辑第 7 册，北京：九州出版社，厦门：厦门大学出版社，2005 年，第 36 页。

的时刻，诗中却呈现萧瑟无助的落寞韵味，令人怀疑。尤其是英雄感叹老迈，长年于海上与海贼英勇交战并树立威名的李长庚，英雄气短，对敌时刻壮气不再，或者可以解释为他对此役成败未能逆料。或者更进一步地说，他对这场战役并不乐观。尤其是岁暮时节中兴起“万绪攒心曲，孤舟泊水涯”的孤独之感，若不从援军不至，自己率领的水师势单力薄来看，几乎难以解释。水师扼守北汕鹿耳门港出口，再怎么说，也不会是“孤舟泊水涯”吧！最后写自己心力交瘁，“瘦骨”“久病”“穷愁”等词汇，更加彰显李长庚以自己的身体状况，来感叹自己对这场战役的无力感。

虽然蔡牵逃出鹿耳门，但李长庚依然持续追捕。在接下来追捕的过程中，李长庚感叹自己逐渐衰老，而贼首蔡牵未擒，有感而发，写了这首诗：“衰病残年强自支，长洋淼淼戴星驰。渠魁未灭恩多负，壮志销磨事可知。报国有心愁计拙，封侯无命笑情痴。眼前丑类猖狂极，不世勋名正此时。”①

此诗诗题为《蔡逆未擒，责重才疏，愁肠难解，作此呈诸同事》，对于蔡牵无法擒获，李长庚写诗向同僚明志。李长庚当时名满天下，为清国东南水师长城，虽然无法擒捕海盗贼首蔡牵，但也让蔡牵势蹙，无法纵横海上。不过虽然如此，李长庚依然觉得自己“责重才疏”，自己已经五十余岁，体衰力疲，衰病残年。整诗的架构在写自己渐渐无力讨伐海盗，壮志消磨，虽有心报国却无命封侯，不过最后一联反而以海盗猖狂至极勖勉同事和自己，若能擒捕渠魁，则可建立不世勋名。

在鹿耳门战役前后，李长庚已渐感体衰力疲，而且雄心壮志不如年少之时。英雄迟暮的感慨，时时出现在诗句之中。如鹿耳门一役后同一年，李长庚在秋天所写的诗，便显得有些萧瑟寂寥意味：

> 重洋忘岁序，寒至始知秋。骨瘦迎风苦，衣单入夜愁。有山皆识面，无海不行舟。历碌雄心退，衰年忆壮游。②

李长庚长年在海上追逐蔡牵，忘了岁月时序，至老而未能休憩。这一

---

① 李长庚：《蔡逆未擒，责重才疏，愁肠难解，作此呈诸同事》，《李忠毅公遗诗》，《台湾文献汇刊》第 4 辑第 7 册，北京：九州出版社，厦门：厦门大学出版社，2005 年，第 36～37 页。

② 李长庚：《秋夜舟中即事》，《李忠毅公遗诗》，《台湾文献汇刊》第 4 辑第 7 册，北京：九州出版社，厦门：厦门大学出版社，2005 年，第 32 页。

年,李长庚已经年过半百,有五十五岁了。颔联写自己年老,尚奔波于海上。腹联则写这二十余年海上生涯,无数次往返,沿海山势洋面已谙熟。最后则写出老态,英雄气短之慨,令人不舍。只是,自剿灭安南匪艇及肃清浙江海盗以来,蔡牵成为他十余年追捕的海贼首寇,就算年过半百,李长庚还是希望能亲手擒捉蔡牵。在他晚年的诗中,一再出现这种志愿。

鹿耳门一役后,蔡牵集团受到重创,并且再也无能力进逼台湾,仅偶尔袭扰鹿耳门劫掠商船,但终被水师击退。不过,令人气结的是,蔡牵逃回福建,竟然能再次重整旗鼓,洋面势力虽然大不如前,却依然能继续在东南海域、闽浙沿岸作乱。缉捕蔡牵成了李长庚晚年最大心愿,看着蔡牵集团余烬未灭,甚至有死灰复燃的迹象,李长庚便上疏清仁宗:

> 蔡逆未能歼擒者,实由兵船不得力,接济未断绝所致。臣所乘之船,较各镇为最大,及逼近牵船,尚低五六尺。曾与三镇总兵愿预支养廉,捐造大船十五号,而督臣以造船需数月之久,借帑四五万之多,不肯具奏。且海贼无两年不修之船,亦无一年不坏之杠料。桅柁折则船为虚器,风篷烂则寸步难行。乃逆贼在鹿耳门窜出,仅余船三十,篷朽硝缺,一回闽地,装篷燂洗,焕然一新,粮药充足,贼何日可灭?①

从《清史稿》记载的这段疏文,可见李长庚直接将清国水师无法有效缉捕蔡牵的原因明白说出来,就是水师装备不如海盗。就连当时李长庚乘坐的水师精锐船舰,也不如蔡牵船舰来得巨大。更何况,蔡牵自鹿耳门逃出之后,一回福建,便能够“装篷燂洗,焕然一新,粮药充足”,这就是李长庚所谓的“接济未断绝”,在闽一地,一定有人私下接应蔡牵船队。除了修船的桅杆原料、帆船用帆(篷)和用水粮米外,竟然还能够取得清国管制用的火药硝磺。若不是有人在沿海接济海贼,蔡牵集团绝对无法在这么短期内整军经武,让船舰焕然一新。反观官军装备不良,远远比不上海盗“无两年不修之船,亦无一年不坏之杠料”。尤有甚者,李长庚要预支自己的养廉银来充实水师装备,购建大船。但这也被当时的闽浙总督玉德所阻挠,使得李长庚上疏愤懑,怒气难消地向皇帝呼喊:“贼何日可灭?”因此,清仁宗接到了李长庚的上疏后,便“诏逮治玉德,以阿林保代”。

---

① 赵尔巽等撰:《清史稿》卷三五〇,北京:中华书局,1977年,第11255页。

在更换闽浙总督之后，虽然阿林保亦是处处对李长庚有所掣肘，但是清仁宗私下密询当时的浙江巡抚清安泰，而清安泰则力保澄清李长庚作为，如阮元所记述文字：

牵自鹿耳门遁入内海，甚狼狈，蓬柁皆毁。四月至福宁，得岸奸接济，易新蓬，势复张。忠毅皆列状奏闻。上切责闽文武官逮总督，以阿林保为总督。阿林保初至闽，闽官交谮公，阿林保密劾公因循逗遛，捏报斩获，奏五上。上以问浙江巡抚清安泰，清安泰辩之。①

自是，清仁宗对阿林保劾奏之语，便有所保留不致全然相信；并且让李长庚建造大船，更新装备，便于海上追捕蔡牵。自此，李长庚率领的水师逐渐取得海上优势，对于缉捕蔡牵就法，则指日可期。

三、尽忠职守至殉职报国

嘉庆十一年(1806)二月鹿耳门一役后，李长庚上疏要求新建战舰，清仁宗答应了，也将闽浙总督换成阿林保。虽然阿林保还是依然经常密劾李长庚，不过如同仁宗自己说的："阿林保身任总督，原不能无参劾之举。"②但经询察，仁宗亦言："是阿林保前此参奏李长庚之处，均系捕风捉影，全属子虚。"③并降旨慰问李长庚。这让李长庚暂时免去闽浙总督掣肘之虑，更能全权依自己的节奏追捕蔡牵。

鹿耳门围蔡牵失败后，李长庚更尽力追缉蔡牵。王孙概括鹿耳门一役后李长庚与蔡牵激战的洋面：

(嘉庆十一年)四月，牵与朱濆合窜福宁外洋，公以两镇兵败之三

① 阮元：《壮烈伯李忠毅公传》，钱仪吉编：《碑传集》卷一二二，台北：文海出版社，1973年，第5749页。

② 阮元：《壮烈伯李忠毅公传》，钱仪吉编：《碑传集》卷一二二，台北：文海出版社，1973年，第5749页。

③ 阮元：《壮烈伯李忠毅公传》，钱仪吉编：《碑传集》卷一二二，台北：文海出版社，1973年，第5750页。

盘，牵折而北，又败之调班洋。八月，大搏渔山，贼舟瓦石与火箭火球雨下，公纵横血战受伤，事闻复冠顶。九月，再败之东涌，炮击蔡牵从子蔡添来，落海。①

这里简述了四场战役地点，分别是三盘洋、调班洋、渔山洋、东涌洋，其中以渔山洋一役最为激烈。关于渔山洋之役，阮元有比较清楚的叙述：

另片奏称，八月十六日，李长庚带兵围攻蔡逆坐船一事，将盗船烧沈两只，毙贼无算，生擒七名。不但李长庚身受多伤，即黄飞鹏亦被炮弹掷伤腰腿，又官兵受伤者一百四十余人。清安泰又转询黄飞鹏、何定江二人，亦均称李长庚实在奋勇，并无懈怠玩等语。②

这场战役，官、贼均有损伤，但以战绩而言，清国水师乃大胜。当时年已五十五岁的李长庚，几乎是身先士卒，奋力冲向敌方船舰。主帅都不顾生死安危杀敌，官兵受伤者，应是受到李长庚的精神感召吧。在这场战役中，李长庚身陷敌境，纵横血战而受伤。虽然大获全胜，但却又让蔡牵逃走，李长庚因而作诗《八月十六日渔山攻捕，予与蔡逆并船大战二时，伤毙贼匪数百，予身受六伤，随师镇将不能相机擒渠，失此机会，大为可惜，诗以志之》，除记事外，也对这次无法擒获元凶而扼腕不已：

功过分明口是碑，如山号令总难移。空言马革还尸日，不见征衣染血时。论战有人同性命，摧锋独我履危机。相期勠力张天讨，誓斩元凶作寝皮。③

这首诗题极长，亦彰显此诗主旨。从诗题“予与蔡逆并船大战二时”，可见这是场耗时费力的激战，绵延的时间相当长，足达两个时辰。李长庚身为主帅，身受六伤，本以为大获全胜，蔡牵即能手到擒来，却因为其他将领无法上阵攻敌，未擒获蔡牵。李长庚诗中“论战有人同性命，摧锋独我履危机”的

---

① 王孙：《浙江提督总统闽浙水师追封三等壮烈伯谥忠毅李公行状》卷一二二，第5758页。

② 阮元：《壮烈伯李忠毅公传》，钱仪吉编：《碑传集》卷一二二，台北：文海出版社，1973年，第5750页。

③ 李长庚：《八月十六日渔山攻捕，予与蔡逆并船大战二时，伤毙贼匪数百，予身受六伤，随师镇将不能相机擒渠，失此机会，大为可惜，诗以志之》，《李忠毅公遗诗》，《台湾文献汇刊》第4辑第7册，北京：九州出版社，厦门：厦门大学出版社，2005年，第32页。

句子，对于诸镇将士，颇有微词。而“空言马革还尸日，不见征衣染血时”亦是责骂随军诸镇将士，只空谈尽忠，真正临阵时，怯于杀敌，只让总统水师的李长庚孤军深入，无法合击蔡牵，虽然获胜，却令蔡牵逃走。最后则再勖勉诸将，要合作“勠力张天讨”，才能“誓斩元凶”，擒捕蔡牵。

此诗最后一句“誓斩元凶作寝皮”，对李长庚而言，仿佛是他五十五岁之后活在世上的主要任务，而余生似乎也为了达此目的，誓不罢休。虽然这种理念及坚持得到他人的敬佩，但这并不是所有水师或督抚文官们生命的终极目标。亦即，奋不顾身，纵使牺牲也要誓斩元凶的想法，在当时不见得所有的文官武将都赞同。李若文在分析蔡牵、玉德和李长庚之间官盗关系时，道出了相当精辟的见解：

> 至于闽浙当局之间，双方心结由来已久。闽官厌恶李长庚及其手下，然而，招抚之策仰赖鹰派水师撑腰。以招抚蔡牵、朱濆而言，总督玉德和阿林保想要扭转大局，与浙江方面争功，就必须加紧谈判促成招抚；而招抚成否又有赖于水师搏命，没有水师猛将在海上效死，就没有足够的筹码谈判。招抚派必须承认没有军事力量做后盾，海盗根本没必要与之周旋，这就是主剿与主抚之间明为合作暗里较劲，一种既依存又相克的矛盾关系。①

上级文官对李长庚处处掣肘，其来有自。所以不论是《清史稿》还是李长庚的墓志、行状、传记，几乎都会提到玉德与阿林保对李长庚“忌其功”。此外，水师必须有战绩才能升迁，若海上巨寇蔡牵集团被李长庚瓦解，那么仅靠年资累积而没有战功，其余水师将领必升迁缓慢。这一些阻碍李长庚誓将蔡牵缉捕的不利条件，其实明白清楚。李长庚也不是不知道这些，所以他常在诗中感叹“兵单犹得资陈力，将怯谁能为众夸”“毁誉随时俗，炎凉视古今”“此生总被虚名误，说到虚名悔也迟”“世路崎岖曾阅历，人情冷暖想当然”“报国有心愁计拙，封侯无命笑情痴”“语易伤时防口失，心难似我致人猜”，对于主剿、主抚的主张与文官不同，而文官空谈计谋，无力征伐，终究落至“莫言丑类终当去，不战如何事得休”。李长庚对于文官主抚，深表不满。不战，如何能灭贼靖海？

---

① 李若文：《海贼王蔡牵的世界》，板桥：稻乡出版社，2011 年，第 158～159 页。

在浙海渔山洋一役后，李长庚受伤战胜却依然令蔡牵逸逃，嘉庆皇帝即谕旨慰勉李长庚。李长庚在九月初六日收到上谕，便写了二首七律以酬谢皇帝的知遇信赖之恩：

天语煌煌感且惊，水师有过李长庚。烽烟未靖劳宵旰，臣职难伸负圣明。海外妖么齐涣散，军前众将尽欢腾。不才自愧非良将，幸报君恩惧此生。

忽地风波亦太奇，全凭忠信任飘驰。是非到底终须定，祸福分明岂可欺。入世有心图报国，除奸无日愧相知。眼前荣辱都休论，浩荡天恩感不支。①

此诗诗题中有"感激涕零，令人思死图报"，仿佛预言着李长庚之后殉死于国事。在第一首诗句"水师有过李长庚"句下有作者注："上谕有：试问水师有过李长庚者乎？""不才自愧非良将"句下有作者注："上谕有：朕岂不自失良将耶？"这则上谕，应该是清仁宗斥责阿林保的谕旨。阮元有将这则上谕抄录在《壮烈伯李忠毅公传》之中：

本日清安泰奏到，查明李长庚在洋捕盗，并无因循懈玩一折，所论甚属公正。……设朕误信其言，不加详察，即照阿林保所奏办理，则李长庚正当奋不顾身，为国殄贼之际，将伊革职拏问，成何事体？岂不令水师将弁寒心？试问水师中有过于李长庚者乎？阿林保未见确实，任意纠弹，殊属冒昧。朕又不昏聩糊涂，岂受汝蛊惑，自失良将耶？②

对于嘉庆皇帝不信阿林保之言，而采纳清安泰之调查，李长庚收到此上谕后，写了以上两首七律。士为知己者死，李长庚在接受皇帝信任与肯定后，虽然体衰力疲，在诗中强调自己的"不才自愧非良将""除奸无日愧相知"，但因"君恩"难报，天语煌煌对李长庚的高度肯定，李长庚奔走海上二十余年，最后也决定尽忠报国，以回报清仁宗的赏识知遇之恩。在第二首诗之中，李长庚再度强调自己的忠信品格及报国的志向，而这些坚持灭贼的理

① 李长庚：《恭读九月初六日谕旨，感激涕零，令人思死图报，而清公知己之感亦不能忘，恭赋二章以志不朽》，《李忠毅公遗诗》，《台湾文献汇刊》第4辑第7册，北京：九州出版社，厦门：厦门大学出版社，2005年，第38～39页。

② 阮元：《壮烈伯李忠毅公传》，钱仪吉编：《碑传集》卷一二二，台北：文海出版社，1973年，第5749～5750页。

念，不是要用来争求名位爵禄。所以他说“是非到底终须定，祸福分明岂可欺”，剿贼是“是非”之事，而“祸福”早有命定，并非操之在己。因此“眼前荣辱都休论”，只求达成灭贼报国的目标，以上答君恩。其他的荣辱声名乃身外之事，不是李长庚所追求的人生最后核心价值。得到君王赏识，李长庚在意的是“辜报君恩惧此生”“浩荡天恩感不支”，不晓得自己能不能完成君王的期许，剿灭海上巨寇蔡牵。

年过半百，体力早已感到不支的李长庚，消灭蔡牵，成了他最后人生唯一执着的事。在本文第二节曾引《清史稿》中李长庚传，记载李长庚“长庚缄所落齿寄其妻，志以身殉国”。李长庚率领水师舰队纵横闽浙海上，却长年不得归家，尤其在除夕夜，李长庚亦与常人一般兴起思家之情。例如他在殉职当年的除夕，依然因公在海上征战，写给妻子的二首七律，感慨情深，读之令人动容：

汪洋历碌事多乖，岁月蹉跎鬓已华。识力总因思虑减，雄心每为折磨差。长洋夜静鸣刁斗，战舰风和听鼓笳。寄语闺门休念我，捷书一奏便归家。

自从沧海扫群邪，岁岁奔驰报尚赊。七事累君真可叹，一官似我亦堪嗟。风波已定愁应少，身世无亏福便加。万顷狂涛除夕夜，六年五度未归家。①

此二诗情切叹深，对于自己长年在外因公无法在除夕回家的哀伤，娓娓道来，怨而不伤，情景交融。第一首前六句都在写海上生活及因缉贼逐渐衰老的身心样貌，到最后一句安慰妻子，任务完成便可返家。易言之，蔡牵未擒，李长庚日常家居生活则不可得也。第二首则感谢妻子持家的辛劳，自己只身在外服役，妻子在家必须应付日常柴米油盐酱醋茶等七事，自己无从协助。身为浙江水师提督，却依然不避风波奔走于海上，虽官高亦足嗟叹。腹联则写自己的辛劳终有成效，东南海面渐趋平静，靖海工作可望告一段落。而“身世无亏福便加”，除了是对妻子的赞美外，亦是李长庚一生的自诩。末联直写，在近六年之中，只有一次的除夕夜是在家中度过，道出了李长庚因

① 李长庚：《除夕夜舟中有怀寄内子》，《李忠毅公遗诗》，《台湾文献汇刊》第4辑第7册，北京：九州出版社，厦门：厦门大学出版社，2005年，第39～40页。

尽忠报国而无暇顾及妻儿的多少无奈。

李长庚一直以来便是以浙江水师提督总统闽浙水师的身份进行追捕蔡牵的任务，因此，与蔡牵交手的海域，便以浙江、福建为主，几乎没有南至广东。但是在渔山洋一役，蔡牵势力更加薄弱，也似乎窜逃到广东海域避开李长庚的追捕。由于李长庚誓擒蔡牵，所以在没有获得同意之下，他在嘉庆十二年初至年底越境追捕蔡牵到广东海域[①]，可惜在几次追捕已经势蹙仅能逃窜的蔡牵船队时，都因广东水师援助不及，又令蔡牵逃走：

> 明年，又扼之奥洋大星屿，断牵船大桅，毁其篷索。时公为客兵，以粤为主，使粤援即至，客主交通，则牵受首必矣。而无如粤之故缓其期，若惟恐公之成功者，牵复得间脱去。上闻，虽切责粤帅，下部叙公功，而事机已坐失矣。又与粤帅会剿忝门盗，先期奏诸事竣暂还浙理军政。上未允，遂即日复行。冬合金门、福宁二镇，共击牵浮鹰，擒七十五人，斩级十五。[②]

从这段记载看来，李长庚追捕蔡牵，已将战线延伸至广东海域。在奥洋一役，眼见蔡牵立刻可以手到擒来，但恨广东水师不实时支持，因此再一次错失良机。洪亮吉的解释是粤帅缓至，乃是“惟恐公之成功”，也是忌妒心使得蔡牵又再一次侥幸脱逃。此外，李长庚在追捕蔡牵之余，也协助广东水师剿忝门盗（应该是澳门水域张保仔海贼集团）。从这点看来，李长庚愿意协助广东水师，乃是出于为国平乱的报国心态。

嘉庆十二年（1807）在广东海面上的诸多吟咏，李长庚常写出壮气消磨，因老态日显而想归家，却因追捕蔡牵任务在身，无法休退的感叹，如这首《粤洋偶成》所写的心境：

> 六十年如梦，狂涛伴此生。有心图报国，无意博虚名。任大才偏

---

① 关于嘉庆十二年（1807）正月到年底，李长庚追捕蔡牵远至广东海域的战役过程，可参见周维强：《靖海孤忠：浙江提督李长庚的海上生涯》，《淡江史学》第 26 期，2014 年 9 月，第 189～191 页。

② 洪亮吉：《忠毅李公墓志铭》，钱仲联主编：《广清碑传集》卷一〇，苏州：苏州大学出版社，1999 年，第 635 页。

小，氛多责反轻。不知沧海上，何日息刀兵。①

在这首五律中，写出年近六十的李长庚因衰老而疲倦思归的心情。这一年李长庚五十六岁了，一生中接近一半的岁月都在狂涛海面上度过。颔联写自己长久以来的报国志气，半生所做的事不是为了争名夺利，而是尽忠职守，以一己之力报效君国。腹联则写身任水师统帅的处境。最后，更是感慨，刀兵不息，则担负重任的自己便无法返家休息。

这种感觉到力不从心的倦勤心态，在李长庚生命的最后一年之中，经常出现，如这首诗《渠魁未缚，衰态日形，诗以志叹》所写的：

追逃晓夜驾师船，陷阵身为士卒先。海上谈兵愁白发，军前克敌喜青年。形容憔悴精神散，心血消磨老病缠。南北风波都阅尽，献俘无日但呼天。②

这是李长庚在战死前不久所写的诗。自感年老力衰的李长庚，夜以继日地驾船"追逃"，在遇战依然"陷阵身为士卒先"，全凭一股忠勇之气，遇敌依然身先士卒。不过年衰发白，使得自己力不从心，在看到青年将士奋战，因后继有人而喜悦。此诗腹联则完全是叹老，实写自己老态，令人读后而遥想老将依然要上场搏命，感到不舍。最后则归结到无法歼敌，渠魁未擒，无法向君王献俘，只能向天徒呼负负。

拖着疲惫衰老的身体，照常在海上征战。对李长庚而言，上报君恩，对下以身作则，希望下能拼死报国，展现武勇的军人风范。君恩难报，盗首未擒，对李长庚而言，成了自我趋驰的一大动力，也是一大压力，如这首诗所写的：

才完案牍便登舟，水陆驰驱日不休。老至始知官是累，恩多只恐力难周。廿年瀚海心原苦，百战中流志未酬。自顾疏庸虚岁月，形容憔悴不胜愁。③

---

① 李长庚：《粤洋偶成》，《李忠毅公遗诗》，《台湾文献汇刊》第4辑第7册，北京：九州出版社，厦门：厦门大学出版社，2005年，第40页。

② 李长庚：《渠魁未缚，衰态日形，诗以志叹》，《李忠毅公遗诗》，《台湾文献汇刊》第4辑第7册，北京：九州出版社，厦门：厦门大学出版社，2005年，第43页。

③ 李长庚：《出洋杂作》，《李忠毅公遗诗》，《台湾文献汇刊》第4辑第7册，北京：九州出版社，厦门：厦门大学出版社，2005年，第45页。

这首还是写海上奔波之苦，无日不已。关于此诗的写作日期，应该是在嘉庆十二年(1807)七八月[①]，诗句中“老至始知官是累，恩多只恐力难周”，幽幽道出自己年老力衰还必须在海上征战的不得已的心境。最后写自己“志未酬”，显然地，其志便是“飞斩蔡牵头”，对于蔡牵这个大海盗，“志”在必得，不过时不我予，日渐“形容憔悴”，英雄气短的伤感跃然纸上。心衰力疲想要卸下重责归乡的李长庚，甚至还写下“投林倦鸟归宜亟，绕磨疲驴惫亦征”[②]的句子，将自己比喻成倦鸟，亟欲归林休憩。但当下的处境，像是绕着石磨转而无法休息的疲驴，整日重复讨贼追盗的征伐工作，至死方休。

最后李长庚真的在嘉庆十二年(1807)岁末在追缉蔡牵的战役中，身先士卒，最后战死在黑水洋海域。关于李长庚阵亡的事迹，史传碑铭及行状传记，记载的几乎大同小异，现则引阮元的记载如下：

> 七月，请回宁波办军政，诏饬之，八月即出海。十一月，击牵于闽之浮鹰，十二月，率福建水师提督张见升等追牵入粤海，廿五日质明至黑水外洋，牵仅存三舟。忠毅以浙江亲军专击牵一舟，毙贼甚伙。又自以火攻船挂牵船，将成擒，忽贼发一小炮，适中忠毅喉，忠毅遽殒。闽帅张见升本庸懦，又窥总督意，颇不受提挈，及是远见总帅船乱，遽率舟师退。牵乃遁入安南夷海中。阿林保以其事闻，上震悼哭之，廷臣亦哭。[③]

从这段叙述看来，李长庚在这一年远洋追缉蔡牵后，除短暂地回到浙江处理军务外，一路长胜，到了十二月，从广东浮鹰海域追蔡牵追到黑水洋海域，而且蔡牵只剩三艘船。李长庚一方面见猎心喜，疏于防范；另一方面大概想亲手捉拿蔡牵，所以冒险登上蔡牵主船。不过没想到上船后，竟被狙击手射中喉头，不到一天身亡殉职。李长庚亲自上蔡牵主舰，最后被狙击身

---

① 据阮元《壮烈伯李忠毅公传》记载，“七月，请回宁波办军政，诏饬之，八月即出海”，由此诗第一句可知，此诗应是写于嘉庆十二年七八月之间。阮元：《壮烈伯李忠毅公传》，钱仪吉编：《碑传集》卷一二二，台北：文海出版社，1973 年，第 5751 页。

② 李长庚：《舟中感怀》，《李忠毅公遗诗》，《台湾文献汇刊》第 4 辑第 7 册，北京：九州出版社，厦门：厦门大学出版社，2005 年，第 44 页。

③ 阮元：《壮烈伯李忠毅公传》，钱仪吉编：《碑传集》卷一二二，台北：文海出版社，1973 年，第 5751 页。

亡，对一个舰队主要指挥者而言，实是异乎寻常之事。虽然身先士卒能鼓舞士气，不过，当时清国水师占有绝对优势，身为主帅，大可不必如此冒险亲践险境，果然最后遇险殒命。主将阵亡，结果还是让蔡牵逸逃。李长庚人生的最后一役，以战术执行而言，不可讳言地，是失败了。

李长庚为何要如此奋力搏命于海上战场，最后甚至战死在敌舰上？除了一方面要报答嘉庆皇帝的知遇之恩外，另一方面也与嘉庆皇帝不断地督促他出海讨贼有关。苏信维在讨论李长庚之死时，认为李长庚之所以冒险登上贼船，一则因为得力助手王得禄、邱良功等部属都不在身边，他们被派往台湾追剿正袭扰鸡笼和噶玛兰的另一个海盗朱濆，所以李长庚必须孤军奋战，甚至犯险登船亲握战功。二则因为虽然嘉庆皇帝倚重李长庚，但种种迹象显示，皇帝认为李长庚"奋勉稍不如前"，精力衰退，甚至挟寇自重，怠于追捕。所以嘉庆皇帝频下命令，催促李长庚不可迁延观望，否则从严治罪。[①] 三则因为虽然李长庚历次征讨都有友军（如粤水师、闽水师）的协助，但是在最紧要关头，这些盟军或因为怯战，或因为妒功，都不肯尽力支持，致使所有战役虽然战胜，但均无法擒捕蔡牵。在黑水洋一役，李长庚眼见蔡牵将可手到擒来，奋不顾身而轻敌，被狙击身亡，使将星陨落，令人不胜唏嘘。

若如苏信维研究所言，嘉庆皇帝一方面将剿灭蔡牵的重责大任赋予李长庚，并对其勖勉有加；另一方面又念念不忘蔡牵从李长庚扼守的鹿耳门口逸逃一事，并对李长庚严厉催促出海捕贼。李长庚诗句中屡屡出现"酬恩务尽一心诚""只恐悴躬难报国，敢劳宵旰顾南天""圣主恩同雨露过""渠魁未灭恩多负""辜报君恩负此生""浩荡天恩感不支""任大才偏小，氛多责反轻""献俘无日但呼天""恩多只死力难周""忧深臣责重，才拙圣恩长""自愧不才膺阃外，未能继迹总贻羞"，在这些诗句中，表面上感念君恩倚重，但是从这些不断自嗟不才、君恩难报的句子，我们不难看出，嘉庆皇帝对李长庚施加了极大的压力，而这使得李长庚在固有的工作任务之外，增加了不少的心理负担。对李长庚而言，达不到君王的期许和要求，在诗中感叹自己"不才"，而君恩浩重，逼迫自己必须以更激烈、更积极的标准及缉贼活动，来证明自

① 苏信维：《闽浙地区海盗集团之研究——以蔡牵集团为例（1795—1810）》，台南：成功大学历史研究所硕士学位论文，2008年，第178～185页。

己的"忠贞"。不过海上缉贼，有其客观的难度，这不是远在北京批阅折子了解战况的君王所能知悉的事。李长庚的困境在于，自己在缉贼一事愈有功绩，则皇帝愈加倚重。而当使尽全力后仍达不到皇帝要求的标准时，李长庚仅能将心志托付吟咏；另外在现实层面，做出常人所做不到的事，来勤奋缉贼，响应皇帝的嘱托了。关于这点，周维强先生做出了相当准确的评论：

> 李长庚的遭遇显示出清廷对于海洋事务的无知：闽浙总督玉德不知在闽浙海域采用米艇还是同安船；仁宗不知海船在航行二三旬，就必须靠岸加以燂洗等事。可知统治阶层对于海洋事务的陌生和无知。仁宗虽重视海防，对李长庚眷爱有加，但北汕之失和未及时赶上鹿耳门之役，使得仁宗疑其捕盗的决心，质其健康情形，逼迫身家性命，对其拔翎、夺职和申饬。若无阮元和清安泰等忠志之士，李长庚甚至无法保其清誉。李长庚身处皇帝要求平定海盗的压力，和满洲大员阻难之间的政治磨难，恐怕比追剿海盗更为艰难。①

若从这个角度来观察李长庚诗中的"君恩"，我们可以认为，李长庚担负平定蔡牵的重责大任，对他的身心负担有多大。这就可以理解，为什么李长庚一直感叹自己体衰力疲、英雄气短。那是因为自己的身体，可能已经无法负荷那么强大的军事缉捕任务。过度操劳，让李长庚身心俱疲，又无法卸任休息，最后在眼见蔡牵只剩三舟时，终于冒险以主帅身份登船，甚至这可能不是身先士卒的英勇表现，而是李长庚准备以死明志。登舟，要不就是缉捕蔡牵到案，达成皇帝所赋予的重责大任，然后自己可以归家养老；要不，就以阵亡结束这二十多年来海上奔波的劳累之苦。若我们从李长庚在阵亡殉职前，对自己部属殉职而感叹的诗作，大概可以看出李长庚的辛苦境遇：

> 数遍归帆不见君，愁肠终日竟如焚。传来凶信还疑梦，说到沉舟岂忍闻。临难舍生酬圣主，受恩无命哭将军。渔山岛外伤心处，时有忠魂戮海氛。②

① 周维强：《靖海孤忠：浙江提督李长庚的海上生涯》，《淡江史学》第 26 期，2014 年 9 月，第 195～196 页。

② 李长庚：《哭蓝都督一首》，《李忠毅公遗诗》，《台湾文献汇刊》第 4 辑第 7 册，北京：九州出版社，厦门：厦门大学出版社，2005 年，第 44 页。

这首哭蓝都督的诗，几乎可以看成李长庚的自挽诗。水师将弁在海战因公殉职，本是可预料之事，但是“临难舍生酬圣主，受恩无命哭将军”，除了是感叹蓝都督的遭遇，圣恩难酬，仿佛也是预言着自己的命运。对于君王之恩，不惧死以达到君王的期许，似乎成了李长庚生命晚期最重要的人生目标。因此恽敬也说：“皇上拔之废弃之中，推心委任，不使节制大臣得掣其肘。至是，而公不得不死矣。”[①]一语道出李长庚自鹿耳门之役后，便打算在缉贼中殉职以酬君王知己之恩。此诗中所写的末联“渔山岛外伤心处，时有忠魂戮海氛”，则是李长庚接战前与交战时，心中所坚持的信念吧。

孤忠的李长庚，凭借着一片执着，过着廿余年海上漂泊的水师缉贼生活。如他在《舟中杂作》所写的日常生活：“记从瀚海泛轻舟，弹指光阴二十秋。整日相逢无别事，狂涛巨炮与戈矛。”[②]细读此诗，令人感到不舍。如果当水师将领当到抛妻弃子，无法享受天伦之乐，整日巡航海上，人生的乐趣何在？在《李忠毅公遗诗》中存有李长庚写给妻子与儿子的许多诗作，其中寄子诗不断地循循善诱儿子要好好念书，而且不要从军。对李长庚而言，就算位至将帅，武人的地位终究不如文官：

> 年来颇觉风涛苦，寄语吾儿要读书。文武虽然同报国，荷戈总说是征夫。[③]

语近情深的责子之诗，其中将军父亲对儿子的期望，竟然不是克绍箕裘，而是希望儿子不要步上自己的后尘。

李长庚治军有术，故能所向无敌。不过他的部属之所以忠心耿耿，战力强大，最主要的还是受到李长庚人格和作为的感召，因此李长庚手下不少良将。这些人后来也都主控了嘉庆后水师部队，其中最有名的当然是王得禄

---

① 恽敬：《浙江提督李公墓阙铭》，钱仪吉编：《碑传集》卷一二二，台北：文海出版社，1973年，第5742页。

② 李长庚：《舟中杂作》，《李忠毅公遗诗》，《台湾文献汇刊》第4辑第7册，北京：九州出版社，厦门：厦门大学出版社，2005年，第46页。

③ 李长庚：《寄示次儿廷钰》，《李忠毅公遗诗》，《台湾文献汇刊》第4辑第7册，北京：九州出版社，厦门：厦门大学出版社，2005年，第48页。

和邱良功。最后剿灭蔡牵，也是靠着王、邱两人合闽、浙水师之力完成。[①]嘉义人王得禄与金门人邱良功，在李长庚的栽培下，也顺利平定蔡牵、朱濆两大海盗集团，为李长庚报仇，最后位高爵重，得以安享天年。李长庚对部属的影响，我们可以从林树梅的《广东水师提督李公传》一文中得见一斑：

> 今天下称水师名将，必曰同安李忠毅公。忠毅公殁，而李公谦堂复显。公讳增阶，字益伯，号谦堂，忠毅公从子，世居同安马巷。少从忠毅公麾下，时闽浙粤海咸盗警，蔡牵至窥台湾，伪称王，然畏忠毅公甚，遇辄避去。忠毅公总统闽浙水师，选兵八百，厚廪给以属，公累战，官守备。嘉庆十一年冬，忠毅公追牵至黑水洋，中炮薨，公方他役，闻变，单船赴难已不及。八百人者见公返，则伏恸不能仰。公大呼："复雠报国耳，何哭为?"八百人皆收激，跃起裂眦，矢共死。……服阕入觐，上问同安李长庚系尔何人？公以从叔对，即泣陈当日阵亡状。上动容叹息，因命察浙闽粤三省洋务。盖水师提督之久者莫逾公，恩遇之重，报效之诚，一时亦莫公若公。天性孝友，待亲戚皆有恩。或劝为子孙计，辄举忠毅公遗训以答，盖平生志在忠毅公，故功业略与忠毅公侔也。[②]

从李长庚侄子李增阶对叔父的效法及尊敬来看，李长庚练士训卒，除了军事技术的磨炼，其人格身教也对部属影响深远。清朝诗人张维屏在编纂《国朝诗人征略》时，列传清代诗人；在第二编时，也将李长庚传记编入二编卷三七之中。除了武功勋绩，李长庚所存《李忠毅公遗诗》中的一百三十七首诗，亦足以令他跻入清代诗人行列之中。在《国朝诗人征略二编》引张维屏自己写的《听松庐文钞》一段，可证吾人阅读《李忠毅公遗诗》的感受：

---

① 蔡牵最后终于在嘉庆十四年(1809)被王得禄、邱良功合闽浙两水师之力围剿，兵败自凿沉舟而死。在《李忠毅公遗诗》中记载了一段灭蔡牵战役的传闻："其后渔山之役，公族子增阶，隶邱帅部下，首奋追击，牵沈其船，寻以舟为贼火，轰裂坠海，凫水，仿佛见有双灯，先引呼其名，而掔之以出者乃公也。邱王二帅先后至，遂以成功。乌呼，岂非公之忠魂实默助于冥冥中，而终能歼逆贼报国恩也哉。甲申秋闰，许邦光记。"这里写李长庚侄儿攻蔡牵，与蔡牵船一起沉入海中，最后因李长庚显灵，被清国水师援军救起之事，虽是传闻，亦甚感人。李长庚：《李忠毅公遗诗》，《台湾文献汇刊》第4辑第7册，北京：九州出版社，厦门：厦门大学出版社，2005年，第25页。

② 林树梅：《广东水师提督李公传》，《啸云山人文钞》卷五，黄哲永、吴福助主编：《全台文》，台中：文听阁图书，2007年，第81～82页。

九重之知，生荣死哀，可谓一代传人矣。乃其生平惓惓，惟在读书……以公之勇，以公之忠，屡蹙蔡逆，奚难奏功。乃公诗有云"海上波涛原不测，人间祸福岂能知"，又云"论战有人同性命，摧锋独我履危机"，又云"万事关心惟讨贼，却嫌风浪不曾休"，又云"廿年瀚海心原苦，百战中流志未酬"。每于奋厉之中，隐寓忧危之意。呜呼，公生由降岳，死定骑箕。其平日精诚所形，于他日临阵，功败垂成，殆若有先见者。读公遗诗，既肃然以敬，又不禁怆然以悲也。[①]

诗人张维屏阅读李长庚诗之后的感受，笔者深表赞同。李长庚的诗的确是"每于奋厉之中，隐寓忧危之意"，既展现忠勇刚毅的一面，又对未来不确定感到忧心忡忡。最后功败垂成，战死海疆，遗志由其部属等人完成。如此不成功，或许就是就完美的成功吧。

结　论

本文在细读《李忠毅公遗诗》后，参照《清史稿》及相关传文碑铭行状，在周维强、李若文、苏信维等人的研究基础上，对李长庚的海战相关诗作进行诠释分析。

李长庚是清朝中后期的水师名将，他的功勋及爵位都是一步一步建立在他大大小小近二百场的海战战功上。战绩彪炳，在嘉庆朝无人能出其右，嘉庆后期的水师名将，如王得禄、邱良功、李增阶等人，都是李长庚训练出来的海军猛将。这群李家军，在打击闽、浙、粤东南沿海的海盗方面居功厥伟，而他们也获得了相应的名位。李长庚自中年以后，入嘉庆朝之初，便开始与闽浙海贼王蔡牵交手。接战的战役大多居于上风，这当然与李长庚领导统御有绝对的关系。但是李长庚在执行剿匪任务时，却常因政治因素，处处受到督、抚等文官的掣肘。此外，因海洋辽阔、海盗行踪不定、海象难以掌握、海船兴建不易，这些都使李长庚剿贼时有诸多的困难。海上生活不易，海贼不易追捕，这些都是身为水师主帅的李长庚所困扰忧心的事。李长庚在郁

① 张维屏：《国朝诗人征略二编》卷三七，台北：明文书局，1985 年，第 3B～4B 页。

闷及有志不得伸时，都将这些怀抱感慨以诗歌的形式加以吟咏，用以抒发情绪。武将能事吟咏的人不多，但是李长庚却是个中好手。其能文能武的儒将形象，在当代相当出名。

我们对于清代的海防状况及水师、海盗彼此攻防的过程，大多仅能凭史传及小说笔记、墓志碑铭中的记载来加以了解。这些文献虽然都具真实性，确切地记录了战役的时地、过程及结果，但是，我们很难从其他的文献资料，看到身在战役之中，亲自参战的将士心中的想法。不过李长庚却是个例外。在《李忠毅公遗诗》中所收录的 137 首诗之中，大致仅收录他在嘉庆三年(1798)补授定海镇总兵之后的作品。也就是，在短短的嘉庆三年(1798)到阵亡的嘉庆十二年(1807)底的 10 年之间，李长庚就写了 137 首诗，之前的作品都逸失未收。这 10 年间，也是蔡牵势力兴起，李长庚肩负追捕蔡牵任务的时期。文献上战役的记载通常是平面的叙述，但是战前、战时、战后，将一个战士的心境以诗歌形式呈现，则使海战本身更具深度，以及更散发个人情感的温度。幸好李长庚擅长吟咏，虽然其诗作不以雕琢精工的诗艺技巧取胜，但是准确地直抒身为一个战士、将帅的忧虑及期盼、失落及得意，可让我们在阅读其诗时，感受到他忠贞坚毅的超人品性。

文人诗人，在现实的生活中，根本不能上船参与海战。所以李长庚的诗作，便成为诗歌中相当特殊的存在。以亲眼所见、亲身经历作为写诗的素材，万里海上奔波缉贼的辛苦，对战争局势的判断筹划，对战役坚定求胜的信念，还有英勇报国的浩气，这些都可以从《李忠毅公遗诗》中看到。其诗虽不求工，但据实抒情，浩然之气、英勇之气溢于纸上。孤忠报君，不畏艰难，与海盗誓不两立的耿直性格，也让我们看到异于文人的独特的武将诗人的人格特质。

本文从李长庚吟咏海上艰辛缉贼生活诗歌入手，接着写鹿耳门一役李长庚的忧怀得失，最后讨论李长庚尽忠殉职前的心志抒怀作品。一路写来，将军诗人的形象，令人动容；也让李长庚戏剧性的一生，多了几分诗意的呈现。

李长庚的挽诗有许多，不过李长庚在晚年写有两首诗《读张船山太史诗寄此奉怀》《船山太史四十初度见示新诗次韵奉和》给当时著名的诗人张问陶，现则引张问陶的两首《壮烈伯李忠毅公长庚挽诗》作为本文总结：

只手强于百万兵，居然大海一长城。生来飞将真才气，配得青莲古姓名。柁尾有龙擎使节，刀头如雪涌诗情。十年莽莽东溟水，都是英雄战鼓声。①

神交东望水天长，碧海骑鲸有报章。为想军威犹凛凛，便论笔阵也堂堂。一腔热血光青史，千古丹心照黑洋。樽酒谈文虚旧约，朱旗引我梦飞扬。②

张问陶诗中的评价，均为确论，绝无溢美之词。

① 张问陶：《壮烈伯李忠毅公长庚挽诗》，《船山诗草》卷一七，北京：中华书局，1986年，第513页。

② 张问陶：《壮烈伯李忠毅公长庚挽诗》，《船山诗草》补遗卷六，北京：中华书局，1986年，第694页。

《琼浦佳话》对长崎唐人通商行事之小说化叙事

许丽芳
台湾彰化师范大学国文学系

前　言

《琼浦佳话》为日本江户时期唐通事教材，写作年代应不早于1719年。[①] 产生的背景乃因当时中日通商之所需，日本于1604—1867年江户年间在唯一通商口岸长崎设立唐通事，其后萨摩藩等地亦有设置，负责与中国进行贸易时的翻译工作。通事有不同职级，执掌翻译、贸易、外交事务及维护秩序等。[②] 尤其以其职务世袭的特殊性，也影响相关通事教材的形成及通事教育。江户时期唐通事教材各有阶段性的教育功能与取向，由最初的《三字经》《大学》《论语》《孟子》《诗经》，其次由《二字话》《三字话》《长短话》

① 据许丽芳：《长崎唐通事教材〈琼浦佳话〉之研究》，《国文学志》第20期，2010年，第69～70页。

② 通事有按察通事、大通事、小通事、学通事（即稽古通事）、唐年行司及内通事等职级，据日本仙台东北大学图书馆狩野文库藏本《琼浦佳话》卷一；刘序枫：《明末清初的中日贸易与日本华侨社会》，《人文及社会科学集刊》第11卷第3期，1999年，第461～464页。

学习常用语汇①,进而阅读如《琼浦佳话》《闹里闹》《小孩儿》《养儿子》等进阶读物。这些教材并无固定版本,皆通事抄写而习之。② 其中《琼浦佳话》属于中级程度唐话学习教材,与给年幼学习者所编的如《小孩儿》《闹里闹》等书有很大差异,学习目标包含唐通事对语言、文化甚至实务的唐船贸易等事务之了解。③

既有研究已考察《琼浦佳话》写作年代与形式特征。④《琼浦佳话》共四卷,写本,未写毕,约三万五千字,以白话汉文书写。同为唐通事教材,《琼浦佳话》比其他教材更具白话小说形式,各卷开头以"话说"或"却说"开始,卷末则有"安知端的,且听下回分解"之套语,说话人声音明显,行文中亦见如"端的这是为何""闲话休提""话分两头"等说书人语气,文中亦穿插对句及韵文,卷二、卷三及卷四之卷首皆征引诗句。文中有对句十九处,多为中国俗谚,如卷三"三寸气在千般用,一日无常万事休";诗歌或长短句有十处,往往结合中国与日本意象,如卷二之卷首诗"保暖之时思淫欲,饥寒甚处动盗心。好商并起九州岛里,震倒风尘西海深"等,引用之俗语俗谚亦多见于明

① 据武藤长平:《镇西の支那语学研究》,《西南文运史论》,东京:冈书院,1927 年,第 51～52 页,唐通事初读《三字经》《大学》《论语》《孟子》《诗经》等学习唐话发音,其次学习如"恭喜""多谢""请坐"等二字话,以及如"好得紧""不晓得""吃茶去"等三字话,进而学习四字以上的长短话,此类教科书有《译词长短话》五册、《译家必备》四册、《养儿子》一册、《三折肱》一册、《医家摘要》一册、《二才子》二册、《琼浦佳话》四册等由唐通事所编辑之书本。进阶读物有《今古奇观》《水浒传》《三国志演义》《西厢记》等,以及《福惠全书》《资治新书》《红楼梦》《金瓶梅》等。又据石崎又造:《近世日本に于ける支那俗语文学史》,东京:清水弘文堂书房,1967 年,第 14 页,其他教科书有《俗语汇编》五卷、《译官杂字簿》、《华语详解》及冈岛冠山所编《唐话纂要》《唐语便用》等入门必读书。

② 据长崎通事卢笃三郎自传,唐通事教材从《二字话》《三字话》始,还有《琼浦佳话》《译家必备》《医生通话》等,此等书无版本,皆自己抄而习之,转引自六角恒广著,王顺洪译:《日本中国语教育史研究》,北京:北京语言学院出版社,1992 年。

③ 林庆勋:《长崎唐话中对宽文二至四年(1662—1664)伊东走私事件叙述差异的探讨:江户时代唐通事养成教材研究之二》,《东亚汉学研究》第 4 号,2014 年 5 月,第 273 页,于探讨"伊东走私事件"的记载时,认为此一历史见于篇幅稍长的三本唐话教材,即《唐话长短拾话》《唐通事心得》《琼浦佳话》。三者属于中级程度唐话学习教材。

④ 如许丽芳:《长崎唐通事教材〈琼浦佳话〉之研究》,《国文学志》第 20 期,2010 年,第 65～85 页。该文主要就《琼浦佳话》之成书年代与口语特征加以说明,本文则微观分析其中话本口语的仿真自觉与展现的特征和意义。

清话本小说或相关通俗文本，有明显的承袭沿用现象。①

至于以“佳话”为题与卷一若干叙述，则似有模拟《西湖佳话》之迹。②文中叙述长崎甚左卫门游山玩水之际，发现长崎并加以命名的情节，卷一云：

> 话说长崎地名，原来叫做琼浦。这个琼浦地方，风水景致，虽是可觑，只是两国里头一个偏僻的所在，山水幽雅，树木葱茏，朝霞暮烟，周围弥漫，只好餐霞之士，骑鹤之仙，可以居住。……
>
> 初有一个人姓叫做长崎，为人公道，颇通文墨，更兼会看风水，就是阴阳先生也不如他的，此人喜欢遍走天下，像个游方僧家一样。……
>
> 有一年到琼浦地方来，便把琼浦看上了。说道：“这地方虽然像个仙乡，其实自有利市的气象。”东张西望，越看越像，一日在山水之间来来往往，留恋不舍，就把这地方开辟起来，做个大马头，地名改做长崎。

此段对于长崎地名由来之说明，极可能脱胎自《西湖佳话》。于此，既有

---

① 许丽芳：《长崎唐通事教材〈琼浦佳话〉之研究》，《国文学志》第20期，2010年，第75页。曾有以下比较，如卷一“家欲败酒成醋，家欲破屋成路”，语出《昔时贤文》，而该书名早见于戏曲《牡丹亭》，最迟应于明万历年间出现，后经明清文人增补。又如卷一“黄金黑世心，白酒红人面”见于明代天启年间出版的《初刻拍案惊奇》卷三八《占家财狠婿妒侄，延亲脉孝女藏儿》。而卷二“屋漏偏逢连夜雨，船迟更遇打头风”见于《喻世明言》卷九《裴晋公义还原配》及《醒世恒言》卷一《两县令竞义婚孤女》等。陈述的句型上亦类似，如卷一“把荒僻的地方竟做个花锦世界”，则一如《警世通言》卷三二《杜十娘怒沉百宝箱》“把个苦寒地面变做花锦世界”之说法。又如卷三特定词汇的用法，卷三“大家忍笑不住，攧唇簸嘴取笑说道”，此亦见金圣叹评点《水浒传》第三十七与第四十二回之文字，亦有“攧簸”之用法。而《醒世恒言》卷一《两县令竞义婚孤女》、卷二七《李玉英狱中讼冤》、卷三五《徐老仆义愤成家》“耳根边又听得徐言弟兄在背后攧唇簸嘴，愈加烦恼”，皆属类似用法。

② 据古吴墨浪子《西湖佳话》序署有“康熙岁在昭阳赤奋若孟春陬月望日，古吴墨浪子题”，则知成书于康熙十二年(1673)，十六卷，为话本形式。每卷说一个与西湖有关的人物故事，据作者自序，此书之作，在于“今而后有慕西子湖而不得亲见者，庶几披图一览，即可当卧游云尔”。又《西湖佳话》卷一《葛岭仙迹》云：“西湖，环绕皆山也。而山之蜿蜒起伏，可客人之散步而前后观览者，则岭也。岭之列在南北两峰，与左右诸山者，皆无足称。纵有可称，亦不过称其形势。称其隅位而已，并未闻有着其姓者。独保叔塔而西一带，乃谓之葛岭。此何说也？盖尝考之。此岭在晋时，曾有一异人葛洪，在此岭上修炼成仙，一时人杰地灵，故人之姓，即冒而为岭之姓也。”见古吴墨浪子：《西湖佳话》，南京：江苏古籍出版社，1993年，第1页。

研究已强调《琼浦佳话》承袭话本小说的写实化叙事倾向[①]，内容旨在记录长崎通商的相关风物，此类叙述风土人情的特征与《西湖佳话》亦有相似之处。

本文则由形式特征之思考基础，分析其模拟白话小说的叙述形式与可能意义。本文所谓"小说化"，主要是就《琼浦佳话》有意地借由话本形式与素材之书写展现而言。唐通事教材与古典小说固然明显相关，然不同于其他教材之借用或改写小说题材片段，或直接创作话本小说以为教育之用，《琼浦佳话》或名《小说琼浦佳话》，实具有小说编写意识，又具有写实倾向，亦即以明显的话本小说之叙事框架，记录当时唐人到长崎之通商情境，以及唐通事之学养要求与训练。编写者有意借由文字的铺排与敷演，详尽解释此类史料，呈现话本小说本质。[②] 而有小说化的叙述特征，相关事件得以立体化甚至故事化，也呈现编写者之模拟意识，承袭与新创之现象实不同于其他唐通事教材之编写趋势。

一、风土描述之补充征引

《琼浦佳话》于叙述长崎相关历史人事时，展现了热衷说明解释的倾向，也屡次借用话本小说文字段落加以补充，表示相关理解或主张。卷一叙述伊东与朋友前往朝鲜走私一事，其中提及伊东与其家人的不祥遭遇，暗示走私计划之失败。其文云：

> 当下五个人在船上先烧个神福，扯着满篷，随风而走。他那伊东有一夜在船上做一个凶梦。原来他家有一个镜子，祖上传下来的家传古

---

① 许丽芳：《长崎唐通事教材〈琼浦佳话〉之研究》，《国文学志》第 20 期，2010 年 6 月，第 76 页。

② 如林庆勋：《长崎唐话中对宽文二至四年(1662—1664)伊东走私事件叙述差异的探讨：江户时代唐通事养成教材研究之二》，《东亚汉学研究》第 4 号，2014 年 5 月，第 275 页，比较《琼浦佳话》与《唐话长短拾话》《唐通事心得》对伊东走私事件描述差异时发现，"至于拟话本小说体的《琼浦佳话》，叙述就完全不同，它像说故事一样，一五一十把伊东的事件本末及许多细节，都做了详细的交代，让读者有身历其境的感受。这是拟话本小说写作的本质，无可厚非"。

董。不意梦中被人把这个镜子打得粉碎。及至醒将转来，抬头一看，那里晓得半空中许多乌鸦做一堆儿，渐渐地飞下来把船围在当中，乱叫乱啼，过了半晌，方才飞散了。伊东心下晓得兆头不妙，满肚子怀着鬼胎，一路上放心不下，这是船上的话。他那家里也有件奇事，忽一日不知不觉酱油酒酱等件都酸掉了，一些也上口不得，这个叫做"家欲败，酒成醋；家欲破，屋成路"的了。家中的妻子奴仆们晴晴(暗暗)称怪，胡思乱想，疑惑不定，这是后话。

明显的说话人语气，以"这是船上的话"及"这是后话"分别描述伊东于船上及其家里所遭遇之种种不祥预兆，并借由乌鸦象征与引用"家欲败，酒成醋；家欲破，屋成路"的俗谚，预示未来被捕议死的命运。

同时亦论说长崎繁华之时，当地宿主因唐人赁居而有的好处。卷一云：

还有大便宜，说来着实爽快。大凡唐人买常买短，便收用钱，这个用钱多也得紧，这也漫(慢)些讲。他那一门家口，唐人担搁在家里的时节，一年也使得半年也使得，不费自家的口糟(粮)，一锅里煮饭一桌子吃饭，不用私钱不用私秤，一出一入，都是用唐人的银子。你道快活不快活？就是遍走天下，只怕再没有这样躁脾的事情。古人说的扬州鹤，就是这个意思了。你说恁么样叫做扬州鹤？自由自在的意思了。扬州是天下第一个富贵的地方，同为古时节，有一个人说腰里挂了十万贯铜钱，骑了鹤儿要到扬州，这个件件要如意的了，所以我把这个故事譬喻他说。你道说得着说不着。

长崎宿主因唐人而有钱财的利益，文中说明，扬州鹤一词乃自由自在的意思，凸显宿主当时的如意快活。叙述者甚至自觉地与读者对话，询问这个譬喻"说得着说不着"，是否贴切。

其后宿主因新法限制唐人须居住在唐馆，而有所影响。卷二云：

个人撰(赚)钱暴富起来，也有几个人机事不密，被人出首，露出马脚来。弄得满长崎我是你非，闹热不过。将军老爷听见如此作怪，即(急)忙一道旨意下来，吩咐王家新造一个唐馆，把唐人住在里头，不许出外，一切甚么生意都是官卖，各色都改变起来，另是一番的景(境)界了。加补几个职事人，法度十分严谨。

大抵出一个财主，生一个败子，这边宿主弄得无所靠倚，那边便有暴富人家掘富了。看官,你道什么人?他那卖小菜卖酒等样的人。借个小经纪的名色,每日进馆,私下做了无数的生意,大大烧个神福,买间房子买亩田地,好不发财。有了这般私货散处发卖,人家还可以度日,如此三十多年。

叙述者亦运用了譬喻分析唐人住唐馆后,获利者的消长改变,所谓“大抵出一个财主,生一个败子,这边宿主弄得无所靠倚,那边便有暴富人家掘富了”;又利用“看官,你道什么人”之问句,列举若干借由卖酒卖菜的名义,从事买卖私货的各色人物,因此大大烧个神福,得以买房买地。

而于卷三述说唐人于唐馆之生活时,先是叙述虽有大鱼大肉受用,然终究是客居,“在家千日好,出外半时难”,不免有声色争逐,其后则详细说明其间的烟花情状。其文云:

你看日本这等法度严紧,还亏得不禁妓女进馆。要叫妓女来留宿,随便留宿几天。原来烟花里头的人极会凑趣,说得人家心猿意马,割舍不可,没有一些败兴。所以不论唐山日本,浮花子弟,轻薄少年,大家都贪图花哄,撒慢用钱,弄得后来荡败了家私。常言道:坐中若无油木梳,炮凤烹龙也成虚。悉听你有分把见把的人,也看了女色,点不得名,不知不觉认真起来,迷恋不舍,何况轻薄的人。

叙述者由烟花场所之善于凑趣迷惑少年,进而以所谓唐山有一《西江月》说明识趣知趣之微妙道理。其文云:

唐山有一首好词叫做《西江月》,那词道:

年少争夸风月,风月场中波浪偏多。有钱无貌意难和,有貌无前面不和。就是有钱有貌,还需着意风骚。知情识趣占花魁。

进而着意说明风月场所之“帮衬”之意:

这一首词是风月机关里头撮要的高论。常言道:“妓爱俏妈爱钞。”所以子弟中有个潘安一般的肉貌、邓通一般的钱财,自然上和下睦,做得烟花塞(寨)内的大王、鸳鸯会上的头脑。虽然如此还有两字经儿,叫做帮衬,帮就是鞋子有帮一般的意思,衬是像个衣裳有衬一般的道理。但凡做十(小)娘的有了一分所,长得一个人帮衬,就当得十分。若有甚么短处,替他遮护,更兼低声下气,送暖偷寒,买他的欢喜,避他的忌讳,将心比心的时节,岂有不爱的道理。这叫做帮衬。风月上只有会帮衬的最讨便宜，无貌而有貌，无钱而有钱了。譬如当初郑元和在卑田院做了乞儿，那时包裹里头并没有半文钱，容貌不笔前头。泥涂无色，看也看不过的了。

李亚仙雪天遇着他，便动了一个怜悯的念头，把绣襦包裹酒食等件里供养，替他做了夫妻。这个难道爱化(他)的钱财，恋他的面貌不成？只因郑元和识趣知情，极会帮衬，所以亚仙心中舍他不得。你看亚仙病中想马板肠汤吃，郑元和就把五花马杀了，取肠煎汤把他吃。这一件上，亚仙怎生不感激他的美情？后来郑元和中了状元，李亚仙封做一品夫人，好不得意。这是风月里头古今的美谈了。

此段文字整体实来自《醒世恒言》卷三《卖油郎独占花魁》之入话，然叙述者未明言出处，直接用以说明帮衬之意与重要性。叙述者本在叙述唐人进唐馆所引发之一连串事件，然一提及妓女可被允许进唐馆一事时，即由此大篇幅说明应借由话本小说故事以阐述相关事理，显见热衷说明与补充之叙事态度；而于卷四唐人与通事对话中，也再次以帮衬一词感谢通事之帮忙。①

另外亦记载长崎新旧贸易条例的差异，卷二详细说明了日本正德五年(1715)颁布的长崎"海舶互市新例"。其文云：

且说那新例旧例怎么样一个分别？看官待我慢慢地解说。譬如先把船数限定了，一年限得四十个船，每船派定多少艮(银)额，这艮额看港门也有多寡不同。宁波、上海的船是每船定额二万两；暹罗、咬溜吧、广南这等州府船，是也有三万两四万两，派得不同了。其于伙食布施杂色等样都是在外算。但凡发一个船，估算定额多少，照依其数，足足带个货来。倘若过于定额之数，其货没官。虽然如此，还有一种道理隔江过，汝在唐山，怎么晓得日本的时价？原来行情是或长或落，早晚不同。那里足足估得着？就是神仙也估不准的了。何况人家，越发不消说。

① 其文云，唐人答道："……常言道：靠山吃山，靠水吃水。我们唐人走洋过活，专依靠赖老爹，吃着老爹，穿着老爹，用着老爹。若遇一个会帮衬的老爹，分明是大户人家置了一所良田美产一般，讲得成时，便是田产成熟，日日指望又割，积趱歇粮米受用。生我者父母，成我者老爹。"于此又由唐人感谢唐通事之帮衬，引申至有如大户人家之良田美产，受用不尽，进而以生我者父母成我者老爹相比拟，对话内容生动多变，引喻万般。

所以定额之外，只许过得三千两货额，再过额者便是乌有先生了。

以“且说”“看官待我慢慢地解说”，分析新旧通商条例的差异，并详细说明每只船银两定额与实际费用项目，过于定额需没官。然而，叙述者以“虽然如此，还有一种道理隔江过，汝在唐山，怎么晓得日本的时价”此一设问，借以补充可能的调整空间，“只许过得三千两货额，再过额者便是乌有先生了”，亦即三千两货额以外必将没入。

又说明新例设置之结果，使“一船货物都是卖个干净，一根草也不许带回去”，以杜绝走私，检查货物之工作亦讲求严密仔细，“算得清楚，秤得精细，一匹也加不得，一包也少不得，连伙食零碎粗用东西也捡（笔者按：应作检）点个停当”，“更兼唐人一出一入，走上走下，都要摸摩查搜，一件皮箱必要验到箱底，一个人家必（毕）竟要摸到屁股，方才罢手，这样严密。可见一片人参也藏不得，半块金片也夹带不得”，借由种种譬喻对照，描述为了禁绝走私贸易，防止金银流失，而有的实行细项，借由说话人声音，生动记录了相关事例以及唐人与通事的互动与影响。

《琼浦佳话》亦详细说明有关唐通事的养成条件，有关通事学养的要求，除了语言能力，也包含学识涵养与品性人格的增进。如卷一所云：

> 通事也有几等几样，品级不同，叫做问信通事、按察大通事、副通事、学通事、唐年行司、内通事。各有名目。通事的职分非同小可，关头甚大。为何呢？看官等漫漫地分说。譬如写写字打算盘，这是人家过活的本事，做职事也要晓得，不做职事也要晓得，不足为奇。做一个唐通事，讲唐话、写唐字、赋诗做文，这是第一本等的。还有世情也要通的，论起学文，肚里差，不多通得，来也做不得。人家一见了通事，就问起唐山读书的道理，若是遇着大才子，问山问水，牵枝带叶，好不啰嗦，因为肚里有了些少墨汁，就答应不来。要是博览饱学，三教九流都要精通，唐人一年做了几十万两的贸易，只靠着通事。若遇着没字牌一样不明白的通事，错过了好机会，或者误了大事，因（应）该撰（赚）钱的生意也撒了，撒得不好，老大折本了。

叙述者列举通事品级与职务差异，“通事的职分非同小可，关头甚大。为何呢？看官等漫漫地分说”。并叙述通事应有的各项本领与涵养，以“唐人一年做了几十万两的贸易，只靠着通事”，“若遇着没字牌一样不明白的通事，错过了好机会，或者误了大事”，说明通事肩负之重要任务，故不仅要有学问，以免遇到唐山大才子问山问水、牵枝带叶时答不出来；更应熟谙世情，“博览饱学，三教九流都要精通”，“世情也要通的”，方能与唐人顺利对话赋诗，既能顺利完成外交及贸易的任务，也是人品成就的表现。又云：

所以算账盘利是不消说，生意上的酸甜苦棘（辣）都要尝得透。若要详知唐山山恁么样，水恁么样，唐人恁生是苦楚如何是快活，问那通事便知端的。唐人若有什么口舌是非、相骂相打，或者有甚冤屈的苦情，那时节叫通事调停。做通事得放一个才干出来，明公正气，分个青红皂白，判断明白。你也不要讨恨他、他也不要冤屈你，两边相和，解怒息争，教两家不要做冤家。因为单单晓得文事舞弄毛铲子的白面书生，便不敢来当了。要是文武兼全、有肚量有侠气，临事敢作敢为，玲珑贴透一般聪明的人，方才做得过。

主张唐通事往往面对各种人情冲突，对于人情世俗应有所理解，“酸甜苦棘（辣）都要尝得透”方能调停，不仅有学识，也要有度量与勇气，心思细腻敏锐，不能只是舞文弄墨的白面书生。所谓“放一个才干出来，明公正气，分个青红皂白，判断明白”，即是指出通事当有气魄，善于裁决调停，而此实为人格气度与行事风范的培养。也因对于唐通事学养条件有此期待，卷一另强调学文读书之困难，“据我看来，学文这一桩事情，才艺中第一折骨头的难题目，不是容易易学得成。挨寒受冻、耐饥忍饿，硬挣的人，方才成器。岂不闻常言说，若无一番寒彻骨，恁得梅花扑鼻香？若没有死心踹地，浮浮泛泛，没有切心的时节，如何是见功？”另外，又补充学识之外的条件：

还有一说，单单肚里通，口里不会说话也不济事。讲话是通事家的本等，把性命看成，轻慢不得。虽然如此，讲一人唐话不是探囊取物一般容易可讲的，不要把吹弹歌舞作一例相论。譬如学话，要是自从年纪七八岁上起渐渐教成，天天操练，声音清亮，字音明白，平上去入的四声；开口呼撮口呼，都要分得清清楚楚。不然，打扫喉咙，咬牙切齿，怎么样自言自语，唐人只是装聋作哑，半句也不通。岂不是琐碎？还要能言巧辩的天生口才，这个为何呢？只是晓得天下的奇谈妙语，又晓得各省各府的乡谈上（土）语，但是舌头祖（粗）笨，就被唐人抢白了，弄得哑口无言了。所以舌头利辩、能言快语的人，方才讲得唐人过。由此看起来，学文也要学到脱抵头的田地，讲唐话也要讲到泯顶的地步，更兼有血心有侠气的大丈夫，方才做得大通事。可不是千难万难，不是个容易。长崎地方若没有通事，只当哑子吃苦瓜一般，凭你说的口酸，没人通的半句，把许多生意开交不来，因为我说通事的职分关系非轻，譬如没有人通话，分明是：哑子漫尝黄蘗味，难将苦口对人言。

说明唐话之于通事，是性命一般，"轻慢不得"。但如此重要之学习却非探囊取物之轻易，不比吹弹歌舞之轻松。叙述者主张平上去入、开口撮口皆须清清楚楚，还需打扫喉咙，声音清亮。同时口才也是必备条件，也要巧口利辩，能言快语，"方才讲得唐人过"，强调从事学文与讲唐话之程度，都需"学到脱抵头的田地，讲唐话也要讲到泯顶的地步，更兼有血心有侠气的大丈夫"，方才做得大通事。

文中并提及，通事除了会"奇谈妙语""各省各府的乡谈"的基本条件外，也必须苦读以求具备学识以及人文素养。但也强调不能死读书，须有良好的口才与灵活应对，所谓"舌头利辨，能言快语的人，方才讲得唐人过"，尤其需要开阔豪气的视野，"有血心有侠气的大丈夫，方才做得大通事"。文字之描述接着说明通事之养成包含重视道德人格，品格修养与语言能力同样重要，不能偏废。[①] 并以哑子吃黄蘗，形容通事于长崎通商之重要性，以为若无通事，长崎通商之困难将有口难言。

正因对于唐通事应能文能武的期待，卷三亦感叹当时通事子弟不努力学习的放荡行径，"目今世上的后生人家，担了个读书的虚名，不去务本，穿领长衣，插把长刀，自己只说是上等的人，学了一身轻薄。唐山说话竟说不清，游游荡荡，不走花街，便走柳巷；不是赌钱，便是吃酒，只管花费了钱财，撒泼得紧，十二分不正经的人。事后来倾笼倒箱，弄破了家私，有下梢时没上梢，只管打忘(宜作：妄)想"。并引用常言"五谷不熟，不如荑稗"，说明如此不长进，未来自是没作为，但同时也强调，"有人虽本分，却痴不痴，憨不

① 《唐通事心得》与《唐话长短拾话》有类似的段落，所谓"做一个通事，不是轻易做得来，一则讲唐话，二则学文，这两样要紧"，"那算盘上归乘除的算法，生意上增货荣运的道理，事情上的冷暖高低，这等的事情，都要明白，更兼有胆量，才是做得大通事"，对于通事学养训练有一致的观念。

憨，聋不聋，哑不哑，一个无赖子满脸冻粥，唐人要他做一件事情，长也不成，短也不就，顺口波罗蜜，说得不痛不痒，终日木头木脑，呆瞪瞪坐在那里，竟不济事”，以为这般木讷不够灵活，亦无法担任唐通事的任务，并以“天上神仙容易遇，华音难得口才人”对句感叹唐通事人才之难得。

卷三亦叙述唐人到长崎安顿之后，便请妈祖到长崎唐人寺庙供奉，烧香献花，也由此说明不同地方船主来到长崎之后，分别前往各自故乡供奉妈祖的寺庙。其文云：

> 当下吃过午饭，一个小头目，一个唐人番，唐年行司催促唐人请娘娘。拾来个唐人也有拿凉伞的，也有拿旗行的，也有提着灯笼的，请了妈妲(祖)。一路上敲锣打鼓，鼓乐喧人，到寺里去烧香献花。原来船主福州人，便把妈妲(祖)请到福州寺；外江人呢，便请到南京寺，倘或漳州人，便请到漳州寺，各齐分晓。几个弟兄请到寺里，把妈祖安顿好了，摇摇摆摆而进馆。

卷四则于述说唐人三寺的历史时，叙述者亦由此发挥，另呈现不守清规的出家僧人情态。其文云：

> 原来长崎虽有许多寺院，唯独皓台寺、本莲寺、大音寺、光永寺、大光寺这几个寺场香火累世相传。房廊屋舍数十多间，钱粮广盛，衣食丰富，是个有名的古刹。其余的小寺只靠着过往的客人募把些衣饭受用，若是十分淡泊，接不得香火的，那住持自家出来叫街托钵。也有私下破了戒，做出不正经的勾当来，带累得佛面无光，山门失色，这都是败门辱户的贼秃驴。

又云：

> 他那僧家比在家人到(倒)也作怪，说得花言巧语，假活儿骗人家。譬如一个寺院一个住持，自不必说，以下僧众约有几十个人，一个个都分派得有职掌。大凡到寺里游玩的，便有个僧人出来相迎，请到净室中请茶，后来陪伴去满寺里随喜，一边又摆设了茶饭果非(品)，相待十分尽礼。虽是来的人都留他管待，其中也有分个厚薄。若是遇着官府富贵人家，另有一般延款。这也不必细说，大凡僧家的东西赛过皇后娘娘的筵宴，不是轻易吃得的。这是为何呢？那几瓯清茶、几碟果品，便是钓鱼的香饵。不管贫富，就捡过一个疏簿来募化钱粮。不是托言塑佛

妆金，定是说修造殿宇，再没话讲的时节，便把佛前香灯油为名，定要求人化缘。

遇着肯舍的人，便说道是可扰之家，在他面前百般谄媚，不时去说骗话，又遇着不肯舍的，说就道(就说道)鄙吝之徒，一文不舍的看财奴，在背后百般讥诮，走过去还要唾几口涎味的哩。所以僧家得十望百，得百望千，再没有餍足。原来缘簿是人家最不喜欢的，看了缘簿，凭你怎样硬挣的好汉也走了。所以长崎有一句笑话说的巧，缘簿是甚么菩萨做起的，叫人怕杀，怕到恁样的曰(田)地，不但人家怕死死，连那阎罗大王也看了这件东西，摇头摆尾逃走了。

此段文字实来自《醒世恒言》卷三九《汪大尹火焚宝莲寺》①，用以刻画僧人势利趋奉之面目，以"赛过皇后娘娘的筵宴""钓鱼的香饵"比喻僧人之功利，以及"得十望百，得百望千"的贪得无厌，并增加对于缘簿的嘲讽，所谓阎罗王看了也会摇头摆尾逃走。结合史实说明与小说内容，征引譬喻中有嘲讽，且较原文更具表现了作者的评价，将此段落化用为长崎寺庙僧人之情状，尤见叙述者之有意安排。于此之后，方历述长崎三座唐寺由来：

这长崎有三个唐寺，叫作兴福寺、崇福寺、福济寺，这王(三)寺并不曾开口告人募化钱米，只靠着唐人送布施，温饱有余。纵或建造殿宇楼阁，不曾求人化缘。那时节，唐人另有布施了，这个布施叫作修理布施，艮(银)额比平常的布施多得十倍。所以香火广盛，山门生光，比别寺大

---

① 冯梦龙：《醒世恒言》，卷三九《汪大尹火焚宝莲寺》，台北：里仁书局，1991 年，第 840～841 页，"如今说一件故事，也是佛门弟子，只为不守清规，弄出一场大事，带累佛面无光，山门失色。这话文出在何处？出在广西南宁府永淳县，在城有个宝莲寺。这寺还是元时所建，累世相传，房廊屋舍，数百多间，田地也有上千余亩。钱粮广盛，衣食丰富，是个有名的古刹。本寺住持，法名佛显，以下僧众，约有百余，一个个都分派得有职掌。凡到寺中游玩的，便有个僧人来相迎，先请至净室中献茶，然后陪侍遍寺随喜一过，又摆设茶食果品，相待十分尽礼。虽则来者必留，其中原分等则，若遇官宦富豪，另有一般延款，这也不必细说。大凡僧家的东西，赛过吕太后的筵宴，不是轻易吃得的。却是为何？那和尚们名虽出家，利心比俗人更狠。这几瓯清茶，几碟果品，便是钓鱼的香饵，不管贫富，就送过一个疏簿，募化钱粮。不是托言塑佛妆金，定是说重修殿宇，再没话讲，便把佛前香灯油为名。若遇着肯舍的，便道是可扰之家，面前千般谄谀，不时去说骗；设遇着不肯舍的，就道是鄙吝之徒，背后百样诋毁，走过去还要唾几口涎沫。所以僧家再无个餍足之期"。

不相同。自从开基以来，世世代代诣唐僧做住持，凭你日本有了怎生样大彻大悟的和尚，这一派法脉，粘连不得。这是隐元国师立下的清规了。这三寺各有一个法派，叫作雪峰派、紫云派、狮子林。雪峰派的人到紫云派，要付(附)法也做不得，紫云派的人到雪峰派要付(附)法也使不得，你是你，我是我，各有分晓。

这三寺各有几个小末庵，叫做灵鹫庵、广福庵、东福庵，还有许多不敢尽说。这末庵也有小布施供养，多少接续香火。当下各寺的和尚们都来取布施，一个副当年、一个按察、四个学通事封(对)面坐定，把布施分派明白，送上王家看。王家看明白了，方才交把各寺。粗货是直在货库交与他取。大凡大寺送七件货，小末庵是送五件。寺里取过来，叫商人来去票发卖到了。

记述唐人在长崎所建的兴福寺、崇福寺、福济寺之源流与意义，①以及唐人海外从商活动中对妈祖的信仰，代代诣请唐僧主持，同时也说明唐人到长崎后的供奉与布施情形，并强调唐人三寺特有的法脉渊源，日本僧人无法依附。

《琼浦佳话》以长崎当地实际的风土人情为记录依据，而非虚构人物情节，虽不似小说之注重人情刻画或情节构思，但记述中却多所引用话本小说之内容，表达价值判断，使事件之叙述更趋生动具体。其中文字虽据实而书，但积极议论描述，多方譬喻说明长崎风土、通商规范、唐通事学养之期待，既见《琼浦佳话》对于特定时空之人事风貌之记录，也凸显不厌征引，多方说明补充的叙事倾向。

---

① 林庆勋：《试论唐三寺住持与长崎唐人的互动》，《东亚汉学研究》特别号，2014年6月，第287～288页，认为“唐三寺担任的历代住持，都是从唐山请来的高僧，这是隐元禅师订下的老规矩，没有一个寺院能改变。更进一步兴福寺、福济寺、崇福寺三个寺观的住持聘请，都来自自己的家乡，此点大概与各自的方言区有绝对的关系”；并引用山本纪纲《长崎唐人屋敷》(第146～193页)，以及大槻干郎、加藤正俊、林雪光编《黄檗文化人名辞典》说明三寺历代唐僧住持表。

二、贸易对话之铺陈聚焦

《琼浦佳话》既以长崎通商事务为书写重心，自是刻意铺陈通事与唐人的互动对话，形成通商情境之临场感，如卷二问信通事问唐人海上经历与唐山政局。其文云：

> 那时问信通事带一个财副到船上，叫船主走下来，坐在小船上，问唐山的消息，说道：宝舟几月几日开驾？同开有几只船？一船人众多少也？有新来的呢？还是来过的？洋中不曾遇着风爆(暴)，可平安么？曾在甚么地方？没抛过锚么？想来各处太平了，倘若有甚新闻，倾心吐胆报出来，不可隐藏。万一后船所报，替你所说的，前三后四，说话矛盾，那时间，大有不便。

问信通事语气庄重威严，询问唐人船客背景、海上经历，并提醒唐人若有隐匿，与后船所报前三后四，彼此矛盾，将有麻烦。

唐人答道：

> 晚生某月某日放洋，一船人数通共几十个人，也有来过的，也有新来的，都是本分。同开是几个船了。宁波、上海这两个港门还有拾来只船打帐发船，如今正在港口装货，量来早晚之间陆续进港。
>
> 若是问起洋中的风爆(暴)来，晚生命运多乖，这一番非同小可，凡是不讲便罢了，一讲出来，着实怕杀(煞)人。那一日在宁波港口开洋，一路上风顺水顺，不勾三日，便到东洋地方将近竹嵩屿，那里(哪里)得知，天有不测风雨，人有旦夕祸福，忽然茫天茫地，黑云密布，波浪掀天，狂风大作，飞沙走石的卷将过来，只当起蛟龙一般，一陈(阵)大一陈(阵)，将船攧上攧下，更加下了一陈(阵)倾盆大雨，天昏地黑，不知去向，模(摸)不着头。只得随风漂流，大家哭得哭，叫得叫，也有晕船晕倒的，也有头疼呕吐的，或者烧香许愿心，求神拜佛，口中不绝的念佛。把一门舵十来个人紧紧拿住，或扯或放，或是原舵反复多端正在那里(里)飘流。
>
> 又有一陈(阵)狂风从山上乱滚下来，吹得一堆波浪滚将起来，把舵

一打，黑暗中不曾堤(提)防，忙收不迭，早已被波浪打得粉碎，一门舵不知那里(哪里)去，一些舵样也不见了。大家叫苦不迭，像个无脚蟹一般，行走不动，只得东荡西闯，随风飘流。

唐人回答中引用天有不测风雨之谚语，描述海上狂风暴雨的紧急，以及众人哭喊求神的惊恐，甚至船舵亦在昏天暗地中不见了。于叙述中屡见描绘言语，陈述经历与心情，对话中不仅提供讯息也使场面更趋生动。其后又云：

到得第二日，雨收云散，天才晴了。那时大家抬起头来一看，不是唐山又不是日本，倒是一个朝鲜地方，岂不是奇话？虽然受了这般大苦难，一船人众喜幸得不曾淹死，况且一些货也没有打掉了去，财命相全，一则天后娘娘保佑，二则天地冥熏加被，大家感激不过。

当下在朝鲜买一门新舵，清舱打水，修篷补漏，诸事停当，方才开驾。这一番比前不同，风恬浪静，风色大好，一连几日顺风，直到今日进港。老爹，你道这般苦难，可怜不可怜？

唐人诉说漂流至朝鲜，经历风雨后，总算风平浪静，并提及财命幸得相全的感激心境，以及至朝鲜的采购修补，再度开驾前往长崎。言语生动多变，使海上行舟之苦难鲜明具体。

唐人交代唐山政局与社会情况时，亦强调年荒歉收，物价成本等与自身相关的苦情。其文云：

若说起唐山的消息来，如今各处都太平，朝廷康泰，百姓安宁。虽然如此，旧年年成不大丰，熟米价略觉贵一点……种种苦情，一言难尽，今年生意定要靠赖个为老爹大力周旋一番，不然本价大贵，划不着。

说罢，连打几个拱。

问信通事答道：

岂敢，好说。你既说受了这般苦难，更兼唐山年成不好，这番生意自然大家留心，不必牵肠挂肚，放下了心。且问一句，如今韃子可平安么？

唐人于交代唐山社会景况之际，不忘提及物价腾贵，苦情一言难尽，尚有赖通事老爹的周旋，给予船货较好的价钱。唐人言语间不忘生意，反应贴切自然；通事亦出言安慰，展现威仪。对话的场面既凸显唐通事与唐人之角色形象，也使通商情境更加鲜明具体，强化通商氛围。

唐人答道：

旧岁有一个鞑子叫做阿刺蒲坦，谋及起兵，那时圣上选出第十四个皇子，拜做大将军，去征伐鞑子。……后来阿刺蒲坦晓得官兵到，卖个破绽，就逃走去。那皇子到如今还是扎住人马在陕西地方看守，不然又来骚动地方了。……

南京地方新任了一个总督，这总督做人孝廉，为官清正，一味爱惜百姓，真个冰清玉洁的好官，府十二省中算他第一好父母官，所以名声大高。朝廷得知这个人的作用，圣意大喜，便赏他黄金三十斤。

宁波有一个海官，贪婪过人，凌虐百姓，一味贪图钱财，刻薄不过，早已有人哭诉民家的苦情。朝廷听见，龙颜大怒，即(急)忙革黜了官职，做个庶民人家。可见天理照(昭)彰，然人有百笼，天只有一算，容不得一些苟且。

问信通事答道：

向来听见康熙皇帝仁心广大，圣德全备。今日听你的话，果然名不虚传就是一个正命天子了。既有了这般举动，有赏有罚，人家怎么不甘服？可敬可敬。只是东宫曾立过么？

唐人答道：

……几年前，千言万语方才议定了，把第三个皇子立做东宫，只因后来品行不好，做人傲慢，一味放肆，故比(此)废了。所以到如今，三心二意，决断不来，不曾立东宫。

唐人说话亦多所描绘，说明清朝平定外患，整顿内政的施政，并予以“天只有一算，容不得一些苟且”的评论，也侧面呈现当时清朝相关的政情与可能的变动，立东宫的话题也提供推定《琼浦佳话》写作年代的依据。而通事亦表示对于康熙皇帝赏罚分明的钦佩，对话中可见通事之言语流利，形象威严，表现了对于外国商人来长崎经商应有的戒备与对待，强化其职务特征。

又如卷二描述插刀于起货与查货的情况，其查收私藏货物之描绘，除可视为对相关史料之侧面补充，也由此展现滔滔斥责论理的口才。其文云：

插刀手连忙禀知头目，打张逐条斩断。将要动手的时节，几个水手乱嚷道：

我等走洋的人，只靠着几条索路。这个索路是性命相关的东西，倘若逐条斩碎，明日怎么起得身？有船没有索路，岂不是无脚蟹？如何走得一步？这是断然做不得，须要头目宽容。只好开一面之纲(网)，求全责备，略见大意就罢了。

头目那里管他三七二十一，便说道：

这个说话分明是掩耳偷铃一样的，究竟偷不过了，大家不可疼热他。

说罢，不瞅不睬不由他分说，逐条斩得粉碎。一看，果然三十多条索路都是系线扎的死结，打在里边。信手扯出来浬(理)清了看，约有六千来斤。

唐人看见露出破绽来，无言可答，哑口无辩，心上乱跳起来。眼睁了合不拢来，舌吐出缩不进去，暗暗叫苦不迭。从来脚夫们油嘴擦舌的，极会凑趣会说鬼话，因为看见搜出系线来，大家忍笑不住，攧唇簸嘴取笑说道：

好个索路，红白系线打成得花花绿绿，我不信天下再有这样一个体面的洋客，便是牙樯锦缆，圣上的楼船，也压倒了。

后来传出好句口号来，那口号道：

红索路，白索路。红白争妍，间红间白，不减龙舟锦缆，可以系牢铁锚。若抛于江潭，河伯惊倒，私下把舌吐。

描绘了唐人面对插刀手检查时的心虚以及无脚蟹的借口，和藏私货被发现后困窘理亏的神态，同时也关注于脚夫"攧唇簸嘴"之取笑神情的描绘，甚至以类似话本小说的韵文段落对于私藏丝线的索路加以说明。于此聚焦描写后，叙述者又继续对话之呈现。其文云：

这是后话。却说插刀手搜出系线来，只说大功。十分高兴，跑到兴头上，无货不搜，无物不斩。……酒罐里头藏水银；皮箱底下做了重底，藏了人参；灯笼之内藏了玳瑁；桌子里头藏了珊瑚珠，都是搜出来的。

头目看见如此放肆，忙叫通事责骂唐人说道：

你们领牌的良商，不比得奸商。因(应)该守本分，不该有这样的欺罔之举，岂不是有话在前？今朝絮絮叨叨，吩咐了好几十遍，偏生不肯报出来，藏得这许多东西。原来天理昭彰，天不肯替你护短，露出马脚来。如今货已起完了，所以屈法用情，还是惜你的廉耻，存你的体面。今日好端端叫你进馆，改日自有国法处治。或是减派或者禁革也不可知。但是其货没关了。

这一句骂得船主垂头丧气，脸上红了又白；白了又红，一味赔个不是。……

既展现通事斥责唐人之流利口才，以为该本分，不应欺罔，所谓天理昭彰，天不肯护短。其间展现通事对于中国俗语与文化之认知，表示“屈法用情，还是惜你的廉耻”，并生动描绘了当时的贸易细节甚至走私查货情事。无论是唐人、船主、脚夫还是通事，表情与言语皆生动自然，也聚焦查货的细节，具有临场感，尤其与脚夫的取笑段落，显然模拟话本小说所穿插的韵文特征，亦具有通俗文学之幽默嘲讽。

卷四描绘通事与唐人双方议价对话乃至表情反应，展现彼此口才与样貌，尤其可见唐通事之语言学养。其文云：

原来这讲价不是轻易讲得成，着实出力得紧。三百篇诗里头第一个难题目，所以左说右说了许多鬼话，千方百计劳碌了许多人家，方才明白。如今说一个譬喻的话，把你听着。……若是遇着媒婆的时节，花言巧语，说得罗汉思情，嫦娥想嫁。何况凡夫肉眼的妇人，越发动火。譬如讲价通事替那媒婆比较起来，品级虽然各别，那体面威风天差地远，不敢做一例相看。虽然如此，若要讲价那一副利嘴，不得不学媒婆。

为何呢？当初杭州西湖有一个烟花鸨儿叫做王九妈，讨一个养女叫做瑶琴，这瑶琴原来是大宋汴梁城人氏，一个良家的千金。……过了几天，九妈劝那瑶琴接客，做起烟花的行径来。那里得知瑶琴烈性，铜铁一样，死心踢地，执意不从。说道：“……要我会客，宁甘一死，决不情愿。这个断然做不得。”一头说一头暗暗去打点寻死路。九妈心下焦躁，欲待把他凌虐，恐弄出事来，欲待由他不接客，原来要她撰（赚）钱，若不接客的时节，就养到一百来岁也没用。在（左）思右想，无计可施，把手托腮，只管沉吟。眉头一皱，计上心来，连忙叫一个媒婆来下个说辞去劝他。这媒婆嘴唇博臬臬得十分会说话，那瑶琴起头是咬钉嚼铁，虽说几句硬话，后来被他转弯抹曲，谈今论古，说的推托不得，心下疑鬼猜神的，就像热锅上蚂蚁一般，渐渐地有些活动起来。说到第二日，不知不觉，回心转意，倚门献笑，后来弄出千金的身价来。

可见一言便能成事，一句便能败事。所以会说话的人往往替人讲和，解忿息争，成了许多好事。这正是：智慧多时无中计，词言巧处能和亲。

于此，叙述者聚焦描绘通事讲价之能力，先说一个游说寡妇再嫁的譬喻，再借由一个杭州西湖的故事，实则话本小说《卖油郎独占花魁》的情节说明唐通事有若媒婆之流利口才，以此比喻讲价通事之善于言词辩论，强调言语利变之重要与影响，其后再以“闲话休题”引出讲价之内容。可见《琼浦佳话》于写作上具有相当的话本小说题材与形式之认知，并有意于叙述唐通事与唐人之议价互动时加以模拟运用。其后方呈现唐人与唐通事之议价对话，如卷四所云：

通事高声说道：

……账簿上所开的就是酩酊的价钱，大家须要斟酌斟酌，今日必定要讲得落台。

说罢，把账簿递与大家，大家接过手来，念了一遍，先扫了一半兴。开了口半晌还合不下，只是面面相觑而已。过了好一回，方才说道：

我等大家，千山万水，受了偌大的苦难，冒险而来，不过要撰（赚）半文养活的意思。就是这几千两的血本折骨头的艮（银）两不是当顽，又不是特特担来撇下水里去。今日所批的价钱差得老远，着实亏本，倘若划得本来，自然商量，如此批法，大家没做主张，老爹说道是今日必定落台，这个那里做得来，不要说今日，便是讲到乙千年，也是这一场戏，落不得台。譬如一个鬼腔的戏子，声音响哓，更兼打扫喉咙，尽心曲意，唱个谩调，自有可爱的所在，自然讨得傍边人叫一声喝采。相烦老爹，替那批价的人讲一声，休把这等无腔的曲儿唱将起来，听得唐人耳根边不干净，凭你唱哑了喉咙，也只徒然，再没有一个人扮戏凑他的趣，此番生意做不成了。说犹未了，早有几个货客一齐起身便走。

唐人强调冒险走洋，无非图些半文小利，更无折血本担银两撒下水的道理，以今日与一千年之落差譬喻无理价钱终究谈不成生意，将有如鬼腔的曲儿，令人耳根不清静，唱哑喉咙亦枉然不凑趣，无法落台，借以表示不认同通事所提价格。

那时讲价通事动了怒,骂一顿,即虻(急忙)叫回来,说道:

来也有礼数,去也有礼貌。虽有不是的所在,且听分解,进去也不为迟。话也不曾说明,竟拂然而去,天下那有这样道理?道理是单单一个,蛮法到(倒)有三千,我们又不是黑漆皮灯、泥塞竹管那样一窍不通的蠢物。既然利不着,必有主张,作成大家。占(古)人道:和气生财。须要消摩些燥爆的手脚,凡事讲得入和些,不要轻举妄动才好。

唐人对于货物价钱太低没有协商余地,则以戏曲无法唱完落台为喻,也生动描述唐人见到所批价钱的瞬时反应,面面相觑,扫了一半的兴;唐通事训斥应有基本对谈礼貌,以拂然而去,不懂应对礼数,“来也有礼数,去也有礼貌”,并强调自己并非“黑漆皮灯”“泥塞竹管”,不知变通之人,同时以通事的立场劝导唐人,不应暴躁轻举妄动,才是“和气生财”的道理。

唐人亦因而再度坐下赔罪,以及议价:

老爹所言,句句有理。只因看账簿批得太低了,大家没些主意。一时间昏迷,顾不到礼貌上,唐突列位,不要见罪则个。

通事答道:

既到日本,难道不做生意装回去不成?譬如索新(性)不扮戏,就是千错万错便罢了。你既落于下贱人家叫来应承,便去当场扮演,才见得向来苦心学过生脚,习成几本曲子的了。今日虽不是老爷的圣诞,大头目、年行司都是开筵等候,难道定身索手扫兴而回去不成?我等在旁边唱曲替你打着猎鼓儿,纵或不喜欢,扮了竿戏,也见得情分了。如今再三再四替你争价,每件细货增了一分,大家撒手罢。

通事开导,帮忙讲价,既来日本,终究希望做成生意,难道让大家扫兴回去不成?也强调已经为其提高价格,“我等在旁边唱曲替你打着猎鼓儿,纵或不喜欢,扮了竿戏,也见得情分了”,规劝唐人应有所取舍。

唐人答道:

既然老爹这等苦口相劝,可以翻得本,扯得直,自然领命。但是着实差得远,不是故意做作。如今所增的,莫说一分,就是十分,也还不勾本的。

理通事说道:

若像你的意时,这番讲价讲不成了。利我者其货乎?害我者其货乎？批价批得这样烂贱，究起这个根由来，总是在长门敝个私货的人害你不浅，为何呢？虽是两年禁洋，本地只有来得七个船，那长门到不禁洋，生意大兴，京上那边买卖的私货堆如高山，多得紧，偌大一个京上，道是消耗不来那许多的货。所以今日的行情不比两年，贱也贱到脱底头。常言说："货无大小，缺者便贵。"怪不得价钱财。如今一分之外，便是三厘半文也增不得。今年且将这个生意胡乱支吾过去，到明年来自然铺丑。古人道"做生意不着只一时，讨老婆不着是一世"，今年不好明年又好，生意是定局不来。

讲价通事与唐人各逞口才，对话中有譬喻有说理。通事诉之以情之外亦有理性分析，所谓"货无大小，缺者便贵"，如今京上私货已太多无法消耗，以为唐人不应期待有两年前行情，甚至模仿"知我者，其春秋乎"而有"利我者其货乎？害我者其货乎"之话语，同时亦引用如"黑漆皮灯、泥塞竹管那样一窍不通""做生意不着只一时，讨老婆不着是一世"等俗谚规劝唐人应认清情势，勿坚持高价。

唐人则试图再度游说，详尽地诉说苦情，以求提高卖价：

这两年的苦情是老爹俱已明白，不必细告。常言道："坐吃山崩，坐饮海干。"又说道："家有千贯，不如朝进分文。"只因两年禁洋，游手游食，不做什麽过活，把积年的本钱吃得精空，更为那信牌，惊官动府打起官司来，几乎理枉送了性命。所以欠了许多债。……岂不闻说："教人偿命，欠债还钱。"这番回唐，两年所欠的债都要算还，不然不但债主不肯挨到明年的时节，只管利上加利，一两年里头这个债只怕拨不清的哩。纵或有些小利市，也还也了结不得清。何况折本？

唐人屡屡引用俗谚，历数经商之苦，本钱消耗，欠款未还等困难，与通事各执一词，未有结论。文中又云：

不知后来怎么样诘(结)局，有诗为证：

世事纷纷一局棋，输赢未定两争持。须臾局罢棋收去，事竟谁赢谁是输？

此一模拟白话小说有诗为证之形式，呈现双方僵局与未定后续，其后又叙述：

过了两日，九家通事都进馆来，便对各船主说道：

我们同寮(僚)为你讲价,这两日废餐忘寐,昼夜费心,并没一些闲工夫。非(东)也去讲,西也去讲,撷唇簸嘴,几乎里连嘴唇都说破了,昨日在年行司家里,替批价的人再三争论,方才增得二分。这二分,就如同筛眼里隔出来的一般,着实艰难。

这番虽是难为大家,据我看来,大家的运气还不转头,无法布摆。常言说:"赚钱不出力,出力不赚钱",大凡不劳心的生意倒也顺溜,恰好凑巧手,大大烧个利市。那千辛万苦十分出力的生意,到是千错万错,折去了血本,弄得行囊凿空了。譬如手里有了百万两本钱,更兼其人百伶百利,绝世的聪明人,会得算账盘利,也要等他运气亨通,机缘凑巧。若是运气亨通,机缘凑巧,不管在家走水,整千论万的来赚银子。若是时运不通,缘法不凑,要赚三厘半文,废了偌大的精神还不能勾了英说三厘半文,连那自家本钱还有折的精空。所以到明年,或者运到时来,不费一些气力,把两年所折的本钱尽皆讨得回来也没凭据。

通事以时运分析做生意之盈亏,"赚钱不出力,出力不赚钱",有时得依赖时运与缘法,以此劝唐人接受眼前价格,期待日后转亏为盈。无论是唐人还是通事,发言都是言之成理、头头是道,发挥了极致的口才及淋漓生动的说话技巧。

于对话情境中可见,无论是唐通事还是唐人都善用譬喻、成语与俗谚,而叙述者亦于对话段落中,另外以话本小说内容分析或刻画特定人事或道理。除凸显各人主张与说话,亦因此深化彼此谈话内容,以及人情世故的理解与认识。如唐通事之流利口才,既诉诸情理,亦不忘指摘教训,而唐人娓娓诉说走洋从商之苦情,以冀获得理想价格;唐通事则展现权威,既指导亦劝解,呈现其人既善用唐话,也深知其中意蕴或文化,得以由唐人的理解角度加以对话,于此,唐通事之职责与形象得以立体化。而借由对答内容与反应神情,也使前往长崎贸易之唐人形象生动鲜明,可视为通商历史之另一聚焦画面。

三、融合通事学养的书写自觉

《琼浦佳话》承袭了话本小说的写实化叙事，倾向议论说理的特征，但议论实际人事而非虚构人物情节的叙事方式，尤其与《通天乐》《雨花香》[①]等夹叙夹议、重记事而不重情节之现象类似，此类话本小说朝向散文化或议论化的倾向发展，主议论，重纪实的叙事模式，显然亦符合唐通事教材的考虑。然而，《琼浦佳话》并非单纯沿袭议论事理之叙事方式，而是自觉地模拟话本小说之叙事形式，所书写的固然是以长崎通商事务为中心的历史人事，包括长崎贸易新制，伊东走私事件，唐通事职级与养成条件，唐人在长崎之活动，唐通事之查货、起货、议价，与唐人之议价对话等，而非虚构人事、铺陈情节。而对于这些历史人事之记载，《琼浦佳话》有意以小说化呈现，既借由话本小说之实际内容以为补述或说明，同时也热衷以譬喻征引说明议论，呈现人事对话情境，描绘人物表情或声口等。是以于整体叙事现象中，既有实际历史人事之描述，亦有小说特征之加入，叙事层次因而有所变化，议论说明亦有所扩充深化，形成有别于其他唐通事教材的特殊叙事内容与特质。

《琼浦佳话》以长崎通商历史为中心，运用说话人声音，叙述唐通事之学养内涵与唐人经商事务，以白话小说形式描述长崎人事，不同于其他通事教材直接取材改写古典小说，而是有意借由小说口语特征，进行唐人通商历史之侧写，如实际通商对话，与当时政局之了解，唐人于长崎之生活以及相关

① 如《雨花香》自序即云，“乃将吾扬近时之事实，漫以通俗俚语，记录若干，悉眼前报应，须知警醒，明通要法，印传寰宇”，基于风教劝惩之目的，《雨花香》《通天乐》合刻本。编者石成金，生于清顺治末，约卒于雍正十年，介于1660—1736年间，扬州人，书中内容皆为明末清初的扬州故事，旨在明因果、主劝惩，多记事而非虚构人事情节。据戴健：《试论〈雨花香〉与〈通天乐〉的劝善思想》，《扬州大学学报》2006年第6期，第38页，今见《雨花香》与《通天乐》篇目分别为四十篇与十二篇，二书本为石成金《传家宝》之一部分，喻岳衡校订《传家宝》第三、四集分别收录《雨花香》十三篇与《通天乐》二篇；扬州图书馆藏“民国岁次乙酉古滇孙氏影印”本分别收录十九篇、两篇；又据《古本小说集成》本《雨花香·通天乐》之黄毅“前言”可知，上海图书馆所藏《雨花香》刊本后附《通天乐》十二种，二书有合二为一之例。由此可证，二书皆为《传家宝》的组成部分，与单行本的不同只在篇目、卷次之出入。

历史。其中卷一与卷二主要是长崎通商史实与唐通事学养之分析描述，卷三与卷四则为具体通商情境之对话呈现，四卷所记之事彼此有所连贯，记录特定的人事制度，而非虚构或铺陈故事。整体的通商情境与人物互动跃然纸上，使人事与史实之记录活泼生动，而非客观单调之记述，显见《琼浦佳话》具有白话小说形式特征之自觉且加以积极运用，亦见小说与当时唐话学习和通事教材编写之关联。小说亦因此成为唐通事学习唐话的重要材料，①而此一教育取向也成为唐通事教材形式与内涵之主要影响因素。

譬喻与征引，实为《琼浦佳话》的主要书写手法，无论是人事历史之回顾诉说还是对话场面的刻画呈现，皆不厌譬喻与征引，叙述人议论事理人情、描摹神情声口，既有教育目的，也凸显白话小说的形式影响。尤其以口语化的文字记录当时唐人在长崎的生活与经商规范，呈现作者之议论与见闻，同时大篇幅使用对话，且唐通事与唐人的说话中亦引经据典、善用譬喻，各逞口才。

值得注意的是，此类说明文字因屡用譬喻，善用俗谚，多方分析，不厌其烦，既提供了博物知识，也符合口才训练的要求。同时，往往以“看官听说”“待我慢慢道来”或“原来”“譬如”等词语作为行文发言的结构；同时运用“常言道”“正是”等补充常民知识或提供关怀评价，用以说明事件原委与可能意义，具有鲜明的说书人特质，展现作者的评论见解。此类评论亦诉诸唐通事学养之应有期待，亦即不能只读死书，须具有世情理解与体认。

至于对小说典故之征引运用，并未具体说明出处，而是直接用以陈述，由此亦传递了世俗价值观，使唐通事教材更具特定教育取向。唐通事使用的语言是当时被称为“唐话”的中国白话，强调白话口语，故自成系统，与文言的儒学教育有所不同。② 此时的唐通事的教材不仅与中国汉文相关，也

① 如雨森芳洲：《橘窗茶话》，大阪府文荣堂，早稻田大学图书馆古典书籍综合电子数据库，卷一云：“我东人欲学唐话，除小说无下手处”，“或曰学唐话，须读小说可乎？曰可也”。即意识到小说对于学习唐话有实质帮助。

② 林彬晖：《日本江户明治时期汉语教科书与中国古代小说关系述略》，《上海师范大学学报》2007 年第 5 期，第 46～47 页。该文认为通事所学习的中国白话即唐话，并非当时儒学文献所使用的文言文书面语，其人乃以训读法阅读，所谓“不识中国音，却认中国字”，而通事因翻译职务所需，学习取向有所不同。

与传入日本的中国古代小说密切关联，这些作品也成为初学汉语的教材，以至通事自己借此类白话小说之内涵与形式来编写教材。如江户中期儒者冈岛冠山(1674—1728)亦曾编译《忠义水浒传》以为学习唐话之文本，[①]并于其唐话教材《唐话纂要》[②]卷六收入《孙八救人得福》与《德容行善有报》两篇类似话本小说之故事，然二者为冈岛冠山所创作的话本小说。而《琼浦佳话》则以白话小说形式结构全篇，并自觉以长崎实际通商历史作为描述内容，使特定历史时空呈现于小说框架中，既保留实际通商情境之某一侧面，也凸显唐通事教材与小说之特殊关联。

《琼浦佳话》不同于其他通事教材大量取材中国小说或善书，而是以当时长崎风土人情为主要书写内容，模拟中亦有创作自觉，有意以话本小说形式与内容书写长崎通商时代通事与唐人的相关工作与生活，虽有小说形式，然强调写实记述，而非虚构。此类现象可视为文化传播过程中所形成的另一种创造。

结　　语

《琼浦佳话》叙事之通俗及口语取向，显然符合通事教育的需求，说话人为主要叙事基调，所述内容则符合时代风貌，并不强调虚构情节。其承袭了“说话”或“话”的书写特质，或许正是为符合唐通事教育目的所做之修正。于写作特征上，则针对长崎风土，尤其聚焦唐通事之养成与任务加以记录叙述；同时多所运用话本小说故事情节，甚至转化成长崎当地之人事或民情，借以阐释或强调相关事理。由此可见，《琼浦佳话》既有沿袭话本小说形式之迹，也展现活用话本小说内容之自觉。文中大量的典故或譬喻，更强调通俗口语的能力训练，既能训练流利口才，也增加相关知识，实于仿真话本小说之形式外另有改造，具有明显的模拟自觉，展现特殊的写作认知。

---

① 石崎又造:《近世日本に于ける支那俗语文学史》,东京:清水弘文堂书房,1967年,第73～76页。

② 冈岛冠山:《唐话纂要》,享保三年(1721)江府日本桥出云和泉椽本。

巨洋寒雨满征帆　到岸初春着夏衫

——大汕和尚及其《海外纪事》之航海书写

陈清茂

台湾中山大学中文系

前　言

清代岭南名僧石濂大汕和尚及其《海外纪事》六卷，在清代岭南佛教史及中越海外交通史中，无疑是重要的人物及著作。然而大汕和尚之行止及其书也极具争议，在当时即具有两极化的评价。大汕和尚工诗文，善书画，明历象，懂园林，通晓三教经典，然而穿着、容止、饮食放旷不羁，乃禅门清规之缚不住者，在当时就引起不少人批评，但仍被岭南禅门奉为领导人物。其《海外纪事》成书后，由大越国王阮福周以弟子身份作序，大汕和尚归粤东后，乃用以炫奇耀才，欲邀文坛令名，却因此而惹上麻烦。大汕和尚及《海外纪事》实为值得研究之议题，就目前的研究成果而言，大多集中探讨其佛学素养及佛学传播，其中以姜伯勤之《石濂大汕与澳门禅史》为代表。此外也有几篇论文讨论其诗歌、画学成就，至于讨论《海外纪事》之航海书写者则无。

《海外纪事》除了详记大汕和尚在大越传法授戒之盛况，及与王公贵室讲儒、谈佛、说道、论政的内容外，也有具体的中越航海书写，对于了解清代中越海洋交通贸易的史实，大有帮助。故本文自航海书写的角度深论《海外纪事》。本文先简论大汕和尚生平及《海外纪事》相关问题，再详论《海外纪事》之航海书写内容，希望有助于厘清清代广东到大越国中部顺化航程之细节，及当时的航海工具、航海术、海洋传说与神灵、航海生活等。

一、大汕和尚及其《海外纪事》

（一）大汕和尚生平、行止略论

1. 生平事略

大汕和尚（1633—1704），俗姓徐，法号大汕，字石濂（亦作石湖、石莲），号厂翁（又号石头陀、石头翁），江苏吴县人，[①]为清初岭南著名的诗僧、画僧。大汕和尚出身寒微，幼而警敏，少时随长洲名画家沈颢[②]学画，又入龚鼎孳[③]府第供奉，后自称觉浪道盛禅师（曹洞宗）法嗣。康熙二年（1663），大汕和尚移居广州，曾与“岭南三大家”（屈大均、梁佩兰、陈恭尹）相友善，凭恃着与平南王尚可喜府幕客之关系，而入主平南王之家寺广州大佛寺。康熙十七年（1678），大汕和尚成为广州长寿寺[④]住持，并以清远县飞来寺为下院。大汕和尚早年活动于江南一带，过着逃禅的遗民生活，与江南文士互动融洽，主持长寿寺时，经常接济生计艰难的前朝遗民和流离隐者。康熙三十

① 关于大汕和尚的籍贯，各家说法不一：（1）曾灿《离六堂集·序》记为江西九江人。（2）王士禛《妖僧大汕》云：“自言江南人，或云池州，或云苏州，亦不知其原籍何郡？”（3）越南张登桂等奉敕撰集《大南实录·石濂传》记为浙西人。（4）日本史籍《华夷变态》则记南京为其出生地。（5）李浚之《清画家诗史》记为岭南人。（6）余思黎《海外纪事·前言》记为江苏吴县。会产生此一问题，或许是缘于大汕和尚出身寒微，有意回避，故王士禛方有“亦不知其原籍何郡”（《分甘余话》卷四）之叹。本文暂采余思黎之说，俟资料齐备后再论。

② 沈颢（1586—1680后），字朗倩，号石天、朗道人，吴（今江苏苏州）人，风仪轩举，博雅多闻，能诗文，善书画。

③ 龚鼎孳（1615—1673），明末清初诗人，字孝升，号芝麓，安徽合肥人，与吴伟业、钱谦益并称“江左三大家”。

④ 长寿寺位于今广州市长寿路，明万历三十四年（1606）巡按御史沈正隆所建。

四年(1695),大汕和尚应当时大越国显宗明王阮福周[①]邀请,赴大越弘法,在顺化、会安两地宣扬佛教。阮福周亲率王母、后宫家眷受戒,自称"受戒弟子",居大汕和尚弟子之列,并重修大汕和尚驻锡的顺化天姥寺。大汕和尚居越期间,受王公大臣和贵族民众的敬重。康熙三十五年(1696),大汕和尚自海路回到广州,用阮福周的巨额布施,修葺长寿寺以及澳门的普济禅院[②]。康熙四十一年(1702),大汕和尚因潘耒等名士群起指谪其虚伪奸状,被广州按察使许嗣兴逮治、放逐,至赣州勾留一段时日。康熙四十三年(1704),大汕和尚被江西巡抚李基和所逐,解送回籍途中,客卒于浙江之常山,享寿 72 岁。

图 1　大汕和尚绘相

2."高僧"或"妖僧"——大汕和尚的极端评价

大汕和尚一生行径既具传奇色彩,也颇受争议,遁入空门却又心系俗世,评价不一。或云大汕和尚是粤中大德高僧,精擅佛学、诗学、书画、历数;或云大汕和尚不剃度(见图 1)[③]、不诵经、不戒荤色、混迹法门,窃用他人诗画,实为欺世盗名之妖僧。

---

① 阮福周,"周"部分文献作"凋"。本文据《四库全书总目·海外纪事提要》及《海外纪事》阮福周之序作"周"。大汕和尚赴越南之时,越南黎氏王朝已分裂为北部郑氏及南部阮氏,两相对峙。南部阮氏之"阮主时代",为后来阮朝前身,自称"大越",而清朝则普称其为"广南"。因《海外纪事》称阮福周政权为"大越国",故本文统一称大汕和尚到访之会安、顺化等地所属之国为"大越"。

② 普济禅院位于澳门望厦村,创建历史可追溯到明天启年间,祖堂有大汕和尚画像。

③ 传世之大汕和尚自画像及绘相乃披长发。

(1)尊为博学高僧

大汕和尚博学多艺，声名崇隆，时人将大汕和尚尊为当世博学高僧者众，以下略举数例：

◯仇兆鳌《海外纪事·序》云："吁！和上老矣！抱天人之略，负匡济之心，以菩萨愿力，幻迹禅林；乐道之余，托文章著述以明志，而卓荦不群之概，可想见也已。"①

◯毛端士②《海外纪事·序》云："厂翁和上生而奇者也。童真入道，博览五明诸论及阴阳星算，妙达吉凶，周游天下，声名洋溢，暨于中外。"③

◯徐釚《海外纪事·序》云："聆其绪论，清言娓娓，而雄博恢奇之气，溢于眉宇。固谓其异人，殆有托而逃于禅者也。"④

◯《大南实录·大南列传前编·石濂》云："石濂和尚，号大汕，厂翁氏，清浙西人，博雅恢奇，凡星象、律历、衍射、理数、篆隶、丹青之属，无有不会，而尤长于诗。"⑤

◯高层云《离六堂诗·序》云："盖由和尚遇异人，读异书，于世间法、出世间法，莫不通晓，天文、地理、兵农、礼乐之事，以至术数、书画、琴碁、剑戟、百工之艺，莫不周知。"⑥

◯熊一潇《离六堂诗·序》云："至天经、地志、象纬、历数、稗史、素问之学，三才具备，靡不曲畅旁通。"⑦

综合仇兆鳌、毛端士、徐釚、高层云、熊一潇等名人及《大南实录》之越南官方评论，可以拼凑出时人对大汕和尚的普遍印象：具有令世人赞叹之"奇""异"特质，心怀匡俗济世之志而幻迹禅林，跳脱禅林清规的束缚，展现卓荦

① 大汕和尚著，余思黎点校：《海外纪事》，北京：中华书局，2000年，第12页。

② 端士，字行九，号匏村，江苏武进人。

③ 大汕和尚著，余思黎点校：《海外纪事》，北京：中华书局，2000年，第14页。

④ 大汕和尚著，余思黎点校：《海外纪事》，北京：中华书局，2000年，第13页。

⑤ 越南阮朝国史馆编修，许文堂、谢奇懿编选：《大南实录清越关系史料汇编》，台北："中央研究院"东南亚研究中心东南亚区域研究计划，2000年，第28页。

⑥ 大汕和尚：《离六堂集》，台北：新文丰出版公司，2000年，第32页。

⑦ 大汕和尚：《离六堂集》，台北：新文丰出版公司，2000年，第20页。

不群、风神潇洒之姿，以博雅恢奇之学闻名于当时，并播声海外。上述诸家评价虽间有过誉之处，然而大汕和尚的博学多才，受粤地文士及大越国信众的推崇[①]，却是不争的事实，故众多文人、名士乐于与之交游。

(2)斥为盗名妖僧

大汕和尚虽被普遍尊为博学高僧，却也被若干人斥为欺世盗名之"妖僧""花怪""人妖"。指责大汕和尚最力者，有潘耒、王士禛、屈大均等名士，其中又以潘耒为甚，各人从不同的立场苛刻地批判大汕和尚。

大汕和尚凭其雄厚财力，常接待各方遗民及文士。潘耒曾投刺长寿寺，然未受到最尊贵的礼遇，心怀怨懑，寄书詈责大汕和尚。[②] 性格偏狭躁傲的潘耒，[③]将自己及其他人的批判书信，汇集为《救狂砭语》，刊刻于世，以尖酸刻薄的文字全力攻击大汕和尚，并鼓动其他人如梁佩兰、罗祥、李公亮、释为霖等，攻诘或与大汕和尚划清界限。潘耒指责大汕和尚"汝臂带金镯，汝徒亦带金镯，汝常衣红衫，着红袴，岂非人妖乎"(《再与石濂书》)[④]，罗列大汕

① 大汕和尚一到大越顺化，随即受到阮福周的信任，尊奉为国师，并为大越人开坛传戒。大汕和尚驻锡顺化时，一次就为1400余人传戒，为当时佛教发展盛事。

② 姜伯勤《石濂大汕与澳门禅史》引沈曾植之言："(大汕)以货币结往来，宾客分三等，翰林某(指潘耒)以所赠平等，作诗文骂之。"(上海：学林出版社，1999年，第97页)潘耒在《再与石濂书》云："次日复得两札，其一则谓仆作书(指《救狂砭语》)之意在恐吓要求，却似未见书而来索书者。"在大汕和尚的认知里，他与潘耒并无特殊交情，故给予普通等级的馈赠；然而潘耒可能因接待规格不高，心生怨怼，并形诸报复。

③ 李光地《榕村续语录》云："当时举鸿博，如潘次耕(潘耒)、朱锡鬯(朱彝尊)、严荪友(严绳孙)三人……潘次耕时常接谈，其举动威仪，天生不中程式……而东令院长孙屺瞻参其浮躁而去。"(北京：中华书局，1999年，第760页)邓之诚《清诗纪事初编》云："(潘耒)举康熙十八年鸿博，授职检讨，非炎武所愿也。……(康熙)二十三年，以浮躁降调归。鸿儒之试，诸生布衣入选者，未几皆降黜，或假归，始则招之唯恐不来，继则挥之唯恐不去。"(上海：上海古籍出版社，1984年，第383页)综合这些评论，可勾勒出潘耒偏狭躁傲的性格大貌。

④ 潘耒：《救狂砭语》，上海：上海古籍出社，1983年，第165页。对于潘耒指斥他不守僧规，具有俗世化佛学观的大汕和尚，自认为是"逆行菩萨"，不管天坍地塌，不愿做个不死不活的和尚，故以"茶坊酒肆为佛事，柳巷花街作道场"，回应潘耒的指控。

和尚的二十四条罪状，[①]呈请广东有司惩治大汕和尚：

区区造孽之僧，亦不足烦白简，污斧锧，谓宜略加惩创，或屏之远方，离其巢窟，使不得作奸，小惩而大戒，小人之福。(《致粤东当事书》)[②]

潘耒游历到广东，与大汕和尚并没有深刻的交谊，却怀着极为强烈的怨恨，将之视为造孽妖僧，透过散布渲染夸大的指控，以扳倒大汕和尚为要务，其动机启人疑窦，故邓之诚认为潘耒“刺刺不休，颇失儒者气象”。[③] 考诸《救狂砭语》，潘耒的指控文字不是吹毛求疵，就是流于情绪性，以下略举数端为证：

谓诸王大臣耶，则不宜顶格抬写。(《与长寿院主石濂书》)[④]

好一国主，被长寿教坏。(《与长寿院主石濂书》)[⑤]

心高气横，目无缁素，专为大言以欺人，谤毁先德，凌轹尊宿，毫无忌惮。(《与梁药亭庶常书》)[⑥]

《五灯全书》业经御览赐序而痛加非毁，是讪上也。(《与梁药亭庶常书》)[⑦]

想汝夙世与洞宗有深雠，故乘愿而来，假冒洞宗之法嗣，玷辱洞宗之门风，删削洞宗之嫡祖，谤毁洞宗之先德，然后稍报宿冤。(《再与石濂书》)[⑧]

为汝计者，惟有速完殿工，尽毁书板，尽散赀财腰包，出岭一步一拜，向鼓山门下求哀忏悔。(《再与石濂书》)[⑨]

---

① 吴超:《屈大均、潘耒与石濂交往关系考论》,《东方论坛》2010 年第 3 期,第 103 页。根据潘耒《救狂砭语》各篇书札的指控内容,归纳出大汕和尚的二十四条罪状。这些罪状涵盖国体、海贸、品行、禅宗宗派传承、禅学见解、戒律、才学等。审视这些罪状,有些是基于传闻的指控,有些则是将小事渲染为大逆之事,有失公允。

② 潘耒:《救狂砭语》,上海:上海古籍出版社,1983 年,第 119 页。

③ 邓之诚:《清诗纪事初编》,上海:上海古籍出版社,1984,第 383 页。

④ 潘耒:《救狂砭语》,上海:上海古籍出版社,1983 年,第 12 页。

⑤ 潘耒:《救狂砭语》,上海:上海古籍出版社,1983 年,第 22 页。

⑥ 潘耒:《救狂砭语》,上海:上海古籍出版社,1983 年,第 57 页。

⑦ 潘耒:《救狂砭语》,上海:上海古籍出版社,1983 年,第 59 页。

⑧ 潘耒:《救狂砭语》,上海:上海古籍出版社,1983 年,第 151～152 页。

⑨ 潘耒:《救狂砭语》,上海:上海古籍出版社,1983 年,第 174 页。

这类尖酸、情绪性的指控文字，于《救狂砭语》各篇书信中俯拾即是。潘耒写《与长寿院主石濂书》时，语气已颇为尖锐。大汕和尚致书一一辩驳，然潘耒完全不接受，写《再与石濂书》回复时，用语更加刁钻刻薄，[①]已失儒者平实议论风度，更何况很多指控乃缘于闽、广海商提供的市井传闻，[②]而非已确定之实证。

康熙二十三年(1684)，王士禛奉命出使祭告南海神(洪圣龙王)，[③]大汕和尚缘此机会得以结识王士禛，相与唱和赋诗。后来王士禛与大汕和尚反目，竟斥喝他为“妖僧大汕”，前后态度变化极大：

> 广州有妖僧大汕者……性狡黠，善丹青。……常画素女秘戏图状，以媚诸贵人，益昵近之，于是无所忌惮。官东粤者落其圈缋，十人而九。余甲子奉使至粤，闻而心恶之。后闻其私贩往安南，致犀象、珠玉、珊瑚、珍宝之属，直且巨万。连舶以归，地方官亦无谁何之者。今河南布政使迁福建巡抚许中丞(嗣兴)为按察使，独恶之，辄逮治，诘其前后奸状，押发江南原籍，死于道路，粤人快之。[④]

本段文献中，王士禛自言“后闻其私贩往安南……连舶以归”。康熙三十五年(1696)大汕和尚自大越归粤，据此则此文应写于康熙三十五年(1696)以后。然“余甲子奉使至粤，闻而心恶之”，“甲子”即康熙二十三年(1684)，此时王士禛与大汕和尚常赋诗唱和，交情不错。换言之，在两人交恶前，至少有超过 10 年的情谊，若王士禛不齿大汕和尚之为人，则自始(康熙二十三年)即应鄙视大汕和尚而不屑与之往来。故应是康熙三十五年

① 方东树《援鹑堂笔记》卷四六云：“(潘耒)大声疾呼，如市井揭帖，谓非由索诈不遂，其谁信之？……大约潘非靖退之士，观其笔舌，皆舞刀笔伎俩，而且自矜其能禅理。”(转引自姜伯勤：《石濂大汕与澳门禅史》，上海：学林出版社，1999 年，第 172 页)方东树对于潘耒“舞刀笔伎俩”，诋毁大汕和尚的行径，颇为不齿。

② 潘耒《致粤东当事书》云：“其尤不法者，则在通洋一节……律禁略卖人口，而彼将良家子女买作优伶，节次售之。更闻其伪为当事送礼于交人，每次所获厚报，悉干没入己。此皆闽、广商人所共见闻者。”(潘耒：《救狂砭语》，上海：上海古籍出版社，1983 年，第 117 页)

③ 屈大均《广东新语・神语・南海神》云：“南海神庙在波罗江上，建自隋开皇年。”(北京：中华书局，1997 年，第 205 页)

④ 王士禛：《分甘余话》卷四，《王士禛全集》第 6 册，济南：齐鲁书社，2007 年，第 5028～5029 页。

(1696)大汕和尚归粤后之高调炫富行径，引发王士禛之不满，因而完全否定其为人、才学。此外依王士禛指控的内容来看，大汕和尚通海私贩，获致巨利，才是二人交恶的真正原因。

康熙十五至三十一年间(1676—1692)，屈大均与大汕和尚往来密切，大汕和尚刊刻《离六堂集》时，屈大均曾为之作序。康熙三十一年(1692)上元节后，大汕和尚还邀请屈大均、黄摄之、方以智、陈恭尹等名人于长寿寺唱和。后屈大均以《离六堂集》之诗多剽窃己作而写信呵斥大汕和尚，[①]大汕和尚亦怒而明指屈大均亦剽窃李白诗，[②]两人龃龉而绝交，屈大均并作《花怪说》诋之。[③]《花怪说》云："吾将剪而去之，毋使世人为其所蛊，其亦所以扶持名教也耶。"[④]屈大均以"绛花"感应到长寿寺嗜好种花之禅者的媚人好怪习气，来讽刺身着红衫红裤的大汕和尚，心术不正，应予以剪除。除了诗作抄袭一事之外，屈大均对于大汕和尚指出他"不终于僧，为三教罪首"之阴

① 屈大均《翁山与石濂书》云："今兄之《离六堂集》也，试返问于心，出于己者几何？出于人者几何？将他人之镂心雕肾，呕出精血而得者，不难攫取，以为己有。或全用，或半用，或句中改一二字而点金成铁，或全章改五六字而以鱼目乱珠……在《翁山集》中已窃至数十处，他人之集，盖不知其几矣！然则兄之真诗，亦何在乎？集中牛鬼蛇神，不成文理者，十而四五。……请兄举《离六堂集》版而焚之，其已装潢者亦付水火，或择其一二纯出于己者刻为一集，名之曰《石濂真稿》……"(潘耒：《救狂砭语》，上海：上海古籍出版社，1983年，第183～184页)屈大均于信中表露出对于大汕和尚剽窃其诗作的愤怒，并指出若将点化自他的诗句拿掉，则《离六堂集》中将只剩"牛鬼蛇神，不成文理"之诗，而大汕和尚回信时，也不甘示弱地举出屈大均之诗抄袭、点化自李白者，两人自此交恶。屈大均作《翁山与石濂书》《翁山复石濂书》，指责大汕和尚之不是，还称他为"兄"，再作《花怪说》诋毁大汕和尚时，已不称他为"兄"，而蔑视为"花怪"。

② 关于化用李白诗句，屈大均自己也承认，并以为乃光明之事。屈大均《翁山复石濂书》云："仆平生好嗜太白，以太白为师，薰以水沉之香，浣以荼蘼之露而后敢开卷帙。……故所为诗多有似李白……得其精者于神明，得其粗者于字句，全用之不嫌其全，半用之不嫌其半，而仆亦能与之后先辉映，盖化鱼目以为明珠，而非点纯金而为锴铁。……即使太白复生，亦当掀髯大笑，以仆为肖子肖孙……"(潘耒：《救狂砭语》，上海：上海古籍出版社，1983年，第190页)同为化用自他人诗句，屈大均斥责大汕和尚化用他的诗句乃"点金成铁""以鱼目乱珠"，自己化用李白诗句则是"化鱼目以为明珠"，若李白复生必称许他为"肖子肖孙"。相同的作诗手法，屈大均却存在两套标准，对大汕和尚不甚公平。

③ 据汪宗衍《屈大均年谱》的考证，屈大均与大汕和尚交恶的时间，应该在康熙三十一至三十三年(1692—1694)之间。

④ 潘耒：《救狂砭语》，上海：上海古籍出版社，1983年，第204页。

私，也耿耿于怀，[①]因此屈大均对大汕和尚怀有极深的怨恨。大汕和尚也愤而将屈大均为《离六堂集》所作之序拿掉。据今人杨权推测两人交恶的真正原因，在于对佛教的认知、态度产生极大的冲突，[②]而大汕和尚剽窃屈大均之诗作乃反目之导火线。

大汕和尚被潘耒、王士禛、屈大均等人诋毁为欺世盗名妖僧后，潘耒更积极向官府举发，进而遭到官府逮治、放逐，不久客死于解送回籍途中。潘耒等人对大汕和尚的尖锐批评，除了部分合于事实外，大多为基于个人的立场或恩怨而流于情绪化指控，过度渲染事实，有失公允。

清朝杭世骏已为大汕和尚抱不平，其《过离六堂伤石濂大师》云：

> 离六堂深坐具空，低徊前事笑交讧。蹲檐怪鸟穿花当，穴壑修蛇出水筒。瘴海余生惊噩梦，荒涂残劫换西风。纷纷志乘无公道，缔造缘何削此翁！[③]

杭世骏诗云"纷纷志乘无公道"，自注："省、府、县志皆不言师建寺。"杭世骏以为大汕和尚对于岭南佛教的发展具有贡献，然而当时官方皆不提大汕建寺兴教之功，颇令杭世骏感慨世道不公。

综观上述"妖僧""高僧"的正反面评价，缘于评论者的立场、动机，各有偏颇。笔者合观各类资料，提出以下的意见：

(1)不离尘俗之博学僧

虽然大汕和尚被部分人批评为佛学造诣浅薄，不学无术之俗僧，然而以往相善后来却反目的文人评论中，也并不否认大汕和尚聪颖多才，工诗文，善书画，明历象，懂园林，通晓儒、释、道经典。如王士禛《分甘余话》云："性狡黠，善丹青，迭山石，构精舍，皆有巧思。"[④]博学多闻的大汕和尚颇受广

---

① 屈大均《翁山复石濂书》云："独以兄书中，别有邪言，以仆不终于僧，为三教罪首，则不可不辨。……"(潘耒：《救狂砭语》，上海：上海古籍出版社，1983 年，第 195 页)。

② 杨权：《论屈大均与佛门的关系》，《深圳大学学报(人文社会科学版)》2009 年第 4 期，第 121～122 页，推测大汕和尚对于曾是同门的屈大均还俗归儒颇不以为然，而屈大均甚至理直气壮地辟佛，造成两人对佛教态度的极大分歧，进而交恶。

③ 杭世骏：《遂古堂集外诗》，《海外纪事》"附录"，北京：中华书局，2000 年，第 138 页。

④ 王士禛：《分甘余话》卷四，《王士禛全集》第 6 册，济南：齐鲁书社，2007 年，第 5028～5029 页。

东、大越贵胄[①]及文士欢迎，故交游、追随者众，自然在广东佛教界、文坛形成巨大的影响力。

(2)具有故国遗民情怀

《大南实录·大南列传前编·石濂传》云："明季清人入帝中国，濂义不肯臣，乃拜辞老母，剃发投禅，杖锡云游，凡山川名胜足迹几遍。"[②]本段文献为越南史书的观点，是否中肯有待方家考论，然而对照其《离六堂集》诸诗，如《金陵》("几过钟山不忍登")[③]、《秣陵寒食》("莫道钟山新火稀")[④]、《望钟山》("中峰突立尚嵯峨")[⑤]等，均具有深沉的故国遗民黍离之思。此外大汕和尚主持长寿寺时，于寺中设置"招隐堂"，接济前朝遗民和流离隐士，并与黄周星、方以智、方文、陆圻、曾灿、顾有孝等遗民共同砥砺气节。大汕和尚于其不拘泥于僧规的外貌下，怀有深沉的遗民情怀。

(3)掺入外部因素及个人恩怨的指控

大汕和尚于岭南佛教界崛起，有一个重要的助缘，即平南王势力的庇荫。不拘佛门教规的大汕和尚，因平南王的势力而累积声望、财富，并吸引众多岭南文人与之相交。当尚藩的势力衰弱后，大汕和尚碰触到清代敏感的通洋贸易，树大招风，昔日与之交好的名人，纷纷将自己的宿怨，借由检视《海外纪事》的内容，指控大汕和尚种种"不法"之情事。此外不少对于大汕和尚的指控乃缘于闽、广海商提供的市井传闻。康熙二十三年(1684)，海禁初开，大汕和尚借渡越传法之便，兼行海贸之事。笔者推测在闽、广海商眼中，大汕和尚与广州官员、大越国阮福周政权交好，若凭借特权进行海外贸易，会压迫到闽、广海商的利益。或许基于海贸利益之争夺，闽、广海商亦乐于提供不利大汕和尚的传闻，透过潘耒之手打击大汕和尚，使他退出闽、广海贸逐利之列。

---

① 《大南实录·大南列传前编·石濂传》云："上爱其精博，甚宠异之。善几谏，亦有补益。"(大汕和尚著，余思黎点校：《海外纪事》"附录"，北京：中华书局，2000年，第139页。)

② 越南阮朝国史馆编修，许文堂、谢奇懿编选：《大南实录清越关系史料汇编》，台北："中央研究院"东南亚研究中心东南亚区域研究计划，2000年，第28页。

③ 大汕：《离六堂集》，台北：新文丰出版公司，2000年，第144页。

④ 大汕：《离六堂集》，台北：新文丰出版公司，2000年，第148页。

⑤ 大汕：《离六堂集》，台北：新文丰出版公司，2000年，第152页。

(二)《海外纪事》相关问题探讨

康熙三十四年(1695),大汕和尚赴大越讲经弘法。其将在大越讲经弘法过程、风土见闻、所作诗文,撰写成《海外纪事》一书,并于康熙三十八年(1699)付梓。《海外纪事》出版后就引起时人的重视,并引起正、反面的极端评价。《海外纪事》便于今人了解17世纪末中越关系、海上交通概况,以及当时大越顺化地区(越南中部)阮氏政权的历史,是记载阮氏政权下越南顺化、会安等地风土人情的重要史料。

1. 对《海外纪事》的极端评价

《海外纪事》有阮福周于康熙三十五年(1696)五月写成的序(大汕和尚代笔),拟透过阮福周君王身份之称誉,提升自身地位,为大汕和尚带来名利。然而事与愿违,《海外纪事》高调出版后,竟成为大汕和尚被坐实不学无术、混迹佛门、私通外洋的妖僧的依据。当时对《海外纪事》的评价呈现两极化,有极力称美者,有全力诋毁者。

(1)称美者

仇兆鳌《海外纪事·序》云:

> 余读石和尚《海外纪事》一篇,喜其兼擅两家之长(指柳宗元之记、杜甫之诗),而又发为经世名言,于山川形胜、风土谣俗,一一能详其曲折而定其规模,岂徒铺张奇诡,夸海外之大观已哉!考其数月之间,经二万里绝域……笔摇山岳而气吞溟渤……此书流传宇宙,可以补《山经》《海志》《职方记》《王会图》之所不及。[①]

仇兆鳌于序中赋予大汕和尚《海外纪事》极高评价,以为《海外纪事》详记大越形胜、谣俗之曲折,写作形式兼擅柳宗元之"记"(入柳州有记)、杜甫之"诗"(入蜀有诗)之长,具有"笔摇山岳""气吞溟渤"之成就,可流传宇宙。仇兆鳌序中提道"岂徒铺张奇诡,夸海外之大观已哉",似乎也暗示着已招致时人浮夸、奇诡之批评,故欲凸显《海外纪事》之优点来为大汕和尚辩驳。徐釚《海外纪事·序》云:

> 文章则苍凉奔放,时而电击雷轰,时而山飞海立,时而健翮摩空,时

① 大汕和尚著,余思黎点校:《海外纪事》,北京:中华书局,2000年,第12页。

> 而疾风扫箨。诗律则蕴藉清新，离奇雄浑，兼而有之，使人不可端倪，而雄博恢奇之气，较昔年更胜，盖得于海外者尤多也。①

徐釚于康熙二十三年(1684)在广州便与大汕和尚相识，服其挥麈高谈之奇气，十五年后重逢于广州，拜读其《海外纪事》诗文，悦其文章之文气多变，诗兼清("蕴藉清新")雄("离奇雄浑")。徐釚以为乃大越之海外奇历，开阔大汕和尚眼界，诗文"雄博恢奇之气"，更胜往昔。

毛端士《海外纪事·序》云：

> 厂翁和上生而奇者也。……一试经纶大手，诗文杂出，悉典丽高华。汇三教之精微，成一家之杰构，纵横变化之妙，在在匠心。噫！真大海之一奇观也。……试即《海外纪事》而论，无枯禅气，无学究气，其表扬德性，缠绵慨至，无非忠孝节义，俾益世道。②

毛端士推崇大汕和尚为知识渊博之奇人，不仅长于雄谈伟论，笔下工夫更令世人赞叹，《海外纪事》之诗歌、散文，无枯禅、学究之气，具有"典丽高华"风格，可见大汕和尚纵横变化之匠心，并给予"汇三教之精微，成一家之杰构"之极高评价。毛端士的评价偏重在《海外纪事》对于儒、释、道思想之会通，能变域外之殊俗为中华之纲纪。

大汕和尚博学多闻，工诗擅文，以自己域外游历经验写成的《海外纪事》，真实地描写大越政治、生活、风土、山川、物类、文风、民情等，对于大越国印象陌生的中土读者而言，乃海外奇闻奇事，可补传统地理典籍之不足。此外书中描写大越传法内容、传播儒家政治思想、海外风土之诗歌散文，具有极高的可读性，故《海外纪事》一出版即受到当世文人的重视。

(2)诋毁者

虽然《海外纪事》受到普遍重视，但也引发潘耒、王士禛、屈大均、梁佩兰等人群起诋毁，其中又以潘耒为甚。潘耒《与长寿院主石濂书》批评《海外纪事》云："略一披寻而少实多虚，纰缪四出。世间则有伤国体，世外则有碍法门。近之足以生风波，远之足以招果报。"③潘耒举出《海外纪事》的众多纰

---

① 大汕和尚著，余思黎点校：《海外纪事》，北京：中华书局，2000年，第13页。

② 大汕和尚著，余思黎点校：《海外纪事》，北京：中华书局，2000年，第14～15页。

③ 潘耒：《救狂砭语》，上海：上海古籍出版社，1983年，第53页。

缪，如：将安南分部之岛主尊为“大越国王”，与颂扬清帝无异；大汕和尚航海时，树“龙王免朝”之旗，又自言有出卖风雷之举，乃荒诞不经之言；不守僧侣本务，私通外洋，谋取暴利；诳言清帝召见，混淆视听；篡改曹洞宗系，灭祖绝宗；诋毁御览赐序之《五灯全书》是“讪上”；等等。潘耒所指的谬误不少有过当之处，以下试举两例讨论。首先，潘耒指《海外纪事》将阮福周尊为“大越国王”，与颂扬清帝无异，然而清朝虽认可越南北部郑氏政权，却也没有否定南部阮氏政权。潘耒将大汕和尚称南越国主为“大越国王”与“与颂扬清帝无异”相联结，欲入大汕和尚于不敬之罪，过于牵强，况且《四库全书总目提要・海外纪事》就直接称南越、阮福周为“大越国”“大越国王”，并无不妥。[①]其次，潘耒斥责大汕和尚不守僧侣本务，私通外洋谋利。大汕和尚在大越受到阮福周、皇室、王公、文士、百姓的欢迎，居越期间得到大量的馈赠与布施，回国时海舶满载宝货，乃理所当然之事。潘耒却强解为海贸营利行为，有失允当。要经营海外贸易者，要有雄厚资本、完备组织、专属船队，长期经营，方能谋取巨利，而大汕和尚回国后，至康熙四十一年(1702)尚有往来大越者，“是以采办赠予阮福周王府礼物的形式，换取阮主的回馈和布施”。[②] 潘耒基于个人因素，极力诋毁《海外纪事》，有失厚道。

《海外纪事》虽杂有夸诞的内容，但笔者览观全书各卷，以为具有极高的可读性与参考价值，并非如潘耒等人的指控般，全无可取之处。潘耒等人以“人”(大汕和尚人品)的评价，来论断“书”(《海外纪事》纪实资料)的价值，即因嫌恶大汕和尚的行事风格，而完全否定《海外纪事》之客观价值，实有商榷之处。

2.《海外纪事》的价值

《海外纪事》乃大汕和尚在大越经历的纪实，其中虽有部分浮夸内容，但对于研究清初中越海外交通及域外文化交流，不失为重要文献。

---

① 永瑢、纪昀等撰《四库全书总目提要》(第二册/史部)云：“……康熙乙亥春，大越国王阮福周聘往说法，越岁而归，因记其国之风土，以及大洋往来所见所闻。大越国者，其先世乃安南赘婿分藩割据，遂称大越。”(台北：台湾商务印书馆，1983 年，第 648 页)

② 姜伯勤：《石濂大汕与澳门禅史》，上海：学林出版社，1999 年，第 412 页。

(1)广州到顺化的海外交通纪实

中国古代早有通往越南的海上交通航路，但主要以北方交趾及南方占城为主，至明代张燮的《东西洋考》才载有至越南顺化的航路。[①] 大汕和尚《海外纪事》若干内容虽有夸诩、不实之讥，但却详细记载清康熙年间广州至大越之顺化的航海纪事，可补海外交通史、古代航海史之不足，亦可具体地了解大越当时使用的各类船舶(田姑艇、红船、马艚、淀舍等)及其航行特性。

(2)中越文化交流史实

16世纪后的北方黎氏政权重视儒学，设计完善的科举制度；而盘踞在南方的阮氏政权，则重军事、佛法，不尚文学，文化方面较北方不发达，接任之阮主试图改善此种现象，故阮福周除了请大汕和尚宣讲佛法外，也就中华儒家文化虚心就教。就《海外纪事》之内容而言，大汕和尚于大越宣倡的儒、释、道糅合的思想，正投阮主所好，故大汕和尚与阮福周等君臣关系极为友好。《海外纪事》反映了大汕和尚促成清初中越文化交流的美事。

(3)清人眼中的大越纪实

《海外纪事》记载阮福周统治下大越国的风土气候、生活实况、物产特色、风俗习惯、政权运作、军事制度等，有助于清朝官民了解大越国实况。如卷一记载南方阮氏政权为了与北方郑氏政权相争，社会各阶层军事化是自然而然的结果，实施军工合一制度，有战事则作战，无战事则役于官府。[②] 卷二记载令大汕和尚印象深刻的大越檬果、荔枝的吃法及滋味。[③] 卷三记载顺化、会安一带人民的生活实情。[④] 卷四记载旅居会安之华人生活情况。[⑤] 卷五记载大越之花乳糖的由来、制作过程、食用滋味。[⑥] 这些对大越各方面的具体描写，缘于大汕和尚的亲身经历，对于清人而言，是了解大越的第一手资料。

---

① 见《东西洋考》卷九《西洋针路》云："又从交趾洋(取小长沙海口入顺化港)顺化港(国朝为化府)。"(台北：西南书局，1973年，第119页)

② 大汕和尚著，余思黎点校：《海外纪事》，北京：中华书局，2000年，第15页。

③ 大汕和尚著，余思黎点校：《海外纪事》，北京：中华书局，2000年，第44页。

④ 大汕和尚著，余思黎点校：《海外纪事》，北京：中华书局，2000年，第49页。

⑤ 大汕和尚著，余思黎点校：《海外纪事》，北京：中华书局，2000年，第80页。

⑥ 大汕和尚著，余思黎点校：《海外纪事》，北京：中华书局，2000年，第99页。

二、《海外纪事》的航海书写

(一)航向大越

康熙三十三年(1694),大汕和尚接受阮福周之传法邀聘。康熙三十四年(1695)上元灯日(正月十五日)夜,大汕和尚自广州西濠登接驳小船;次日平明,于广州黄埔港换乘可容近五百人的大型海船起航,在虎门附近为风潮所阻,经祭祷诸神后,平安抵达澳门;经海关差役查验后,挂帆放洋,循七州洋海道,航向大越国。大汕和尚于正月二十七日抵达会安港外之尖碧萝山,二十八日抵达顺化,下榻禅林寺。

大汕和尚赴大越弘法,实为广东佛教界之盛事,故饯行者众。如梁佩兰[①]作《送石公之安南》为大汕和尚饯行,祝他平安抵达大越:[②]

> 迩来安南慕玄畅,国王望拜抒中肠。……吾师从容望洋海,龙象夹侍乘舟航。舵工罗盘定针石,天妃降驾鸣珠珰。佛灯尽结紫绀色,水天四散琉璃光。冯夷恬波示灵异,神鱼张鬣随竿樯。珊瑚树出云淡淹,龙门江见风低昂。计程度近可三日,此邦盼久如十霜。[③]

梁佩兰称大汕和尚为"吾师",颂赞他蒙大越国王邀约弘法之壮举,在天

---

① 梁佩兰(1629—1705),字芝五,号药亭,广东南海人,清初诗人,为"岭南三大家"之一。

② 潘耒《与梁药亭庶常书》云:"不得已作书数千言规之,冀其少知悔悟,是有请于先生(梁佩兰)者,曩时岭南人言先生与长寿交最厚,其所著述皆为作序。"(潘耒:《救狂砭语》,上海:上海古籍出版社,1983年,第59页)梁佩兰《梁药亭复书》云:"佩兰虽与长寿交三十年……有久交之名,而无久交之实也。比假归里,卜居仙湖,与长寿相过甚少,近五年来,不惟不相过,一城之隔,竟等秦越矣。"(潘耒:《救狂砭语》,上海:上海古籍出版社,1983年,第208页)照此封书信之内容,梁佩兰否认与大汕和尚有久交之实,而且近五年不相往来。然而康熙三十四年(1695),大汕和尚自广州出发时,梁佩兰还作《送石公之安南》,为大汕和尚饯行,肯定此去大越传法之意义,且此诗尚称呼大汕和尚为"吾师"。笔者以为梁佩兰本来与大汕和尚相交甚久甚密,《海外纪事》出版后,潘耒掀起反大汕和尚风潮,修书要梁佩兰表态,梁佩兰立刻与大汕和尚划清界限,人情冷暖变化极快。

③ 梁佩兰:《六莹堂集》,广州:中山大学出版社,1992年,第108页。

妃妈祖降驾护佑下，冯夷恬波、神鱼张鬣，所乘海船定能迅速到达大越国之顺化。梁佩兰诗中之“罗盘”（水针）、“定针石”（打水测深）[①]，乃航海必备工具。航海除了必要的航海技术外，面对变化万端的海洋，还有赖天妃襄助，方得以梯航万里。此诗颂扬天妃护航之功，正好反映出海上风涛之恶，逐浪航行之险。

大汕和尚在广州僧众的饯行下，正月十六日从黄埔开船，小船在前探水引路，[②]一路风潮顺利。然而至虎门时，风潮不顺，沙埠徙移，舵工不依小船之引路，导致海船搁浅阻行，情况危急：

> 舵挂于下，船不能行，风压于上，篷不及卸，霹雳一声，半边欹侧贴水。众旁皇失色，谓船必坏，急落帆，人尽立上风，用三小艇、数十百人曳拖不得动。余预备有四小旗，上书吾秉释迦无上法王慧命，下书曰大雨暂止，曰顺风相送，曰诸神拥护，曰龙王免朝。急呼竖诸神拥护旗，旗张而舵自堕，船复正，是非人力也。究前声响处，为夹舵辅板折断，尾闾亦微有裂缝，实时修补。[③]

这段书写搁浅的文字，能如实地呈现搁浅现场的实况及惊恐气氛，并点出海洋神灵信仰在古代航海事业中的重要性。大汕和尚所乘的海船，吃水极深，又是尖底构型，在浅水区难以安全航行，故船尾均附挂接驳小艇（三板），方便岸、船间的接驳。此外文中之“篷不及卸”“急落帆”两句，用“篷”字点出本船的帆乃平衡竹篾帆（见图 2）[④]。篷帆极重，完全收篷时，只要放掉控制帆篷的绳索，便可利用自身的重力落下，如折扇般折叠，故云“落帆”。

---

① 朱继芳《航海》云：“沉石寻孤屿，浮针辨四维。”（《全宋诗》第 62 册，第 39075 页）“沉石”，即打水测深。海船按针路航行，行经可能是针路簿标示的海域时，还要打水测深，确认是否符合针路簿注记的水深，便可确认船舶的位置。打水时，将系长绳的绳驼或铅锤沉入水中，计算绳长为几托，以测该处水深。梁佩兰诗云“定针石”，指沉石测深以确定针路。

② 大船操控不若小舟灵活，航行于内河狭窄浅水区时，要由熟稔水道之船工驾小舟引导，以免搁浅。

③ 大汕和尚著，余思黎点校：《海外纪事》卷一，北京：中华书局，2000 年，第 3 页。

④ 竹篾帆（篷帆），由竹篾片编织成席状，在席状竹篾片间铺满竹叶，又在横向夹缚竹条，以增加帆面强度，形成一块块可往下堆栈的长形帆叶。篷帆之帆面平整，且具有弹性，可随风力大小调整帆叶上升数量，以控制航速。竹篾帆极重，要依赖绞车升帆。

照上段文字的描写，应该是海船因突起之风潮，来不及降下篷帆，而垂直升降舵[①]因夹舵之辅板折断而卡住，以致搁浅于徙移的沙埠。且因船底为尖底构型，故“半边欹侧贴水”，船尾有些微破损。船工常谓：“船行大海，畏浅不畏深！”尖底船搁浅时，全船人命陷入险境，当所有的处置作为（急落帆/人尽立上风/人艇曳拖）都无效时，只能诚心祝祷神力相助，最后终于脱困。

自虎门脱困的海船，准备航向澳门，大汕和尚作《虎门望海》七律（二首之第一首）描写此刻的感受：

白马灵旗带晚霞，风涛万顷走龙蛇。通宵不夜非关月，到处行空可是槎。天上有星分野外，眼前无地说中华。楼船事往皆春梦，千古还因汉使嗟。[②]

图 2　海船折叠篷帆

资料来源：王冠倬：《中国古船图谱》，北京：三联书店，2002 年。

《广东新语》云：“南海之门最多，从广州而出者曰虎头门，最大。”[③]虎门为广州往来东西两洋之咽喉，由此地远望，远方尽是无边汪洋。古今诗人于虎门望海，并留下诗歌者颇众。“白马灵旗带晚霞，风涛万顷走龙蛇”两句，融合大马止帆、龙王免朝、红霞满天等天妃显圣神迹。在天妃济助下，刚度过行船凶险的大汕和尚，感慨此行海路之无尽，但见星空分野，将不见立足之实地，可供诉说中华故土点滴。

海船夜泊虎门时，北风骤起，系船缆绳将断，船工在惊惧中诟骂不已。大汕和尚面对航海难测之险恶，感慨良多：

---

① 海船吨位大，吃水深，配置大而重的垂直升降舵（由绞车控制舵之升降），才能获得较佳的舵效。船一进入深海区，便将舵沉入水线以下，当进、出港或航行于浅滩、礁岩区，由于海底较浅，得把船舵升起，避免以坚固铁梨木制成的船舵损坏。

② 大汕和尚著，余思黎点校：《海外纪事》卷一，北京：中华书局，2000 年，第 4 页。

③ 屈大均：《广东新语》，北京：中华书局，1997 年，第 33 页。

> 念彼辈所得，亦不过十千，而遽以生死等之蜉蝣，世之贪富贵而履危机者，其视水工，亦若是而已。[①]

清代王锡《哀海贾》云：“……怪异或出没，浊浪排天高。吞舟多长鲸，载山有巨鳌。胡为争利者，涉险营钱刀。货重于岱岳，命轻若鸿毛。……”[②]航海活动虽充满难料的风险，但却蕴藏着巨大的利益，吸引沿海百姓迎向大海，冒险逐利。大汕和尚以自身的航海体验，点出了航海从业人员（“水工”）职业之高风险，为贪求富贵而履危机，将个人生死等同生命短暂的蜉蝣，令人慨叹。

海船安渡虎门后，抵达澳门，锚泊于粤海关澳门总口，[③]由海关差役查验乘员、船货，缴完税票[④]后，准予挂帆放洋。当晚泊船于乌猪山[⑤]时，见到平日罕见的海洋之物类：

> 绿苔长径尺，挂索上为苔菜云，味腥咸可食。白鲅成群，状如猪，白色，有起者伏者，有立水面移时而没者，皆少见而多怪矣。[⑥]

苔菜为海中藻类，因生长环境之故，味道腥咸。“白鲅”，依照大汕和尚的描述，似乎是指东南沿海一带常见的中华白海豚。中华白海豚在古籍中别称海猪，色白，于海面上或跳跃，或伏游，或立水。“苔菜”“白鲅”这些海洋物类，对偶尔航海之人而言，实乃少见多怪。

泊船于乌猪山之夜，天朗气清，星月皎洁，大汕和尚四顾海天，作七绝五首[⑦]抒发此时心境，今举三首说明：

---

① 大汕和尚著，余思黎点校：《海外纪事》卷一，北京：中华书局，2000年，第4页。

② 钱仲联主编：《清诗纪事》第7册，南京：江苏古籍出版社，1987，第3959页。

③ 康熙二十三年(1684)，海禁初开，次年设置粤海关，下设五大总口，其一为澳门总口。澳门总口为清初洋商汇聚处，设有旗员防御一员，统领总口各员，职司稽查进出港海船之船货、乘员，课征关税。

④ 大汕和尚及随行僧众百余人所乘者为海贸商船，同船者有前往会安港卖货的估客，故出洋前要接受海关查验是否有奸宄之人、走私禁货，并课征关税（正税、船税），再给予出洋凭证。

⑤ 乌猪山，又作乌猪岛、乌猪门，位于广东中山县属之上川岛东，是明清时期商船番舶往来中国南海、印度洋等地航路上的重要航标。

⑥ 大汕和尚著，余思黎点校：《海外纪事》卷一，北京：中华书局，2000年，第4页。

⑦ 大汕和尚著，余思黎点校：《海外纪事》卷一，北京：中华书局，2000年，第5页。

北多平陆南多海，乘马乘船有惯家。

惟我北南无住处，间从鞭镫间从槎。（之一）

大海风漂断壑哀，涛声彻夜响奔雷。

天空云暗归渔火，乱点沧波作雨来。（之三）

故人别我上元灯，应料安南到未曾。

谁道乌猪山港外，艨艟还坐白头僧。（之五）

第一首诗点南北地域、交通的差异性（北平陆：乘马/南多海：乘船），而云游于沧海、平陆间的大汕和尚，常在“鞭镫”（乘马）与“槎”（乘船）间不停转换，故心生“北南无住处”之感。第三首诗描写海上无定风涛，渔火在黯黑的海上格外明显。第五首诗则寄托其自上元灯日承众人祝福起航以来，至今却尚在乌猪山港外夜泊，“艨艟还坐白头僧”句，则蕴含着大汕和尚的淡淡感伤。

正月十九日之夜，海上风雨大作，全船舟师、乘客陷入恐慌，大汕和尚以具体的笔触描写令人怖惧的风雨：未久，如千丈瀑泉，飞洒于长林断壑；如暴风骤雨，吹落于莲叶蕉林。又如铁衣介马驰骤于沙场战垒，天崩地裂，蛟龙飞舞而来，至此一切境遇，委之自然，益征人定力矣。[①] 陆上的狂风骤雨往往已令人惊骇，更何况是漂浮在晃荡不定的海面？大汕和尚以具象词汇如“千丈瀑泉”“暴风骤雨”“铁衣介马”“天崩地裂”“蛟龙飞舞”来形容被风雨笼罩的海船的险境。渺如沧海中之孤叶的海船，四顾无垠，欲避险趋吉，已非人力可为，大汕和尚感叹当下命运之险殆，只能“委之自然”。这段描写海上风雨险境的文字，正是古代航海人的共同感受，故海洋神灵信仰因应航海事业而生，乃自然而然的结果。

面对正月十九日夜之风雨，除了让大汕和尚惊心，也让他体悟“万斛之舟，非长风巨浪，不足以成利涉”，[②]故作《渡洋歌》，寄怀琅公石大司马：

正月十九夜半北风起，舟师大声疾声呼不止。声势砰磅不敢看，端坐船舱侧两耳。忽如烈风暴雨迷大麓，长林叶叶皆披靡。百丈悬崖泻瀑泉，飞沫奔流激石齿。又如铁衣介马夜归营，万弩齐张飞羽矢。海鳅

① 大汕和尚著，余思黎点校：《海外纪事》卷一，北京：中华书局，2000 年，第 5～6 页。

② 大汕和尚著，余思黎点校：《海外纪事》卷一，北京：中华书局，2000 年，第 6 页。

目电隐无光，蛟龙谮寐鼋鼍死。此身逐浪任低昂，那知一息几千里。晓来所见非故物，俯仰旁皇天与水。阴气僭越神物尊，鸟大如箕不敢指。云是祝融海使回，不然大洋之中焉有此。此间七州曾陆沉，冤魂至今凭海底。时出水面弄兵仗，白日与人相角抵。洵知深山大泽多怪奇，一种鲛人与山鬼。不见西北太华高高三万六千丈，胡为于此成坎块。无平不陂理或然，坐令对此增惆怅。洪流不洗世间心，胸中洁白无尘侵。何不人寰洗秽浊，八荒清净无龌龊。否则天河洗甲兵，蚩尤涿鹿无交争。安澜海若辨和会，惊涛平伏消鲲鲸。平生本事水云乡，曾穿吴楚凌齐梁。洞庭水阔河淮长，大江亦得丝绳量。唯是沧溟汩南极，鹏飞不尽天茫茫。需之有孚占利涉，济川才重作舟楫。屹然砥柱定中流，澜狂飓怒人无忧。怀公建节南交州，吾意与海同悠悠！[①]

大汕和尚之《渡洋歌》为40句之长篇歌行。依文意分三段解析：第一段（“正月十九夜半北风起……蛟龙谮寐鼋鼍死”）12句，用具体的比喻（烈风暴雨、百丈泻瀑、飞沫奔流激石、铁衣介马归营、海鳅目电无光、蛟龙谮寐、鼋鼍死）来描摹海上风雨之强及船上的恐怖气氛。舟师面临险境的疾呼声，与大汕和尚因恐惧而端坐侧耳静听，一动一静，营构出生死难卜的惊恐氛围。第二段（“此身逐浪任低昂……坐令对此增惆怅”）18句，言大汕和尚命人竖“龙王免朝”旗后，风雨渐平，开启篷窗见诡异海景。海上风雨虽然渐平，然而却见到阴凝不雨，水与天连，四周呈现混茫无垠的诡异氛围，取代平日所习见之故物。大汕和尚设想此间的阴气僭越，除了海神祝融作祟外，相传“此间七州曾陆沉，冤魂至今凭海底”（指七州洋），故沉海之冤魂，不时跃出水面舞弄兵仗，以至于七州洋海域风涛迭起，格外凶险。第三段（“洪流不洗世间心……吾意与海同悠悠”）20句，由七州洋的漫天风雨联想到此风雨无法洗净世间人心，只希望能洗除人寰之秽浊，令八荒清净。大汕和尚面对四周无尽沧溟，茫茫天际，回想自己在易卦的明示（“需之有孚占利涉，济川才重作舟楫”[②]）下，重作舟楫，济渡险川恶海，向大越传播正信佛法，故能“澜狂飓怒人无忧”。

---

① 大汕和尚著，余思黎点校：《海外纪事》卷一，北京：中华书局，2000年，第6～7页。

② 《易经·需卦》云：“需，有孚，光亨，贞吉，利涉大川。”

正月二十二日，风雨止息，海船已抵达琼州、安南交界，天气愈来愈热，虽然少了骇人的汹涌海象，却也因每日得顺风之时刻短暂，故海船以极慢的速度航行。正月二十四日，船主为鼓舞船工士气，张贴“先见山者赏钱一贯”之告示。大汕和尚特别留意阿班瞭望寻山之灵活身手：

> 先是船上有水工阿班者，安南人，年不满二十，壮健趫捷，每挂帆即上巾顶，料理缆索，往来如履平地，方在目前，仰视已据桅颠，上下跳踯，毫不芥带，识者谓先见山者必是人矣。…廿七将午，有大呼桅顶曰：“山在是矣！”果阿班也。[①]

明代张燮《东西洋考·舟师考》云：“上檣桅者为阿班。”[②]清代黄叔璥在《台海使槎录》对于“阿班”有较具体的描写：“有占风望向者，缘篷桅绳而上，登眺盘旋，了无怖畏，名曰亚班。”[③]阿班，又名亚班、鸦班，负责整修帆篷、帆索、挂旗、瞭望、占风等需要攀爬桅杆的工作。寻常人在晃动的船上已觉行动不便，大汕和尚对于阿班上下桅杆如履平地的敏捷身手，印象极为深刻，让苦闷的航程增添些许新奇兴味。

当海船已可见到大越国境的海岸山影时，船主及估客急于停泊会安港卖货，而随大汕和尚同来之僧众则急于拜会大越国主阮福周，两相争执，拟由大汕和尚裁夺。大汕和尚命人竖起“顺风相送”旗，由舵工视风信之所宜，再决定航向会安或顺化。最后以顺化顺风，海船航向顺化。正月二十七日，海船抵会安港外之尖碧萝山[④]，船上击发巨炮数响，使海岸军民知有海船即将进港。正月二十八日，大汕和尚换乘大越之淀舍船抵达顺化，自广州出洋航程至此结束，随即进住禅林寺，展开在大越的传法活动。

（二）航归粤东

大越之春、夏苦旱，长夏停午，烈日如焚，饮食百物，迥异于中华故土，令

---

① 大汕和尚著，余思黎点校：《海外纪事》卷一，北京：中华书局，2000年，第7页。

② 张燮：《东西洋考·舟师考》卷九，台北：西南书局，1973年，第117页。

③ 黄叔璥：《台海使槎录》卷一，台北：大通书局，1984年，第17页。

④ 尖碧萝山（越南语：Cùlao Chàm），又名尖笔罗、岣劳占、占不劳山、不劳山、占毕罗、呫哔啰山、占笔罗等，在今越南广南省会安市以东20公里的中国南海中，乃今之占婆（Champa）岛。

初到之大汕和尚颇有水土不服之患，常腹泻，加上本拟暂留大越数月传法，故已萌生六月北归粤东之意："余以暂假南来，北行有待，常住修造未了，大众悬望，决计六月即理归帆。"①大汕和尚听闻座客言，归广东之风信为立秋前后半月，可得西南顺风，约四五日便可抵达虎门。大汕和尚因大越陆路交通不便，定于六月十五日自顺化海口搭红船南下会安港，②等待立秋归粤之风信。大汕和尚留下后堂庆愚、知客天雨两人缓归粤东，续扬大越之佛法。六月十五日启程前，各方赆饯者络绎不绝，有如当日自粤东起航前的欢送情景。

六月十五日启程后，二十八日大汕和尚一行人抵达顺化河中寺（富禄县河中社），见到的尽是海滨风光：

> 极望弥漫，为海洋奥区，波涛冲激所不及。浅濑淤泥，水草交加，鱼蟹蜃蛤之薮，平堤柴栅，水杨生焉。茫荡间，有结茆半椽者，殆海利谋生之巢居乎？寺处平壤，三面临水，门外百步即淤涂。远近蚝花为堤，杨柳荫其上，微风澹渚，弱藻纵横，乌鱼泥蟹寄生螺之所泳游……③

地处平壤的河中寺三面临水，前方不远即海岸之淤涂浅濑，布满水草、鱼蟹、蜃蛤、乌鱼、寄生螺等，海滨风情尽入眼帘。大汕和尚于河中寺用斋后，解缆启程，傍晚已至海口。三十日，大越国王阮福周于圭峰永和寺设宴为大汕和尚饯行。④ 七月初一日，自海口搭红船启程，初二日抵达会安，暂住弥陀寺候风北归粤东。

六月二十日，大汕和尚在尖碧萝山登船候风，然而上船三日即得寒热之

---

① 大汕和尚著，余思黎点校：《海外纪事》卷三，北京：中华书局，2000 年，第 48 页。

② 《海外纪事》云："盖大越国土，总是一山曲折起伏于巨洋中，或向或背，皆依山傍海而为都邑。……各府无径路相通，凡从一港所入，尽可通之地为一府，别府则另一港。故适他府者，必从外海循山而入他港。近岸则浪大难行，遇好风信，一日可达，否则便为半月十日之程。"（大汕和尚著，余思黎点校：《海外纪事》卷三，北京：中华书局，2000 年，第 67 页）大越国土依附山势而行，傍海之平地则形成一府，并有海港，府与府间陆路险阻，故前往他府通常借由沿岸海路相交通。故大汕和尚要从顺化到会安港，乘近岸海船最为便利。然而近岸航行浪大难行，若风信不佳，反而得耽搁甚久。

③ 大汕和尚著，余思黎点校：《海外纪事》卷三，北京：中华书局，2000 年，第 68 页。

④ 圭峰突出海岸，所见皆大海，右方为艾岭，舟船沿山之东北上行即为会安港口。阮福周于圭峰永和寺设宴，可目送大汕和尚之归帆。

病，奄奄一气，喘息船中。二十七日，天气渐晴，归心如焚的大汕和尚拟于次日起航，然船主终以风信不便而拒绝。在大汕和尚诚心祝祷下，西南风渐起。七月三十日，大汕和尚所乘之海舶鸣锣起碇，此时风正帆满，然而西南风渐转微弱，甚至被强烈北风吹回尖碧萝山。此时的大汕和尚不但归心始灰，身体又欠佳：

余时寒热、腹患渐止，饮食不进。况船上攧扑多日，肌泽无存，朽骨数茎而已。[①]

大汕和尚病愈后，胃口尚未恢复，加上这段时间船上的颠簸生活，令他“肌泽无存，朽骨数茎”，特作《岣嵝阻风诗》十首，抒发苦闷心情。以下试举两首解析：

田姑送出浅，贯索带艨艟。钲鼓喧晴日，西南正好风。宁还岣嵝港，复向本头公。欲假神明力，扬帆指粤东。（之三）

病躯苦危浪，罄折入柴扉。海飓秋方盛，衡茆夜尽飞。村灯微欲曙，林鸟湿难归。不寐愁诸子，中流何处依？（之六）

第三首（“田姑送出浅”），言大汕和尚起航后，船又被吹回原处的无奈。大汕和尚所乘之大型海舶（“艨艟”）鸣锣起锚开航，由数十艘田姑艇带缆出港，此时正是利航之西南风，加上晴日映天，稍慰大汕和尚渴归之心。然而出港不久，西南风却渐趋微弱，海船几乎不动，顷刻间北风狂作，船竟然又被吹回岣嵝山（尖碧萝山）附近。心情郁闷的大汕和尚，探访岣嵝山，在主峰之下有间灵验的本头公庙，为洋船起航前必祷之地。大汕和尚仔细端详神像封衔，竟然是中土之伏波将军马援，“本头公”乃大越国人所崇谥之号。[②] 大汕和尚诚心向马伏波祝祷，盼得北归粤东之信风。第六首（“病躯苦危浪”）描写大汕和尚暂居岸上草屋避海面风浪之景。大汕和尚的船锚泊在尖碧萝港，为避大风雨，乃上岸僦居草屋。当地近海草屋，为避海风，故门檐压低，人进出得磬折入门。虽是草屋，至少可避风涛，其他留在船上的船工、随员

① 大汕和尚著，余思黎点校：《海外纪事》卷四，北京：中华书局，2000 年，第 85 页。

② 汉朝伏波将军马援（公元前 14—公元 49 年），敉平交趾（约今越南北部）后，传入农耕技术，兴办水利，提高农业生产力，受到越南人民崇敬，被称为“本头公”。由《海外纪事》卷四的描述（“汉将神祠祀碧岩……千古威灵遗像在，秋风落日照安南”）可知，在清代以前，越南即普遍崇奉马援神灵。

则整夜受到潮撼群山，声势凌厉之飓风惊吓而不寐。暂居草屋的大汕和尚挂念船上随行人员安危，亦辗转难以成眠。此诗透露出大汕和尚对海上飓风危浪的无奈，也对比出人力的微渺。

阻风于尖碧萝港的大汕和尚，眼见归国无望，益以病体羸弱，只能折回会安弥陀寺。后在大越国王的礼请之下，大汕和尚于十月十二日自会安启程，循着陆路，度过艾岭，再度回到顺化。十月十五日抵天姥寺①后，宿于寺中新盖方丈寮房。原本只欲停留大越半年的大汕和尚，竟因此次阻风因缘，而淹留大越逾年。康熙三十五年(1696)秋，大汕和尚才回到熟悉的粤东。

古代远洋航行能否按计划起航放洋，全赖季风之风候是否得宜，故远洋航行存在极大的风险及不确定性。大汕和尚自粤东航向大越，虽然过程惊险，波折不少，但尚称风顺，不到半月便抵达顺化。然而半年后自大越欲北返粤东时，却风候不顺，无法起航，竟得多留一年。大汕和尚在《海外纪事》中，对于粤东航向大越的航海书写最详尽，其次是首次北归却阻风于尖碧萝港的航海过程，至于来年秋天返回粤东的航海过程则没有书写。笔者以为大汕和尚首次远航，沿途新奇的海洋风物、惊险的海上风涛、疲困的船上生活、奇特的异国风土，对他而言是全新的生命体验，令他印象深刻，故记录详尽。至于首次北归却阻风于尖碧萝港的航海过程，无论是内河航行的艰辛、港口候风的无奈、船上颠簸的痛苦，皆令归心似箭的大汕和尚叹声不绝，故书写文字亦详尽。由于《海外纪事》完成于大汕和尚身处大越之时，并由国王阮福周赐序，故康熙三十五年(1696)秋，离开大越后的航海过程，则完全没有写入《海外纪事》。②

(三)神力护航

船行于宏肆汪洋，与车行于广陌平陆，截然不同。海洋之海底地形、岛

---

① 天姥寺，别称灵姥寺(阮朝嗣德皇帝认为用“天”字会得罪上天而改为灵姥寺)，正式起建于1601年，位于顺化西郊、香江北岸安宁村高坡上，为顺化最古老寺庙。天姥寺因大汕和尚于此淹留八个月而成为一大名胜地。

② 阮福周序云：“录其一二，裒然成帙，总名《海外纪事》。归帆之日，出示命叙。”(大汕和尚著，余思黎点校：《海外纪事》，北京：中华书局，2000年，第16页)依阮福周之序，则大汕和尚归国之前，全书六卷已定稿，并由阮福周作序，以征信于国人。

礁、洲滩、海风、潮流、飓风等因素，使海洋航行具有难测的风险。微渺的航海人面对多变的海洋，已非自己的航海专业能力可以应变，只能祈求神天护航，故海洋神灵信仰伴随着航海事业而共同发展。

大汕和尚所乘之海船，在虎门遇到搁浅的危机，在穷尽人事之余，只能祈盼神天救渡：

> 余预备有四小旗，上书吾秉释迦无上法王慧命，下书曰大雨暂止，曰顺风相送，曰诸神拥护，曰龙王免朝。急呼竖诸神拥护旗，旗张而舵自堕，船复正，是非人力也。[①]

大汕和尚出航时预备“大雨暂止”“顺风相送”“诸神拥护”“龙王免朝”等四面旗，即已预期此行之海路，难以浪靖涛平，一帆风顺。故在虎门遇到搁浅状况，船上人力又无法排除时，大汕和尚命人竖起此四面旗，并诚心祝祷。此时海船顺利自浅滩脱困，更令航海人深信海洋神灵的神秘力量。海船夜泊虎门时，北风骤起，风涛骇人，缆绳欲断，天刚破晓，风雨连天。大汕和尚命人竖起“大雨暂止”旗，少顷竟然晴霁，顺利通过虎门。海船航行到七州洋海域，遇到狂风骤雨时，大汕和尚命人竖起“龙王免朝”旗[②]，船即脱离险境。当海船自海门抵达澳门，挂帆放洋，向晚泊船于乌猪山，依古代航海传统，由巫、祝祭祀海上神明：

> 船上器物安置停妥，洗刷鲜明，鸣金击鼓，献牲酌醴。一巫青衣长袖，戴蓝多罗弥雪帽，着红腰缠，执朱木棍，拜舞婆娑，仰神号呼。每一阕，辄鸣钲鼓以助之。[③]

乌猪山是明清时期往来南海、印度洋航路上的重要航标。海船航经此

---

① 大汕和尚著，余思黎点校：《海外纪事》卷一，北京：中华书局，2000 年，第 3 页。

② “龙王免朝”之说，来自天妃信仰。《天妃显圣录·龙王来朝》云：“东海多神怪，渔舟多溺。妃曰：‘此必怪物为殃。’乃命舟鼓棹至中流，风日晴霁，顷望见水族辏集，锦鳞彩甲，跳跃煦沫，远远涛头，拥一尊官类王子仪容，鞠躬嵩呼于前，水潮汹涌，舟人战栗不已。妃曰：‘不须忧，传示免迎。’突然水色澄清，海不扬波，始知龙王来朝。”（转引自蔡相辉：《妈祖信仰研究》，台北，秀威信息科技公司，2006 年，第 87 页）大汕和尚虽是禅林中人，但渡海时得天妃之助，故自大越归广东后，大汕和尚属下之澳门普济禅院，与澳门妈祖阁结下不解之缘。大汕和尚于海上遇险时，祈祷海神天妃济渡，却被潘耒指斥为崇奉外道（道教），有失公允。

③ 大汕和尚著，余思黎点校：《海外纪事》卷一，北京：中华书局，2000 年，第 5 页。

山，须迎请都公[①]上船（或遥拜），以牲醴隆重祭祀，礼成要以彩船将都公送回，祈求人船平安。[②] 大汕和尚在船上所观看的祭神祝祷仪式，乃当时放洋南行时的航海惯例，迎神（都公）上船，祈祷去程顺风顺水，人、船、货能平安抵达大越。按大汕和尚的记载，船上祭祀仪式乃由身着长袖青衣、头戴蓝多罗弥雪帽、系红腰缠的巫，手执朱木棍，在钲鼓乐音环绕中，以婆娑舞蹈，仰天呼号神之名号，祈求神之佑助。

海洋神灵信仰背后反映出航海人面对大自然时的微渺无助。如元代李士瞻《坏舵歌》云："……眼前生死尚未保，惟有号泣呼苍天。苍天高高若不闻，稽颡齐念天妃神。我知天命固有定，以诚感神岂无因。少时风驯浪亦止，以舵易舵得不死。……"（《经济文集》卷六）李士瞻遇巨鲸坏舵之险境时，已尽人事，只能祈求天妃相助。故海上遇险，大汕和尚召唤神灵相助之举，实乃航海人习以为常的信仰行为，然而潘耒却忽视此一航海信仰传统，指斥大汕和尚此举乃荒诞之邪魔外道。[③] 时至今日，航海科技发展神速，越洋航行也更加安全，然而大海的凶险难测依然如故。故现代航海者依然有着程度不一的海洋神灵信仰，安定航海人的心。

（四）航海传说与奇物

宽广深邃的大海，有着许多航海人的传说，或陆地少见的海洋奇特生物，增添航海的神秘性。海船自澳门挂帆放洋后，大汕和尚便开始听闻舟师的航海传说，如锚泊于乌猪山时，听到神奇的"角带井"传说：

> 闻有角带井，相传伏波征蛮时，军士渴乏，置带一围，令军士向带中汲饮，悉甘淡，至今称角带井，如镜光游移水面，一二里间，见者吉祥云，

---

① 张燮《东西洋考》云："都公者，相传为华人。从郑中贵抵海外，归卒于南亭门，后为水神，庙食其地。"（台北：西南书局，1973 年，第 126 页）都公因海外归来，卒于途中，成为乌猪山附近海域的海神。

② 佚名《顺风相送》云："乌猪山：洋中打水八十托，请都公上船，往回放彩船送者，上川、下川在内，交景、交兰在外。"（北京：中华书局，2000 年，第 28 页）张燮《东西洋考》云："乌猪山：上有都公庙，舶过海中，具仪遥拜，请其神祀之，回用彩船送神。"（台北：西南书局，1973 年，第 118 页）

③ 潘耒：《救狂砭语》，上海：上海古籍出版社，1983 年，第 16 页。

是说为无稽矣。[①]

角带井的传说源于伏波将军马援[②]征蛮时，以腰带围咸水而成甘甜淡水，以解军士饮水之需。经由航海人的长期流传，传说中的角带井更加奇幻，常如镜光般游移于水面，难以一见，故凡能见到者，一切吉祥平安。这个海上传说过于玄奇，故大汕和尚视为无稽之谈。

海船航行到鲁漫山（应为鲁万山[③]）时，听到鹦鹉的传说：

> 次早食已起船，竟日始抵极望之岛而止。岛名鲁漫山，相传海外鹦鹉过此山，不死即飞去，为伏波所放云。[④]

鲁漫山为广东往来南洋诸国海道之海上地标。《海国图志》云："浙闽人亦间有往者，及夏、秋，乃归。必经七洲大洋至鲁万山，由虎门入口，达广东界，计程九千里。"[⑤]鲁漫山的鹦鹉传说亦与伏波将军有关。常航行于这条海道的船工，口耳相传能平安飞越鲁漫山的鹦鹉，皆伏波将军马援所放生者。

七州洋海域位于琼州之东南，是斜行（上不离"艮针"/45°，下不离"坤针"/225°）[⑥]穿过万里石塘与闽粤大陆间的通洋海道，水极深（约200米），风浪大，飓风常作，无山形、岛礁地貌可供地文导航，唯凭南针指向，航向稍偏东则犯万里石塘、万里长沙，故覆舟极多。海船航行到凶险难测的七州洋海

---

① 大汕和尚著，余思黎点校：《海外纪事》卷一，北京：中华书局，2000年，第4页。

② 广州一带流传马援射潮的传说（详《广东新语》卷四，"海水"条），因马援能顺风伏波，助人济海，被奉为地区性海神。明清时期，中国东南沿海一带及越南，从事航海事业者，起航前常向伏波将军马援祝祷，祈求起航后能风顺波平，人船平安。

③ 笔者查阅各类海道经、针路簿，由广州航向南洋的航线所标示的山名、岛名，只见"鲁万山"（陈伦炯《海国闻见录》在此条航线所标示亦为"鲁万山"），并无"鲁漫山"之名。笔者据《海外纪事》的航行记载，推测"鲁漫山"之位置，大约是各针路簿所载之"鲁万山"的位置，故暂以为"鲁漫山"即"鲁万山"。广东海船从虎门放洋后，经过鲁万山，再进入七州洋海域。

④ 大汕和尚著，余思黎点校：《海外纪事》卷一，北京：中华书局，2000年，第5页。

⑤ 魏源：《海国图志》卷九，长沙：岳麓书社，1998年，第440页。

⑥ 佚名《顺风相送》云："其正路若七州洋中，上不离艮，下不离坤，或过南巫里洋及忽鲁谍斯，牵星高低为准。"（北京：中华书局，2000年，第21页）近代罗盘分成360°，而传统罗盘则以天干、地支、《易》卦名，合为24方位名称，每一方位称"正针"或"单针"，相当于近代罗盘的15°。为了更精确地指引方位，又将两个单针的夹缝，另作1方位，称为"缝针"，共24个方位。24个正针方位，加上24个缝针方位，总共48个方位，每方位合罗盘7.5°。《顺风相送》中之"艮针"即45°，"坤针"即225°。

域时，遇到恐怖的狂风骤雨，大汕和尚将七州洋陆沉人溺之传说，联结到眼前的风驰雨骤："……此间七州曾陆沉，冤魂至今凭海底。时出水面弄兵仗，白日与人相角抵。……"(《渡洋歌》)广袤的七州洋，即便顺风、对针，也得六七日才能到尖碧萝外洋之外罗山。险恶的七州洋海道，常致使舟毁人亡，舟师戒慎万分，也出现航海人的传说。张燮《东西洋考》云：

> 七州山七州洋：俗传古是七州，沉而成海，舶过，用牲粥祭海厉，不（否），则为祟，舟过此极险。①

《顺风相送》亦云：

> 七州洋：一百二十托水。往回三牲酒醴粥祭孤。贪东鸟多，贪西鱼多。②

古时舟师有"去怕七州（洋），回怕昆仑（洋），针迷舵失，人船莫存"之说。七州洋海道凶险万分，舟师过此海域有祭祀海中孤魂、厉鬼之俗。大汕和尚听闻七州洋为古代七州之陆沉处的传说，设想应是沉海冤魂，不时跃出水面舞兵弄仗，以致于七州洋海域格外凶险。

大汕和尚在《海外纪事》记载第二波出发到大越的僧众，放洋后仅得一日之顺风，船在七州洋播荡半月，异常艰辛，也见到诸海上奇物：

> 每有大箭鸦，飞绕樯上，尾羽若带矢状。
>
> ……
>
> 一夕，阴云晦昧，星月无光，忽有大山从后起，光烛帆上，如野烧返照，渐与船并。水工群以木扣舷，不绝响。约两更次，后审知舵挂其体，船稍横开，始隐不见。盖海鳅目电云，然不知鱼之大为如何矣。③

东轩主人《述异记》云："每有大箭鸦，飞绕樯上，尾羽若带矢状。又浪上树小令旗，或红或黑，乍浮乍沉，一枝过去，一枝复来，续有数十枝。舟中相顾骇异，莫敢言，说者谓鬼船见则不利云。"又云："海船至七州洋，一夜阴云晦昧，星月无光，忽有火山从后起，光烛帆上，如野烧返照，渐与船并，水工竞以木扣舷，不绝响，约两更次方隐，知为海鳅目光，柁挂其体，捩柁横开，始得

① 张燮：《东西洋考》，台北：西南书局，1973 年，第 118 页。

② 佚名：《顺风相送》，北京：中华书局，2000 年，第 33 页。

③ 大汕和尚著，余思黎点校：《海外纪事》卷二，北京：中华书局，2000 年，第 30 页。

脱耳。”《海外纪事》以上两段记载箭鸟、海鳅等海上神奇生物的文字，基本上以清代东轩主人《述异记》之记载为基础，①加上本次航海见闻而成。箭鸟，今称鲣鸟，为一种海岸鸟，属鹲科鸟类，尾巴特长如箭，故名为箭鸟，被往来此航路之船工视为导航神鸟。海鳅即长鲸，体型巨大，对古代航海人而言，充满神秘色彩。在古代海洋神话中有鲸死后，眼化为明月珠的传说。汪洋中夜航，通常只见海天一片黯黑，因此海面出现光芒时，格外醒目。当大汕和尚的海舶航行于七州洋时，漆黑的海上忽然出现“野烧返照”般的“大山”，映照帆樯，已令船工感到惊奇，而大山竟然移动至舷边，与海船并行，更令全船惊骇不已。故船工群以木扣舷，盼借声响驱赶巨鲸。② 令全船惊骇的闪耀大山，原来是巨鲸之眼所投射出的光芒！（“海鳅目电”）因海船沉入水线之巨舵挂在鲸的躯体，故鲸伴船行约两更许，待海船捩舵转向，鲸脱身后才没入海中。巨鲸伴船而行，对于大汕和尚而言，乃生平未见之航海经验。

海洋生物、地理、风信、潮流自有其存在的道理，然而在习惯陆居的人类眼中，因不了解广漠的海洋而产生夸大幻想或错误认知，并缘此而产生各种流行于舟师之间的海洋传说。这些流传久远的航海传说，以现代海洋科学的角度而言，绝大多数属荒诞奇诡之谈，却也反映出航海者面临的海洋，具有壮阔、诡奇、难测、凶险、神秘的特质。

（五）船上生活

海船的生活空间狭小、颠簸摇晃、海风湿黏、饮食不便（缺乏蔬果）、管制用水、航行时间长、危机四伏，使得航海者倍觉艰辛。这种航海经验古今皆然，如元代宋无《吐船》云：“不知饥饱只思眠，无病清流口角涎。自笑先生独醒者，长留一瓮在头边。”（《鲸背吟集》）凌风驾浪的海舶，晃荡不已，令宋无

① 《述异记》收顺治末年至康熙初年间之野史轶事，而《海外纪事》出版于康熙三十八年（1699）。大汕和尚《海外纪事》的这段记载与《述异记》的文字几乎雷同，似乎也印证时人对于大汕和尚抄袭的批评，并非空穴来风。

② 鲸的体型常大于古代海船，因此鲸一出现在船边，往往令船工怖惧不已。海船于海上遭遇巨鲸时，情况危急，船工会以各种方式驱赶。如李士瞻《坏舵歌》（“南溟之鱼头尾黑”）记全体船工弯弓射水驱鲸，有些地方的船员则会向海中撒米并抛出小旗，或鸣金击鼓，而袁枚《续子不语·吞舟鱼》又记“投字纸灰”驱鲸之法。

晕船呕吐，痛苦难耐。习惯陆地平稳生活的大汕和尚，并不习惯船上的晃荡生活，一路往南航向大越，在开张眼界之余，也有着船上生活的痛苦、无奈：

> 人各屏息，波涛澎湃，船之首尾低昂播荡，渐有晕眩不能坐起者。①
>
> 水色蓝如靛，着衣弥月不干，殆知古人称"海淀"，《尔雅》谓蓝汁可染曰淀，为有见也。船上寂然，惟水手、船主数辈坐守其役，亦穆穆有敬惧之容，余多呕吐狼藉，行止饮食如常者，两三人而已。②
>
> 今尚淹滞在弥陀寺者，总因洋船上风浪撷扑许久，一吐一泻，弄得筋疲力尽，止剩得几根硬骨头不曾折断。日与病魔支撑，满拟以病了事。③

海船受到风浪的影响，首尾低昂播荡，绝无平稳不动之时。除了惯习海上风涛的船主、水手外，大汕和尚一行人及其他船客，因引发的身体不平衡感而晕船呕吐，无法正常饮食，导致体力衰弱，难以坐起。大汕和尚回程时在尖碧萝山登船候风，起航后又被风吹回尖碧萝山，这段颠簸的近海航程，仍让大汕和尚一吐一泻，筋疲力尽，痛苦不已。故大汕和尚自嘲云："止剩得几根硬骨头不曾折断。"除了呕吐狼藉，晕眩不能坐起的困扰外，船上因海风之湿气、盐分重，"着衣弥月不干"，衣不干爽，也令船客苦恼不已。据上述的记载，可了解古代长途航行时，船上生活起居之大不便。

（六）中式海船及航海技术

中国传统船舶设计精良，唐代已出现载重万斛的大船，宋代已能用木材建造 30 余丈的大船，有些海船甚至可载 500 人以上，载重逾 5000 料④。宋元时期的海船具有载重量大、稳定性佳、安全性优、航行快速的特点，为往来中外商贸所重用。明朝的船舶设计达到顶峰，成为郑和大规模远航的载具。清朝虽以"禁海"为国家基本海洋政策，使传统造船工艺、航海技术停滞，但与当时的周遭国家相较，仍具有较高的水平。大汕和尚搭乘的海船及使用

---

① 大汕和尚著，余思黎点校：《海外纪事》卷一，北京：中华书局，2000 年，第 5 页。

② 大汕和尚著，余思黎点校：《海外纪事》卷一，北京：中华书局，2000 年，第 6 页。

③ 大汕和尚著，余思黎点校：《海外纪事》卷四，北京：中华书局，2000 年，第 90 页。

④ "料"字的意义，学者说法不一，或以为指体积而言，或以为指重量而言。本文暂取体积之说。

的航海技术，就是运用宋、元、明以来逐渐发展完备的造船工艺、航海技术。

大汕和尚之大越航程，始于西濠[①]搭西瓜扁，趁夜潮水涨，转入珠江，至黄埔再转搭驾海的艨艟：

> 山渐低，海渐阔，远望艨艟，汩没于风涛浩渺间。须臾并舟楼船，进早膳。楼船余所坐以往还端江者，向视之，庞然大也。今并缆海船之侧，仰视海船龙肋，梯而后上，则渺乎小矣。……船上四五百人，货物填委，相随僧众五十余人，行李称是。[②]

西瓜扁[③]、楼船体型较小，吃水浅，均为适航内河的平底船型，到黄埔换乘的则是艨艟巨舶。大汕和尚所描写的"艨艟"巨舶，可搭乘四五百人，应属福船、广船之类的船型。尖艏尖底，内安龙骨，甲板下设置水密隔间，船体巨大而坚固，吃水极深，破浪性能佳，适合航行于南海以南的深水海域，转弯趋避较灵活。唯遇浅沙，龙骨易陷沙中。

以下这段文字亦为关于"艨艟"海船的描写：

> 停舟夜半，北风骤作，波涛溏漭，缆索欲绝。水手皇怯，不敢下三板，抛第二锚。众诟骂，惧而往，获稍安。[④]

本段描写海船在虎门时，夜半海面风浪过大而锚泊，水手无法吊放三板，也无法下第二锚，加强海船系泊力。"三板""第二锚"均为当时远航海船的必要装备。"三板"[⑤]，即三板船，充任海船的接驳艇。海船吨位大，吃水深，不能近浅岸，凡欲往来船、岸间，则乘三板。海船起航时，则将三板附挂于船尾。"第二锚"，指第二副海锚。船舶海上停泊，要下锚系固，否则会漂流移动，发生难以预测的危险。锚依船舶吨位大小、航行海域，配置一至两副，甚至有多至三副者，一般安置于船首，由绞车施放。

---

① 西濠乃北宋时开凿之运河，贯通广东省城南北之水上通衢，可通珠江。

② 大汕和尚著，余思黎点校：《海外纪事》卷一，北京：中华书局，2000年，第2页。

③ 魏源《海国图志》卷五二云："至澳报同知衙门，派渔船引水入泊黄埔，洋商雇西瓜扁船，驳货出入，嗣海道日熟，递次减少。"（长沙：岳麓书社，1998年，第1436页）

④ 大汕和尚著，余思黎点校：《海外纪事》卷一，北京：中华书局，2000年，第4页。

⑤ 三板构造简单，最早构型由三块木板（一块底板及二块舷板）组合而成。将底板以火烘烤，向上弯曲，再与二块舷板组合，便成为中部宽、两端稍窄而上翘的三板船，为强化结构，有时也会在舷板间加上若干横梁。关于三板船的详细资料，参见金秋鹏：《中国古代造船与航海》，北京：中国国际广播出版社，2011年，第19～21页。

海船通过虎门，向晚欲系缆于乌猪山时，水中因布满长径尺之绿苔，故水色碧绿，为避免触礁搁浅，故“舟师用棕索系铅测深浅”。① 大汕和尚所描写的就是传统航海必备的“打水”测深技术。宋代徐兢《宣和奉使高丽图经》云：

> 海行不畏深，惟惧浅阁（搁），以舟底不平，若潮落则倾覆不可救，故常以绳垂鈆硾以试之。②

海船按针路航行，还要依针路沿途注记的水深，频频打水，以防触礁、搁浅。打水时，将系于长绳的绳驼或铅锤，在底部涂上牛油或蜡油后，沉入水底，计算绳长为几“托”③，以测水深，并从被牛油粘附的沙泥物，判断海底为泥底、沙底或石底，以避开险礁，判定能否下锚。大汕和尚所乘之海船，在放洋之前，乃航行于河海交界之浅水区，水色碧绿，无法判断水深，故要频繁地打水测深，以防搁浅。

海船航行汪洋，要依针路簿所记之针位、更数航行，并勤于打水测深，以免偏离航道。为辅助海船确认是否航行于预定针路上，针路簿亦会记载航行正确时会见到的海上生物。《顺风相送》云：

> 船到七州洋及外罗等处……船身若贪东则海水黑青，并鸭头鸟多。船身若贪西则海水澄清，有朽木漂流，多见拜风鱼。船行正路，见鸟尾带箭是正路。……船若回唐，贪东，海水白色赤，见百样禽鸟，乃万里长沙，可防可防。……船若出唐，到交趾洋，贪西，水色清白，拜风鱼多，船可行开。④

箭鸟、鸭头鸟（绿翅鸭）、拜风鱼（中华白海豚）等生物，可助于判断本船所处位置是否偏离航道。大汕和尚所见之尾巴特长如箭的箭鸟，乃七州洋航行正路常见的辅助导航生物：

> 如是两昼夜，每凌晨，有箭鸟从波中起，绕船一匝，向前飞去。舟人曰：“此神鸟也，乃护和上而道（导）所往之不差者也。”⑤

---

① 大汕和尚著，余思黎点校：《海外纪事》卷一，北京：中华书局，2000 年，第 4 页。

② 徐兢：《宣和奉使高丽图经》卷三四，“客舟”，北京：中华书局，1985 年，第 117 页。

③ 扬雄《方言》云：“长如两手分开者为一托。”

④ 佚名：《顺风相送》，北京：中华书局，2000 年，第 27 页。

⑤ 大汕和尚著，余思黎点校：《海外纪事》卷一，北京：中华书局，2000 年，第 7 页。

箭鸟暂停海面时，直立之箭尾有如插箭为记，仿佛是海上导航标志，故被船工视为导航神鸟。[①] 大汕和尚所搭之海船航行于七州洋时，连两日之凌晨见到箭鸟绕船，代表海船正循着七州洋正路安全地航行，故船上船工特称箭鸟乃护送大汕和尚到大越传法之神鸟。

航海具有很高的风险，造船、航海技术的提升，可以降低航海的风险。中国古代的福船、广船船型及其构件（折叠帆、铁锚、披水板、垂直升降打孔舵、减摇舱、水密隔舱），均为成熟可靠的远洋船型；而针路簿、南针指向（水针）、计程校更、打水测深、过洋迁星、地文导航（山、岛、礁、水色、岸上航标）、占风、占云、潮汐预估，更是确保航行安全的必要条件。大汕和尚一行人平安地往来大越国传法，有赖于设计得宜的中式海船及成熟的航海技术。

（七）越南红船

《海外纪事》中出现有大越国之红船、淀舍、田姑艇（渔船）、马艚等船型之描写。上述船型乃因应大越国之海岸、港口天然特性而发展出的，与清代常见的船型有明显的不同。

淀舍与红船相较，船身较大，虽为稳便，但遇风雨则迟重难行，不若红船之迅疾。大越国之“红船”，狭长如龙舟，漆成红色，为沿海航行的船舶，船速颇快，令大汕和尚印象深刻。故归心似箭的大汕和尚，自顺化海口启程时，即选搭迅疾的红船下会安。以下为关于红船的具体描写：

> 船头坐一官，尾立一守舵者。每船棹军六十四人，中设朱红四柱龙架，横搁一木，如梆子。一军坐击之，棹听以为节，船应左则左，应右则右，或耶许，或顿足，无一参错者，悉于梆子命之。乍聆者不知所为音节矣。船长狭，状如龙舟，昂首尾，丹漆之，不能容爨具。……棹军赤体，暴烈日中，惟贮淡水一缸，渴则勺饮，馁腹而用力不衰。[②]

---

① 陈伦炯《海国闻见录》云：“七州洋中有种神鸟，状似海雁而小，喙尖而红、脚短而绿，尾带一箭长二尺许，名曰箭鸟。船到洋中，飞而来示，与人为准。呼是，则飞而去；间在疑似，再呼细看决疑，仍飞而来。献纸谢神，则翱翔不知其所之。相传王三宝（指王景弘）下西洋，呼鸟插箭，命在洋中为记。”（南投：台湾省文献会，1996 年，第 16 页）

② 大汕和尚著，余思黎点校：《海外纪事》卷三，北京：中华书局，2000 年，第 68 页。

因识红船利涉，为人力强，虽海涛奔涌，而能杀其势使平以随舟也。①

根据大汕和尚的描述，红船有几项特点：(1)船身狭长，艄艉昂立，漆成红色，形似中国的龙舟，无空间容纳炊爨用具，只贮淡水一缸，适合短途近海航行。(2)船上没有设置桅帆，只靠数十军士划桨，无法提供长时间推进力，故无法越洋航行。(3)指挥者立于船头，船尾有舵工一人操舵，划桨者(“棹军”)则分列于左右舷，依指挥者之指令划桨。(4)因船身狭长，阻力小，比淀舍、田姑艇、马艚等船型的破浪能力还要好，航速最高。(5)指挥者白天以梆子声为节，晚上则以火绳之星火为号，②指挥棹军划船、舵工操舵的动作。红船具“利涉”特点，故自顺化到会安的航程，大汕和尚均选红船为其座船。然而大汕和尚要越洋北归粤东，还是只能依靠大型洋艚或中式海舶。

结　论

一生充满传奇色彩的大汕和尚，遁入空门，心系俗世，缘于评论者的立场、动机不同，大汕和尚有着妖僧或高僧的悬殊评价。笔者考诸文献，以为大汕和尚是不离尘俗且具有遗民情怀之博学僧，然因通洋贸易的因素及文坛私怨，而招致潘耒等人之指控，竟被官府逮治、放逐，客卒于解送回籍途中。大汕和尚对于岭南佛教之发扬及大越儒学、佛教之推广，有极大的贡献。大汕和尚作《海外纪事》，记录他在大越的讲经弘法过程、风土见闻、所作诗文。就内容而论，《海外纪事》为广州到顺化的海外交通、中越文化交流、越南风土之纪实。透过《海外纪事》的记载，便于今人了解17世纪末中越海上交通概况，以及越南中部顺化地区阮氏政权的历史。

《海外纪事》的航海书写，具有一定的海洋文学及海外交通史料价值。大汕和尚详记其康熙三十三年(1694)自广州航向大越的体验及闻见，充满

---

① 大汕和尚著，余思黎点校：《海外纪事》卷四，北京：中华书局，2000年，第75页。

② 《海外纪事》云：“船中悉灭灯烛，惟该官持火绳一条，立于船头，或左或右，或迟或疾，皆视一星之火为号令，舵、楫应之不爽。”(大汕和尚著，余思黎点校：《海外纪事》卷四，北京：中华书局，2000年，第75页)

惊险、雄奇。阅读大汕和尚的航海书写,仿佛读者也跟随他梯航于广漠汪洋,体会海洋的独特风情。至于初至大越的大汕和尚,因水土不服之患,以致有当年六月北归粤东之计。自顺化海口出发,最后因阻风又回到顺化,归国无望,令大汕和尚充满遗憾,字里行间尽是淹留异国的无奈。康熙三十四年(1695)秋,风信适宜,大汕和尚才得以归航故土。大汕和尚能平安地往返大越,有赖于设计得宜的中式海船及成熟的航海技术。故他对于中式海船及舟师之航海技术,有具体而生动的描写。在大越也见到迥异于中国的船型,尤其是利于破浪疾行的红船令大汕和尚印象深刻,透过他的文字描述,有助于我们了解清代大越的船型及性能。

当海船自澳门挂帆放洋后,大汕和尚便开始听闻舟师的航海传说,为航程增添不少独特的兴味。航程中遇险时,大汕和尚仍遵航海者的传统,祈求神天护航。此外大汕和尚体验船上的晃荡生活,在开张眼界之余,更苦于船上生活的不便。晕船呕吐,加上因海风之咸湿,衣不干爽,令大汕和尚在吐泻之间,筋疲力尽,痛苦不已。

就海洋文学的角度而言,大汕和尚在《海外纪事》中以写实的笔法,或用散文或用诗歌,书写航海的真实体验,呈现真实的航海之景、物、情,在清代的海洋文学作品中,具有极高的可读性。

海港城市发展的新契机

——以两岸邮轮观光发展为例

林谷蓉　纪和均

台湾海洋大学海洋文化研究所　台北市立大学通识教育中心

前　言

2013年，中国最高领导人习近平主席创设出“一带一路”（One Belt And One Road）的跨国经济合作及发展之倡议，促使中国出入境旅游进入黄金时期。尤其是“21世纪海上丝绸之路”为中国邮轮远程航线的选择提供更广阔的空间。据中国国家旅游局估计，“十三五”期间，将吸引“一带一路”沿线国家8500万人次游客到中国旅游，而旅游消费约1100亿美元；中国将为“一带一路”沿线国家输送1.5亿人次中国游客和超过2000亿美元的旅游消费。[①] 中国企业对海上丝绸之路沿线国家的直接投资额，从2.4亿美元扩大到92.7亿美元，年均增长44%。东盟各国已成为中国游客出境游的重要目的地。[②]

尤其自2006年中国沿海港市开展邮轮旅游产业，至2016年仅仅历经十年快速建设，已奇迹式地聚焦全球邮轮产业各界目光而耀居为亚洲大邮轮客源市场，主导全球邮轮旅游中心东移。当天津、上海（含舟山）与厦门、

① 汪泓主编：《邮轮绿皮书：中国邮轮产业发展报告（2017）》，北京：社会科学文献出版社，2017年。

② 陈明义：《经略海洋筑梦海洋——我国海洋强国建设的新成就》，《海峡科学》2016年第11期。

三亚三大邮轮经济圈已基本形成之际①,据中国交通运输协会副秘书长、中国交通运输协会邮轮游艇分会常务副会长兼秘书长郑炜航分析,未来十年,中国邮轮产业发展将处于爆发期和市场细分的快速发展阶段。中国交通运输协会邮轮游艇分会提出发展思路,其中第3项:"大力发展邮轮入境游,联合亚洲港口城市走出去,开展邮轮目的地组合营销;规划、建设形成一批邮轮访问港。"第7项:"有序开辟、开发海上丝绸之路邮轮航线和产品;尽快培育发展海峡邮轮圈。"②

台湾观光局与香港旅游发展局共同发起原为"亚洲邮轮项目"(Asia Cruise Fund,ACF)的"亚洲邮轮联盟"(Asia Cruise Cooperation,ACC),旨在拓展邮轮旅游的区域合作,资助邮轮公司开发及推广包含合作港口的邮轮旅游产品,借以鼓励业界加大在亚洲区内的投资,增加邮轮航线及航次,促进区内邮轮旅游的发展。2015年在香港举办的"亚太海上旅游及邮轮展",正式对外宣布海南及菲律宾两伙伴旅游目的地分别于2014年12月及2015年4月加入ACC,另外厦门于2015年9月亦正式加入该联盟。2017年10月,韩国也加入成为第六个成员。由于台湾去年迎来第1000万人次旅客,已成为亚洲重要的旅游目的地,过去两年弯靠台湾的不定期国际邮轮成长了近8成,2016年总计接待了439艘次,超过66.34万人次国际邮轮旅客,相信串联ACC这6个旅游目的地多元观光特色,更能丰富邮轮业者包装亚洲产品,提高业者对亚洲邮轮市场的信心。同时联盟成员乐于见到更多旅游目的地国家如日、马、越等加入合作阵线,一同扩展及投注于亚洲邮轮旅游市场。

根据国际邮轮协会(Cruise Lines International Association,CLIA)

---

① 上海、天津、厦门、三亚、舟山已经建成6个国际邮轮码头(其中上海有2个)。2015年,中国交通运输部发布《中国邮轮旅游发展纲要》,定位35个邮轮旅游港口城市,其中有23个邮轮旅游访问港口。同年4月22日,再发布《全国沿海邮轮港口布局规划方案》,提出2030年前,在全国沿海形成2～3个邮轮母港引领、始发港为主体、访问港为补充的港口布局,规划方案提出在全国形成12个始发港。这12个始发港包括大连港、天津港、青岛港、烟台港、上海港、宁波-舟山港、厦门港、深圳港、广州港、三亚港、海口港和北海港,https://read01.com/m3ae7O.html。

② 郑炜航:《中国邮轮经济发展的两个十年》,《邮轮绿皮书:中国邮轮产业发展报告(2016)》,北京:社会科学文献出版社,2016年,第72～77页。

2016年初发布的"2016年全球邮轮产业前瞻"报告，中国大陆与台湾已分别跃居亚洲邮轮客源市场的第一、二名，而在整体的弯靠航次中，上海宝山邮轮港和基隆港分别以437、199航次，排名亚洲第二、第五名。面对今日大航海时代下的海洋经济建设，"邮轮旅游"无异正是从"两岸海上新丝路"走向"21世纪海上丝绸之路"之最佳发展与成长点。两岸共同携手打造邮轮事业版图，更不得不从发展海洋港市以为功。邮轮旅游可谓一连串海港城市之旅，邮轮将具有丰富人文资产与自然资源的港市推荐予旅客，以进行城市文化观光之旅。因此港口城市的特色、资源、经营与营销俨然成为邮轮岸上行程与航线规划节点的竞争力项目。因此，无论是位居"台湾头"且为台湾重要门户的基隆港市，还是位居长江三角洲东且为中国东部弧形海岸线正中间的上海市，值此两岸海上新丝路尤其构建两岸邮轮经济圈的关键时刻，均扮演着重要的枢纽角色。

一、海港城市发展与竞争力策略

城市被视为是一个具有复杂秩序与结构的有机体，往往因其历史、文化、经济和政治之变迁而扩展或消退，而在消长的过程中旧古迹与新建筑、旧小区与新市镇参差交融地并存着，此多元动态的演替就是文化的表征，也是该城市最佳的代言地标与印象。而城市的印象因能呈现出地域特色与价值的文化体验，所以渐成为观光客青睐的旅游标的[①]，故一地特殊或丰富的文化资产对世界各国发展观光策略和促进城市营销(urban marketing)，实具相当的帮助。许多城市为了提升城市竞争力，透过创意包装手法，形塑城市所拥有的独特性格与形象，并向国际营销推广，进而促进经济、投资、文化、观光等有形无形的效益，此种产业结合观光带动"城市营销"之模式于近

① R. Richards, C. Raymond, Creative Tourism, *ATLAS News*, Vol. 23, 2000, pp. 16-20. 张政亮：《宁波到基隆：从"一路一带"政策谈港口城市之发展》，2015年中国宁波海商文化国际论坛，宁波：宁波江东区政府，2015年。

年来亦已成为观光领域的一个新兴议题。[①] 由此可知一个国家若可提供的文化魅力(cultural attractions)、发挥与再现在地历史文化所形成的文化产业，将能在城市的蜕变过程中，创造出其品牌与价值，对于促进观光产业与地方经济繁荣具有相当的帮助，例如文学之都——爱丁堡、音乐之都——波哥大、设计之都——柏林[②]，都以其特有的文化发展魅力获得肯定并吸引观光人潮的聚集。尤其在全球化的趋势下，一方面能否在其间创造出差异性、创意性、优越性，已成为都市竞争的核心，例如纽约、伦敦、新加坡等海港城市；另一方面，港与市的依存与兼容关系为能否共荣共利的关键因素。

2012 年公布的"全球城市竞争力"的评比中，前十大城市分别为纽约、伦敦、新加坡、香港、巴黎、东京、苏黎世、华盛顿、芝加哥和波士顿。[③] 由这些竞争力名列前茅的城市观之，许多城市都是属于海港城市；而从全球经济的发展经验也说明世界经济的重心由内陆地区向沿海地区的迁移是 20 世纪以来的总体趋势，港口城市位居水陆交汇之处，往往是天然良港的最佳地理区位，有利其经贸之发展。所以今日海港城市往往是区域经济高度聚集的重心地带，对于一地都市规模、人口聚集和产业兴盛之影响甚深，例如荷兰的鹿特丹，美国的纽约、波士顿和旧金山，中国的上海、香港，新西兰的奥克兰以及新加坡等均是世界港口城市的典型，亦对世界经济的带动与发展具举足轻重之地位。因此世界各国都十分重视海港城市的建设，尤其在经贸全球化的现代，海港城市如何发展为贸易及物流综合中心或是国际经贸活动的节点，攸关海港城市未来永续的发展。

海港城市具有连贯海港和城市的两种功能，若港口机能衰退势必影响其城市的发展。如曾被誉为"北方的威尼斯"的比利时西北部的布鲁日，是

---

① 许文圣:《魅力台湾——谈台湾的城市营销策略》,《研考双月刊》2006 年第 5 期，第 83～89 页。

② 此为联合国教科文组织于 2013 年推出的全球创意城市网(Creative Cities Network)项目，旨在通过对成员国城市当地文化发展的经验进行认可和交流，进而达倡导和维护文化多样性的日标。

③ 此份由经济学人智库(Economist Intelligence Unit)推出的分析报告书中，城市竞争力评选指标包括经济竞争力、金融成熟度、人力资源、国际吸引力、硬件建设、机构效率、社会文化特质和环境与自然危害等八项。其中香港和巴黎并列第 4 名，台北第 37 名，北京第 39 名，上海第 43 名。

西法兰德斯省省会和大城市，由于外海港口淤积，使城市渐趋衰颓。反之海港城市若不想仅成为货物吞吐站，就需将港口与城市紧密结合，所谓“港为城用，港以城兴”，城市功能发展的快慢亦会影响港口的可持续发展和竞争力之强弱。葡萄牙的首都里斯本是欧洲古老的城市之一，也曾是南欧繁华的贸易港，然因为经历经济衰退和失业率提升，使得城市渐趋衰退。根据美国布鲁金斯研究机构(Brookings Institution)2012年的调查，里斯本是全球十大衰退最快速的城市之一，这连带也使得其港口营运下滑，1990年里斯本是全球排名第61位的货柜港，但到了2013年已经完全退到百名之外。[①]相反地，中国浙江的宁波港，因位处长江三角洲南翼，长江黄金海道和中国海岸线的“T”形交汇点，水域深阔，地理位置十分优越，30年前它只是一个“小渔村”，而2006年合并的宁波-舟山港在10年前，其货柜吞吐量连世界前60名都挤不进去，但随着中国的经济起飞，2014年全球港口货物吞吐量的排名中，宁波-舟山港突破8.7亿吨，居世界第一，不仅在中国吞吐量和外贸吞吐量排名全国第一，货柜吞吐量也排名全国第三。这种跃进的速度，被全球港口界冠上“宁波速度”的专有名词。[②] 根据中国城市竞争力排行调查，2012年宁波排名第22位，2014年已经进步到第17位[③]，展现该港口城市的可持续发展实力。

当然面对激烈的全球化竞争，海港城市的功能亦需进一步提升和优化，以迎接各种挑战和冲击。归结何涛舟、施丹峰与张政亮等人之分析，当今仍具竞争力的海港城市，主要有以下之特征：

1.致力产业升级或转型，加快现代服务业发展。例如横滨、釜山、新加坡和香港都起步于劳动密集型产业，腾飞于技术、资本密集型之产业，而后成就于知识密集型产业。

---

① 林谷蓉、张政亮：《从货柜港口到观光港市——论基隆文化产业之发展》，《东亚海域网络与港市社会》，台北：里仁书局，2015年，第641～663页。

② 张政亮：《宁波到基隆：从“一路一带”倡议谈港口城市之发展》，2015年中国宁波海商文化国际论坛，宁波：宁波江东区政府，2015年。

③ 资料来自设于香港的中国城市竞争力研究会(China Institute of City Competitiveness，CICC)的年度报告，城市综合竞争实力的指标包含有经济资源、社会资源、环境资源、文化资源及国际资源配置能力等。

2. 利用港口区位的发展优势，推导开放型经济。优良的深水港口、广阔的市场腹地和便捷的交通系统，都是香港、新加坡、横滨等地经济得以辉煌的坚实基础；而采用现代化、信息化管理技术，不断提高口岸通关效率和服务质量，降低通关费用，更是其提升国际竞争力的“撒手锏”。尤其随着工业 4.0 的时代来临，港口城市若想在未来能脱颖而出，保持领先的地位，关键将在如何掌握与联结物联网、云端、大资料和智能化等四大脉络的流动和趋势，才能建设成全方位、多层次网络和一体化特色的港口城市，引领未来蓝色经济的潮流发展。①

3. 创新经营模式与整体规划协调，致力推动港市之新风貌。港市的发展涉及各项层面，例如城市建设、产业布局、土地利用和环境保护等，故需各方集思广益、通盘考虑、整体策划才能突破困境、创造特色而克尽全功。故各国政府对于港市的建设和发展进行决策和规划时，往往会结合产官学界来共同合作，针对不同阶段的国际经济环境、区域资源条件、港口经营模式及城市转型方向等做全面规划，努力发挥港市本身优势，积极研拟与此相适应的区域经济发展策略，寻求突破与创新以存续持盈保泰之优势。

由上述的分析得知，在全球化的激烈竞争当中如何能保持领先的地位，除了具备明确的港口定位、完善的基础设施、通畅的交通网络和密切的港市关联外，还需有前瞻完备的规划来能使一地的港口城市跃居为世界性或区域性的交通枢纽、物流中心和经贸重镇。值得注意的是，港口城市除了强调经济的发展外，基于永续经营的理念对于环境保育和文化景观的维护亦不能偏废。所以世界著名港口城市都十分重视文化资产与历史古迹的保存和维护，并进而开拓港市的观光和休闲旅游业。例如新加坡、香港和纽约都是闻名遐迩的观光港市；另外像利物浦原是英国第二大贸易港，19 世纪时乃为世界上最先进和最重要的港口之一，但 20 世纪 70 年代因为货柜运输的兴起，使其港口、造船和传统制造业急剧衰落，失业率高、人口外移，也使城

① 例如，利用大资料可以用于各港口经济腹地范围的解析，比较各港口利用水路和陆路的成本效益，有利于其腹地延伸的范围区分和派送；而物联网化和智能化则能降低港口营运成本和提高运送速度，有利于港市之竞争力，例如一个货柜的吊挂成本约 100 美元，若改为信息化及机械化的模式，成本可减一半以上。

市黯淡无光，但透过城市设计、文化观光和休闲旅游等方面进行了重新的规划和部署，政府与当地小区居民共同营造文化资产并发展文化观光产业，以营造在地化的特色和提高小区居民的生活质量为要务，因成功的城市营销和品牌形象的形塑，利物浦成为国家旅游局认定的英国最佳旅游城市，亦被评选为“世界流行乐之都”，同时在 2004 年以海洋贸易城市成功申请为世界遗产的景点之一。每年都吸引数百万名观光客来到海滨参观重建的阿尔伯特港和邻近街区，布满了历史建筑、购物中心、画廊、博物馆、餐馆和音乐酒吧，[①]让游客流连忘返，亦促进这个古老港市的转型与再生。[②]

因此，海港城市的建设应对“港口贸易、城市营销和文化观光”三方面做通盘的考虑与规划，不仅能整合海港城市之特色，还能创造多元价值，提升城市竞争力。

二、跨域治理的意涵与实践

(一)跨域治理的意涵

所谓“跨域治理”(across boundary governance)指针对两个或两个以上的不同部门、团体或行政区因彼此业务、功能、疆界的相接与重叠而逐渐模糊，导致权责不明、无人管理，借由地方政府、私人企业、小区团体以及非营利组织的结合，透过协力、小区参与、公私合伙或行政契约等联合方式，以解决单一力量难以处理的问题。[③] 跨域治理的理念源自于 20 世纪 80 年代后

① 利物浦是当年红极一时的摇滚乐团“披头士”(The Beatles)的发迹地，如今每年 5 月举行的音乐节，来自世界各地的乐手以及乐团都会集中在此参与热闹的表演盛会。而有关利物浦都市再生的进一步说明可参见刘以德等译：《文化观光学》，台北：桂鲁出版社，2014 年，第 197～198 页。

② 林谷蓉、张政亮：《从货柜港口到观光港市——论基隆文化产业之发展》，《东亚海域网络与港市社会》，台北：里仁书局，2015 年，第 641～663 页。

③ 林水波、李长晏：《跨域治理》，台北：五南图书出版股份有限公司，2005 年。

期的新公共管理的改革运动，引入企业管理技术和市场机制来提升服务质量与绩效。[①] 新公共管理主义采用分权式管理环境，取代了高度集中的组织结构，使公共行政的决策与治理的机制也因此产生相应的改变，企图建构一个分权、参与、多元、合伙、网络化的公共政策体系，[②]致使政府的角色做重新的调整。有别于过往的由上而下一元的统治或统理思维，"治理"的概念对内强调政府并非是单一的行动者，而是许多机构各局处合作协调的综合体；而对外政府并非公共权威与社会控制唯一的中心，而是许多能动者或是利害关系人互动的过程。当政府、企业、公民组织等，皆可能成为治理的组成分子时，其间互动关系自然更为多元且动态，[③]故跨域的网络关系可说是串起这些单位的重要形式。

跨域治理兴起的主要原因是全球化时代的来临，国家的角色变得日益模糊，而地位清楚的城市既是人类文化与文明的重要组成部分，且其发展主导一地区域的强弱与兴衰，有些城市甚至超越国家成为全球经济、政治、文化的重镇与影响世界的来源，故以城市治理之实践来提升国家总体竞争力乃成为趋势。然而面对竞争激烈的经济发展和复杂多变的公共议题，城市之间的竞争与合作不再局限于本国邻近地区而是扩散到全球各大都市。故诚如凯特尔(D. F. Kettl)[④]等人所言，旧有的分界与体制结构难以因应此种变革，反而成了行政管理的挑战，因此公共管理者唯有采取跨域治理策略与协力合作模式，才能有效因应全球化时局的变迁并避免行政效能不断恶化。伸而言之，跨域治理即新区域主义是一种治理范式，不仅主张多元治理和多级治理(multi-level governance system)，以"后现代"公共行政的去中心化为基础，打破传统政府单一主导的方式，构建合理的参与机制和互动网络，扩充区域整合的主体范围。此外，新区域主义也重塑政府与社会的关系，引

① H. G. Frederickson, K. B. Smith, *The Public Administration Theory Primer*, Boulder, Colo: Westview Press, 2003.

② 赵永茂:《地方与区域治理发展的趋势与挑战》,《研考双月刊》2008 年第 267 期,第 3-15 页。

③ 吕育诚:《跨域治理概念落实的挑战与展望》,《文官制度季刊》第 4 卷第 1 期,2012 年,第 85～106 页;《地方政府治理概念与落实途径之研究》,台北:元照出版公司,2007 年。

④ D. F. Kettl, Managing Boundaries in American Administration: The Collaboration Imperative, *Public Administration Review*, Vol. 66, No. 6, 2006, pp. 10-19.

入公民社会和私人部门等主题，实行政府、社会组织、公民社会、私营部门的联合治理（joined-up governance），形成一种嵌入式经济和政治发展新模式。①

近年蓬勃发展的观光产业，年产值约高过 5 兆美元。根据世贸组织（World Trade Organization，WTO）的报告，全球各国或地区的外汇收入中，超过 8%来自观光收益，总收益高居第一，超过所有其他国际贸易种类，也带动旅馆、餐饮、交通和购物等相关产业的发展，输出产值十分惊人。故无烟囱产业的观光旅游，是全球各城市追求的一个发展模式，台湾地区行政管理机构 2002 年已将“观光客倍增计划”列入 2008 年发展重点计划，观光局亦揭橥台湾将从“工业之岛”迈向“观光之岛”的新战略。然观光产业涉及层面广泛，非某一单位可独立推展完成。故以观光发展的趋势与特性来看，可说是一种“全方位”的观光发展模式，需充分结合环境部门、文化部门、产业部门等单位的沟通、配合与规划，追求“精致而独特的地方特色”才利于永续成常。② 故地方观光发展的推动，实有赖于公、私部门及非营利组织之间充分的沟通、协调，以分工合作的方式，整合观光资源，共同促进地方观光的发展。

因此观光治理是一种跨域治理，一方面要整合中央与地方政府、县市各局处、企业、小区等团体或个人，来强化其治理结构与绩效、提升城市的竞争力，促进地方的整体发展，另一方面借由纳入更多元参与者的互动，以获得符合公民需求的大共识，有利于达成治理的目标与政策的落实。而一个强调观光的“港湾城市”规划者必须思考如何以海洋文化为根基，透过常民生活论述与人文理性的公共沟通模式，汇入城市治理的空间，使其趋向多元、多样、多层次、多中心的运作模式和分权、参与、合伙、开放的多面向关系联结场域，③如此才能在文化、经济、旅游和生态等层面上交流互动因共享共

---

① T. J. Courchene, *A State of Minds: Toward a Human Capital Future for Canadians*, Montreal, Quebec: Institute for Research on Public Policy, 2001.

② 郭修发：《地方治理与观光发展——以宜兰县为例》，宜兰：佛光大学公共事务学研究所硕士学位论文，2005 年。

③ 刘俊裕：《全球都市文化治理与文化策略：艺文节庆、赛事活动与都市文化形象》，台北：巨流图书公司，2013 年。

治而共荣，创造蓝色海洋的价值。换言之，海洋文化的特色是多元性、开放性与包容性，故发展海洋城市的观光需摒弃过往威权官僚的主导形式，经由不同层次的政治、经济、社群的对话和交流，整合为一个平等多元的治理联结机制，而在日常生活世界营造出亲海乐活的感动，方能让休闲观光、渔业经济、文化创意和运销服务有全方位的发展，绽放海洋城市的璀璨风华。

（二）跨域治理的实践——以两岸邮轮观光发展为例

从 2006 年到 2016 年，中国邮轮产业发生巨大变化，今日之中国已成为全球最重要的邮轮客源市场。随着民众收入水平提升与邮轮旅游市场揽客竞争之故，中国大陆邮轮市场以年均 40％左右的速度成长，2015 年共接待邮轮 539 艘次，出入境 248 万人次；仅仅 2016 上半年邮轮港口靠泊 415 艘次，接待游客人数为 183 万，其中上海占比大，接待游客量占总数的69.8％，邮轮靠泊量占总数的 55.42％，其次是天津与广州。

2016 年，全球邮轮市场游客量达 2470 万人次。从邮轮客源地市场来看，美国以年总量 1152 万人次依然保持全球第一，中国大陆以邮轮出境游客年总量达 210 万人次跻身全球第二大邮轮市场。其中，上海宝山吴淞口国际邮轮港全年接靠邮轮 471 艘次，接待出入境游客 284.7 万人次，成为亚洲第一、全球第四的邮轮母港。①

宝山为上海重要主力的“国际邮轮城”，中国倾全力将宝山建设成为世界著名邮轮母港、亚太地区最具核心竞争力的邮轮经济集聚区、中国邮轮经济的综合示范区、上海建设世界著名旅游城市和国际航运中心的核心板块。宝山将通过打造邮轮城核心区，深化“国际邮轮城”功能定位和战略规划；打造国际一流港口，全面提升邮轮港基础设施及配套服务水平；通过建设滨江公共空间，打造“生态、生产、生活”相协调的滨江生态走廊。同时，将积极拓展邮轮经济全产业链，分别在产业链上游，推进本土邮轮制造业发展；在产业链中游，引进国际邮轮公司总部，开拓近海邮轮旅游业务；在产业链下游，构建中国邮轮旅游跨境商品交易中心及电商平台，建立上海邮轮物资配送

---

① 吴凯：《上海宝山区：区港联动建设国际邮轮城》，中国经济网，http://news.sina.com.cn/c/2017-11-02/doc-ifynmnae1146598.shtml。

中心，发展邮轮经济集聚区。此外，宝山还将通过搭建政策创新平台、产业集聚平台、运营协作平台和合作共赢平台来进一步完善“国际邮轮城”建设的产业发展。①

台湾地区邮轮旅游的发展亦是蒸蒸日上，根据国际邮轮协会在2014年的统计，台湾地区已跃升亚洲第三大邮轮客源市场，仅次于中国大陆、新加坡；邮轮旅客量也连续多年保持20%成长，发展力道强劲。而台湾港务公司的资料亦显示2015年台湾地区邮轮出入境旅客已达89万人次，邮轮艘次共计为610艘。其中基隆港正位于国际邮轮东北亚和东南亚的航线上，又近邻大台北都会区，彰显出其地理区位的优势性，从2006年开始基隆港来往于岛内、两岸和国际的客轮次数和旅客人数便不断成长，2008年游客人数已增加3倍，2011年更提升至4倍，人数超过46万人次，船次926艘成长近1.4倍。其中又以国际邮轮所带来的观光客人数成长快，例如基隆国际定期邮轮以丽星邮轮公司为主，2012年共有201艘次、22万2000多人次，2015年达233艘次、31万8000多人次；在不定期邮轮母港操作方面2012年为4艘次、9400多人次，不定期邮轮挂靠港操作方面为58艘次、4万2000多人次，2015年分别达35、105艘次，人数分别为8万7000多人次、15万8000多人次。又根据台湾港务公司统计，2015年度所有国际邮轮进出港艘次达373艘次，总人数则达56万4000多人次；2016年所有国际邮轮湾靠439艘次，旅客达66.34万人次；而截至2017年7月底之统计，1—7月基隆港共计有362艘次、49.8万人次，高雄港则有62艘次、7.2万人次，代表基隆港成为台湾邮轮母港。

根据国际邮轮协会新公布的《2016亚洲邮轮趋势分析》，邮轮旅游在亚洲，不论是供给量还是旅客人次每年持续保持双位数增长，邮轮公司在亚洲航船位供给量成长29.3%，包括船队数量的年复合成长率为12%，搭邮轮旅客年复合成长率为22%。2012—2015年间中国大陆旅客年复合成长率高达66%，超越全亚洲39%的成长速度，2015年中国大陆客源占亚洲邮轮市场47.7%，居第一名；台湾地区的邮轮旅客年复合成长率亦有29%，2015

---

① 吴凯：《上海宝山区：区港联动建设国际邮轮城》，中国经济网，http://news.sina.com.cn/c/2017-11-02/doc-ifynmnae1146598.shtml。

年客源市场也超越新加坡，跃居亚洲第二名，占比 11.1%。两者加起来远远超过亚洲最大旅游目的地的日本（占比 8.6%）与韩国（占比 1.7%）①，因此更应建立伙伴关系，使亚洲成为新大航海时代的重心之所在。此外，英国专业游轮杂志针对世界邮轮旅客所做的问卷调查显示，台湾地区的花莲、高雄、基隆都名列前 41 名，其中花莲港得到最佳观光体验港口称号，基隆港则获得最佳自由行体验港口称号，高雄港则是陆客最喜欢的港口。加上台湾拥有优越的地理位置和丰沛的人物力资源，故宜积极致力邮轮产业的布局与发展，例如北部的基隆港可与冲绳、上海、舟山、青岛、大连、釜山、济州、长崎、福冈和鹿儿岛等港市串联为东北亚邮轮旅游圈；而高雄港则可以跟香港、澳门、三亚、胡志明市、普吉岛、芭达雅、马尼拉、吉隆坡和新加坡等港市联结，发展东南亚的邮轮旅游市场，结合区域合作才能创造多赢互利的海洋观光荣景。

结　论

从海洋自身而言，“21 世纪海上丝绸之路”是要获取经济社会发展所需的资源以及确保资源安全获取的途径，需要多国、多地区乃至全球性的合作，才能发挥海洋自身的作用。海洋的流动性、公有性和开放性又促使区域或者跨区域国家在海洋资源开发、海洋产业发展、海洋环境保护等领域进行合作。蓝色经济是“21 世纪海上丝绸之路”的重要内容，是中国与沿线国家推动海洋可持续发展的重要途径。其中海洋观光是目前世界旅游业中最具前景的产业，更是海洋或沿海国家竞相发展的现代产业。②

本文从港市发展、跨域治理与海洋观光面向，探讨两岸邮轮观光旅游特色与发展现况，由于两岸海港城市拥有丰富的自然与人文景观，更是“亚洲

---

① 汪泓主编：《邮轮绿皮书：中国邮轮产业发展报告(2017)》，北京：社会科学文献出版社，2017 年。

② 陈明宝、韩立民：《“21 世纪海上丝绸之路”蓝色经济国际合作：驱动因素、领域识别与机制构建》，《中国工程科学》2016 年第 2 期。

邮轮联盟”与“两岸新丝路”之重要的节点。本文倡议应强化跨域治理的模式，重视跨两岸地理区域间的合作，并纳入邮轮观光产业相关团体，使两岸海洋港市和两岸相关机构，甚至亚洲邻近港市、企业组织、观光团体与游客之间，形成完善的“策略性伙伴关系”。值此两岸港口均面临转型之挑战，应积极进行创新布局、整体策划，将资源进行整合，并寻找差异化及特色化，来重塑其功能定位。尤为期待跨出亚洲邮轮联盟新步履，与亚洲沿海邮轮港市共创“两岸新丝路”下之海港城市新风貌，并得以共治、共利而共荣，造就海港城市居民之大福祉。

亚洲电影市场的形成之日本与台湾的交涉

笹川庆子　（何娟娟译）
关西大学

前　　言

电影是象征着资本主义和科学技术的近代化产物。19世纪末，电影设备的研制标志着电影的开始。电影的制作及放映首先在以法国、美国为中心的研发电影设备的欧美诸国得到发展，不久之后，电影设备传入亚洲。但是，在亚洲相较于制作，电影的放映发展得更为迅速。

亚洲最早开始放映电影的发达城市都是一些港口城市。因此，可以得知电影传入亚洲的路线与19世纪末20世纪初的轮船航线有着密不可分的关系。在欧美研制的电影设备通过轮船被运往加尔各答、新加坡、河内、爪哇、香港、上海、天津、马尼拉等对外开放港口城市。同时，有一些会戏法跳舞的杂耍表演者和电影巡回放映师从欧美将电影带到这些城市，也有一些当地进口贸易商贩卖、放映从海外寄回来的电影设备。在这些城市的市中心、酒店、欧式剧场等高级娱乐场所，以侨居外国人、当地的上流阶层以及一部分富人为对象放映电影。对于亚洲人来说，电影是带来现代化体验的设备。

自电影设备舶来之后，这些城市孕育出各式各样的电影产业和文化。比如很早之前就已经有了外国人社区的上海和马尼拉，几乎在同时期出现了由欧美巡回放映师介绍的电影。但是，当时的上海租界里住着以英国人为主的各种外国人，而马尼拉则是由美国代替西班牙对其进行统治，导致当地文化发生很大变化。因此，二者所形成的电影产业和文化是完全不同的。虽然这些城市的电影基本上是同一时期传入，但是，其后的发展却呈现出当地特有的模样。

本文发表的目的是评价台湾在20世纪初发生巨变的亚洲电影市场里所占的地位。台湾与同时代的新加坡、上海、马尼拉以及日本等其他亚洲的电影市场有哪些相同点和不同点？笔者将从全球化电影流通的角度，以20世纪初亚洲电影市场为要点，阐明台湾电影市场的特征。其中，最为关键的环节就是与日本之间的交涉。此外，本文主要使用了《台湾日日新报》《福冈日日新闻》《大阪时事新报》《东京朝日新闻》等报刊。

一、20世纪初的亚洲电影市场与世界电影流通关系网

1896—1897年间，电影设备传入亚洲主要港口城市。除了法国和美国，英国和德国等国家也都在研制电影设备。当时还没有版权意识，制造商们都互相模仿，研发贩卖相似的产品。传入亚洲的电影设备主要是法国的卢米埃尔公司(Lumière)、百代公司(Pathé Frères)、高蒙公司(Gaumont)以及美国的爱迪生公司(Edison)、鲁宾公司(Lubin)等的商品。

但是，当时人们并不清楚这些设备就是所谓的“电影”，在他们的认知里只是科学的具有观赏性的活动照片而已。放映的时候，并不是像现在似的公布电影名称，而是以设备名称或者演出名称进行宣传，比如“英国电影放映机(British Cinematograph Co.)”“巴黎电影放映机(Paris Cinematograph Co.)”“爱迪生电影放映机(Edison Cinematograph Co.)”等。在亚洲，欧美放映师以那些放映机名称为噱头在各地放映电影，同时，吉泽店铺放映队及渡边治水、田中盛之助等亚洲人也经常进行电影巡回放映。另外，像新加坡的贸易商列维兄弟(Hermanos Levy，M. Levy)二人，边进口电影设备，边将剧场租给巡回放映师上映电影；又或者像上海的富商徐棣山委托从事进口贸易行业的人购买电影设备，在个人举办的文化沙龙上放映电影，放映时间一般情况下是一两天，偶尔特殊情况最长可以持续放映一个月左右。

(一)亚洲早期的电影放映

早期的电影放映演出流动性较大,并不像现在这样专门化组织化,只是断断续续不定期的个人行为。可是,以某一时期为界线,亚洲的电影开始连续地定期放映,之后电影院盛行。比如作为东方和西方贸易中转站的新加坡,在很早之前就出现了欧美的巡回放映师放映电影。1905 年 12 月,长崎出身的播磨胜太郎反复播放名为"松尾日本电影摄影机(Matsuo's Japanese Cinematograph)"的电影之后,周边立刻聚集放映"日本电影摄影机(Japanese Cinematograph)""皇家电影摄影机(Royal Cinematograph)""法国电影摄影机(French Cinematograph)"等电影的露天放映者。[①] 1907 年 10 月,以豪华剧场(Alhambra)的开业为开端,紧接着播磨大厅(Harima Hall)、帝国影院(Theatre Royal)、亚历山德拉大厅(Alexandra Hall)、马尔伯勒(Marlborough)等电影常设馆陆续建成,形成一股开电影院的热潮。

另外,很早进入现代化的上海,大约从 1897 年开始在其租界外国人聚居的安垲地大洋房(Arcadia Hall)的大厅、兰心戏院(Lyceum Theatre)的剧场,或者是天华茶园、同庆茶园、青莲阁等富有的中国人聚居地上映电影。1908 年左右,开始常设放映电影。比如说北四川路 51 号(Palace of Varieties)剧院专门演出的杂耍舞台剧结束之后,美式电影放映机公司(American Cinematograph Co.)就开始放映电影。同一年,拉莫斯娱乐公司(Ramos Amusement Co.)也定期在位于乍浦卢中西书院北首 112 号的虹口活动影戏院的舞台剧之后加映电影。拉莫斯公司是由从西班牙经由马尼拉再移居到上海的安东尼奥·拉莫斯(Antonio Ramos)所经营的一家电影放映公司。1908 年,该公司在虹口活动影戏院开场之后,像针对外国人放映的维多利亚影戏院(Victoria Theatre)、夏令配克影戏院(Olympic Theatre)、恩派亚影戏院(Empire Theatre),针对中国人放映的卡德路影戏院(Carter Road Theatre)等戏院纷纷开业。其他像东和活动影戏院、新开

① 笹川庆子:《跨越海洋的放映者播磨胜太郎:20 世纪初亚洲电影市场中的新加坡和日本》,《关西大学文学论集》第 64 卷第 4 号,2015 年 3 月,第 23～47 页。

幻影电光影戏院等入场券相对便宜的戏院在 20 世纪头五年开了好几家。[①]

此外，与上海交流颇深的马尼拉，差不多在同时期也发生了类似的市场变化。1897 年，欧洲的巡回放映师支援马尼拉当地的放映师(拉莫斯等)，开始在繁华街道依斯科沓(Escolta)上映电影。不久，俄耳甫斯剧院(Orpheum Theatre)、马尼拉歌剧大剧院(Manila Grand Opera House)等剧院没有表演的时候也会上映电影，帕洛马公园(Palomar Park)的游乐场也会定期上映电影。1909 年 8 月 9 日，从美国移居马尼拉的放映师伊尔斯利(A. W. Bert Yearsley)收购了当地首家专门放映电影的帝国剧院(Empire Theatre)，改建之后命名为俄耳甫斯剧院，并再次开业；同一天，安达电影放映机(Anda Cinematograph)在城堡都市(Intramuros)市内开业，马尼拉的电影市场随之发生了巨大变化。接下来仅仅两年之内，以豪华剧院(Zorrilla)为代表，出现了卡维尔多(Cabildo)、星星(Star)、阿波罗(Apolo)、梅洁斯迪克(Majestic)、皇家(Royal)、勒克斯(Lux)、麦哲伦(Magallanes)、爱迪尔(Ideal)、都会(Metropolitan)等大大小小、各式各样的电影院。[②]

通过对比这三个港口城市，我们可以得知，截至 1897 年各种电影已开始上映；从 1907 年到 1911 年常设放映代替巡回放映，开始兴起，电影市场飞速向前发展。也就是说在亚洲电影一开始是放映师以巡回放映的方式上映的，他们不远千里坐轮船到那些港口城市，在当地租借剧院、大厅，或者是搭建露天帐篷，从开始的几天到之后的几个星期，连续不断地一个城市接一个城市地放映电影。1907 年以后，都市剧院的经营者会定期更新上映的电影，这样一来放映地点就固定在同一个地方，类似的情况越来越多，电影的市场规模不断地扩大。

---

① 笹川庆子:《全球电影发行与中国(1896—1914)——以上海为例》,《关西大学文学论集》第 67 卷第 2 号,2017 年 9 月,第 1～32 页。

② 笹川庆子:《パテ社のマニラ进出と映画馆——マニラ映画兴行史 1909—1910》,《演剧研究》第 40 号,早稻田大学坪内博士纪念演剧博物馆,2017 年 3 月,第 1～22 页。笹川庆子:《映画配给のグローバル化とアジア——マニラ映画兴行史 1909—1914》,《关西大学文学论集》第 66 卷第 3 号,2016 年 11 月,第 1～23 页。

(二)百代公司进入亚洲

在这些较大的港口城市,电影的放映由巡回迅速过渡成常设,其最重要的原因就是法国百代公司扩张进入了亚洲。当时,百代公司是世界最大的电影公司,也是第一家进入亚洲的欧美企业。在欧美企业里,为什么首先进入亚洲的不是法国的高蒙公司或者美国的爱迪生公司,而是百代公司呢?而百代为什么恰好又是这个时机进入亚洲的呢?到底这是一家什么样的公司呢?要解决这些问题,笔者认为先要弄清楚20世纪初全球化的电影市场流通的形成。

1895年,百代公司在法国巴黎开业。① 起初,查理(Charles)、爱弥尔(Émile)、泰奥菲尔(Théophile)、雅克(Jacques)兄弟中的哥哥查理和爱弥尔一起从展览留声机(phonograph)的小商店做起。之后,兄弟二人又着手贩卖美国爱迪生公司的早期活动电影放映机(kinetoscope)等放映机。

1897年12月,百代公司推进公司现代化发展,先是将公司改为股份制,扩张事业版图,然后为了大量制造小型放映机,提高销售数量,百代公司寻求小型放映机的发明者皮埃尔-维克多·孔坦苏扎(Pierre-Victor Continsouza)和亨利·雷内尔·巴热利(Henri René Bünzli)的帮助,1900年双方促成合作。② 小巧轻便且价格低廉的百代设备非常畅销,1914年欧洲生产的电影设备中,60%来自百代。

百代公司不管是电影设备的制造贩卖,还是电影作品的量产体制,都走在世界的最前沿。1900年以后,舞台剧导演费迪南德·齐卡(Ferdinand Zecca)加入电影制作,积极地模仿其他公司的畅销作品,有效率地制作绝对可以大卖的电影作品。1902年在巴黎郊外的万塞纳(Vincennes)落成电影制作工作室,1904年在约恩维利(Joinville)也开了一家。1905年,当模板机械印制法取代了费时的手绘彩色,百代开始量产彩色电影,从而成功地向市

---

① Richard Abel, ed., *Encyclopedia of Early Cinema*, London: Routledge, 2005, pp. 505-508.

② Richard Abel, ed., *Encyclopedia of Early Cinema*, London: Routledge, 2005, p. 154.

场提供了许多更具吸引力的电影。

而且,百代公司给电影的发行及放映也带来了革新。比如百代不仅仅是贩卖影片,而且应顾客需求,开始了多次租借同一部电影的业务。同时,公司不仅制作电影,也会购买像艺术电影公司(Film d'Art,1908—1913)等其他公司制作的电影作品,同自家影片一起提供给影院放映。1907 年 7 月,百代停止出卖影片,只是将影片的放映权转让给欧米阿(Omnia)、辛勒唛研发(Cinéma Exploitation)、辛勒唛天线(Cinéma Monopole)、辛勒唛戏院(Cinéma Théâtre)、辛勒唛国际(Cinéma National)五家公司。获得百代影片放映权的这些公司各自拥有并经营着多家电影院,它们把百代提供的电影分配给各自的电影院放映。这样一来,百代独占了电影的发行和放映,迅速地实现了电影事业的系列化,成长为法国最大的电影公司。百代公司展开了革新的事业,开创了电影大量生产与消费的时代。因而,电影史学家乔治·萨杜尔(George Sadoul)称之为法国电影产业的"领航者"。①

但是,百代不只是法国的,也是世界的领航者。百代公司的电影供给不只限于法国国内,也扩大至全世界。1902 年,百代公司在伦敦开设了代理店,以其为据点,构筑全球化电影供给网络。百代的代理店遍布全球,1904 年的莫斯科、布鲁塞尔、柏林、圣彼得堡,1906 年的阿姆斯特丹、巴塞罗那、米兰,1907 年的基辅、布达佩斯、加尔各答、华沙等地纷纷设置了代理店。②百代在亚洲的第一家代理店也是在这个时期开业,位于新加坡斯坦福路(Stamford Road)19 号。③

百代之所以将伦敦作为据点,向世界各地供给电影,是因为当时全球的物资流通是以英国为中心的。岛国英国很早之前就拥有许多的船只,因而海上运输业特别发达。帝国主义时期,英国在世界各地展开殖民地贸易,成为世界的物流及金融中心。据英国经济学家埃德加·科拉蒙德(Edgar Crammond)统计,1894 年从欧洲通过苏伊士运河开往远方的船只,其中

---

① ジョルジュ・サドゥール:《世界映画全史》第 4 卷,国书刊行会,1995 年,第 13 页。

② Jean-Jacques Meusy, How Cinema Became a Cultural Industry: The Big Boom in France between 1905 and 1908, *Film History*, Vol. 14, No. 3/4, 2002, pp. 418-429.

③ 笹川庆子:《跨越海洋的放映者播磨胜太郎:20 世纪初亚洲电影市场中的新加坡和日本》,《关西大学文学论集》第 64 卷第 4 号,2015 年 3 月,第 35 页。

74.6%属于英国(1913年为60.2%)。[①] 美国主要几家电影公司于1900年末也在伦敦设立了据点。当时,上市到亚洲市场的美国电影大部分都是绕道从英国运出。法国国立科学研究中心(Centre National de la Recherche Scientifique,CNRS)主任让雅克·缪斯(Jean-Jacques Meusy)研究指出,百代公司电影部门的销售额在1903—1904年度仅占公司收入的17.6%,1905—1906年跟留声机持平,1906—1907年暴涨至留声机的2倍。而且,电影部门的利益率从1903—1904年度的54.1%,一下子上升到1905—1906年度的85.5%,1906—1907年度的105.5%,1907—1908年度的170.3%。[②] 从以上资料可以清楚地看出,百代公司利用英国的物流网络,调整电影的全球供给渠道,以此销售额增长,成长为世界最大的电影企业。

值得关注的是在同时期,百代公司在亚洲各地的港口城市设立代理店引起了当地开设电影院的热潮。1907年新加坡总代理店、1908年上海代理店、1909年马尼拉代理店开业,其他像香港、天津、加尔各答等地方的代理店纷纷设立。也就是说,百代供给的电影在伦敦装货上船,驶过苏伊士运河,运往英国所属新加坡港口,从那向亚洲各地供应。百代公司这个巨大的电影供给渠道,让亚洲电影市场可以稳定地接受配给,同时跟市场的巨变和开设电影院的热潮也有着紧密的联系。

二、20世纪初的台湾电影市场

(一)台湾电影院的开设

台湾的电影市场在同时期又是如何形成,怎样变迁的呢?也是像新加坡、上海、马尼拉那样,从1907年到1911年经历了巨大的变化吗?

台湾的电影是从日本传过来的,由爱迪生公司和卢米埃尔公司的电影

① Edgar Crammond, *The British Shipping Industry*, London: Constable and Company Limited, 1917, pp. 25-27.

② Jean-Jacques Meusy, How Cinema Became a Cultural Industry: The Big Boom in France Between 1905 and 1908, *Film History*, Vol. 14, No. 3/4, 2002, pp. 418-429.

设备放映的。《台湾日日新报》有过报道，1899 年 9 月爱迪生公司的荧幕投影机(vitascope)在台北的十字馆，1900 年 6 月 16 日卢米埃尔公司的电影放映机在淡水馆、6 月 21 日在十字馆均有上映过电影。① 放映者不仅是日本人，其中还有一些在日本购买放映设备的富裕台湾人。当时的放映方式同日本一样，没有固定，租借一些演艺场等公共场所巡回式放映。学者李道明曾研究调查过，主要是以居住在当地的日本公务员及军人的家属为对象，有时也会放映给台湾人看。

1908 年，台湾掀起开设电影院的热潮。1908 年 6 月新竹市新竹座（容纳 700 人）、8 月台南市南座（容纳 1000 人）、10 月台中市台中座（容纳 1000 人），1909 年 3 月嘉义市嘉义座（容纳 800 人）、10 月基隆市基隆座（容纳 800 人），1910 年 12 月台北市朝日座（容纳 1200 人）等电影院相继开业。② 新加坡的热潮开始于 1907 年，上海是 1908 年，马尼拉是 1909 年，乍看之下，好像台湾跟这些亚洲港口城市一样，同百代公司进入亚洲似乎也存在一些关联，实际上并不是那样的。

台湾的这些剧院是放映师高松丰次郎应台湾总督府民政长官后藤新平的请求，在台湾主要城市开设的。这是在甲午战争中取得胜利，获得台湾统治权的日本政府为了在当地形成台湾人是“日本臣民”的心理，特意开设的公共剧院。20 世纪初，亚洲电影或多或少都是近代化发达国家拿来向较落后的国家彰显其国家力量的装备。在台湾，电影只是被日本人作为政治手段拿来利用而已。百代公司进入亚洲引发新加坡、上海等港口城市在娱乐空间集中开设电影院的热潮，与 1908 年台湾开设电影院的热潮完全不同。

当然，台湾电影市场的发展确实是受到了日本统治的影响。1895 年台湾由日本占据，在日本的殖民统治下，由于不平等的阶级划分、殖民地的身份，台湾的电影市场最终被定位为日本最南端的电影市场。也就是说，台湾的电影市场既是日本统治下刚刚萌芽的市场，又兼具日本一部分市场的功

---

① 《台湾日日新报》，1900 年 6 月，《Cinema101》シネマ101 创刊准备号，1995 年 8 月，第 12～37 页(《电影欣赏》第 73 号，国家电影资料馆，2006 年，第 28～44 页)。

② 三泽真美惠：《“帝国”“祖国”のはざま——植民地期台湾映画人の交渉と越境》，东京：岩波书店，2010 年，第 277 页。

能。三泽真美惠曾说过,台湾的电影制作公司没能成长壮大的理由是“现场本土化”;换言之,在放映外语电影时,台湾的电影解说员会现场进行同步解说,从而也就没有必要制作台湾话的电影了。[①] 实质上是台湾的电影市场同日本殖民地政策和日本电影供给渠道有着很深的关系。总之,就如同在鹿儿岛没有必要成立电影制作公司一样,在台湾也完全没有必要。

(二)台北的芳野亭/芳乃亭及其电影放映

在日本的殖民统治和日本电影市场的强烈影响下,台湾电影市场具体是怎样形成与发展的呢?在此,以台北为例,探明台湾电影市场形成的过程。

关于草创时期的台湾电影市场,在市川彩的《亚洲电影的创造与建设》一书中有着详细的介绍。这本书于1941年出版,由陆军大将兼“大亚细亚协会会长”松井石根题字,大政翼赞会东亚局局长永井柳太郎写的序文,是一本贯穿着帝国主义意识形态的书。我们可以从该书看出,作为殖民地的朝鲜、中国台湾、中国东北就不用说了,中国大陆、香港以及印度、菲律宾、泰国、新加坡、缅甸等主要地域电影产业的历史及现状,帝国主义的日本都意图将其全部划入所谓“大东亚共荣圈”的构想。但是,直到现在,作为了解台湾电影历史的重要情报来源,这一偏离历史的叙述却没有任何改变。

据市川记载,1907年末至1908年初在台北的新起横街开了第一家名为“芳乃馆”的专门放映电影的剧院:

> 正当这种新机遇之际,因为高松一派亲手改建了武台外的朝日座,接着西门町的芳乃亭在邻接地新建了芳乃馆,所以一下子变得活跃起来。那是明治四十年十一月到明治四十一年三月的事情,芳乃馆成为最初的电影专门馆。[②]

日本战败后,这段市川的记录被台湾电影史学家吕诉上反复使用,在一段时间内被认定为正确的说法。但是,近年来随着对台湾电影研究的推进,

① 三泽真美惠:《“帝国”“祖国”のはざま——植民地期台湾映画人の交渉と越境》,东京:岩波书店,2010年,第71～77页。

② 市川彩:《アジア映画の创造及建设》,东京:国际电影通信社,1941年,第87页。

出现了与之不同的说法，其中最有说服力的是电影史学家李道明的见解。他认为在台湾有两家名为“芳乃亭”（よしのてい）的放映电影剧院，一家是1907—1908年开业，另一家是1911年开业。但是最先成为专门放映电影剧院的是1911年开业的这家“芳乃亭”，也就是台北第一家专门放映电影的剧院，[①]而并不是市川和吕诉上二位学者所认为的1907—1908年开业的“芳乃亭”。

但是这个说法却和《台湾大年表》的记录相违背。1925年出版的《台湾大年表》是台湾经世新报在台北图书馆收集信息，重新修改订正的年表。年表上清楚地记载，“芳乃亭”在1913年12月9日举办的开幕式。[②] 可是，台湾的电影史学家中，也有认为年表的记载有误。比如叶龙彦认为“芳乃亭”有新旧2家，老店是1907年之前，新店是1908年3月开业的。[③] 叶彦龙的见解与李道明的观点一致，确实存在2家“よしのてい”（Yosinotei），只是各自开业的时间不同罢了。

上述厘清了2家“よしのてい”（芳乃亭/芳野亭）于1907年、1908年、1911年、1913年放映电影的情况，以下再以对此混乱关系做过调查和阐明的《台湾日日新报》报道加以说明。《台湾日日新报》调查结果显示，台北曾经存在过2家“よしのてい”，只是有时候名称会被混淆。另外，迄今为止的研究里所忽略的一点也清楚明白了，那就是李道明一方所主张的不是新旧2家“よしのてい”，而是“芳野亭”和“芳乃亭”两家汉字有所不同的新旧2家“よしのてい”。以这个事实为基准，再次查阅《台湾日日新报》时，可以更加清晰地了解到草创时期台湾电影市场的情形。接下来，简明扼要地阐述一下调查分析的结果。

首先分析一下“芳野亭”。这家剧院是由经营一家日本料理店，名叫永户友的商贩为了做女流义太夫说唱者的女儿国芳，寻求律师矢野猪之八的资金投入，在其料理店的附近所开设的曲艺场。[④] 1910年4月17日的《台

---

① 李道明：《台湾における映画の始まり》，第12～37页。

② 原房助：《台湾大年表》第3版，台北：经世新报社，1932年，第92页。

③ 叶龙彦：《台湾的老戏院》，台北：远足文化事业股份有限公司，2006年，第92页。

④ 《台湾日日新报》，1913年6月13日。

湾日日新报》里报道过“建坪百四十七坪余の日本风木造二阶建スレート葺”这样的内容，也就是说在新起横街1号地曾经建设过147坪，木质、石板瓦屋顶的二层日式大型曲艺场，容纳观众400余人，算得上是中大型规模的剧院了。李道明主张的1911年开业的剧院与其基本属于同一时期，可以看出此剧院应该就是“芳野亭”，可能由于工程完成的时间推后了，导致实际开业延期至1911年。

“芳野亭”在一段时期作为曲艺场营业着，但是到了1913年1月，与日本活动写真公司（简称日活，1912年由吉泽商店、横田商会、M百代商会、福宝堂等合并以后创立）的交涉谈妥之后，开始在原来的喜剧舞台上增加放映电影。① 接着同年3月，跟日活签订特殊协议，废除之前的喜剧合同，将放映活动写真作为惯例。② 甚至到了12月，“芳野亭”的所有权从永户友一方转到台湾实业家辜显荣手里，服部清成为经理人。1913年12月28日在《台湾日日新报》里有以下记载：

> 新高馆　旧芳野亭迹的曲艺场这次在名为服部清的人手中经营，改名为新高馆，作为活动写真的常设馆，放映日本的活动写真的新胶片。③

辜显荣接手“芳野亭”之后将其改名为“新高馆”，成为专映日活电影的剧院。如果这个报道属实，那就是说“芳野亭”在1913年3月成为专门放映电影的剧院，那年的年末或者是第二年的新年之时改名为“新高馆”是既定事实。

另外与“芳野亭”一字之差的“芳乃亭”于1913年12月9日在新筑开业。《台湾大年表》所指的“芳乃亭”就是它，剧院落成之后的首次演出是台北的女流义太夫说唱者团体和电影的上映。④ 之后就变成舞台剧和电影一起上演的混合演出了，电影由伦敦的公司提供。⑤ 可是，1914年3月就转为专门放映电影了。据1914年3月14日《台湾日日新报》报道：“芳乃亭，月

---

① 《台湾口口新报》，1913年1月26日。
② 《台湾日日新报》，1913年3月2日。
③ 《台湾日日新报》，1913年12月28日。
④ 《台湾日日新报》，1913年12月8日，1913年12月9日。
⑤ 《台湾日日新报》，1914年1月29日。

初めより休业中の同亭は今回日本もの丶活动を加へ本夜より花花しく开场。”就是说月初开始休业至今的“芳乃亭”将于 3 月 14 日晚上映来自日本的活动写真。19 日开始接连不断地上映了 M 百代商会(1907—1912)的电影,大多数是改编报纸连载人气小说的新派舞台剧的电影版,比如《名义母女》《孩子的烦恼》《自作自受》《南部坡雪之别》等。这些电影是日本 1910—1911 年左右制作的,但是晚了 2～3 年才在台北上映。

M 百代商会是梅屋庄吉在东京大久保开设的电影公司。梅屋庄吉出生在长崎一家经营贸易的商人家庭,作为一名亚洲主义者,辗转菲律宾、中国、新加坡之后回到日本。为了援助孙文的活动,他成立了这家公司。1912 年 9 月 1 日被日活合并之后就消失了,在“芳乃亭”上映电影期间这家公司早就已经不存在了。所以,“芳乃亭”上映的影片不是 M 百代商会直接提供的,而是后述的在九州上映之后的二手影片。

也许是 M 百代商会的二手电影库存不足,“芳乃亭”在 1914 年 7 月与日活签了三年的契约,进而在 1918 年 3 月与日活的竞争对手天然色活动写真公司(简称天活,1914—1919)签约。“芳乃亭”之所以从日活转为天活,是因为 1916 年豪华的大剧院“世界馆”在其附近开场,并且开始上映日活的影片。这样一来,台湾的电影市场跟日本本土市场一样,成为日活、天活两大公司互相对抗争斗的市场。

然而,台湾的“芳乃亭”在与天活签约不久,1919 年天活被国际活映公司(简称国活,1919—1925)吞并,因此,“芳乃亭”又开始上映国活的电影。可是,国活的影片提供慢慢变得拖延,1923 年 6 月“芳乃亭”与帝国キネマ演艺公司(简称帝キネ Teilcine,1920—1931)签订特别协议,同时,经营者永户开始着手“芳乃亭”的改建。1924 年 12 月 28 日,“芳乃亭”作为可以容纳 800 人,砖木混合结构的现代建筑风格的电影院在新筑重新开业,并改名为“芳乃馆”。①

将《台湾日日新报》的调查结果与先行研究对照相比,发现以下事实。在台北有两家剧院取名为“よしの”,老的那家名字中是“野”字,新的那家名字中是“乃”字。前者是 1911 年在新筑开业,由曲艺场转成演艺和电影的混

① 《台湾日日新报》,1924 年 12 月 29 日。

合演出，在1913年3月正式改成电影专门放映演出。后者在1913年以演艺和电影的混合演出形式开业，1914年3月改为专门放映电影。因而，可以看出台湾的第一家电影专门放映馆应该是1911年在新筑开业，1913年转为专门放映电影的“芳野亭”（也就是之后的新高馆）。要是这样的话，李道明所主张的台湾第一家专门放映电影的剧院应该指的是1911年新开的“芳野亭”，在这里应该使用文字“野”而不是“乃”。

（三）台北继起的电影院

除了“芳野亭”（1913年底改称新高馆）和“芳乃亭”（1924年改称芳乃馆）之外，1911年以后台湾的实业家出于商业目的，在台北还开设了好几家电影院。有如世界馆开场于1916年，新世界馆开场于1920年，台湾剧场开场于1935年，国际馆开场于1935年，大世界馆开场于1935年。1916年6月7日，岩崎利三郎开设了“世界馆”电影院。岩崎积累高松丰次郎在朝日剧团开设剧场的经验，成为朝日座继任的经营者，之后由于火灾烧毁了朝日剧团，因而在新起横街开设了专门放映电影的“世界馆”。[①] 最初，“世界馆”在同一天与“芳乃亭”“新高馆”上映电影，接着1920年12月29日继“世界馆”之后，“新世界馆”开业，前者上映松竹公司（简称松竹，前身为1920年成立的帝国活动写真株式会社，1921年改名）的电影，后者上映日活电影。[②] 岩崎去世之后，其在横滨的弟弟古矢正三郎移居台湾继承其家业。截止到1930年，第二世界馆、第三世界馆、第四世界馆一个接一个地开业。

这么一看，台湾的电影市场形成过程与新加坡、上海、马尼拉的情况相当不一样。1908年以后，虽然像新加坡、上海、马尼拉一样，电影院也在台湾陆续开设，但却是拿来为政治服务的，电影的上映场所并没有集中在城市的繁华市区。1911年以后，出于商业目的，台湾的电影院集中开设在城市的繁华市区，但这并不是像其他港口城市那样，是受到欧美全球企业的影响而引起的。总之，在日本统治下形成发展的台湾电影市场，虽然在同时期跟

---

① 《台湾日日新报》，1916年6月7日；市川彩：《アジア映画の创造及建设》，东京：国际电影通信社，1941年，第87页。

② 《台湾日日新报》，1920年12月30日。

上海等亚洲港口城市一样产生了开设电影院热潮，但其内容似是而非。

图 1　台北市街道地图和电影院

资料来源：川濑建一编：《植民地 台湾で上映された映画——1899(明治三十二年)—1934(昭和九年)》，东京：东洋思想研究所，2010 年。

三、20 世纪初的日本电影市场

要想深入了解台湾电影市场的特征，必须先要弄清楚对其有巨大影响的日本电影市场与亚洲其他电影市场之间的对比。其中关键的一点就是 20 世纪初期提供电影的机制——美国的交换(Exchange)及英国的借贷(Hire)，下文将会一一说明。

1896 年日本开始放映电影，先是美国爱迪生公司的早期活动电影放映机于 11 月 25 日至 12 月 1 日在神户神港俱乐部放映电影。[①] 1897 年 2 月

① 冢田嘉信：《日本映画史の研究——活动写真渡来前后の事情》，东京：现代书馆，1980 年。

15—28 日法国卢米埃尔公司早期电影摄影机在大阪的南地演舞场,2 月 22 日—24 日爱迪生公司的屏幕投影机在大阪的新町演舞场,对外公开放映电影。其他像横滨、东京的吉泽商店和新居商会引进的装置差不多在同一时期也进行了放映活动,与上海、马尼拉几乎同一时间。上海首次上映时间是 1896 年 6 月至 1897 年 5 月(程李华主张的“1896 年 8 月 11 日”是错误的)①,马尼拉是 1897 年的元旦,在依斯科沓街道的留声机商店上映了来自高蒙公司的连续照相机(chronophotograph)。② 这样看来,亚洲的主要城市基本上是同一时期引进电影的。

但是,20 世纪初期日本电影市场显著成长,大量进口欧美的电影和摄影的相关用品。据美国出口统计资料显示,1904 年包含电影的摄影用品的出口目的国,第一位是日本,第二位是菲律宾,第三位是中国,对日本的出口额居然达到对中国的 6.6 倍。不仅是美国,日本还从欧洲大量进口电影,比如 1902 年日本的吉泽商店让在伦敦留学的立岛清购买电影寄往日本。③ 日本主要进口英国、法国、美国等国家制作的电影,当时的欧美杂志也曾报道过,日本企业从伦敦大量购买影片搬运回国。

有意思的是,进口外国影片的全都是日本人或者是日本企业,例如吉泽商店和福宝堂为了能大批量购买,在伦敦设立了营业所;横田商会委托横滨的尼罗普(Neerup)商会(之后的平尾商会)代为进口;M 百代商会从新加坡购入影片。1907 年在东京的锦辉馆和大阪的角座上映了乔治·梅里爱(George Méliès)导演的《月球旅行记》(1903 年)、百代公司的《浮かれ阎魔》。这些法国电影既不是法国企业也不是欧美的巡回放映师带去日本的,而是由横田商会也就是日本人自己带回来的。④ 也就是说,尽管日本的电

① 笹川庆子:《全球电影发行与中国(1896—1914)——以上海为例》,《关西大学文学论集》第 67 卷第 2 号,2017 年 9 月,第 15～23 页。

② Bryan L. Yeatter, *Cinema of the Philippines: A History and Filmography, 1897—2005*, Jefferson: McFarland & Co., 2007, pp. 5 6.

③ 田中纯一郎:《日本映画発达史》第 1 卷,东京:中央公论社,1975 年,第 104、109 页。

④ 田中纯一郎:《日本映画発达史》第 1 卷,东京:中央公论社,1975 年,第 125～126 页。

影界充满着外国影片,但是电影的进口、供给、放映却是日本人自己垄断的,而且这种状态一直持续到1916年环球影视(Universal)公司在东京设立分公司的时候。① 从而我们可以看出与马尼拉、香港以及上海相比,日本的电影市场处于非常封闭的状态。

日本早期制作国产电影,同外国电影混合放映的这一点是比较特殊的。最初,日本也跟新加坡、上海、马尼拉一样只放映外国电影。可是,1899年以吉泽商店为开端,横田商会、M百代商会以及福宝堂等电影放映者们开始制作电影,制作好之后和外国影片一起在各自签约的电影院上映。1908年吉泽商店的目黑制片厂、M百代商会的大久保制片厂以及1910年横田商会的京都制片厂、福宝堂的花见寺制片厂,这些制片厂的成立让日本电影的供给更加稳定,外国电影和国产电影的混合上映成为日本电影放映的主流趋势。这种现象在20世纪初的亚洲几乎是见不到的。

跟上海、马尼拉等其他亚洲港口城市一样,开设电影院的热潮在日本也不例外。1907年左右开始,东京、大阪、京都、名古屋等大城市纷纷兴起开设电影院的热潮;但是跟亚洲其他地区不同的是,整个热潮过程中穿插着日本特有的条件。首先是影片库存数量的增加②,从英国持续不断地大量进口影片,再加上前文所述的1908年以后随着电影制片厂的相继成立,电影的生产量急剧增加,以及1907年百代公司扩张到亚洲,外国二手影片获取变得更加容易。其次,日俄战争(1904—1905)的爆发引起人们对战争影片的高度关注,加上经济运转良好,百姓的消费欲膨胀,以大城市为中心的电影市场飞速地扩展,与1907年以后电影院的开设热潮也密切相关。③ 最后,由于对电影需求的增加,缓慢出现的影片供不应求状态直接导致影片的买卖变成出租,出现开设专门放映电影剧场的热潮。日俄战争相关的战况

---

① 但是1916年,在日本能够提供外国影片的电影院是很少的,所以外国企业进入日本市场对日本企业的帮助是有必要的。正是如此,才要探究登陆日本之后的环球影视公司是怎样协助帝キネ等日本本土公司的。

② 田中纯一郎:《日本映画発达史》第1卷,东京:中央公论社,1975年,第109、125页。

③ 田中纯一郎:《日本映画発达史》第1卷,东京:中央公论社,1975年,第126～127页。岩崎昶:《映画史》,东洋经济新报社,1961年,第14页。

电影人气一升高，影片价格必然上涨，自然就会发生争夺的局面。[①] 因此，出租影片的机制一旦制度化并固定下来，实现大量影片的常设放映就变得容易了。换言之，迄今为止从事进口和制作电影的电影公司开始在自家影院上映自产影片的同时，将影片的贩卖改为向其他影院出租，这一现象的出现跟开设电影院的热潮同样有着密切联系。虽然美国的转换、英国的借贷及日本的出租系统之间的比较探讨要起稿另说，但是不管是哪个国家，影片出租机制对电影市场的渗透一定是引起电影院的增加以及市场规模急剧增大的重要原因之一。

影片的供给公司和影片放映的电影院之间形成的固定关系，也是在这个时期得到完善的调整。在日本，这二者的关系大致可以分为三种：直营馆、步合馆、特约馆。直营馆就是电影公司旗下经营的电影院；步合馆是电影公司跟电影院通过抽成共同经营的；特约馆是每月支付租金，向电影公司租借影片的电影院。随着出租影片机制的渗透，急剧增长的就是特约馆，在整个日本市场的份额是压倒性的胜出，比如 1926 年日活的直营馆有 24 家，特约馆有 382 家；松竹的直营馆有 21 家，特约馆有 159 家。[②]

特别要提的一点是，直营馆就不用说了，不管是步合馆还是特约馆，除了上映签约的电影公司所提供的影片以外，其他一概不放映。1912 年日本首家全国规模的电影公司日活成立了，接着 1914 年天活公司也成立了，如果一家电影院跟日活签约了，那就只能放映日活提供的外国电影或者本土电影，绝不可能上映天活公司的影片。当时，日本的电影院不是跟日活签约，就是跟天活签约，跟其他公司签约的少之又少；日活、天活以外的电影公司即使拥有十分有趣的电影，也是无法跟足够的电影院签约，上映电影来提高利润的。虽然 20 世纪 20 年代在大城市的商业区和地方城市增加了很多新的电影公司，也出现了跟多家电影公司签约的电影院，但是只放映签约公司的影片这一点却没有任何变化。

这样的日本电影供给机制在日本企业垄断电影市场上发挥了巨大的作

① 田中纯一郎：《日本映画発达史》第 1 卷，东京：中央公论社，1975 年，第 119 页。

② 《活动写真关系会社要览》，《日本映画事业総覧 大正拾五年版》，东京：国际电影通信社，1925 年，第 253、256 页。

用。因为在日本，观影者几乎都是日本人，所以电影院会考虑日本观众想要观看的影片，即会希望上映日本电影。因而电影院会与能够提供日本影片的日本电影公司签约，结果必然是日本市场由日本企业独自占有。反之，不能提供日本影片的公司或者不制作日本影片的公司是很难进入日本市场的。1916 年登陆日本的环球影视公司尝试与阪东妻三郎制作公司、帝キネ等日本电影公司之间的合作，便是与日本市场特性有着密切联系（关于这点在其他论文有论述）。20 世纪初几乎垄断了整个亚洲市场的法国百代公司，在亚洲最大的电影市场——日本市场没有任何存在感，这个应该就是封闭式的供给系统成为难以逾越的障碍。

日本电影市场虽然在同一时期与新加坡、上海、马尼拉等亚洲其他电影市场一样经历了巨大的变化，但是其演变的内容性质完全不同。为什么这么说呢？那是因为整个市场由日本企业垄断，像百代和环球影视这样的大型全球化企业几乎不能进入。日本特有的电影供给机制封闭了日本的市场；但是，也正是因为这样，日本在欧美全球化企业的支配下，守住了本土市场，形成了亚洲少有的自律性极高的电影市场。

四、台湾电影市场和日本电影市场的关系

毋庸置疑，日本特有的电影供给机制极大地影响到了位于最南端的市场——台湾电影市场。虽说如此，但要注意的是台湾电影市场有着其自身特有的变化，虽然处于日本的统治之下，但是不能单纯地将其视为日本的延长市场。像日本一样，台北的电影市场确实在一段时期内被日活和天活两大电影公司支配过，但是，那也只是 1918 年以后在台北昙花一现，很快就崩溃了，最终跟日本市场演变的内容是不一样的。总而言之，台湾虽是在日本电影供给渠道的强大影响下形成的，但绝不是一样的，两者的关系也是随着时代在变化着。关于这一点，可以举 20 世纪 20 年代后期到 30 年代前期的台北为例。

20 世纪 20 年代后半期，台北的电影院和多家电影公司签约已经成为惯例。表 1 描述的是 1926—1934 年在台北的日本人所经营的电影院及与

电影院签约的电影公司的情况。当时可以通过自由放映制度(free-booking)上映签约公司以外的影片，当然主要上映的还是签约电影公司的影片。

表 1 台北电影院及其上映影片的变迁

	1926 年	1927 年	1930 年	1934 年
芳乃亭(芳乃馆)	帝、东	帝、マ	帝、マ	新、大
世界馆	松	日、松	无	无
新世界馆	日、东	日、松	日、松、洋(ユ、パ、UA、三、PCL、东和)	日
第二世界馆	无	无	松、日	松
第三世界馆	无	无	松	日、洋
第四世界馆	无	无	不定	无
台湾キネマ	ユ	ユ	无	洋

资料来源：根据《日本映画事业総覧》《国际映画年鉴》里所记载的全国电影常设馆的名簿制成。帝即帝国キネマ演艺公司(帝キネ)，东即东亚キネマToa Kinema(东亚)，マ即牧影制作(マキノ)，新即新兴キネマ公司(新兴)，大即大都映画(大都)，松即松竹キネマ公司(松竹)，日即日本活动写真公司(日活)，洋即洋画(也就是外国电影)，ユ即环球影视公司东京支社，パ即派拉蒙影业公司日本支社，UA 即联美电影公司极东本部，PCL 即写真化学研究所(之后的东宝)，三即三映社，东和即东和商事。

将台北电影院放映的情况与日本电影院放映的情况相比较，可以看到异同点。先就相似点进行说明。正如前文所述，在 20 世纪前 10 年日本的惯例还是一家电影院跟一家电影公司签约，比如同天活签约的电影院就只能上映天活供应的影片。但是到了 20 世纪 20 年代，与多家公司签约的电影院急剧增加，特别是城市周边郊区及地方城市的电影院。那是因为以第一次世界大战为契机，电影院的数量持续增加，扩展到了城市商业区及地方城市，导致争夺影片的现象出现，没有实力的电影院上映的影片常常不足，为了补救，需要跟多家影片供给者签约。而且，同行业者增加，竞争激烈化，为了招徕顾客，需要上映更能吸引客人的影片，因此，跟多家电影公司签约，组合各种人气影片也是必要的。1916 年成功进入日本市场的环球影视公司所介绍的自由放映制度被各大电影院采纳，除了上映签约公司的影片之外，还可以租借一部外国影片上映。

由表 1 可以看到，比起东京的浅草和大阪的千日前等大城市的繁华地段，台北电影院的放映更像是城市商业区或者地方城市电影院的放映。以 1927 年为例，在东京浅草、大阪千日前、福冈中州这样的繁华街道，跟一家电影公司签约的电影院很多。比如说浅草，三友馆和富士馆签的是日活；电气馆、帝国馆和松竹馆签的是松竹；大胜馆签的是帝キネ；千代田馆签的是牧野制作(マキノ・プロダクション，1925—1931)。与之相对，都市商业区和地方城市的电影院签约两家以上的电影公司不在少数。在东京商业区的电影院里，表神保町的东洋キネマ(Toyo Kinema)签的是牧野制作，东亚公司(简称东亚，1923—1932)、帝キネ；小柳町的神田馆签的是松竹、帝キネ、洋画；五轩町的日本キネマ(Nihon Kinema)签的是日活、帝キネ。在地方城市，比如说长崎市的キネマ俱乐部(Kinema Kurabu)签的是松竹、帝キネ、东亚；喜乐馆签的是日活、牧野制作；电气馆签的是帝キネ、东亚、环球影视公司；佐世保馆签的是日活、松竹；敷岛馆签的是东亚、牧野制作；千日キネマ(Sennichi Kinema)签的是松竹、帝キネ；港俱乐部(Minato Kurabu)签的是帝キネ的系统馆。另外，台北的芳乃亭签的是帝キネ和牧野制作；世界馆签的是日活和松竹。由此，可以看出台湾的放映情况并不像日本大城市的繁华街市，倒是更像大城市商业区和地方城市的电影院。

令人注意的是，在日本的地方城市里，台北市场更像是西日本的地方城市。好比 1927 年这一年，日本的情况是这样的：跟多家电影公司签约的电影院通常会选择将帝キネ、牧野制作、东亚等中小规模的公司组合起来，或者是将那些中小规模的公司与日活、松竹这种大型公司的其中一家进行组合，像日活和松竹两家组合的情况就非常稀少了，在京都的舞鹤座和爱媛的住吉馆、福冈的喜乐馆等西日本能够看到，在东日本几乎见不到。西日本这样显著的签约形式在 1927 年的台北世界馆和新世界馆出现过。台北和西日本地方城市的相似性可以看作是当时的台湾市场被编入西日本电影供给渠道的证据。

日本的电影市场可以分为西日本和东日本，与日本的电影事业东西分开发展有着紧密的联系。最初，就像歌舞伎争夺在江户和上方演出一样，日本的电影公司以富士山为界限，将市场划分成东西两边进行管理。1912年9月设立的日活、1914年3月设立的天活也不例外，东日本由东京总部管辖，西日本由大阪的关西分部管辖。1912年，日活在九州博多座上映《御大葬活动写真》，当时放映活动的主办人就是日活"关西特派队"的成员；九州经常会出现冒牌尾上松之助的演出，在《福冈日日新闻》上刊登广告引起大家注意的不是日活的东京总店，而是大阪分店。[①] 分成东西市场发展，两者之间难免会产生微妙的差别，同时也影响到了台湾市场。

包含台湾的西日本市场最大的一个特征就是，比起东日本，日活的势力要弱很多。日活自1912年创立以来，几乎独占了整个日本市场。1914年天活成立，即使与日活将日本市场一分为二，但是，日活的势力还是很强。整个20世纪20年代，日活的势力要更强一些，签约的电影院也是最多的。但是1923年的关东大地震之后，关东部分电影公司转移到关西。松竹、帝キネ、东亚、牧野制作等20年代新开设的以关西为据点的公司，增加了势力，在西日本市场逐渐形成强劲的底盘，抢夺日活的签约电影院，日活在富士山以西的市场无法像在东京那样维持压倒性的强势。因此，这样的形势下，西日本日活和松竹两大电影公司联合起来应该是很容易促成的。所以台湾的世界馆同时上映日活和松竹的影片，并不是因为台湾离得远可以组合，而是因为这本身就属于西日本的放映形式特征。

在台湾上映的影片是从哪儿，又是如何运过来的呢？市川彩曾说道：

> (1915—1916年)当时岛内电影公演几乎都是巡演组织……电影的发行机构还不完善，从各公司的九州分公司或代理店那里接受供给，那场交易由首映会来决定一个月或两个月为单位的电影费用，以一次性卖出或者擅自上映的方法进行，而且那个电影是在九州全部放映后的旧电影。[②]

从以上论述中可以得知，影片是在台湾和九州之间交易的，因为像《女代》和《松风村雨》这样的人气电影在台湾的芳乃亭上映后，立刻会在福冈

① 《福冈日日新闻》，1912年9月23日，1919年7月15日。

② 市川彩：《アジア映画の创造及建设》，东京：国际电影通信社，1941年，第88页。

的寿座上映，所以就不难看出两者之间的往来。

另外，九州的电影又全部是由关西供给的。比如1919年10月13日在九州福冈的寿座上映天活的影片《鬼勘兵卫》，1919年8月曾在大阪千日前乐天地上映过。从而可以得知，在台湾上映的电影都是发自大阪、京都、神户等大城市，往南至九州的福冈，在九州各地绕一圈之后，再由门司等港口运往台湾。

但是要注意一点的就是，电影输入台湾的路线常常是不一样的。诚如市川所说的，20世纪前10年的台湾市场确实被定义为九州市场的延伸。可是，1900年前后是日本人或者台湾人的个人不规范的巡回放映演出，到1908年以后就开始以统治殖民地为目的，政府主导的具有组织性的电影放映了。所以，20世纪前10年的台湾电影市场跟之前是不一样的，不管是电影供给者还是供给渠道，都是完全不同的。20世纪前10年的台湾电影院经营者会跟日本本土电影公司签约，作为九州电影市场供给渠道的一部分，电影市场继续向前发展。这在当时是非常引人注目的，一般情况下不会发生那样的情况。

到了20世纪20年代，台湾和日本的电影市场的关系越发显得复杂多样化了。20世纪20年代中期，日本掀起了国产电影热潮，日本电影代替了外国电影，垄断了市场。1927年，1172家电影院里只有39家（占3%）上映外国电影，外国电影和日本电影同时上映的有556家（占48%），剩下577家（占49%）只上映日本电影。[①] 另外，京都的牧野制作、松竹、日活、新兴キネマ公司（简称新兴，1931—1942）各自都在台湾设立办事处[②]，环球影视公司和派拉蒙影片公司也开始进入台湾。当时，在台湾出现了一个现象，就是哪家电影院同日本本土电影公司签了合约，那家影院就可以获得影片的全岛发行权。比如1923年跟帝キネ签约的芳乃亭在接受大阪帝キネ总社影片和解说员的供给之外，还同时获得了该公司影片的全岛发行权；差不多在同

① 田中纯一郎：《昭和二・三年度日本映画界展望》，《日本映画事业総覧 昭和三・四年版》，东京：国际电影通信社，1928年，第16页。

② 市川彩：《アジア映画の创造及建设》，东京：国际电影通信社，1941年，第89页。

一时期，开始流行引进中国大陆电影。[①] 据三泽真美惠记载，20 世纪 20 年代中期，台湾人从上海、厦门、南洋等地方引进的《孤儿救祖记》(1923 年)等中国大陆电影获得了较高的人气。[②] 也就是说，九州、东京、大阪在提供给台湾电影，使其日本化的同时，台湾市场也在接受着中国大陆电影的输入。这样一来，台湾影片的提供线路多样化，不仅仅是日本本土电影供给的延长，而是构筑了其自身特有的电影供给渠道。

台湾电影市场确实是在日本电影供给机制的影响下发展的，作为帝国主义日本的殖民地市场，不能仅仅认为其只是西日本最南端的市场，背负着复杂的历史背景的台湾电影市场，最终形成了跟日本不一样的市场。

结　论

19 世纪末传入亚洲各大港口城市的外国电影设备，20 世纪初在各地形成市场，取得了各种各样的发展。特别是新加坡、上海、香港、马尼拉等近代化迅速发展的港口城市，伴随着欧美全球化企业的扩张，引起开设电影院的热潮，电影市场飞速地扩大。反观日本，构成了独特的电影供给机制，阻碍了欧美企业的进入，最终形成了排外的封闭式市场。同时，在日本统治下发展的台湾电影市场，也受到了其强烈的影响。

最终台湾发展形成的电影市场虽然类似于日本市场，但具体内容却大不相同。巡回放映为主流的草创时期，虽然主要是日本人在进行着，但是跟台湾人也是有一定关联的。20 世纪初以后，电影作为政治手段被加以利用，台湾电影的形成过程不仅异于上海等亚洲港口城市，而且跟日本也不尽相同。但是，民间的电影商业蓬勃发展，台湾市场被编入西日本电影供给渠道，成为其一部分，呈现出类似于西日本电影市场的模样。然而，这种状态也只是暂时的，到了 20 世纪 20 年代后半期，在日本政治和经济的影响下形

① 吕诉上曾在书中提到，1924 年厦门联源影片公司经由南洋进口过二手的中国大陆电影(吕诉上：《台湾电影戏剧史》，台北：银华出版部，1961 年，第 19 页)。

② 三泽真美惠：《“帝国”“祖国”のはざま——植民地期台湾映画人の交渉と越境》，东京：岩波书店，2010 年，第 47～49 页。

成的台湾电影市场，进一步发展成为日本电影同中国大陆电影共存的电影市场。

20 世纪初的台湾电影市场，与当时以百代公司在亚洲的扩张为契机而发生变化的上海、马尼拉等其他亚洲港口城市不同，它不是作为亚洲特殊市场——日本电影市场单纯的延展，而是根据台湾的地理、历史条件形成的独特的产物。今后，对台湾电影市场的独特性进行更深刻的探究查证的话，至少需要阐明以下四点：第一，要将台湾与日本以及香港、澳门等周边地区之间的交流划入视野范围内；第二，要查明台北以外的城市所发生的巡回及常设放映；第三，要弄清日本人和台湾人之间的交涉史；第四，要阐明 20 世纪 20 年代以后台湾全岛的电影供给机制等。因此，需要跨越国界，将之前的历史观——压制与抵抗的形式搁置一旁，在日本以及中国大陆、台湾的研究者的共同努力合作下，崭新的亚洲历史形态必将显露出来。